Love.

사랑에 대한 모든 것

Geluk. The World Book of Love

사랑에 대한 모든 것

초판 1쇄 인쇄 2014년 12월 12일
초판 1쇄 발행 2014년 12월 22일

엮은이 레오 보만스
옮긴이 민영진
펴낸이 유정연

책임편집 장지연
기획편집 김세원 최창욱 김소영 **전자책** 이정 **디자인** 신묘정 이애리
마케팅 이유섭 최현준 **제작** 임정호 **경영지원** 박승남

펴낸곳 흐름출판 **출판등록** 제313-2003-199호(2003년 5월 28일)
주소 서울시 마포구 동교로 134, 3층(서교동 464-41)
전화 (02)325-4944 **팩스** (02)325-4945 **이메일** book@hbooks.co.kr
홈페이지 http://www.nwmedia.co.kr **블로그** blog.naver.com/nextwave7
출력·인쇄·제본 (주)상지사 **용지** 월드페이퍼(주) **후가공** (주)이지앤비(특허 제10-1081185호)

ISBN 978-89-6596-140-6 03180

• 흐름출판은 독자 여러분의 투고를 기다리고 있습니다. 원고가 있으신 분은 book@hbooks.co.kr로
  간단한 개요와 취지, 연락처 등을 보내주세요. 머뭇거리지 말고 문을 두드리세요.
• 파손된 책은 구입하신 서점에서 교환해 드리며 책값은 뒤표지에 있습니다.

이 도서의 국립중앙도서관 출판시도서목록(CIP)은 e-CIP홈페이지(http://www.nl.go.kr/ecip)와 국가자료공동목록시스템
(http://www.nl.go.kr/kolisnet)에서 이용하실 수 있습니다. (CIP제어번호 : CIP2014035292)

살아가는 힘이 되는 책 흐름출판은 막히지 않고 두루 소통하는 삶의 이치를 책 속에 담겠습니다.

사랑에 대한 모든 것

레오 보만스 엮음 | 민영진 옮김

Love.

흐름출판

●

가을이 살갗을 스쳐 지나가고
내 눈 속에서 살 필요도 죽을 필요도 없는 빛을 보네.
사랑의 책에 실린 수수께끼는 케케묵어 눈에 띄지 않는다.
조만간 여기서 다시 보일 때까지……
천 번의 깊은 키스.

레너드 코헨 *Leonard Cohen*

The autumn moved across your skin
Got something in my eye A light that doesn't need to live And doesn't need to die
A riddle in the book of love Obscure and obsolete
Until witnessed here in time and blood A thousand kisses deep.

세상의 모든 사랑
인류의 심장을 연구하다

《사랑에 대한 모든 것》은 할리우드가 멈춘 곳에서부터 우리를 낭만적 사랑의 심장으로 더 깊이 더 멀리 데려간다. 우리는 왜, 어떻게 사랑에 빠지는가? 만일 '사랑'이라는 단어가 없어지면 책, 영화, 잡지, 노래의 90%가 사라질 것이다. 우리는 집에서, 거리에서, 인터넷에서 사랑을 찾는다. 아침에도 밤에도 사랑을 찾는다. 구글에서 '사랑'이라는 단어를 치면 1초에 89억 3천만 개의 결과가 검색된다. 이 숫자는 '섹스'라는 단어의 두 배다. 그런데도 사람들에게 사랑의 개념에 대해 물으면 무거운 침묵만 흐른다.

문화적 차이가 있긴 하지만 사랑은 언제나 존재한다. 사랑은 보편적이며, 아주 많은 형태로 나타난다. 사랑은 극도로 강렬한 정서적 상태다. 그러나 영원히 타오르는 불은 없다. 비교적 최근까지도 대학에서는 사랑을 연구하지 못했다. "왜 사랑처럼 어리석은 것을 연구하는 데 돈을 쓰는가?" 그런데 시대가 변했다. 지금은 전 세계의 사회학자 · 심리학자 · 인류학자 · 신경과학자 · 정신치료사 · 성과학자 등 수천 명이 대인관계와 낭만적 사랑을 연구하고 있다. 이 연구는 우리를 인류의 심장에 더 가까이 데려다 줄 것이다.

이 책에 50여 개 국가의 최고 연구자 100여 명이 사랑에 대한 지식을 풀어놓았다. 연구 주제는 애착, 열정, 헌신, 질투, 학대, 압박, 다윈에서 공상 과학까지, 숨겨진 비밀에서 공개된 섹스까지 다양하다. 연구자들은 사랑의 체계를 설명하고 그 신비를 밝힌다. 극동에서 아메리카까지, 유럽에서 아프리카까지 빠르게 변화하는 글로벌 세상에서 우리는 부모의 사랑, 동물들의 사랑, 결혼과 이혼, 10대의 사랑, 노인을 돌보는 문제까지 무엇이든 서로에게 배울 수 있다. 사랑의 세상은 놀라움과 경이로움, 고통과 눈물, 절망과 희망으로 가득하다. 이 책을 거울삼아 여러분이 사랑하는 사람들과 여러분 자신을 만나기 바란다.

EU정상회의 의장 헤르만 반 롬푀이*Herman Van Rompuy*가 전 세계 리더들에게 《세상 모든 행복*The World Book of Happiness*》을 올해의 선물로 소개하는 등 의미 있는 성공을 거둔 후 나는 2년 동안 사랑에 관한 세계의 연구 결과를 공부했다. 그리고 뛰어난 과학자들과 뜻밖의 신예들에게 사랑에 대한 지식과 전하고 싶은 말을 써달라고 부탁했다. 분량은 최대한 1,000단어를 넘지 않도록 요청했다. 이 연구자들은 우리가 더 나은 배우자, 친구, 연인이 되는 법을 배울 수 있다는 데 동의한다. 이들이 연구에서 얻은 지식에는 통찰력이 있고, 이 통찰력을 통해 보편적 사랑에 대한 생각의 교배가 전 세계적으로 일어날 수 있다. 연구자들은 정보를 지식으로 바꾸고 지식을 지혜로 바꾸었다. 귀중한 지혜를 나눠준 연구자들에게 진심으로 감사하며, 세상에 사랑이 많아지고 더 좋은 세상이 되는 데 이 책이 어떤 식으로든 기여하기를 바란다. 이 책에 실린 말들은 큐피드의 화살처럼 여러분의 심장에 박힐 것이다. 그러나 기억하라. 큐피드는 사랑의 신 비너스와 전쟁의 신 마르스의 아들이다. 큐피드의 화살에는 달콤함과 갈등, 조화와 오해가 듬뿍 묻어 있다.

사랑으로 가득 찬 세상에 온 것을 환영한다.

○ 레오 보만스 *저자 겸 수석 편집자*

이 책을 절대로 읽지 않을,
하지만 사랑의 힘과 온기를 경험할
세상의 모든 사람에게 바칩니다.

라이엇, 아인, 캐스퍼, 어머니, 아버지, 친구들, 가족,
이브, 마튼, 행복 사절단, 드 엘리즈키트 반 엘스메렌
그리고 이 놀라운 프로젝트를 위해 애쓰신 모든 분께 감사를 전합니다.

레오 보만스

이 책에 관한 더 자세한 사항은 www.theworldbookoflove.com을 참조해주세요.

live 2 love

love 2 live

차례 *Contents*

'사랑'은 세상에서 가장 많이 쓰이면서도

가장 많이 오해받는 단어다.

우리 삶의 모든 순간에 사랑이 있고,
만일 우리가 고통 받는다면
그것은 애정이 부족하기 때문이라는 것을 안다.
이 사실을 매일 상기하는 것이 중요하다.

_ The World Book of Love

°예측 가능한 변화들

Predictable changes

조지프 오브라도빅 박사와 미라 쿠디나 박사는 부부 약 1,000여 쌍의 감정 변화를 분석했다. 세월이 흐르면서 무엇이 이들의 열정과 친밀감, 헌신에 영향을 미쳤을까? 애정 생활에서 예측 가능한 변화에 대비하자.

우리는 사랑을 측정하기 위해 유명한 로버트 J. 스턴버그의 척도를 사용했다. 스턴버그의 척도는 사랑의 세 가지 요소인 열정, 친밀감, 헌신을 측정한다. 사랑의 강도를 예고하는 수많은 변수 중에서 개인이 결혼 생활에서 경험하는 사랑을 가장 잘 예측할 수 있는 환경과 특징이 무엇인지 알아보았다.

열정은 변한다

결혼 생활에서 열정을 증가시키는 요소들 가운데 개인적 특성과 관련된 요소가 몇 가지 있다. 일반적으로 성격이 외향적이고 상냥하고 정서적으로 안정되고 자존감이 높은 부부일수록 결혼 생활에서 열정이 더 강렬하게 꽃핀다. 그런데 열정과 결혼 기간의 관계는 좀 더 복잡하다. 열정은 결혼 초에 가장 크고 5년이 지나면 줄어들기 시작한다. 결혼 10년을 전후로 최저점에 도달했다가 15년이 지나면서 다시 증가하지만, 갓 결혼했을 때만큼 만족스러운 수준으로 돌아가지는 못한다. 자녀가 없는 부부가 가장 열정이 크다. 첫 아기가 태어나면 부부간의 열정이 현저하게 감소하는데, 둘째 아기가 태어났을 때는 별다른 변화가 없다. 신기하게도 세 자녀를 키우는 부부는 열정이 커진다.

친밀감은 변한다

열정을 결정하는 요인과 마찬가지로 친밀감을 결정하는 요인도 '좋은 성품'이다. 외향적이고 상냥하고 정서적으로 안정된 부부는 결혼 생활에서 친밀감도 높다. 자존감이 높고 신체적으로 매력적인 부부도 친밀감이 높다. 젊은 부부는 처음에는 친밀감이 높다가 얼마 후에 감소하지만 곧 다시 회복한다. 자녀가 생기면 친밀감에 영향을 받지만 열정만큼 큰 영향을 받지는 않는다. 자녀가 없는 부부가 친밀감이 가장 높다. 역시 첫 아기가 태어나면 한동안 친밀감이 감소하지만 비교적 빠르게 다시 증가한다.

헌신은 변한다

배우자의 외향성과 상냥함은 자존감과 신체적 매력만큼이나 헌신을 증가시키는 요인이다. 젊은 부부는 결혼 생활에서 헌신도가 매우 높지만, 해가 갈수록 꾸준히 감소하여 30년에서 40년 사이에 가장 낮은 지점에 도달한다. 그 후에는 다시 빠르게 증가한다. 개인적인 문제를 해결해야 하거나 앞날에 관한 중요한 결정을 앞두고 있을 때는 배우자에 대한 헌신이 명백하게 감소한다. 헌신은 결혼 기간과 뚜렷한 상관관계가 있다. 결혼 초에는 매우 높지만 곧 감소하기 시작해서 6년에서 15년 사이에 가장 낮은 지점에 도달한다. 그 후에는 다시 증가하여

25년부터는 신혼 때보다도 훨씬 더 높아진다. 당연한 말이지만 헌신도가 낮은 기간에는 힘이 들고, 해결할 문제도 있고, 결혼 생활을 유지해야 하는지 의문이 생긴다. 그러나 결혼 생활을 유지하기로 결정한 후에는 시간이 지날수록 헌신이 증가한다. 첫 아기가 태어나면 약간 흔들리지만 둘째나 셋째 아기가 태어난 후에는 훨씬 더 증가한다.

열정, 친밀감, 헌신은 교육 수준과는 관계가 없다. 그러나 경제적 곤궁은 사랑의 세 가지 요소에 큰 위협이 된다.

keys of LOVE

1 최고의 배우자는 상냥하고 솔직하고 외향적이고 정서적으로 안정되고 자존감이 높은 사람이다.

2 시간이 지나고 나이가 들면서 결혼 생활에 닥칠 변화를 인지하고 대비하자.

3 준비되지 않은 상태에서 첫 아이가 태어나면 열정과 친밀감, 헌신을 잃는 커다란 대가를 치르게 된다. 미리 준비하고, 대비하고, 도움을 구하라.

조지프 오브라도빅 & 미라 쿠디나 *Josip Obradović & Mira Ĉudina*

조지프 오브라도빅은 심리학 석사, 사회학 박사이며 크로아티아 자그레브대학 크로아티아학과 교수이다. 가족심리학과 결혼, 가족사회학이 전공 분야이다.
미라 쿠디나는 심리학 석사, 박사이며 자그레브대학 크로아티아학과 명예교수이다. 정서와 동기, 청소년기 발달이 전공 분야이다. 두 사람은 결혼 생활, 특히 결혼의 질에 관한 다수 연구 논문과 대학교재 〈결혼과 가족의 심리학 *Psychology of Marriage and Family*〉을 공동 저술했다.

사랑에 빠지는 것도 스트레스다.

°사랑 실험실

The Love Lab

도나텔라 마라지티 교수는 낭만적 사랑의 기저에 생화학적 이상이 있음을 처음으로 밝혀냈다. 세계는 충격에 빠졌다. 아름다운 사랑을 분자 놀음으로 전락시켰다고 비난하는 사람들도 있었다. 그러나 마라지티 교수의 사랑 실험실은 여전히 사랑의 신비를 탐구하고 있으며 사랑의 생물학적 메커니즘을 차근차근 풀어가고 있다. 무엇보다 그녀는 사랑과 사랑에 빠졌고, 사랑은 그녀의 삶을 완전히 바꿔놓았다. 그녀의 이야기를 들어보자.

사랑을 과학적으로 바라보게 된 계기는 우연이었다. 1990년대 중반, 강박장애와 세로토닌에 관심을 갖고 있던 나는 많은 사람들을 대상으로 이 조건을 탐색할 수 있는 심리학적 모델을 찾고 있었다. 어느 날 상사와 얘기하던 중 낭만적 사랑에 빠진 사람들이 강박장애를 앓는 환자들과 유사하다는 사실을 깨달았다. 이들은 같은 주제를 여러 번 반복해서 생각하는 공통점이 있었다. 나는 이 사람들의 신경 말단의 세로토닌 표지를 측정했고, 그 결과 강박장애 환자와 낭만적 사랑에 빠진 사람들에게서 세로토닌 표지가 같은 수준으로 감소하는 것을 알게 되었다. 사실 실험 결과는 1996년에 나왔지만 몇 번이나 검토한 뒤에 1999년에 발표했다. 내가 확신하지 못한 것은 과학적인 부분이 아니었다. 실험은 정확했다. 그러나 낭만적 사랑이라는 인간의 전형적인 감정이 생화학적 이상에 기인한다는 사실을 발표하면 사람들이 얼마나 충격을 받을지 우려하지 않을 수 없었다.

나는 이 발표로 인해 일어날 문제에 대해 충분히 대처할 수 있다는 결론을 내리고 〈심리 의학*Psychological Medicine*〉지에 논문을 보냈다. 이 학술지는 논문의 주제와 새로운 발견에 찬사를 보내며 논문을 게재했다. 예상대로 언론이 큰 관심을 보였고, 나는 전 세계 여러 TV 프로그램에 출연하고 인터뷰를 해야만 했다. 사람들은 대부분 긍정적인 반응을 보였지만, 아름다운 사랑을 파괴하고 분자 놀음으로 전락시켰다고 비난하는 사람들도 있었다. 그러나 나는 *사랑이 여러 분자와 생물학 체계의 결과일 '뿐' 아니라 결과'이기도' 하다*는 사실을 잘 알고 있다. 게다가 사랑의 표현에 몇 가지 생물학 체계가 포함된다 하더라도 사랑의 아름다움과 경이로움은 변하지 않는다고 확신한다. 내 연구의 목적은 사랑에 빠진 사람들 특유의 사고방식이 강박장애 환자들과 같은 생화학적 이상을 보인다는 사실을 알리는 것이었다. 사랑은 분명히 생화학적 현상만으로 설명할 수 없으며, 사랑이 신경전달물질의 작용에 불과하다는 가정은 과학적 사실과는 거리가 멀다.

저널리스트

개인적으로는 내 인생에서 몇 가지 변화가 일어났다. 우선, 여러 저널리스트들을 만나고 많은 일반인들 앞에서 강연해야 했고, 그들이 이해할 수 있는 언어로 말해야 했다. 이 경험을 계기로 *과학계가 아닌 곳에서 과학 지식을 홍보하고 대중의 인식을 높일 필요성*을 느꼈다. 그래서 사랑에 관한 모든 과학적 발견을 간추린 책을 쓰기로 결심했다. 나는 어렸을 때부터 글쓰기를 좋아한데다 당시에는 그런 책이 없었기 때문이다. 예상치 못한 사건과 행운 덕분에 훌륭한 편집자

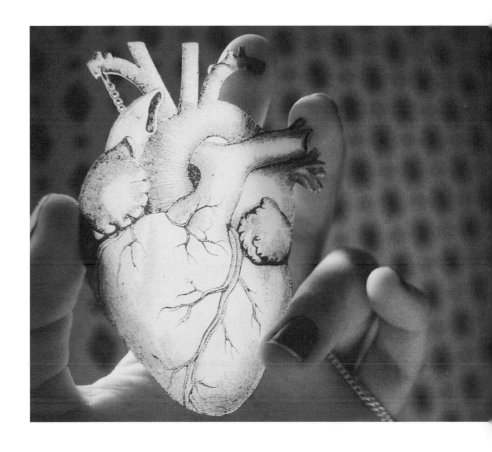

를 만나 첫 책《사랑의 본질*The Nature of Love*》을 출간했다. 이 책은 여러 나라 언어로 번역되었다. 이후에는 몇 년에 걸쳐 질투에 관한 에세이《그들은 이후로 오랫동안 질투하며 행복하게 살았답니다*E vissero per sempre gelosi e contenti*》를 썼다.

신경호르몬

과학적인 면에서 사랑은 나의 주요 관심 분야가 되었고 나는 질투, 애착, 사회적 관계까지 관심 영역을 넓히게 되었다. 이 요소들이 인간의 행복에 반드시 필요한 기본적인 메커니즘이라는 사실을 알았기 때문이다. 세로토닌에 이어 우리 연구팀은 낭만적 사랑에 빠진 사람들의 신경호르몬 몇 가지를 측정했고, 그 결과 코르티솔 수치가 증가한 사실을 발견했다. 그래서 사랑에 빠지는 것도 스트레스라는 결론을 내리게 되었다. 흥미롭게도 *테스토스테론 농도는 남성과 여성에게 반대로 나타났다.* 마치 여성과 남성이 만나기 위해서는 서로 더 비슷해져야 한다는 듯이 여성에서는 증가하고 남성에서는 감소했다. 이 발견은 사랑에 빠지는 것이 남성과 여성에게 동일한 기본적 감정이라는 주장을 뒷받침한다. 동시에 우리는 질투를 주제로 몇 가지 실험을 했고 그 결과, 강박적인 질투에 사로잡힌 피험자에게서 세로토닌이 감소한 사실을 확인했다. 그뿐 아니라 평범한 질투가 얼마나 복잡한 현상이며 우리가 질투에 대해 얼마나 알지 못하는지도 밝혀냈다. 질투는 매우 이질적인 감정으로 우리는 적어도 다섯 가지 하위 유형을 확인할 수 있었다.

그다음 연구는 옥시토신에 초점을 맞췄다. 이 뉴로펩티드를 측정할 믿을만한 방법을 찾는 데 시간이 꽤 걸렸지만 덕분에 지금은 매일 이 방법을 사용하고 있다. 이 연구에서 우리는 *옥시토신이 낭만적 애착과 관련된 불안과 관계가 있다*는 사실을 확인했다. 다시 말하면 상대방에게 애착을 느낄 때 긴장을 풀기 위해서 옥시토신이 필요하다는 것이다. 이 발견으로 사랑에 빠지고, 사랑하고, 누군가에게 애착을 느끼는 경험이 우리에게 유익하다는 것이 분명해졌다. 뇌 기능의 관점에서 보면, 사랑이 유익한 점은 뉴런이 생존, 분화, 기능하는 데 관계된 물질인 뉴로트로핀을 생산하기 때문이다. 흥미로운 사실은, 이 뉴로트로핀들 중 하나인 뇌신경영양인자*BDNF, Brain-Derived Neurotrophic Factor*가 낭만적 애착과 관련이 있지만 남성과 여성에게서 다르게 나타난다는 것이다. 고농도의 뇌신경영양인자는 여성의 경우에만 낮은 회피 성격과 연관이 있는 것으로 보인다. 다시 말하면 여성은 낭만적 대상에게 덜 수줍어하고 일반적인 사회적 관계에서 더 수줍어하는 경향이 있다. 또 다른 연구에서는 여성이 남성의 겨드랑이 페로몬에 노출되면 세로토닌 수치가 달라지고 충동성과 애착 성향을 보일 정도로 상당히 민감하다는 사실을 확인했다. 현재 내 실험실에서는 사랑의 생물학적 면모를 더 깊이 탐색하기 위한 몇 가지 연구가 진행 중이며, 내 동료들은 이 주제에 큰 열정을 갖고 있다. 나는 사랑과 사랑에 빠졌다고 할 수 있다.

유익한 점

개인적인 면에서는 사랑 연구가 내 삶을 완전히 바꿔놓았다. 나는 어쩔 수 없이 개인적인 생활을 수정해야 했고, 내가 얼마나 운이 좋은 사람인지도 알게 되었다. 훌륭하신 내 부모님은 나를 길러주고, 자존감을 높여주고, 자유와 선택권을 주었다. 나의 배우자는 오래 전 우리 관계가 시작된 이래 줄곧 내가 그를 사랑하는 만큼 나를 사랑한다. 사랑을 탐구할수록 나는 점점 더 사랑에 매혹되고, 사랑을 공부할수록 점점 더 사랑을 우러러 보게 되었다. 사랑하고 사랑받는 것은 인간의 가장 특별한 경험이다. 그러나 이런 특별한 경험을 위해서는 다른 사람을 돌보고, 관심을 기울이고, 신중하지만 유연하게 사고하고, 변화를 두려워하지 않는 태도가 필요하다. 자연은 우리가 사랑을 키우고 사랑이 줄 수 있는 유익한 모든 것, 즉 우리 존재의 가장 큰 즐거움을 누릴 적절한 장비를 우리에게 주었다. 나는 과학이 사랑의 신비를 탐구하고 생물학적 메커니즘을 풀어내는 한편, 우리가 가장 잘할 수 있는 방법으로 사랑하게 해 줄 것이라고 믿는다.

1 낭만적 사랑은 전형적인 인간의 감정이며, 그 기저에는 강박장애 환자와 유사한 생화학적 이상 현상이 있다.

2 사랑에 빠지는 것은 코르티솔 수치가 증가할 정도로 스트레스다. 그러나 뇌 기능을 살펴보면 누군가를 사랑하고 애착을 느끼는 경험은 우리에게 유익하다.

3 사랑은 특별한 경험이지만 이 특별한 경험을 위해서는 다른 사람을 돌보고, 관심을 기울이고, 신중하지만 유연하게 사고하고, 변화를 두려워하지 않는 태도가 필요하다.

도나텔라 마라지티 *Donatella Marazziti*

이탈리아 피사대학 정신의학·신경생물학·약리학·생물공학·정신의학 교수이다. 피사대학 의과대학을 졸업하고 다시 정신의학과 생화학을 전공했다. 다양한 국내외 상을 수상했고 다수 전문 잡지의 편집위원이다. 과학 논문 350편, 책 8권, 베스트셀러 2권과 소설 1권을 썼다.

열정적 사랑과 성적 욕망은
모든 문화에서 보편적이다.

열정적 사랑은 영원할까?

Passionate love forever?

일레인 햇필드 박사는 1937년에 하와이에서 태어나 평생 동안 사랑에 관한 비교문화 연구를 하며 '최고과학자상'을 여러 차례 수상했다. 남편 리처드 L. 랩슨*Richard L. Rapson*과 함께 사랑과 성에 관한 중요한 결과들을 발표했으며, 열정적 사랑*passionate love*과 동반자적 사랑*companionate love*의 차이를 처음으로 소개했다. 이 두 가지 사랑은 영원히 지속되는 것일까?

오늘날, 사회심리학·문화심리학·진화심리학·신경과학·인류학·역사학 등 다양한 학문적 훈련을 받은 과학자들이 마침내 열정적 사랑에 관한 중요한 질문들에 해답을 내놓기 시작했다. 이 연구 과정에서 과학자들은 원시부족 연구에서부터 뇌 정밀검사 분석에 이르기까지 일련의 인상적인 기법들을 사용했다. 특히 역사학자들은 이런 경이로운 현대 기술과 분석 기법 외에도 '아래로부터의 역사'라는 방법론을 이용하여 사랑의 기원을 밝히는 데 크게 기여했다. '아래로부터의 역사'는 주로 왕과 왕비의 생애를 찾는 기존의 방식 대신 인구통계학적 자료와 건축양식, 의학 서적, 교회의 칙령, 노래 가사, 부정기 간행물 등을 통해 대다수 보통 사람들의 삶과 사랑을 조명하는 방법이다. 이렇게 다양한 방법론을 동원한 끝에 학자들은 이전 세대의 연구자들을 매혹시킨 동시에 괴롭혔던 질문들에 다양한 해답을 내놓을 수 있게 되었다. 이 가운데 몇 가지를 살펴보자.

열정적 사랑이란 무엇인가?

열정적 사랑이란 일반적으로 '다른 사람과의 결합을 강렬하게 원하는 상태'라고 규정되는 극도로 강력한 정서적 상태를 말한다. 열정적 사랑은 극단적인 감정의 기복이 특징이며, 열망하는 대상에 집착하는 경향을 보이는 복잡한 감정이다. 열망의 대상이 나와 같은 감정을 느끼는 '보상 받은 사랑'은 충족감과 희열을 가져다준다. 그러나 열망의 대상이 같은 감정을 느끼지 않는 '보상 받지 못한 사랑'은 공허함과 근심과 좌절감을 안겨준다. 열정적 사랑은 '강박적 사랑', '상사병', '반한 상태', '사랑에 빠진 상태'라고도 부른다.

열정적 사랑은 성적 욕망과 얼마나 밀접한 연관이 있는가?

최근에 사회심리학자와 신경과학자, 생리학자들이 사랑과 성적 욕망, 성적 행동 간의 관계를 연구하기 시작했다. 그 결과, 적어도 서구에서는(그리고 아마도 전 세계 거의 모든 곳에서) 열정적 사랑이 성적 욕망과 밀접한 연관이 있다는 사실이 밝혀졌다. 열정적 사랑 또는 낭만적 사랑에 빠진 젊은이는 거의 예외 없이 상대방에게 성적 욕망을 느낀다. 물론, 젊은이가 어떤 사람을 성적으로 원할 때 사랑이 필수 요소는 아니다. 일회적 성관계의 인기가 그 증거다.

사랑의 지속 기간은?

열정적 사랑은 일시적인 감정이다. 열정적 사랑은 일종의 도취된 상태로, 도취된 상태에서 영원히 머무를 수 있는 사람은 아무도 없다. 열정적 사랑은 결혼 직후를 기점으로 꾸준히 감소하며, 오랫동안 결혼 생활을 한 사람들은 서로에

대해서 '약간의' 열정적 사랑만 느낀다고 한다.

언뜻 보기에 우울한 이 그림에는 밝은 면도 존재한다. 일단 열정적 사랑이 존재했던 곳에는 동반자적 사랑이 그 자리를 대신하는 것으로 보이기 때문이다. 동반자적 사랑은 깊은 애착과 친밀감, 헌신으로 이루어진 온화한 감정이다. 열정적 사랑이 감소하면서 동반자적 사랑이 증가한다고 주장하는 연구자들도 있다. 그러나 낭만적 관계에서 동반자적 사랑이 어떤 역할을 하는지에 대해서는 상반된 증거가 존재한다. 예를 들어, 우리 연구에서 참가자들은 낭만적 사랑과 동반자적 사랑이 시간이 지날수록 동일하게 감소하는 경향이 있다고 보고했다.

열정적 사랑은 어느 곳에나 존재하는가?

열정적 사랑은 인류의 역사만큼이나 오래되었다. 기원전 2000년에 부족의 이야기꾼이 지은 수메르 신화에서, 사랑과 성과 전투의 여신 이난나는 목동 두무지와 사랑에 빠진다. 한때 인류학자들은 열정적 사랑이 순전히 서구의 개념이라고 생각했지만, 오늘날에는 대부분 학자들이 열정적 사랑과 성적 욕망이 모든 문화에서 보편적이라는 데 동의한다.

물론 사람들이 사랑을 바라보는 시각과 이렇게 격앙된 감정을 얼마나 기꺼이 경험하려 하는지, 사랑을 결혼의 선행 조건으로 여기는지, 아니면 결혼에는 좀 더 실질적인 요인이 중요하다고 생각하는지는 문화에 따라 커다란 차이가 날 수 있다.

역사학자들은 사랑과 성과 친밀감에 대한 사회의 태도가 시간이 지나면서 얼마든지 달라질 수 있다는 것을 입증했다. 고대 문화를 간직한 중국을 예로 들어보

자. 4000년 전 하夏나라 때 시작된 중국의 역사 기록을 살펴보면 세월이 흐름에 따라 중국 사람들이 낭만적 사랑과 열정적 사랑을 대하는 태도가 어떻게 변화했는지, '사랑'에 부여하는 의미가 어떻게 달라졌고, 낭만적 대상에게 원하는 특징이 어떻게 바뀌었는지 알 수 있다. 그리고 이런 감정을 세상에 공표할지 아니면 가슴 깊은 곳에 숨겨둘지에 대해서도 전혀 다른 태도를 갖게 되었음을 알 수 있다.

같은 문화 내에서든 서로 다른 문화 사이에서든 문화적 차이가 존재한다는 사실은 의심할 여지가 없지만, 그럼에도 사랑 자체는 보편적이다. 이 방대한 연구에서 우리는 사랑의 형태가 한 가지가 아니라는 것을 배울 수 있다. 사랑은 모든 것을 아우르고 압도하는 형태일 수도 있고 온화하고 양육적인 형태일 수도 있다. 영원히 지속될 수도 있고 잠깐 스쳐지나갈 수도 있다. 분명한 것은 사랑은 확실히 존재하며, 어느 곳에나 존재한다는 사실이다.

1

열정적 사랑은 상대방과의 결합을 강하게 열망하는 상태를 말한다. 성적 욕망과 밀접한 관련이 있다.

2

열정적 사랑과 동반자적 사랑은 시간이 지나면서 서서히 감소한다고 주장하는 연구자들도 있고, 동반자적 사랑이 열정적 사랑의 자리를 대신한다고 주장하는 연구자들도 있다.

3

문화권마다 차이가 있긴 하지만 사랑 자체는 모든 문화에서 보편적이며 문화권에 따라 여러 형태로 나타난다.

일레인 햇필드 & 메건 포브스 *Elaine Hatfield & Megan Forbes*

일레인 햇필드는 하와이대학 심리학 교수이며 과학적성연구협회*Society for the Scientific Study of Sexuality* 전 회장이다. 최근에는 일생 동안의 연구 업적을 인정받아 심리학협회가 주는 '최고과학자상'을 수상했다. 또한 저서 두 권으로 미국심리학협회의 전국미디어상을 수상했다. 남편 리처드 L. 랩슨과 함께《사랑과 섹스, 친밀감의 심리학과 생물학, 역사학*Love, Sex, and Intimacy: Their Psychology, Biology, and History*》과《비교문화적 관점에서 본 사랑과 섹스*Love and Sex: Cross-Cultural Perspectives*》를 공동 저술했다.
메건 포브스는 하와이대학 사회심리학과 대학원생이다. 열정적 사랑과 평등 이론, 배우자 선택, 가상(온라인) 관계에 관심을 갖고 연구하고 있다.

사랑이라는 말에 담긴 의미가
같은 사람을 찾아라.

°'사랑해'라는 말의 의미
What does "I love you" mean?

사랑에 관한 연구를 볼 때면 항상 그의 이름을 마주친다. 어느 심리학자는 사랑에 관한 한 그의 이름이 프로이트나 매슬로우*Maslow*(인본주의 심리학의 창시자-역주)처럼 느껴진다고 말했다. 그의 '사랑의 삼각형'은 사랑의 개념을 설명하는 최고의 모델로 널리 알려져 있다. 로버트 J. 스턴버그는 최근에 '사랑해.'라는 세계에서 가장 유명한 말의 의미를 연구하면서 사랑의 삼각형에 우리의 개인적인 '사랑 이야기'를 덧붙였다.

두 사람이 서로 사랑한다고 말했는데 나중에 알고 보니 유감스럽게도 서로 다른 의미였던 경우가 종종 있다. 시간과 돈, 무엇보다 감정적 자원을 관계에 투자한 뒤에야 비로소 서로의 사랑이 다른 의미였음을 알고 후회한다. 사람들이 "사랑해."라고 말할 때 이 말은 무슨 의미일까? 사랑에 관한 나의 이중 이론*duplex theory*에 따르면, 사랑에는 다양한 의미가 있다. 두 사람의 사랑이 성공할지는 대부분 두 사람이 말하는 사랑이 같은 의미인지에 달려 있다.

사랑의 삼각형

이중 이론의 첫 부분은 삼각형 이론이다. 삼각형 이론에 따르면 사랑에는 친밀감, 열정, 헌신이라는 세 가지 기본 요소가 있다. 친밀감은 신뢰 · 보살핌 · 연민 · 소통 · 이해 · 공감 · 유대감이 혼합된 감정이다. 열정은 흥분 · 에너지 · 열광, 상대방에게 불가항력으로 끌리는 감정이다. 헌신은 무슨 일이 있더라도 관계를 오랫동안, 아마도 영원히 지속하기로 한 결정이다.

친밀감, 열정, 헌신이 어떻게 조합을 이루는가에 따라 사랑의 종류가 결정된다. 세 가지 요소 중 하나라도 없으면 사랑이 아니다. 친밀감만 있으면 흔히 말하는 호감이다. 열정만 있으면 도취다. 헌신만 있으면 공허한 사랑이다. 친밀감과 열정이 있는데 헌신이 없으면 낭만적 사랑이다. 친밀감과 헌신이 있는데 열정이 없으면 동반자적 사랑이다. 열정과 헌신이 있는데 친밀감이 없으면 어리석은 사랑이다. 친밀감과 열정과 헌신이 모두 있으면 완전하고 성숙한 사랑이다.

시간의 흐름

사랑의 세 가지 요소는 시간이 흐르면서 달라진다. 두 사람이 처음 만났을 때는 대체로 친밀감이 낮다. 시간이 흐르고 관계가 성공하면 친밀감이 높아진다. 관계가 실패하면 친밀감도 낮아지기 시작한다. 관계가 성공하면 친밀감이 마침내 점근선을 그린다. 시간이 흐르면서 두 사람 사이에 각자의 비밀이 생기기 시작하면 친밀감이 낮아진다. 비밀이 생기는 것은 다시는 닫기 어려운 문을 여는 것과 같다.

열정은 시간이 흐르면서 중독과 같은 변화를 보인다. 처음에는 상대방을 한 번 만나는 것만으로도 강렬한 기쁨의 파도를 느낀다. 그러다 시간이 지나고 만남이 습관이 되면 관계 초기에 느꼈던 강렬한 감정을 더는 느끼지 않게 된다. 열정은 어느 정도 시간이 지난 후에는 최고조에 도달했을 때보다 낮은 수준에서 점근선을 그린다. 그러다가 상대방을 잃으면 알코올이나 니코틴, 카페인 같은 중독성 물질을 습관적으로 사용하던 사람이 갑자기 중단했을 때처럼 금단 증상을 겪게 된다. 금단 증상을 극복하는 데는 한동안 시간이 걸린다.

성공적인 관계에서 헌신은 시간이 흐르면서 증가하여 어느 지점에서 접근선에 도달한다. 두 사람이 결혼하기로 결정하는 순간이 대표적인 예다. 성공적인 관계에서는 헌신이 접근선에 머무르거나 더 높아질 가능성도 있다. 실패한 관계에서는 헌신이 완전히 사라진다.

더 큰 만족

우리는 특정한 관계에서 사랑의 세 가지 요소를 각각 측정하는 설문 조사를 실시했다. 조사 결과, 사랑에서 더 큰 만족과 행복을 가져다주는 두 가지 조건이 있다. 첫째, 친밀감과 열정과 헌신을 많이 경험한 커플일수록 행복하다. 이런 커플은 관계가 한쪽으로 치우치지 않는다. 둘째, 사랑의 삼각형과 일치하는 패턴을 보이는 커플일수록 더 행복하다. 각자 원하는 친밀감과 열정과 헌신이 조화를 이룰수록 사랑에 성공할 확률이 높아진다. 예를 들어, 한 사람은 열정을 많이 원하지만 친밀감은 그만큼 원하지 않고, 다른 사람은 친밀감을 많이 원하지만 열정은 그다지 원하지 않으면 이 커플의 관계는 원만할 수 없다.

사랑은 이야기다

사랑의 삼각형이 정확히 어디서 유래했는지 궁금할 것이다. 사랑의 삼각형의 기원은 사랑 이야기다. 우리는 태어나는 순간부터 수많은 사랑 이야기를 경험한다. 부모의 관계에서, 친구 부모의 관계에서, 책에서, TV에서, 영화에서, 그리고 자신의 인생에서 다양한 사랑 이야기를 경험한다. 모든 사랑 이야기에는 두

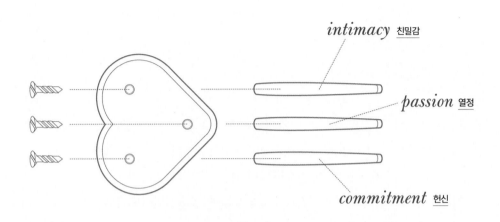

intimacy 친밀감

passion 열정

commitment 헌신

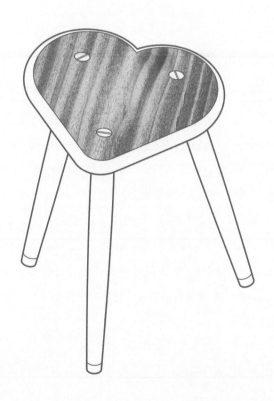

주인공이 있고, 이들은 서로 비슷한 역할을 하거나 보완적인 역할을 한다. 사랑 이야기는 시간이 흐르면서 전개되고 변화한다. 사람마다 좋아하는 사랑 이야기가 있다. 사람들은 자신이 선호하는 이야기에서 더 행복을 느낀다. 한 사람이 좋아하는 이야기가 다른 사람에게는 선호도가 높지 않을 경우, 둘 중 한 명이 선호도가 높은 이야기를 가진 다른 누군가를 만나면 두 사람의 관계가 위태로워진다. 모든 이야기는 사람마다 다르게 적용되며, 어떤 이야기는 다른 이야기보다 나쁜 결과로 이어진다.

흔히 볼 수 있는 사랑 이야기는 대략 스물네 가지다. 몇 가지 유형을 예로 들어보자. 우선, 왕자와 공주가 만나서 오래도록 행복하게 살았다는 동화 이야기가 있다. 두 비즈니스 파트너가 만나서 관계를 비즈니스로 생각하는 비즈니스 이야기도 있고, 두 사람이 오랫동안 함께 여행하며 같은 길을 가는 여행 이야기도 있다. 한 사람이 다른 사람을 끊임없이 조사하는 탐정 이야기와 한 사람이 다른 사람을 학대하는 공포 이야기, 애인을 수집하는 수집가 이야기도 있다.

우리는 특정한 관계에서 각각의 사랑 이야기를 측정하는 설문조사를 실시했다. 조사 결과, 여행 이야기와 공포 이야기처럼 서로 잘 맞지 않는 이야기보다는 두 사람의 이야기가 서로 잘 맞고 이야기의 윤곽이 일치할 때, 즉 이야기 선호도가 비슷한 사람들이 만났을 때 가장 행복한 것으로 나타났다.

그렇다면?

사람들이 "사랑해."라고 말할 때 그 말에 담긴 의미는 저마다 다르다. 그 의미가 어느 정도 같은 사람과 함께 있을 때 우리는 가장 행복할 수 있다.

1 삼각형을 이루는 사랑의 세 가지 요소가 있다. 친밀감, 열정, 헌신이다. 각 요소가 어떤 조합을 이루는가에 따라 사랑의 종류가 결정된다.

2 사랑의 세 가지 요소는 시간이 흐르면서 변한다. 세 가지 요소를 더 많이 경험할수록, 요소들의 균형이 상대방과 비슷할수록 행복하다.

3 사람마다 각자 좋아하는 사랑 이야기가 있다. 자신이 선호하는 사랑 이야기를 경험할 때, 두 사람이 선호하는 사랑 이야기가 일치할 때, 사람들은 더 행복을 느낀다.

로버트 J. 스턴버그 *Robert J. sternberg*

심리학자이자 심리측정전문가이며 오클라호마주립대학 교무처장이다. 미국심리학협회 회장이며 〈미국 심리학자 *American Psychologist*〉를 비롯한 다수 학술지의 편집위원이다. 예일대학에서 석사학위를, 스탠퍼드대학에서 박사학위를 받았다. 북미 대학 1개와 남미 대학 1개, 유럽 대학 8개에서 명예박사학위를 받았다. 케임브리지대학 심리측정센터 *Psychometiric Centre* 특별 준회원이다. 주요 연구 분야는 지능과 창의성을 비롯한 고차원적 정신기능과 사랑, 증오이다. 〈사랑의 이중이론 *A Duplex Theory of Love*〉을 비롯한 다수 논문과 《큐피드의 화살과 사랑은 이야기다 *Cupid's Arrow and Love is a Story*》 등의 저서가 있다.

사랑은 서구의 산물인가

Product of the West?

"비서구 사회에는 기원을 거슬러 올라갈 만한 낭만적 사랑에 관한 연구가 거의 없다. 인류학자와 심리학자, 역사학자들이 낭만적 사랑은 미국과 영국이 세계 문화에 기여한 부분이며 유럽의 탐험과 식민지화 덕분에 세계 각지로 퍼졌다고 생각하기 때문이다." 수 밍 티오는 이들의 생각이 틀렸다고 말한다.

1950년대부터 1990년대까지 미국 학자들은 미국과 서구 유럽의 문화적 전통에서 신념 체계가 유래한 사회에서만 사랑이 발견된다고 주장했다. 유럽 학자들도 낭만적 사랑이 12세기경 남부 프랑스에서 발생한 궁정식 연애 원칙에서 비롯된 비교적 한정된 지역의 현상이라는 데 주저 없이 동의했다. 이들의 주장을 이끈 사람이 프랑스 문학비평가 드니 드 루즈몽*Denis de Rougemont*이다. 1940년에 출간된 대표작《서구 세계의 사랑*Love in the Western World*》에서 루즈몽은 서구 문화가 낭만적 사랑을 발명하고 찬양했다는 점에서 다른 모든 문화와 구별된다고 주장했다. 이때 루즈몽이 말한 사랑은 사랑하는 대상을 이상화하고 이타심과 우정, 성욕, 강렬한 열정이 결합된 개념이다. 루즈몽은 낭만적 사랑이 나중에 부부의 사랑으로 통합되었으며 부부의 사랑에 반드시 필요한 부분이라고 말했다. 이것이 20세기에 많은 서구 학자들이 믿었고 서구 문화가 전 세계로 퍼지면서 오늘날 보편적 현상이 된 사랑의 이상과 실제다.

루즈몽은 프랑스 음유시인들의 문학에 의지하여 주장을 펼쳤지만, 역사가들은 문학적·음악적 근거만으로는 사랑이 일반 사회에서 널리 수용되거나 실제로 존재했다고 볼 수 없다고 주장했다. 일례로, 프랑스 역사가 필립 아리에스 *Philippe Ariès* 는 어린 시절에 관한 연구에서 대부분의 유럽 역사에서 유럽인 가족이나 결혼을 앞둔 남녀 사이에 애정의 증거는 거의 찾아볼 수 없다고 말했다. 영국 역사가와 사회학자들도 이 말에 동의하며, 낭만적 사랑과 가족의 감정적 유대는 농업혁명과 산업혁명 등 근대화 과정의 부수적인 결과로 18세기에야 나타났으며 이 현상이 근대화 과정을 간접적으로 부추겼고, 이런 경제적 변화가 사회 변화를 초래했다고 주장했다. *사랑은 서구가 예외적인 세계이며 '문명화'된 사회라는 것을 주장하기 위해 문화적 표지로 만든 개념이다.*

최근에 인류학자들이 비서구 사회의 사랑에 대한 부정적 평가를 바꾸려는 노력을 많이 했지만 특별히 달라진 것은 없다. 사람들은 여전히 근대 서구 사회의 낭만적 사랑의 정의에 따라 비서구 사회를 판단한다. 서구 학자들은 서구 사회의 규범과 표현에 따라 낭만적 사랑을 정의한 다음에 비서구 사회의 문화와 부족 속에서 사랑을 찾으려고 한다(또는 찾는 데 실패한다). 그런데 여기에는 한 가지 문제가 있다. 서구에서도 사랑의 표현과 로맨스 의식은 시간이 흐름에 따라 계속 변화했다. 오늘날에는 빨간 장미와 초콜릿 상자가 로맨스와 사랑을 뜻하지만 근대 이전의 웨일즈에서는 젊은 남성이 여성에게 사랑을 표시할 때 라이투*rhythu*라는 그 지방 의식에 따라 여성의 치마에 오줌을 누었다.

"근대 이전의 웨일즈에서는
젊은 남성이 여성에게 사랑을 표시할 때
여성의 치마에 오줌을 누었다."

*"In pre-modern Wales a young man expressed
his love for a woman by urinating on her dress."*

학자들은 사랑의 감정은 보편적이지만 낭만적 사랑의 표현과 의식은 문화마다 차이가 나며 시간이 지나면 달라진다는 사실을 인정해야 한다. 그러면 사랑이 보편적인지 아니면 서구 사회에 한정된 현상인지 고민하는 막다른 골목에서 빠져나와 역사적으로 구체적인 사랑이 문화에서 어떻게 나타났는지 연구할 수 있을 것이다.

수밍 티오 *Hsu-Ming Teo*

호주 시드니맥쿼리대학 근대사학과 문화역사학자이다. 최근에 호주의 낭만적 사랑에 관한 대중문화를 주제로 책과 학술지 특별판을 펴냈다. 대표적 저서로는 《호주 문화사 *Cultural History in Australia*》와 《사막의 열정: 오리엔탈리즘과 로맨스 소설 *Desert Passions: Orientalism and Romance Novels*》이 있다. 또한 소설 《사랑과 현기증 *Love and Vertigo*》을 써서 문학상을 수상했으며, 〈호주 연구 저널 *Journal of Australian Studies*〉과 〈대중 로맨스 연구 저널 *Journal of Popular Romance Studies*〉 편집위원이다.

사랑이 저절로 오기를
기다리지 말라.

°사랑과 성의 건축가

Architects of love & sex

건축가나 엔지니어가 동화나 신화, 소문, 이야기로 집을 짓고 다리를 세운다고 상상해보자. 이렇게 지은 건물은 재앙이 될 것이다. 그런데 우리는 인생에서 가장 중요한 '사랑과 성'이라는 건물을 바로 이런 식으로 짓는다. 에밀 은 만룬 교수는 평생 동안 사랑의 건축을 연구한 공로로 세계성건강협회 *World Association for Sexual Health* 로부터 성과학 금훈장을 받았다. 우리가 어떻게 하면 애정 관계에서 더 훌륭한 건축가가 될 수 있는지 그는 알고 있을까?

현대 사회에서 빠르게 증가하는 이혼율과 높아지는 결혼 연령, 점점 낮아지는 출산율, 일회적 성관계의 증가에서 알 수 있듯이, 오래도록 지속되는 낭만적·성적 사랑을 지지하는 사람들이 동서양을 불문하고 점점 줄어들고 있다. 그 중요한 원인으로 사랑과 성에 관한 진지하고 실질적인 공식 교육의 부재를 들 수 있다. 학교에서 성교육을 제대로 하는 나라가 거의 없고, 사랑에 대한 교육은 그보다 더 심각하다. 그 이유는 사랑이 교육하기 어렵고 아이들의 장래 직업 훈련이라는 더 중요한 과업에 방해가 된다고 생각하기 때문이다. 또한 사랑에 관한 문제가 성관계로 인한 질병이나 낙태, 성범죄만큼 당장 위험해보이지 않기 때문이다.

그러므로 우리가 받을 수 있는 사랑과 성에 대한 교육은 대부분 비공식적인 교육이다. 대중매체와 동화, 전해오는 이야기, 지어낸 이야기들로 인해 사랑과 성에 관한 근거 없는 통념과 잘못된 생각이 퍼진다. 일례로, 거의 모든 동화와 사

랑 이야기가 결혼식 같은 행복한 결말로 끝나며 더는 노력하지 않아도 '영원히 행복하게 살 수 있다.'는 잘못된 인상을 심어준다. 이런 *사랑 이야기들은 질투, 증오, 소유욕, 자살 등을 포함한 사랑의 모든 것을 아름답게 꾸미고 미화한다.* 그러나 실제 삶에서는 이런 요인들 때문에 사랑하는 관계가 완전히 파괴된다.

잘못된 메시지

사랑과 성에 관한 더 진지하고 일상적인 교육은 대중 철학과 심리학, 영적 가르침에서 나올 수 있다. 그런데 이런 가르침도 혼란스럽고 잘못된 방향으로 흐르는 경우가 많다. 작가 샘 박닌*Sam Vaknin*은 저서《사랑의 병리학*The Pathology of Love*》에서 낭만적 사랑과 성이 일종의 정신이상이나 중독이라고 말한다. 철학자 에인 랜드*Ayn Rand*는 '사람들이 사랑에서 찾고자 하는 것은 개인적이고 이기적인 행복'이라며 낭만적 사랑과 성이 이기심의 다른 형태일 뿐이라고 주장한다. 일본의 신쥬(동반자살-역주) 풍습은 스토킹과 폭력, 자살도 눈감아줄 정도로 사랑을 미화한다. 성경에서는 사랑이 조건이나 상황에 관계없이 '언제나 보호하고, 믿고, 바라고, 인내하는', 인간의 능력을 넘어서는 것으로 신성시한다. 정신분석학자 에리히 프롬*Erick fromm*은 유명한 저서《사랑의 기술*Art of Loving*》에서 성을 배제한 사랑을 주장한다. 사랑이 성과 관계없는 이타주의나 신의 사랑이라는 '이상적'인 형태로 성장하는 과정에서 성적 요소가 과도기적 역할을 할 뿐이라고 말한다. 다른 많은 사랑 철학에서도 사랑을 넘을 수 없는 높고 추상적이고 복잡한 것으로 끌어올리고, 비논리적이고 예측불가능하고 다룰 수 없는 것으로 신비화한다. 제니퍼 스미스*Jennifer Smith*가 저서《첫눈에 반할 통계적 확률

Statistical Probability of Love at First Sight》에서 *"사랑은 세상에서 가장 강하고, 가장 비논리적인 것이다."*라고 말한 것과 같은 맥락이다. 이 말은, 많은 사람들이 생각하는 것처럼 사랑을 우연이나 운명에 맡기고 도박이나 얻기 어려운 호사로 받아들이는 편이 낫다는 뜻이다.

장기적인 사랑과 성에 대한 희망과 확신을 회복하기 위해서는 사랑과 성에 관한 모순된 메시지들을 모두 제거해야 한다. 물론 장기적 사랑과 성은 얻기 어렵고 우연과 운명이 작용할 여지는 항상 있지만, 그렇지 않은 성공이 어디 있겠는가? 직업에서 장기적으로 성공하는 것도 그만큼 어려우며 똑같이 좋은 조건이 필요하다. 그러나 직업적 성공을 바라는 것이 정신 이상이나 환상이라거나 삶에서 사소한 과도기적 단계라는 식의 복잡한 이론을 만들어내는 사람은 없다. 이런 이론은 사랑을 위해 노력하지 않으려는 핑계일 뿐이다. 게다가 만족스럽고 장기적인 사랑과 성의 성공은 평생 동안의 직업적 성공보다 훨씬 더 중요하다. 자신의 생존이 아닌 종의 생존과 관련이 있기 때문이다.

다섯 가지 원칙

낭만적 사랑과 성이 우리가 삶에서 달성해야 할 성취라면, 이를 위해서 정보를 수집하고, 열심히 일하고, 헌신하고, 효과적인 정서 관리 기술과 생활 관리 기술을 연마하는 등 노력을 기울여야 한다. 그러기 위해 중요한 다섯 가지 원칙을 대략적으로 소개하겠다.

1 *생애 초기부터 준비하기 시작한다.* 훌륭한 인격을 갖추기 위한 훈련은 일찍부터 시작해야 한다. 미래의 직업적 성공을 위해서 뿐 아니라 만족스러운 사랑을 찾아 성관계를 맺고 유지하기 위해서 매우 중요하다.

2 *자신이 무엇을 원하는지 일찍 깨닫는다.* 이상적인 관계와 배우자의 기준을 일찍 결정해야 하며, 이 기준은 가능한 명확하고 구체적인 것이 좋다. 통념에 따르거나 다수가 선호하는 기준을 그대로 따라서는 안 된다. 사람마다 여건이 다르고 필요한 것도 다르기 때문이다. 일단 선정한 기준은 외부의 변화에 맞게 가끔 바뀔 수 있지만 자주 바뀌어서는 안 된다. 그렇지 않으면 현재의 배우자 또는 미래의 배우자가 변화에 적응할 수 없다.

3 *이상적인 배우자를 적극적으로 찾는다.* 좋은 일자리를 찾을 때와 마찬가지로 직접 찾아나서야 한다. 저절로 떨어지기를 기다려서는 안 된다. 뛰어난 관찰력과 적절한 감수성, 가까이 다가가는 기술, 고집할 때와 포기할 때를 아는 지혜가 필요하다. 평화롭고 우아하게 포기할 줄도 알아야 한다.

4 *실패에서 배운다.* 아무리 철저히 준비하고 훈련했더라도 첫 시도에서 성공하는 사람은 거의 없다. 상처를 신속하게 치료하고, 다른 사람을 탓하지 말라. 무엇을 잘못했는지, 어떻게 하면 더 잘 할 수 있는지 확인하여 다음번에는 더 좋은 기회를 잡을 수 있도록 한다.

5 *지속적인 교육과 평가를 한다.* 장기적인 직업을 구할 때와 마찬가지로 장기적인 사랑과 성관계에서도 지속적인 교육과 평가가 중요하다. 몸과 마음과 환경은 삶과 관계의 모든 단계마다 달라진다. 만족스러운 사랑을 유지하기 위해서는 철저하게 준비하고 현명하게 적응해야 한다.

러브레터 LOVE LETTER

에밀 은 만룬 교수는 현대 사회의 일부일처제를 신랄하게 비판하고 복혼제를 열렬하게 지지하지만 정작 자신은 '유일한 사랑이자 성 관계 상대와 40년 넘게' 행복한 결혼 생활을 유지하고 있으며 이들의 사랑은 지금도 커지고 있다고 한다. 결혼 40주년을 기념하여 그는 1969년부터 1972년까지 전쟁 기간 동안 홍콩에서 베트남에 있던 부인에게 부친 연애편지를 책으로 출간했다. 두 사람은 1971년에 처음으로 단 일주일 동안 만날 수 있었다고 한다. 이 책은 평생의 소명으로서 사랑하는 관계를 어떻게 돌봐야 하는지 알려주는 살아있는 교재로 중국에서 널리 알려져 있다.

실질적인 교육

사랑과 성에 관해 판단을 흐리는 요인들을 제거하고 실질적인 교육을 시작하려면 세계 어느 나라든 상당한 시간이 걸릴 것이다. 그런데 중국에서는 대중매체가 이미 이 일을 하고 있으며, 이런 추세가 점점 강화되고 있다. 중국의 주요 도시 TV에서는 결혼 중매 프로그램들을 방송하는데, 이 프로그램에서는 남자와 여자들이 카메라 앞에 나와 자신의 이상형을 밝히고 그 자리에서 십여 명의 이성을 만나 선을 본 후, 만남이 성공하면 한 사람과 데이트를 시작한다. 이 프로그램들은 여러 해 동안 높은 시청률을 기록했다. 중국은 오랜 역사를 통해 사랑과 성과 결혼에 대해 실질적이고 개방적인 철학을 갖게 되었고 다양한 문화로 구성된 덕분에 스스로 만든 사랑과 성의 난제에서 먼저 빠져나올 수 있었으며, 그에 따른 많은 심각한 어려움도 극복할 수 있었던 것으로 보인다.

우리는 모두 낭만적 사랑과 성적 사랑에 관한 진지하고 공식적이며 실질적인 교육을 받아야 한다. 우리는 대부분 사랑과 성을 대중매체와 동화, 전설, 허구에서 배웠다. 그 결과 사랑과 성은 일종의 정신 이상이나 소유욕으로 격하되고, 스토킹이나 폭력, 자살 같은 파괴적 행동조차 눈감아주는 것으로 미화되었으며, 인간의 능력을 넘어서 무조건 '언제나 보호하고, 믿고, 바라고, 인내하는' 것으로 신성시되었다. 또한 사랑은 성을 완전히 배제한 것으로 탈색되고, 넘을 수 없는 높고 추상적이고 복잡한 이론이 되었으며, 비논리적이고 예측할 수 없고 관리할 수 없는 것으로 신비화되었다. 그리고 그것은 차라리 우연이나 운명에 기대야 하는 것이 되었고, 오락이나 호사로 치부되고, 비현실적인 슬로건이나 판에 박힌 문구가 되었다. 현재 중국과 외국에서는 사랑과 성을 이렇게 왜곡된 방식으로 취급하지 않는다. 사람들은 사랑과 성을 모든 관심을 기울이고 합리성과 기술을 동원하여 노력해야 할 또 하나의 일생의 작업으로 인식하고 있다.

1 우리가 받아온 사랑에 대한 대중적인 교육이나 진지한 가르침은 대부분 잘못되었으며 파괴적인 결과를 초래한다.

2 사랑에 성공하기 위해서는 현명하고 실질적인 목표 설정과 훌륭한 계획, 이를 실행하는 끊임없는 노력이 필요하다.

3 더 나은 사랑과 성 생활을 위해서 우리는 모두 낭만적 사랑과 성적 사랑에 관해 진지하고 실질적이고 공식적인 교육을 받아야 한다.

에밀 은 만룬 *Emil Ng Man Lun*

중국 홍콩대학 가족연구소 명예교수이며 부소장이다. 1977년 런던대학에서 첫 수련을 마쳤다. 그 후 정신치료요법과 사랑과 성을 주제로 영어로 7권, 중국어로 20권 이상 책을 저술 또는 공동 저술했고 100여 편의 논문을 썼다. 홍콩성교육협회*the Hong Kong Sex Education Association*(1985)와 아시아성과학협회*Asian Federation for Sexology*(1990) 창립자이자 회장이며 14회 세계성과학회의*World Congress of Sexology*(1999) 회장을 지냈다. 세계보건기구를 포함한 국내외 다수 정부 및 비정부 기구의 고문도 맡고 있다. 아시아성과학협회로부터 아시아성과학자상을 수상했으며(1994), 세계성건강협회 *World Association for Sexual Health*로부터 성과학 금훈장을 받았다(2003).

타협은 훌륭한 우산이지만 형편없는 지붕이다.

°사랑의 경제학
The economics of love

경제학자가 사랑에 대해서 어떤 얘기를 해줄 수 있을까? 아주 많다. 경제학자는 유용한 탐색 전략과 결혼의 경제적 효과, 1 더하기 1이 어떻게 3이 될 수 있는지, 왜 값비싼 결혼반지를 교환하는지 연구한다. "사랑의 경제학은 사랑의 기적을 깨지 않는다. 현명하게 사용하면 최고의 애정 생활을 영위하는 데 도움이 된다."라고 경제학자 하노 벡은 말한다.

사랑과 짝을 선택할 때 아무런 계산을 하지 않고 직관으로 선택한다고 말하는 사람들이 있다. 아마도 사실이겠지만, 사랑에서 손익 비교를 배제하는 것은 조급한 행동이다. 최초 감정의 폭풍이 지나간 뒤에 우리는 자신의 결정을 다른 각도에서 돌아보게 된다. 바보만이 그대로 돌진한다. 뜨거웠던 순간에 내린 결정을 다시 생각하여 개선하지 않을 이유가 무엇인가?

왜 결혼하는가? 또는 결혼하지 않는가?

장기적 관계의 단점은 무엇인가? 첫 번째, 장기적 관계에서는 자유가 없다. 관계를 맺는 것은 타협을 한다는 뜻이고, 타협은 둘 중 누구도 원하지 않는 것을 선택한다는 의미다. 타협은 훌륭한 우산이지만 형편없는 지붕이다. 안정된 관계의 두 번째 단점은 선택권이 없다는 것이다. 독신인 사람들은 자유롭게 파트너를 찾을 수 있지만 결혼한 사람들은 그렇게 할 수 없다.

반면, 안정된 관계의 장점도 아주 많다. 첫 번째, *생산성을 높일 수 있다*. 부부는 각자 자신이 잘하는 일을 전문적으로 할 수 있다. 서로 다른 재능을 가진 두 사람이 짝을 이루면 전문화할 여지가 생긴다. 예를 들어, 가사를 좋아하고 잘하는 사람이 가사를 전담하고 아이들을 즐겁게 해 줄 수 있는 사람이 육아를 맡는 식이다. 이렇게 하면 두 사람이 함께 사는 효과가 극대화된다. 이것은 국가 간 분업이 관련된 모든 국가의 전체적인 부를 증진시킨다고 주장한 경제학자 리카도 *David Ricardo*가 처음 착안한 생각으로, 사랑하는 사람들에게도 적용할 수 있다. 이때 분업에서 발생하는 관계의 장점은 두 사람의 차이에 따라 결정된다. 두 사람의 차이가 클수록 분업의 효과가 크다.

안정된 관계의 두 번째 장점은 친밀감이다. 경제적 관점에서, *관계는 회사와 같다.* 산출물을 생산하기 위해서는 자원(두 사람, 많은 타협, 약간의 사랑)을 투입해야 한다. 사랑의 산출물은 잘 운영되는 가정이 아니라 다른 독특한 산출물, 즉 친밀감이다. 친밀감은 무척이나 배타적인 산출물로, 시장에서는 구할 수 없다. 사랑하고 배려하는 배우자, 나의 슬픔과 두려움을 이해해주는 사람, 친숙함은 두 사람이 서로를 잘 알고 돌보는 안정된 관계에서만 나올 수 있다.

비슷한 또는 반대되는?

이런 장점과 단점을 검토하면 사랑에 관한 가장 중요한 질문에 대답할 수 있다. 우리는 비슷한 사람끼리 끌리는가? 아니면 반대되는 사람끼리 끌리는가? 반대되는 사람끼리 끌리는 경우에, 이 결합의 경제적 이점은 분업에서 나온다. 두 사람의 차이가 클수록 분업의 이점도 커진다. 반대되는 사람끼리 끌리는 이유는 서로 다른 부분에서 이익을 볼 수 있기 때문이다. 즉, 전문화의 이점을 누릴 수 있기 때문이다.

그러나 관계의 두 번째 이점, 즉 친밀감이라는 면에서는 비슷한 사람끼리 만나는 편이 유리하다. 두 사람의 감정과 생각이 유사하면 타협할 필요가 적어지고 갈등도 서로 반대 성향인 부부처럼 크지 않다. 비슷한 성향은 조화와 친밀감을 형성하는 데 중요한 전제조건이다.

현대의 테크놀로지

해답은 현대의 테크놀로지 발달에서 찾을 수 있다. 현대에는 진공청소기와 즉석식품, 식기세척기 같은 발명품 덕분에 독신자도 다른 사람의 도움 없이 가사를 쉽게 처리할 수 있게 되었다. 그 결과, 남성은 돈을 벌고 여성은 복잡한 가사를 전담하는 방식이 더는 유효하지 않다. 과거의 결혼 패턴은 전문화의 이점을 최대화하기 위한 것이었다.

테크놀로지의 발달 덕분에 가사가 쉬워지고 그 결과로 중매결혼의 매력이 사라지고 전문화의 이득이 줄어들고 성격이 다른 사람과 결혼하는 이점이 감소했다. '반대되는 사람끼리 끌리는' 유익함도 사라졌다.

이로써 '비슷한 사람끼리' 끌리는 것만 남았다. 친밀감, 조화, 사랑 같은 관계의 산출물을 테크놀로지로 만들거나 시장에서 살 수 없다. 결혼에서 더는 전문화가 필요하지 않게 된 반면에 조화와 사랑은 안정된 관계에서만 얻을 수 있으므로, 경제적 관점에서 최고의 결혼은 비슷한 사람끼리 하는 것임이 분명해졌다.

과거를 돌아보면 이 결론이 더 명확해진다. 10년 전에는 중매결혼이 일반적인 유형이었다면 요즘은 전문화에서 얻을 수 있는 이점이 아닌 낭만적 감정으로 배우자를 선택한다. 오늘날 누구와 결혼할지는 전문화의 문제가 아니라 로맨스의 문제다.

keys of LOVE

1 결혼의 단점은 자유와 선택권을 잃는 것이다. 장점은 생산성과 복지, 친밀감이라는 고유의 산출물이 증가하는 것이다.

2 현대의 테크놀로지 발달로 인해 반대되는 사람끼리 끌리는 이점이 사라졌다.

3 경제적 관점에서, 오늘날 최고의 결혼은 비슷한 사람끼리 하는 결혼이다.

하노 벡 *Hanno Beck*

독일 포르츠하임대학 응용과학대 경제학 교수이다. 분야는 일상의 경제학, 행동경제학, 미디어경제학, 금융시장이다. 몇 가지 경제 문제를 주제로 다수 논문을 썼고 사랑의 경제학에 관한 책을 출간하여 성공을 거두었다. 그의 개인적 사랑은 가족과 친구, 애완견과 기타이다.

°행복한 독신

Happy singles

"늘 혼자 사는 것이 좋았습니다. 독신자에 대한 편견과 차별(나는 이것을 '싱글리즘'이라고 부릅니다), 결혼과 결혼식, 짝짓기, 낭만적 사랑에 대한 과대광고를 제외하면."이라고 벨라 드파울로 교수는 말한다. 드파울로는 독신자들의 사랑과 삶을 면밀하게 연구했다. 그리고 거기서 조금의 비참함도 발견하지 못했다.

미디어와 심지어 일부 학문적 저술에서 결혼과 낭만적 사랑을 찬양하는 방식 때문에 나는 독신 생활을 사랑하는 사람이 나 혼자인 줄 알았다. 다른 사람들은 독신 생활을 벗어나고 싶어 할지 모르지만 나는 그렇지 않았다. 나는 좋은 상대를 만나지 못해서 또는 문제가 있어서 독신으로 사는 게 아니다. 독신 생활이 내게 잘 맞는다. 내게는 가장 의미 있고 생산적인 삶의 방식이다. 나는 뼛속까지 독신자다.

이 연구를 시작한 이후에 나는 새로운 사실을 발견하고 놀랐다. 독신자가 비참하고 외롭고 사랑 없이 살며 독신을 탈피하는 것이 가장 큰 소원이라는 생각은 통념일 뿐이었다. 이런 주장은 대단히 과장되거나 명백하게 잘못되었다. 어떤 과학적 자료도 이런 주장을 뒷받침하지 못한다. 이렇게 많은 독신자가 잘 지내는 이유는 이들이 낭만적 사랑보다 훨씬 더 큰 풍부하고 광범위한 사랑의 의미를 포용하기 때문이다. 독신자가 자신의 삶에서 중요한 사람들을 매우 소중하게 여긴다는 것은 잘 알려진 사실이다. 몇몇 조사에서 독신자는 결혼한 사람들보다 부모, 형제자매, 이웃, 친구들과 함께 보내는 시간이 더 많은 것으로 나타났다.

내가 가장 좋아하는 사례가 전 미국 대통령 존 F. 케네디의 유명한 연설 집필자였으며 한 가정의 남편이자 아버지였던 고 테드 소렌슨*Ted Sorensen*의 이야기다. 〈뉴욕타임스〉가 "케네디와 함께 일한 경험이 당신 일생에서 가장 큰 사랑이었습니까?"라고 묻자 그는 이렇게 대답했다. "물론입니다." 소렌슨은 결혼한 사람이었지만, 그가 일을 사랑과 삶의 목적으로 열렬하게 포용한 태도는 결혼 여부에 관계없이 우리 모두에게 교훈을 준다. 사실, 자신의 영혼을 울리는 일에 가장 가치를 두는 사람들은 독신자일 것이다. 고등학생들을 대상으로 한 연구에서, 20대 후반까지 독신으로 남을 학생들은 결혼할 학생들보다 의미 있는 일을 더 중시하는 것으로 나타났다. 이 결과는 거의 10년이 지난 후에도 변하지 않았다. 《자유가 더 좋은 남편이다*Liberty, A Better Husband*》라는 제목은 루이자 메이 올컷 *Louisa May Alcott*의 일기에서 나온 말이다. 올컷은 남북전쟁 전 미국의 독신 여성에 대한 글을 쓰고 있었다. "이 여성은 자신의 자유를 자율과 소속 둘 다로 보았다. 자유는 그녀가 자신의 성이나 공동체, 혈족의 발전을 위해 삶과 능력을 바칠 수 있게 해주었다." 오랫동안 여성과 남성이 사회 정의라는 명분에 헌신한 덕분에 *사랑과 열정은 언제나 다이아몬드 반지와 빨간 장미보다 큰 의미를 가질 수 있었다.*

"우리 인생의 사랑은 '누구'가 아니라 '무엇'이다."

" The love of your life may be a 'what' rather than a 'who'."

당신 인생의 사랑은 누구인가? 아마도 그 사랑은 '누구'가 아니라 '무엇'일 것이다. 당신의 사랑은 단 한 사람보다 훨씬 클 것이다. 사랑의 가장 크고 가장 넓은 의미에 마음을 열면, 최고로 의미 있는 삶을 살게 될 것이다.

벨라 드파울로 *Bella DePaulo*

하버드대학 박사이며 사회심리학자이고 미국 캘리포니아대학 심리학 초빙교수이다. 100여 편의 과학적 저술을 했고 《싱글이 되다: 싱글에 대한 고정관념과 낙인, 무시에도 불구하고 여전히 행복하게 잘 살고 있다*Singled Out: How Singles Are Stereotyped, stigmatized, and Ignored, and Still Live Happily Ever After*》를 비롯한 몇 권의 저서가 있다. 독신 생활 블로그 '오늘의 심리학*Psychology Today*'에 여러 해 동안 글을 쓰고 있다.

'완벽한' 사랑을 찾다가 아주 외로운 세상에 홀로 남겨질 수도 있다.

°은밀한 거짓말

Private lies

신뢰와 정절은 관계에서 매우 중요한 가치이나 불륜이 모두 이혼으로 끝나는 것은 아니다. 우리는 이런 상황에 대처하는 방법을 배울 수 있다. 줄리 피트니스 교수가 그 방법을 찾았다. 사랑은 미안하다고 말하는 것이다, 진심으로.

1980년대에 사회심리학을 공부하기 시작했을 때, 나는 모든 인간에게 가장 중요한 사회적 배경인 '가까운 관계'에 관한 과학적 연구가 거의 이루어지지 않은 것을 알고 충격을 받았다. 더 놀라운 점은, 사람들이 가까운 관계의 가장 중요한 특질이라고 주장하는 '느낌과 감정*feelings and emotions*'의 특징과 기능에 대한 연구가 거의 없었다는 것이다. 이때부터 심리학자들 사이에서 다른 사람과의 관계가 어떻게 인생의 틀을 결정하고, 사랑과 증오, 질투, 즐거움, 분노, 슬픔 같은 감정이 어떻게 인생의 의미를 결정하는지에 대한 인식이 커지기 시작했다.

규칙 깨기

내 연구에서 알게 된 사실은 불륜은 관계에서 일어날 수 있는 유일한 배신이 아니라는 것이다. 사람들은 배우자가 관계의 규칙을 깼을 때나 기만, 학대, 배신, 무심함, 불친절함 등 사랑이 없거나 관계를 평가절하하는 행동을 할 때 배신

감을 느낀다. 또한 우리는 어떤 종류의 배신이든 결국에는 용서받을 수 있다는 것도 알게 되었다. 그러나 용서는 시간과 인내, 헌신, 인간의 감정과 나약함에 대한 깊은 이해가 필요한 과정이다.

사랑하는 노력

배우자가 배신으로 인한 고통에서 빠져나오는 데 도움이 되는 다양한 요소 가운데 가장 중요한 것은 배신한 당사자가 깊은 후회와 반성을 표시하는 것이다. 사과의 표현은 말 이상이어야 한다. 단순히 '미안해.'라고 말하는 것은 용서를 구할 때 가장 비용이 적게 들지만, 반복될수록 가치가 떨어지는 방법이다. 차이를 만드는 것은 행동이다. 기본적으로 용서를 구하는 사람은 자신이 배우자를 사랑하고 있으며 신뢰를 다시 얻고 배우자에게 입힌 상처를 회복시키기 위해 열심히 노력할 것임을 적극적으로 표시해야 한다. 이런 일에는 시간이 걸린다.

부정 Adultery

2012년, 미국에서 결혼한 사람의 약 10%(남성은 12%, 여성은 7%)가 **혼외 성관계**를 가졌다고 한다. 이 수치는 지난 40년 동안 크게 변하지 않았다. 다만 최근에는 나이든 부부(60대 이상)와 젊은 부부(35세 이하)에서 이 수치가 증가했다.

사례 조사에서 한 노인이 30년 전에 아내를 배신한 얘기를 들려주었는데, 그는 아내의 신뢰를 회복하고 헌신을 표시하기 위해 2년 동안 끈기 있게 노력했다고 말했다. 배우자를 용서하거나 용서받지 못하고 이혼한 응답자들도 이 점을 강조했다. 배신이 발각된 직후에는 고통과 분노, 수치심, 죄책감을 극복할 방법이 없으며 관계를 끝내는 것이 유일한 해답이라고 믿게 된다. 이 가운데 몇 명은 고통을 끝내고 자신에게 중요했던 사랑하는 관계(와 아이들)를 다시 찾을 수도 있었다는 사실을 뒤늦게 깨달았다. 그들은 방법을 몰랐을 뿐이다. 또는 그것이 가능한지조차 몰랐다.

충분히 사과하라

배우자가 고통에서 빠져나오도록 도울 수 있는 중요한 요인이 있다. 바로 심리학자들이 '감성지능'이라고 부르는 능력, 즉 관심을 기울이고 이해하고, 자신과 다른 사람의 느낌과 감정을 관리하는 능력이다. 연구 결과에 따르면 용서하고 용서받는 것과 가장 큰 관련이 있고 긍정적인 영향을 미치는 감성지능은 자신과 다른 사람의 감정을 정확하게 인식하고 이해하고 말로써 전달하는 응답자의 능력을 좌우한다. 결과적으로, 배신을 한 쪽이든 용서를 해야 하는 쪽이든 감성지능이 높은 사람일수록 배신의 경험에 따르는 다양한 느낌과 감정을 잘 다루고 다시 함께하는 생활로 돌아가는 길을 더 잘 찾을 수 있다. 예를 들어, 감성지능이 높은 배신자일수록 배우자가 깊은 상처를 받고 분노를 느끼며 자신이 배신한 사실을 인정하고 후회하고 보상해야 한다는 것을 정확하게 인식한다. 반면, 감성지능이 낮은 배신자는 자신의 수치심에 집중하고 배우자의 감정을 증오한다. 그리하여 파괴적으로 행동하고 배신행위를 심화시킨다. 감성지능이 높은 희생자일수록 배우자가 '충분히' 미안해하는지를 잘 판단하여, 용서하고 새로운 신뢰를 줄 수 있다. 감성지능이 낮은 희생자는 배우자의 동기에 대해 최악의 경우를 가정하며, 절망감에 압도되어 그 감정이 영원히 지속될 것이라고 생각한다.

사랑의 신호

나쁜 일이 일어났을 때 사랑하는 관계를 유지하기가 어렵긴 하지만 포기하는 대가가 너무 크다는 것을 나는 이 연구에서 배웠다. 역설적인 사실은, '완전한' 사랑을 찾을 때 우리는 아주 외로운 세상에 홀로 남게 될 수도 있다는 것이다. 우리는 불완전한 존재이며, 나도 사랑하는 사람도 실수를 저지를 수 있고, 우리가 느끼는 감정의 강도가 사실 우리가 얼마나 서로를 아끼는지를 보여주는 신호임을 아는 것이 상대를 용서하고 관계를 회복하는 첫걸음이다. *우리는 느낌과 감정을 더 잘 이해하는 능력을 배울 수 있으며, 이렇게 감정을 이해할 수 있게 되면 자신과 사랑하는 사람에 대해 공감하고 연민하는 능력도 더 커진다는* 사실을 알아야 한다.

1 용서는 시간과 인내, 헌신, 인간 감정에 대한 깊은 이해가 필요한 과정이다.

2 단순히 '미안해.'라고 말하는 것은 용서를 구하는 데 가장 비용이 적게 들지만, 반복할수록 가치가 쉽게 떨어지는 방법이다. 차이를 만드는 것은 행동이다.

3 우리는 불완전한 존재라는 것을 깨닫고, 우리가 느끼는 감정의 강도가 사실 우리가 서로를 얼마나 아끼는지 나타내는 신호임을 아는 것이 관계를 회복하는 첫걸음이다.

줄리 피트니스 *Julie fitness*

1991년 캔터베리대학에서 박사학위를 취득했고 현재 시드니의 맥쿼리대학 심리학과 교수이다. 관심 연구 분야는 감정·배신·복수·용서이다. 감성지능이 높은 결혼, 가족 거부 *familial rejection*의 원인과 결과 등을 주제로 저술 활동을 했다. 학술지 〈대인 관계 *Personal Relationships*〉의 편집자이다.

지옥은 사랑할 수 없음을 알게 되는 것이다.

° 사랑의 다섯 가지 얼굴
The five facets of love

이 세기의 위대한 비판적 사상가 미하일 엡스타인 교수는 말한다. "사랑은 완벽한 감정이라 여러 요소로 나누면 모독하는 것처럼 보일 수 있다. 사랑의 사명은 두 존재를 하나로 결합하는 것이다. 그렇기 때문에 사랑이 무엇으로 구성되는지를 이해하고, 이 구성요소들 중 하나를 사랑이라고 착각하지 않아야 한다."

어린 소년이 엄마에게 '전부*at all*' 사랑한다고 말했다. 엄마는 '전부'가 아니라 '아주 많이'라고 고쳐주었다. 그러자 아이는 말했다. "아니야, '전부'야. 나는 장난감 말과 장난감 자동차를 '아주 많이' 사랑하지만 엄마는 '전부' 사랑해." 그제야 엄마는 아이가 자신의 '전부*all*'를 사랑한다는 말임을 알았다. 아이는 엄마의 모든 것을 사랑한다. 이것이 사랑의 가장 중요한 특징이다. 우리는 사랑의 가장 중요한 다섯 가지 요소를 선정했다. 그것은 욕망, 영감, 고통, 다정, 연민이다.

1 욕망. 욕망은 가장 명확하고, 생리적 동기가 있고, 가장 증거가 되는 사랑의 요소다. 그렇지만 완전한 만족이 불가능하다는 점에서 사랑의 욕망은 다른 육체적 욕망과 다르다. 욕망의 대상이 무한하기 때문이다. 게다가 욕망은 충족되기보다 지속되고 자라는 속성이 있다. 사랑은 욕망을 충족하기보다는 배양한다. 사랑의 욕망에서 또 하나 특이한 점은 상대방을 대상으로 보는 정욕과 달리 상

대방의 욕망에 대해 대화할 마음이 열려 있다는 것이다. 진정한 사랑의 욕망은 육체적인 것만으로는 충족될 수 없다. 사랑의 욕망은 상대방의 의지에 따라 좌우되고 상대방이 원하는지, 원하지 않는지에 반응하며 상대방의 '네', '어쩌면', '아니요.'라는 대답에 따라 달라진다. *나를 욕망하는 사람의 욕망을 욕망한다.* 이것이 성애적 욕망의 '황금률'이며, 여기에 폭력이 끼어들 자리는 없다. 이 황금률은 "자신이 대접받고 싶은 대로 다른 사람을 대접하라."는 윤리학의 황금률과 일치한다.

2 영감. 욕망이 다른 사람에 대한 즐거우면서도 괴로운 의존이라면, 영감은 자신의 정체성으로부터 자유로워지고 지금까지 되어 보지 못한 사람이 되는 자유를 뜻한다. 대다수는 아닐지라도 많은 사람에게 사랑은 일생을 통틀어 유일하게 영감을 경험할 기회다. 인간이 '신의 아들'이 아니라 '지구상의 벌레'에 불과하더라도 사랑에 빠진 사람의 날아갈 듯 가벼운 감정은 아무도 빼앗아갈 수 없을 것이다. 어떤 시인도 화가도 사랑에 빠진 사람의 솟구치는 영감을 뛰어넘을 수 없다. 사랑은 창의적인 인격체들 사이에서만 일어나며, 그 이유는 이들이 시나 음악을 짓기 때문이 아니라 사랑의 과정에서 서로를 창조하기 때문이다.

3 고통. 사랑의 힘은 '모든' 것을 얻거나 잃는 능력이다. 전부를 건다는 뜻이다. 그러므로 사랑에는 고통이 내재되어 있고, 가끔 고통은 사랑의 동의어가 되기도 한다. "그녀 때문에 아프다."라는 말은 그녀가 없어서 몹시 괴롭고 고통스럽다는 뜻이다. 사랑을 경험할 때, 아무리 행복한 사랑을 하더라도 고통스러운 감정을 느끼거나 적어도 고통을 예감하는 이유는 무엇일까? 어떤 사람에 대해 이렇게 괴로운 감정을 느끼면 그 사람과 사랑에 빠진 징후라고 말하는 이유는 무

엇일까?

사랑에 빠진 사람은 사랑하는 사람에게 완전히 의존하고, 순식간에 그의 포로가 되고 인질이 된다. 사람의 심장이 가느다란 혈관에 매달려 몸 바깥에 있다고 상상해보자. 이 사람은 극도로 유약하고 취약하며, 몸 바깥에 있는 심장의 변덕과 기분의 영향을 받는다. 사랑은 고통 없이 오지 않는다. 사랑의 고통을 덜 수 있는 방법이 두 가지 있다. 무감각해지고 덜 민감하고 덜 사랑하는 방법과 더 사랑하고 피를 흘려서 외부 심장에 자신의 피가 스며들게 하여 동화시키는 방법이다.

4 다정. 사랑의 다섯 가지 면 중에서 가장 묘사하기 어려운 부분이다. 다정은 자기희생이며, 욕망과 영감으로 줄 수 없는 모든 것을 사랑하는 사람에게 주고, 그 사람의 한 걸음 한 걸음을 보호하고, 그 사람이 아무런 고통이나 문제를 겪지 않도록 돌보는 것이다. 다정은 적대적인 환경의 돌풍으로부터 사랑하는 사람을 보호하려는 시도이며, 더 중요한 것은 자신의 노골적이고 탐욕스러운 접근으로부터 연인을 지키려는 시도다.

5 연민. 연민의 대상은 사랑하는 사람의 약함·단점·고통·무지·어리석음이다. 연민과 사랑을 혼동하면 위험하지만, 사랑에서 연민의 감정을 배제하면 더욱 위험하다. 연민이 없는 사랑은 열정적이고 영감이 있고 다정하고 낭만적일 수는 있지만, 사랑하는 사람의 나약함(사랑으로 힘을 불어넣을 수 있는)을 알아채지 못한다.

어떤 사람은 나약함이 강함보다 더 사랑스러우며, 사랑의 주된 능력이 자신이 가진 모든 것을 사랑하는 사람에게 주는 것이기 때문에 약한 사람에게 더 깊이 애착을 느끼게 된다고 말한다. 그렇다고 해서 사랑이 나약함에서 생긴다는 뜻은 아니다. 이 말의 핵심은 사랑은 강한 사람도 나약함을 인식할 수 있으며, 나약함에 반하면 연민을 느끼기 시작한다는 뜻이다.

우리는 강하고 잘 생기고 똑똑하고 운이 좋은 사람과 사랑에 빠진 다음에 상대방이 인식하지 못하는 것처럼 보이거나 스스로 감추고 있는 취약함을 감지하기 시작한다. 사랑하는 사람과 포옹하고 키스하면서 그 사람의 유한성을 한탄하고 서로 헤어질 수밖에 없는 운명을 슬퍼하지 않는다면, 이런 사랑은 미성숙한 사랑이다. 죽을 수밖에 없는 운명인 존재들이 서로에게 더 가까이 밀착하는 동안 나누는 피와 땀이 스며들지 않은 무미건조한 사랑이다.

결합

이 다섯 가지 요소 중 어느 것이 더 중요하다고 말할 수는 없다. 이 중 어느 요소가 사랑에 빠지는 열쇠가 될지도 예견할 수 없다. 흔히 남성은 욕망으로 사랑에 빠지고 여성은 연민으로 사랑에 빠진다고 한다. 영감이나 다정함에 이끌려 사랑에 빠지는 사람들도 있다. 사랑의 어떤 면 때문에 사랑에 빠지든, 욕망과 영감, 고통, 다정, 연민이 결합되었을 때만 사랑이 될 수 있다. 나는 진부하고 산술적인 방식으로 내 삶의 신조를 정했다. *"사랑이 자라게 하는 것은 모두 좋고, 사랑을 파괴하는 것은 모두 나쁘다."*

해가 갈수록 사랑이 아닌 것에 낭비하는 시간이 늘어난다. 말다툼과 비난, 논쟁,

토론……. 더 늦지 않게 사랑하고 포옹하고 더 가까이 다가앉고 온기를 나눠라. 그리고 서둘러라. 자기 안의 사랑의 원천이 사라지기 전에, 사랑을 구현할 수단을 잃어버리기 전에, 온 힘을 다해 서둘러라. 도스토옙스키의 말에 의하면, 지옥은 사랑할 수 없음을 알게 되는 것이다.

keys of LOVE

1 사랑의 다섯 가지 중요한 요소는 욕망, 영감, 고통, 다정, 연민이다.

2 다섯 가지 요소 중 한 가지를 사랑이라고 착각하지 말라. 이 다섯 가지 요소가 하나의 완벽한 감정으로 결합되었을 때만 사랑이다.

3 사랑이 자라게 하는 것은 모두 좋고, 사랑을 파괴하는 것은 모두 나쁘다.

미하일 엡스타인 *Mikhail Epstein*

미국 애틀랜타의 에모리대학과 영국 더럼대학의 문화이론 및 러시아문학 교수이다. 모스크바에서 태어나 1990년에 미국으로 이주하고 1991년에 에모리대학에 입학했다. 인간성의 실용적 적용과 확장을 연구하고 이 분야에 창의적으로 기여하는 데 관심이 있으며, 이는 최근의 저서 《인간성의 변화: 선언문*The Transformative Humanities: A Manifesto*》에서 체계적으로 제시되었다. 29권이 넘는 책의 저자이며 600여 편의 논문을 썼다. 이 가운데 많은 수가 17개국 언어로 번역되었다. 러시아와 미국 문화 연계 발전에 기여한 공로로 자유상을 비롯하여 국내외 상을 수상했다.

우리는 몸을 접촉하여 사랑과 교감을 표현한다.

°몸에서 몸으로
Body to body

낭만적 파트너와 배우자, 자녀, 부모, 형제자매, 친구, 동료, 팀 동료, 낯선 사람, 조국, 인류 등 우리가 누구를 사랑하는가에 따라 사랑은 다양한 형태로 나타나고 다양한 방법으로 표현된다. 사랑에는 강렬한 사랑도 있고 스쳐지나가는 사랑도 있고 널리 퍼지는 사랑도 있다. 그런데 우리는 왜 이 모든 것을 '사랑'이라고 부를까? 로드리고 브리토 박사가 모든 사랑의 공통점을 찾았다. 바로 우리의 몸 이다.

사랑은 어떤 것에 친밀한 유대를 형성하고 유지하게 만드는 감정을 이른다. 사 람들은 개인적 자아를 초월해 사랑(애착, 유대, 공유라고도 부른다.)하는 사람과 통 합·융합하여 '교감'을 이루려는 욕망(또는 만족)으로 사랑을 경험한다. 이 교감 은 이상적으로 표현되어 있지만, 일상적인 상호작용에서는 서로 몸을 직간접적 으로 다양하게 연결하거나 육체적 연결이 바탕이 된 상징을 통해 표현된다. 그 렇다면 이런 육체적 연결의 다양한 형태로는 어떤 것이 있을까?

1 몸과 몸의 연결이다. 어머니와 아이의 유대는 인간과 여러 포유동물 중에서 가장 강력할 것이다. 어머니는 아이가 태어나기 전에 이미 아이와 육체적으로 연결되어 있다. 아이가 태어난 후에는 젖을 먹이고 입을 맞추고 안아준다. 낭만 적 파트너는 사랑 행위를 하는 동안 서로의 몸이 '융해'되고 '하나가 되는' 것을 느낀다. 우리는 사랑을 표현하거나 어떤 형태든 최소한의 애정을 표현하고, 낭

만적 파트너와 친구, 이웃, 동료, 심지어 낯선 사람과의 관계에서 일정한 수준의 교감을 형성할 때 입맞춤하고 끌어안고 포옹하고 만지는 방법을 사용한다. 역사상 많은 사회에서 '피를 나눈 형제'는 신체가 섞여서 맺어진 깰 수 없는 유대 관계를 뜻한다.

2 간접적으로 몸을 연결하여 서로 결속된 느낌을 주는 방법이 여러 가지 있다. 이 방법들은 적어도 확산된 사랑의 감정을 일으킨다. 이런 감정은 음식과 음료를 나누는 데서 가장 많이 생긴다. 다른 사람을 위해 음식을 준비하고 함께 먹는 행위, 한 그릇에 담긴 음식을 같이 먹는 행위, 함께 마시는 행위는 교감을 일으키는 행위로 전 세계에서 인식된다. 긴 담뱃대나 마리화나를 포함한 담배를 나누는 행위도 이와 유사하다.

3 리듬에 맞춰 춤을 추거나 군사 훈련을 하는 등 일치된 동작을 하는 방법이 있다. 일치된 움직임에 참여한 사람은 자신의 몸이 전체가 모여 만든 거대한 하나의 일부라는 느낌을 받는다. 재미있는 심리 실험 결과, 사람들은 따뜻한 공기로 인해 신체적 온기를 느낄 때도 같은 방에 있는 사람과 사회적으로 연계되어 있다고 느낀다. 이것은 우리가 신체적으로 가깝다는 신호(온기)를 사회적 연계 신호로 사용한다는 뜻이다.

신뢰와 애정

이 모든 형태의 신체적 연계에서, 그리고 무엇보다 엄마와 아이의 관계와 성관계를 포함한 모든 종류의 밀접한 신체적 결합에서는 옥시토신 같은 호르몬 혼합물이 다양한 중재 역할을 한다. 기쁨을 불러일으키고 신뢰와 애정을 증진시

키고 밀접한 관계라는 정신적 표현을 뇌에 '각인'시키는 역할을 한다.

누구와 언제, 어떻게 만지고, 껴안고, 입 맞추고, 낭만적이든 그렇지 않든 성관계를 하고, 젖을 먹이고, 음식과 음료와 담배를 나누고, 춤을 추거나 다른 일치된 동작을 하고, 다른 형태의 직간접적인 신체적 연계를 할지는 당연히 문화적 규칙에 따라 결정된다. <u>우리는 누군가를 또는 모두를 같은 방식으로, 같은 강도로 사랑하기를 원하지 않는다.</u> 사실 모든 문화에서 사람들은 대부분 다른 사람보다 가족에게 더욱 사랑과 교감을 느끼며, 가족은 다른 관계에 비해 우선권을 주장하거나 심지어 배타성을 주장한다. 마찬가지로 많은 문화에서 낭만적 파트너와 배우자는 성적 사랑을 할 배타적 권리를 갖는다. 그러나 우리는 여러 가지 방법을 다양한 강도로 사용하여 사랑을 표현하고 다른 사람과 유대를 맺을 수 있기 때문에, 자신이 속한 문화의 한계와 타협하지 않고도 확산된 형태로 사랑을 나누고 더 많은 사랑을 표현할 수 있다. 그러므로 서로 몸을 연계하라. 자신이 속한 문화가 허락하는 범위 내에서 만지고 입 맞추고 껴안기를 두려워하지 말라. 주변 사람들과 사랑을 공유하라. 가족과 친구를 위해서 요리하고 함께 먹고 마셔라. 연계의 맛을 느껴라. 그리고 함께 춤추거나 어떤 형식이든 좋아하는 음악에 맞춰 연계를 축하하라.

로드리고 브리토 *Rodrigo Brito*

포르투갈 리스본루소폰대학 심리학 강사이다. 벨기에 브뤼셀자유대학에서 박사학위를 취득했고, 인생의 절반을 여러 나라에서 살고 공부하고 일하며 다른 나라에서 사랑과 애정을 표현하는 방식을 배웠다. 전 세계의 사회심리학과 실험심리학 동료들과 함께 사회적 관계의 보편적 구조에 관한 인류학적 가설을 특히 교감과 유대에 초점을 맞춰 실험하고 있다.

°공자의 사랑

Confucian love

공자는 기원전 6세기에 살았던 사람이다. "그러나 동아시아 사람들은 지금도 대부분 그의 사상을 따른다."라고 황용 박사는 말한다. 황용은 공자의 사랑, 즉 구별이 있는 사랑의 전문가다.

공자는 가족에 대한 사랑에서 출발하여 다른 사람에 대한 사랑으로 사랑의 범위를 넓혀야 한다고 주장한다. 그런데 이런 주장은 공자의 가르침에만 있는 것이 아니다. 다른 많은 철학적 전통도 이 주장과 일치한다. 그보다 공자의 가르침에서 독특한 개념은 '구별이 있는 사랑'이다. 구별이 있는 사랑이란, 가족 구성원을 가장 많이 사랑하고 다른 사람에게 확대되면서 사랑이 조금씩 감소하는 것으로 알려져 있다. 그러나 이 가르침의 진정한 정신은 '도덕적 수동자moral patients'마다 다른 종류의 사랑을 해야 한다는 것이다. 당연한 말이지만, 우리가 어떤 사람을 사랑할 때는 그 사람의 고유성을 고려해야 하기 때문이다. 이 가르침은 공자 이후 가장 유명한 유교주의자인 맹자가 사랑을 세 가지로 구분한 데서 가장 명확하게 볼 수 있다. "군자는 사물을 사랑하지만 사물에 자애롭지 않다. 군자는 보통 사람들에게 자애롭지만 그들에게 애정은 없다. *군자는 부모에게 애정이 있고, 사람들에게 자애롭고, 모든 사물을 사랑한다.*" 여기서 사랑하고 자애롭고 애정이 있는 것은 같은 사랑의 세 단계가 아니라 세 가지 종류의 사랑이며, 세 가지 종류의 도덕적 수동자, 즉 사물과 인간과 부모에게 각각 알맞은 사랑이다.

미움

비록 공자 자신이 '구별이 있는 사랑'이라는 말을 사용하지는 않았지만, 그는 사랑이 대상에 맞게 달라져야 한다고 생각했다. 예를 들어, 공자는 이런 말을 했다. *"오직 자애로운 사람만이 사람을 사랑하고 미워할 줄 안다."* 공자의 관점에서 '미움'과 '사랑'은 모두 일반적인 의미의 사랑이다. 한편, 자애로움의 가장 기본적인 의미는 사랑이며, 따라서 사랑하고 미워할 줄 아는 자애로운 사람은 사랑이 있는 사람이다. 여기서 '미움'은 나쁜 의지와는 아무런 관련이 없다. 그보다는 사랑하는 도덕적 수동자가 마땅히 가져야 할 것이 없는 데 대한 깊은 후회의 감정이며, 그 사람이 좋은 사람이 되도록 돕고 싶은 강력한 욕망이다.

내면

유교적 사랑에는 독특한 특징이 하나 더 있다. 유교에서 사람을 사랑하면 그 사람의 외면적 안녕만 염려하지 않는다. 사실 그 사람의 내면적 안녕을 돌보는 일이 더 중요하다. 그래서 어떤 사람이 덕이 없을 때, 그를 진정으로 사랑하는 사람은 그 사람이 덕을 갖추도록 돕기 위해 가능한 모든 일을 해야 한다. 공자는 흔히 황금률이라고 불리는 유명한 말을 했다. *"자신을 세우고자 하는 사람은 다른 사람들을 세워야 한다. 그리고 번영하고자 하는 사람은 다른 사람들이 번영*

"사랑과 애정은 다른 종류의 사랑이다."
"Love and affection are different kinds of love."

<u>하도록 도와야 한다.</u>" 그런데 이 말에는 독특한 특징이 있다. 서구의 전통에서 황금률은 우리가 대접 받고 싶은 대로 다른 사람을 대접하라는 것이다. 그러나 자신이 황금률을 따를 때 다른 사람들도 황금률을 따르도록 요구하지는 않는다. 예를 들어, 곤경에 처한 사람을 도울 때 도움을 받은 사람에게 곤경에 빠진 다른 사람을 도우라고 요구하지 않는다.

반면, 공자는 우리가 인격을 바로 세우고 옳은 것을 좋아한다면 다른 사람이 하는 말에 귀를 기울여야 하고, 다른 사람의 얼굴 표정을 살피고 겸손함을 잊지 말아야 하며, 그런 다음에 그 사람이 자신이 한 것처럼 하도록 도와야 한다고 말한다. 우리가 더 나은 사람이 되고 싶다면 다른 사람들이 더 나은 사람이 되도록 도와야 하고, 우리가 더 못난 사람이 되기를 원하지 않는다면 다른 사람들이 더 못난 사람이 되지 않도록 도와야 한다는 뜻이다. 공자의 관점에서는 이것이 진정한 사랑의 의미다.

황 용 - *Yong Huang*

미국 펜실베이니아쿠츠타운대학 철학 교수이다. 책 5권의 저자이며 100편이 넘는 논문을 쓰고 책 저술에 참여했다. 〈비교철학 저널 *Dao: A Journal of Comparative Philosophy*〉과 〈중국 철학 편람 *Dao Companions to Chinese Philosophy*〉 편집장이다.

우리 유전자는 사랑에 머물도록
프로그램되지 않았다.

°사랑의 피라미드
The pyramid of love

"인간의 사랑 관계는 우주에서 가장 복잡한 문제일 것이다."라고 로버트 M. 고든 박사는 말한다. 그는 사랑에 대한 기존의 이론과 연구를 모두 검토했다. 그러나 사랑의 모든 것을 설명하는 이론은 발견할 수 없었다. 그래서 낭만적 사랑을 이해하고 사랑이 왜 그렇게 어려운지 이해할 수 있는 통합적 메타이론을 직접 개발하기에 이르렀다. 바로 사랑의 피라미드다.

우리가 '사랑'이라고 부르는 것은 서로 모순된 몇 가지 비합리적 힘의 결과다. 비교적 건강한 사람들은 이 모순들을 최소화하고 통찰력과 건강한 가치관으로 해결할 수 있다. 그러나 불안한 사람들은 몹시 모순되고 퇴행적이며 자기중심주의와 적대감, 방어가 특징인 사랑 관계를 보인다.

다섯 단계

인간의 사랑 관계에는 종 특성과 개인의 특질, 관계의 내면화, 신념, 현재의 상황이라는 다섯 가지 주요 요소가 있다. 사랑이 이토록 비합리적인 이유를 이 이론적 모델로 설명할 수 있다. 사랑 관계는 기본적으로 타고난 본능과 기질, 부모의 처지, 문화적 편견, 기대, 상황의 압박이라는 토대 위에 세워진다. 사랑은 모든 각도에서 공격당한다. 사랑 관계의 다섯 가지 요소를 피라미드로 시각화하여, 인간의 공통된 생물학적 본능에서 현재의 심리적 문제까지 살펴보자.

1 *피라미드 맨 밑에는 인간의 행동에 가장 강한 영향을 미치는 종 특성이 있다.* 종 특성은 인간이 수백만 년 동안 자연선택의 결과 갖게 된 특성이다. 다른 동물과 대비되는 인간으로서 우리가 사랑하는 방법을 결정하는 것이 종 특성이다. 우리는 과거의 생존, 보호, 번식 능력과 관련된 상대방의 신체적 특질과 정서적 자극에 매력을 느낀다. 이런 종 특성은 인간이 지난 수백만 년 동안 살아남는 데 도움이 되었지만, 오늘날 인간의 사랑이 살아남는 데는 아무런 도움이 되지 않는다. 여성은 강한 남성에게 끌리고 남성은 아름다운 여성에게 끌리지만, 이런 특성은 사랑 관계를 유지하는 것과는 아무런 관련이 없다.

2 *두 번째 단계는 개인의 특질이다.* 사람들은 모두 다른 기질과 특질을 갖고 태어난다. 외향성과 신경과민성, 공격성, 충동성이 대부분 유전적 특질이라는 사실을 연구자들이 계속 밝혀내고 있다. 지나치게 공격적이거나 충동적인 사람은 다른 사람과 친밀한 관계를 맺는 데 어려움이 생긴다.

3 *세 번째 단계는 부모의 영향과 초기 애착, 가족 역학이다.* 이 관계의 내재화는 한 사람의 무의식적 인격의 일부가 된다. 유아의 애착 유형은 나중에 사랑 관계에서 무의식적으로 반복된다. 아이를 충분히 보살펴주고, 공격성과 성을 잘 다루도록 돕고, 건강한 자아 개념을 심어준 부모(또는 그에 해당하는 사람)에 대한 안정 애착은 성숙한 사랑을 하는 데 필요한 전제조건이다. 어렸을 때 학대당하고 방치되면 인격이 손상되고 다른 사람을 신뢰할 수 없게 된다. 그렇지만 선천적으로 회복력이 있는 사람은 어린 시절이 불행했더라도 나중에 심리치료를 통해 성숙하게 사랑하는 법을 배울 수 있다.

4 *네 번째 단계는 문화적 규범과 개인의 낭만적 경험에서 습득한 신념이다.* 지

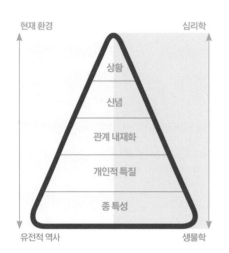

5단계	건강한 사랑	건강하지 않은 사랑
현재의 상황	상대방의 좋은 특질에 끌린다.	현재의 두려움과 불안정으로 인해 상대방에게 끌린다.
신념	공정함과 이타적 가치를 중요시한다.	미신적이고 불합리하고 공정하지 않은 신념과 구체적이고 이기적인 가치.
관계 내재화	유아기의 안정 애착과 행복한 어린 시절은 지속적인 사랑을 할 수 있는 건강한 능력을 갖게 해 준다.	애착 트라우마, 해로운 부모의 내재화는 공포, 왜곡, 분개를 불러일으킨다.
개인적 특질	건강한 인격은 지속적인 열정과 관심, 헌신할 능력을 갖고 있다.	지나친 공격성, 비합리성, 자기중심주의, 불신, 방어 특성을 지닌다.
종 특성	원초적 자극에 우선적으로 끌리지 않는다.	원초적 자극에 우선적으로 끌린다.

금까지 우리를 인간이라는 동물로, 그다음에는 타고난 인격 특성을 가진 개인으로, 그다음에는 부모의 영향을 받은 개인으로 봤다면, 이제는 청소년기에서 성인기에 이르는 시기와 인지 학습의 영향을 살펴보겠다. 사람들은 낭만적 대상의 선택에서 실수하지 않으려면 이상적인 가족이나 문화적 전형에 맞는 사람과 결혼하거나 나쁜 부모 또는 지난번에 사랑한 사람과 반대되는 사람과 결혼하면 된다고 생각한다. 그러나 이것은 대부분 근거 없고 선입견에 사로잡힌 생각이다. 두 사람이 이타주의와 정직성, 공정함, 상호 관심을 촉진하는 신념을 공유할 때 관계가 성공할 가능성이 더 높다.

5 *마지막 단계는 현재의 심리적 상황이다.* 개인의 삶에서 특정한 시기나 현재의 정서적 상황으로 인해 다른 사람을 지나치게 이상화하는 경우가 있다. 상황에 따라 특정한 종류의 관계가 필요해지기도 한다. 그러다가 시간이 지나고 조

건이 바뀌면 로맨스도 퇴색한다. 상대방에 대해 제대로 이해하고 시작한 사랑이 오래 지속될 수 있다.

피라미드의 아래에서 위로 올라갈수록 진화의 역사에서 현재의 심리적 맥락으로 이동한다. 이 단계들이 모두 합쳐져서 낭만적 사랑의 비합리성을 만든다. 본능적 자극에 대한 의존과 미숙한 인격적 특질, 독이 되는 내면화와 애착 트라우마, 사랑하는 대상에 대한 비이성적 믿음, 상대방의 가치를 왜곡하는 억압적인 현재의 상황은 모두 관계를 방해하는 요소다.

개인적 성장

사랑에 빠지는 것은 본능이다. 이 본능은 상대방을 지나치게 이상화함으로써 재생산을 가능하게 하여 종의 생존에 기여한다. 우리는 유전적으로 성 욕구를 갖고 있고 바람직한 짝을 찾도록 프로그램되어 있지만, 사랑에 머물도록 프로그램되지는 않았다. 그렇기 때문에 사랑을 유지하려면 관심과 다정함이 필요하다. 관심과 다정함은 개인의 정서적 성숙에서 나오며, 정서적 성숙은 정상적인 기질과 부모의 적절한 보살핌에서 나온다. 일반적으로, 사랑하는 사람을 이상화하는 일정한 기간이 지나면 관계에서 긴장이 증가하고, 친밀감이 감소하고, 오래된 상처와 감정이 올라온다. 열정으로 시작한 일을 정서적 성숙으로 이어받지 못하면, 시간이 지나면서 관계가 시들어버린다.

사랑 관계는 우리가 과거를 무의식적으로 반복하지 않고 과거에서 빠져나와 성장할 수 있는 기회다. 우리는 모두 개인적으로 성장하고 더 잘 사랑하는 법을 배울 수 있다. 개인의 성장은 시간이 걸리고 어려운 일이다. 우리는 헌신, 건설적인 피드백에 대해 열린 자세, 자신의 결함에 대한 정서적 통찰, 관심을 기울이고 후회하는 능력, 자신의 행동과 상황에 대한 책임감, 더 나은 사람이 되려는 의지를 통해 개인적으로 성장할 수 있다.

1 인간의 사랑 관계에는 종 특성과 개인적 특질, 관계 내면화, 신념, 현재의 상황이라는 다섯 가지 주요 요소가 있다.

2 피라미드의 위 단계로 갈수록 진화 역사에서 현재의 심리적 상황으로 이동한다. 이 단계들이 모두 결합하여 낭만적 사랑의 비합리성을 만든다.

3 사랑을 지속하려면 관심과 다정함이 필요하다. 우리는 개인적 성장을 통해 더 잘 사랑하는 법을 배울 수 있다. 그러기 위해서는 시간과 노력이 필요하다.

로버트 M. 고든 *Robert M. Gordon*

미국 임상심리전문의이며 정신분석전문의이다. 미국심리학협회 특별회원이며, 여러 해 동안 심리학협회운영 심의회에서 활동했다. 또 펜실베이니아심리학협회 회장이며 최고공로상을 수상했다. 과학자이자 개업의사로서, 정신치료와 사랑 관계, 범죄심리학, 윤리학 분야에서 다수 학술논문과 책을 저술했다. 사랑 관계에 관한 작업은 저서 《미치도록 당신을 사랑해*I Love You Madly*》와 《사랑, 친밀감, 개인적 성장을 보는 전문가의 시선 *An Expert Look at Love, Intimacy and Personal Growth*》에서 더욱 발전했다. 심리학에 종사하지 않을 때는 요트와 제물낚시, 오토바이를 즐긴다.

°연민

Compassionate love

최근 사랑 연구는 낭만적 파트너와 경험할 수 있는 사랑뿐 아니라 가족과 친구 등 가까운 사람이나 낯선 사람들, 심지어 인류 전체를 향한 사랑에 초점을 맞추고 있다. 수잔 스프레처와 비벌리 페가 연민적 사랑의 이점을 연구했다.

비록 낭만적(열정적) 사랑과 연민적(우애적) 사랑에 집중하기는 했지만, 사회과학자들은 지금까지 다양한 유형의 사랑을 연구하고 규명했다. 연민적 사랑은 누군가를 보살피고 관심을 기울이고 다정하게 대하고 지지하고 도움을 주고 이해하는 데 초점을 맞춘 감정·인식·행동을 포괄하는 태도를 말한다. 연민적 사랑에는 공감, 아가페적 사랑, 연민의 대상 같은 개념이 들어있다. 이 사랑은 주고받을 때 광범위한 이익이 발생하고 자신을 포함하여 광범위한 대상에서 경험할 수 있다는 독특한 특징이 있다.

타인

최근에 우리는 연민적 사랑을 측정하는 척도를 만들었다. 연민적사랑척도CLS, *Compassionate Love Scale* 는 다양한 대상에 대한 연민적 사랑을 측정하는 데 사용할 수 있다. 타인과 인류에 대한 사랑을 측정하는 표본 문항으로는 '나는 인류의 안녕을 염려하는 데 많은 시간을 보낸다', '내가 모르는 사람들일지라도 타인의 고통이나 즐거움을 잘 느낀다', '세상 모든 사람에게 심각한 연민적 사랑을 느낀다.' 등이 있다. 이외에도 구체적인 가까운 사람('A가 슬픈 것을 보면 손을 내밀어야 한다는 생각이 든다.')이나 일반적으로 가까운 사람들('어려움에 처한 친구나 가족 구성원에게 연민을 느낀다.')에 대한 문항들이 있다. 이 척도가 효과가 있고 믿을만하다는 증거는 여러 형태로 확인되었다.

연민적사랑척도로 조사한 결과, 낯선 사람과 인류에 연민적 사랑이 높은 사람들은 공감, 타인을 돕는 행동, 자발적 행동, 영성과 신앙심을 평가하는 자기 보고 측정에서도 높은 점수를 받았다. 가까운 사람들에 대한 연민적 사랑은 나아가 사회적 지원으로 확장되는 경향이 있다. 당연한 사실이지만, 우리는 낯선 사람이나 인류 전체보다 가까운 사람에게 연민적 사랑을 더 많이 느낀다. 그리고 낭만적 파트너에 대한 점수가 가장 높게 나타났다. <u>연인에게 연민적 사랑을 경험한 사람들은 연인과 낭만적 관계뿐 아니라 다른 종류의 사랑에서도 만족과 헌신이 큰 것으로 나타났다.</u> 또한 연민적 사랑이 큰 사람은 관계가 끝날 때도 배려하는 이별 전략을 사용했다.

직접적 투자

추가적인 연구에서, 우리는 전문가가 아닌 일반인들은 연민적 사랑을 어떻게 개념화하는지 조사했다. 일부 참가자들에게는 연민적 사랑의 특질이 무엇인지 묻고 다른 참가자들에게는 각 특질이 연민적 사랑에 중요한 정도를 평가하도록 했다. 참가자들이 연민적 사랑에 중요하다고 꼽은 특질은 돌봄, 신뢰, 도움, 이해였다. 연민적 사랑을 주고받을 때의 많은 이점을 고려할 때, *이런 사랑을 인류 전체로 확대할 방안을 개발하는 일은 매우 중요하다.* 다양한 분야의 학자들이 개입 방안 전략을 연구하기 시작했다. 예를 들어, 엄격하게 통제된 실험에서 개인의 기억을 되살리거나 도움이 되는 상호작용 장면을 보여주는 등 다양한 방법으로 애착 안정을 제공하면, 어려움에 처한 사람에 대한 친사회적 감정(공감·연민)이 크게 증가하고 싫어하는 집단에 대한 선입견이 줄어들었다. 산타클라라대학에서 실시한 현장 연구에서는, 인도주의 몰입 여행으로 다른 사람에 대한 연민적 사랑이 증가했다. 의료적 환경에서 실시한 연구에서는, 명상이 다른 사람에 대한 연민적 사랑을 증가하게 했다.

우리는 사람들에게 연민적 사랑을 많이 경험하도록 권장한다. 연민적 사랑의 경험을 증가하게 하려는 노력은 인류의 개인적·사회적 안녕에 직접적으로 투자하는 것이다.

수잔 스프레처 & 비벌리 페│Susan Sprecher & Beverley Fehr

수잔 스프레처는 미국 일리노이주립대학 사회학 및 인류학과 석좌교수이며 심리학과에 공동 직책을 갖고 있다. 30년 동안 연민적 사랑을 비롯하여 밀접한 관계와 성에 관한 다양한 주제를 연구했다. 학술지 〈대인 관계 *Personal Relationships*〉의 편집자였으며《대인 관계 백과사전 *The Encyclopedia of Human Relationships*》등 다수 책과 논문집을 공동 편집했다.
비벌리 페는 캐나다 위니펙대학 심리학과 교수이다. 국제관계연구협회 *International Association for Relationship Research* 전 회장이며 〈성격과 사회심리학 저널 *Journal of Personality and Social Psychology*〉 공동 편집자였다. 최근 저서로는 편집본《연민적 사랑의 과학: 이론, 연구, 적용 *The Science of Compassionate Love: Theory, Research, and Applications*》이 있다.

포유류 중 5%에서만 부부애를 볼 수 있다.

°다윈의 침실

Darwin's bedroom

찰스 다윈의 《종의 기원》(1859)은 생명의 다양성을 공동의 조상과 자연 선택과 번식 성공 과정으로 설명하며 생명과학을 근본적으로 바꿔놓았다. 다윈의 이론이 우리의 사랑 개념에 어떤 영향을 미쳤을까? 피터 B. 그레이 박사가 다윈의 관점에서 사랑을 살펴보았다.

결혼의 장단점에 대해 오랫동안 생각한 끝에 다윈은 일기에 이렇게 썼다. "따뜻한 난로와 책과 음악이 있고 소파에 앉아 있는 상냥하고 예쁜 아내를 상상하라." 이런 상상이 낭만적 열정의 불길을 태우지는 못하겠지만, 다윈의 자서전과 회고록에서 우리는 그가 아내 엠마와 열 명의 자녀를 깊이 사랑했으며, 사랑하는 딸 애니가 열 살에 죽었을 때 얼마나 큰 고통을 겪었는지 추측할 수 있다.

보노보

사랑은 궁극적 진화의 목적인 번식을 위해 존재한다. 이 말은 인간에게는 사랑이 깊고 오래된 우정, 커플의 낭만적 사랑, 어머니가 아이들을 돌보고 아버지가 자녀를 위해 희생하고자 하는 욕구를 불러일으킬 수 있다는 뜻이다. 사랑은 개인의 사회적 위치를 고양하고(청소년기나 성인기에 직장에서는 우정이 이 역할을 한다), 장기적인 사회적·성적 유대를 형성하고(인간이 번식하는 전형적인 맥락이

다), 부모가 자녀에게 헌신하게 하는(다른 존재를 돕기 위해 인간이 할 수 있는 가장 큰 희생과 노력이다.) 등 관계에서 사람들을 묶어주는 정서적 아교 역할을 한다. 지금까지 매우 성공적으로 유지되어 왔지만 그럼에도 수정할 여지가 있는 생리학에 대해 진화론이 선택한 방식은 번식 성공률을 높이기 위해 사랑을 이용하는 것이다. 인간의 생리학적 특징은 지구상의 다른 생명체들과 매우 유사하다. 우리는 가장 가까운 친척인 침팬지, 보노보와 유전적·생리학적으로 거의 동일하지만 사랑하는 방식은 비슷하면서도 다르다. 포유류의 경우에 사랑의 생리학은 어미와 새끼의 애착에서 가장 쉽게 시작되며, 이때 옥시토신과 프로락틴 같은 호르몬과 도파민, 엔도르핀 같은 신경화학물질이 작용한다. 이 시스템은 여러 가지 효과가 나타나는 다면발현성 방식으로 작동한다. 옥시토신은 출산 시 자궁 수축을 용이하게 하고, 수유 기간 중에 젖이 잘 나오게 하며, 마음을 긍정적이며 안정되게 하는 등 어미가 새끼의 생존 확률을 높이는 행동을 하게 만든다. 도파민도 효과가 광범위하다. 새끼에게 먹이를 주는 것처럼 생존에 직접

적인 효과가 있을 뿐 아니라 낭만적 파트너나 부양가족을 돌보는 보상 행동을
하도록 정서적으로 이끈다.

테스토스테론

일부 남성의 경우 다른 모습을 보이기는 하지만, 부부애와 부성애 생리학은 대
체로 모성애에 편승하는 방식으로 나타난다. 포유류에서 모성애는 종 특성인
반면, 부부애와 부성애는 보통 일반적이지 않으며 포유류의 약 5%에서만 볼 수
있다. 이렇게 부부애와 부성애를 가진 소수 포유류 중에 우리 인간이 있다. 현
존하는 가장 가까운 영장류 친척은 그렇지 않다는 점으로 볼 때 이 관계가 최
근에, 예컨대 200만 년 내에 아프리카 조상에게서 생겨난 것임을 알 수 있다.
남성들 사이의 경쟁과 연합, 구애, 장기적 부부애, 부모애 같은 현대 인간 남성
의 사회적 행동 변화는 남성의 테스토스테론 수치가 변화한 데서 원인을 찾을
수 있다. 가족이 있는 남성은 독신 남성이나 자녀가 없는 남성보다 테스토스테
론 수치가 낮다. 이는 인간 남성이 진화에서 파생된 관계에 생리학적으로 적응
했다는 뜻이다. 인간의 형성적 생리학*plastic physiology*의 구체적 특성은 일부다처
가 허용되는지, 부부 관계가 유동적이며, 부모가 자녀에게 제공할 정서적·물질
적 자원을 갖고 있는지 등 우리 세계의 사회생태학적 특성과 맞물려 전 세계에
서, 그리고 인생의 과정마다 달라진다. 이 때 변화의 범위는 기본적으로 인간에
한정되며 진화의 흔적을 남긴다. 영국 가수 데이비드 그레이*David Gray*가 '샤인
Shine'에서 "내가 원하는 건 결국 사랑뿐이다."라고 잃어버린 사랑을 노래한 것
처럼, 사랑은 다윈이 알려주었듯이 번식에 성공하는 것이다.

1 사랑은 번식이라는 진화의 궁극적인 목적을 위해 존재한다.

2 사랑은 사람들을 묶어주는 정서적 아교 역할을 하여 개인이 낭만적 파트너나 부양가족을 돌보는 보상 행동을 하도록 돕는다.

3 부부애와 부성애는 비교적 드물며, 대부분 모성애에 편승한다. 일부 남성에게 는 변화가 있다.

피터 B. 그레이 *Peter B. Gray*

미국 라스베이거스네바다대학 인류학과 부교수이다. 하버드대학에서 생물인류학 박사학위를 받았다. 《사회관계 의 내분비학*Endocrinology of Social Relationships*》을 공동편집하고 《부성애: 진화와 인간의 부성 행동 *Fatherhood: Evolution and Human Paternal Behavior*》과 《진화와 인간의 성적 행동*Evolution and Human sexual Behavior*》을 공동 저술했다. 인간의 성별 차이, 성과 부모 노릇의 내분비학과 진화가 주요 연구 분야이다.

우리는 경비행기나 롤러코스터를 버리고
두 사람이 탈 수 있는 튼튼한 배로 갈아탈 수 있다.

사랑의 롤러코스터

The roller coaster of love

낭만적 관계를 안정되고 평탄하게 만들어주는 것은 무엇일까? 새로운 파트너와 떠들썩한 드라마를 경험하는 사람이 있는가 하면 왜 어떤 사람은 두 번째 데이트까지도 가지 못할 정도로 마음을 열기가 어려운가? 에리카 헤퍼 박사가 사랑의 롤러코스터를 조사하고, 개인의 애착 유형이 어떤 역할을 하는지 밝혀냈다.

세상 사람들이 모두 똑같다면 삶이 얼마나 지루하겠는가? 그러나 사람들이 사랑에서 경험하는 다양한 방식을 이해하는 것은 매우 어려운 작업이다. 나는 이런 개인적 차이가 깊이 뿌리내린 이유를 탐색했다. 자신이 누구인지에 대한 인식(정체성)과 자신에 대한 긍정적인 감각(자존감)이 관계와 깊은 관련이 있기 때문이다.

사람들이 가까운 관계에 접근하는 방식을 심리학자들은 '애착 유형'이라고 부른다. 부모와의 관계를 비롯하여 성장 과정에서 경험하는 다양한 관계는 우리의 애착 유형과 정체성에 영향을 미친다고 알려져 있다. 그러므로 개인의 애착 유형을 알면 그 사람의 정체성과 자존감이 대인관계에 어떤 영향을 미치는지 알 수 있다. 파트너가 무엇을 하든 스스로에 대해 좋은 감정을 느끼는 사람들이 있는 반면, 롤러코스터를 탄 것처럼 느끼는 사람들도 있다. 칭찬 한 마디에 하늘

높이 올랐다가 비난 한 마디에 바닥으로 처박힌다. 자신의 애착 유형을 알면 자신이 왜, 어떤 일을 하는지 알 수 있고, 문제가 될 만한 본능을 극복하는 데 도움이 될 것이다.

애착 유형은 친밀감 회피와 유기 불안 수준에 따라 결정된다. *회피와 불안은 불안정 유형이며, 두 가지 수치가 낮을 때 안정 유형이라고 한다.* 사람들은 회피와 불안이 높을 수도, 낮을 수도, 중간 어디쯤일 수도 있다. 애착이 높은 수준이거나 낮은 수준이라는 것이 어떤 의미인지, 우리의 자존감에 어떤 의미를 갖는지 살펴보자.

튼튼한 배

안정 애착 유형인 사람은 파트너와 가까워지고 파트너가 자신에게 의존하는 것을 편안하게 느끼고, 자신 있게 삶에 맞서고, 그러면서도 필요할 때는 도움을 구한다. 이런 사람들은 과거의 관계가 일관되게 긍정적인 경향이 있다. 이들은 자신이 사랑받을 가치가 있으며 도전에서 성공할 수 있다는 것을 과거의 경험에서 배운다. 따라서 *비교적 안정된 사람들은 자존감이 높고, 일정하게 유지되며, 실패나 비난을 경험해도 신속하게 회복된다.* 자존감이 높은 안정된 사람들은 튼튼한 배를 타고 항해하는 것과 같다. 이 항해는 평탄하고, 파도가 닥쳐도 충분히 맞설 수 있다.

경비행기에 홀로 탄 사람들

회피 성향이 높은 사람은 가까운 관계에 불편함을 느낀다. 마음을 열거나 가까

워지는 것을 피하고, 자신 외에 다른 사람을 믿지 않고 의지하지 않는 경향이 있다. 회피 성향이 높은 사람일수록 과거의 관계에서 따뜻한 감정이나 애정을 많이 경험하지 못했다. 이 때문에 스스로 가치를 지속하고, 거부당하지 않으려면, 자신의 감정을 숨기고 다른 사람들과 거리를 유지하여 세상과 홀로 맞서야 한다고 생각한다. 이는 그들의 자존감이 자신의 독립성과 성공을 증명하는 데 달려 있다는 것을 뜻한다. 이런 이유로, *회피 성향이 높은 사람은 야심적이고 관계보다 일을 중요시한다.* 일이나 스포츠, 개인적 목표에서 성공했을 때 자존감이 높아지지만, 다른 사람의 영향을 받지는 않는다. 회피형 자존감을 가진 사람은 경비행기를 타고 홀로 비행하는 것과 같다. 다른 사람들과 떨어져서 공중에 떠 있기 위해 열심히 일해야 한다.

홀로 비행하는 것은 불리한 면이 있고, 회피 성향이 높은 사람과 관련된 관계는 만족스럽지 못한 경우가 많다. 정서적 장애물을 제거하는 데 시간이 걸릴 뿐 아니라 독립성을 특히 중요시하기 때문에, 다른 사람과 거리를 유지할 때 안심하고 가까워지면 위협을 느낀다. 파트너가 회피 성향이 높다면 자신을 보호하는 전략임을 이해하고 인내심을 가져야 한다. 사람들은 대부분 시간이 지나면 덜 회피적이 된다. 회피형 파트너가 마음을 열고 감정을 보일 때 긍정적으로 반응하고 지나치게 강요하지 않음으로써 이 과정을 촉진하도록 한다.

꼭대기와 바닥

높은 애착 불안은 다른 사람이 자신을 버릴까 끊임없이 걱정하는 감정이다. 스스로의 가치를 의심하고, 안심이 필요하고, 다른 사람과 지나치게 가까이 있고 싶어 한다. 불안이 높은 사람은 과거 관계에서 일관성이 없거나 과잉방어적이었던 경우가 많다. 자신의 욕구가 중요하지 않고, 자신이 지속적인 사랑을 받을 가치가 없고, 다른 사람의 보호 없이는 살 수 없다는 것을 과거 경험에서 배운다. 다시 말하면, 불안이 높은 사람은 자존감이 매우 낮고, 다른 사람의 사랑과 동의를 얻는 데서 자존감을 얻는다는 뜻이다. 이들의 자존감은 칭찬이나 포옹 같은 사랑의 신호를 포착했을 때 매우 높아지고, 이런 신호가 사라지거나 조금이라도 거부당하는 느낌이 들면 순식간에 사라진다. 불안이 높은 사람의 자존감은 앞에서 언급한 롤러코스터와 같다. 끝없이 꼭대기로 치솟았다가 순식간에 바닥으로 처박힌다.

당연히 롤러코스터를 탄 자존감은 롤러코스터를 탄 관계를 만든다. 불안이 높은 사람은 집착하고, 소유하고, 질투하고, 많이 다투고, 자주 관계가 깨졌다가, 다시 예전 관계로 돌아간다. 관계가 진전되고 이 패턴이 진정되는 데는 시간이 걸린다. 불안한 파트너를 안심시키고 관심을 기울임으로써 이 과정을 촉진하라.

다행스러운 사실은, 이런 사람들은 대개 나이가 들면서 애착 불안이 줄어든다.

안정된 관계

물론 대부분의 사람들은 이보다 덜 극단적인 경험을 갖고 있다. 또는 한 가지 이상의 애착 유형을 갖고 있다. 예를 들어, 회피와 불안이 둘 다 높은 경우도 있다. 그러나 이런 극단적인 반응이 어디에서 오는지 알면 자신과 파트너의 성향을 인식하는 데 도움이 되고, 이런 반응이 나타날 때 자신과 상대방에게 친절할 수 있다. 사람들은 논쟁을 벌이거나 스트레스를 받을 때 '불이행*default*' 애착 유형으로 돌아가는 경우가 많으며, 이런 일은 매우 안정된 관계에서도 일어난다. 만약 저절로 회피 또는 불안 반응이 느껴질 때는 크게 심호흡을 하고 그런 불안정한 본능에 귀를 기울일 필요가 없음을 상기하라. 파트너의 애착 안정을 높이고 회피나 불안을 낮추는 가장 좋은 방법은 안정된 파트너가 되어 지속적인 사랑과 지지를 주는 것이다. 그러면 시간이 흐르면서 애착 안정과 안정된 자존감을 향해 가도록 서로 도울 수 있고, 회피적인 경비행기나 불안한 롤러코스터를 버리고 두 사람이 탈 수 있는 튼튼한 배로 옮겨갈 것이다.

1 애착 유형은 친밀감 회피와 유기 불안 수준에 따라 결정된다.

2 어떤 사람의 애착 유형을 알면 그 사람의 정체성과 자존감이 관계에 따라 어떻게 달라지는지 알 수 있다.

3 파트너들은 서로 도울 수 있다. 상대방의 애착 안정을 높일 가장 좋은 방법은 안정된 파트너가 되어 지속적인 사랑과 지지를 주는 것이다.

에리카 헤퍼 *Erica Hepper*

영국 서리대학 사회심리학 및 성격심리학자이며, 국제애착·인간발달자문위원회*International Advisory Board on Attachment and Human Development* 위원이다. 관계를 연구하는 것이 개인적 사명이고, 높은 회피형 파트너와 결혼한 높은 회피형 인간으로서 애착 유형이 가까운 관계와 정체성에 미치는 효과를 이해하는 과정이 학문적으로뿐 아니라 개인적으로도 도움이 되었다.

°주는 기쁨

giver's glow

"나는 아일랜드인 어머니에게서 '조력자 치료 *helper therapy*' 라는 말을 처음 배웠다. 어렸을 때 내가 심심해하면 어머니는 '스티브, 바깥에 나가서 사람들을 위해 뭔가 하는 게 어떠니?'라고 하셨다." 스티븐 G. 포스트 박사는 사랑과 주는 것의 관계를 연구하고 있다.

어머니는 '책을 읽어라.'거나 '방을 청소해라.'라는 말을 하지 않았다. 그래도 나는 책을 많이 읽었고 방 정리정돈도 잘 했다. 나는 길을 가로질러 가서 늙은 풀러 씨가 나뭇잎을 긁어모으는 것을 돕고, 로렌스 씨가 돛대를 고치는 일을 보조하곤 했다. 그러면 항상 기분이 아주 좋아졌다. 비록 사소한 행동이지만 이런 행동은 우리의 영혼과 도덕과 건강이 조화를 이루게 해준다. 이것이 우주의 보편적인 진실이다.

공동체에서 자원봉사를 하는 것은 사회적 네트워크를 새롭게 만들 수 있는 좋은 방법이다. 자원봉사를 하는 사람들은 더 건강하고 더 행복하고, 불안 수준이 낮으며, 삶의 의미가 크고, 심지어 잠도 더 잘 자는 것으로 알려져 있다. 남을 돕는 행동은 무력감을 완화하고 '나는 할 수 있다!'는 자아 효능감을 높여준다. 의미 있는 일을 찾아서 하고, 스스로가 쓸모 있다고 느낄 수 있도록 재능과 장점을 끌어내라. 비록 처음에는 효과가 그리 크지 않겠지만 계속 노력하면 결국 기쁨을 느끼는 능력이 생길 것이다. 인간의 뇌는 세포와 경로가 기본적으로 다른 사람의 기쁨과 고통을 자기 것처럼 느끼고 공감하도록 만들어진 사회적 기관이라는 것이 오늘날 많은 연구자들의 공통된 의견이다. 주지 않으면 성장도 할 수 없다.

사랑의 자유

흔히 말하듯 미덕은 그 자체로 보상이다. 미리 지불하는 것이고, 갚을 필요가 없으며, 다른 사람들도 그대로 행동하기를 바란다. 주는 행동에는 기쁨이 있다. 기쁨은 주는 사람이 받는 내적 혜택으로, 활기와 흥분으로 나타나며 우리가 쉽게 믿을 수 있는 것이다. 이와 대조적으로, 상호주의는 전혀 믿을만하지 않다. 상대방이 호의를 돌려주려 할 때 아무리 예의바르게 받더라도 마찬가지다. '눈에는 눈, 이에는 이'라는 생각에서 벗어나야 한다. 상호주의 원칙은 다모클레스의 검처럼 목 위에 매달려서 우리가 무한히 사랑할 수 있는 내적 자유를 앗아간다.

다른 사람을 돕는 일은 대부분 그 자체로 끝나지 않는다. 연구 결과에 의하면, 남을 돕는 행동은 내적 자유와 의미 있는 사람이 된 느낌, 기쁨, 희망, 평화를 가져다준다. 자발적으로 일어나지 않는 사랑, 우리를 짓누르는 모든 감정으로부터 해방감을 느끼지 않는 사랑은 상상하기 힘들다. 사랑하는 사람에게서 기쁨과 즐거움을 발견하지 않는 사랑은 상상하기 힘들다. 사랑하는 사람에게 희망을 갖지 않는 사랑은 상상하기 힘들다. 내적 평화와 감사 없이 지속되는 사랑도 상상하기 힘들다. 사랑은 그 성격상 감정, 언어, 의도, 행동에서 어떤 폭력성도 거부하기 때문이다.

"베풀고 기뻐하고, 베풀고 기뻐하라."

"Give and grow, give and glow."

기쁨의 막대

2010년 건강관리 · 자원봉사연합*United Healthcare and Volunteer Match*이 시행한 '선행복지연구*Do Good Live Well Study*'에서 미국 성인 4,500명을 조사했다. 그 결과, 미국인의 41%가 1년에 평균 100시간 자원봉사를 하는 것으로 나타났다. 지난해 자원봉사를 한 사람 중 68%가 '자원봉사를 함으로써 신체적으로 더 건강해졌다.'고 응답했다. 89%는 '자원봉사가 행복감을 높여주었다.'고 응답했다. 73%는 '자원봉사가 스트레스 수준을 낮춰주었다.'는 데 동의했다. 92%는 '삶의 목적의식을 풍부하게 해주었다.'고 말했다. 72%는 자신이 '낙관적'이라고 대답했는데, 자원봉사를 하지 않는 사람들은 60%만 이렇게 답했다. 또 42%가 삶의 의미가 '매우' 크다고 말했지만, 자원봉사를 하지 않는 사람들은 28%만 이렇게 대답했다. 그러니 다른 사람에게 자비를 베푸는 것은 얼마나 현명한 행동인가!

'주는 기쁨'은 이렇게 치유 효과가 있다. 내적 건강함과 해탈, 진정한 평화, 이 모든 것이 사랑을 주는 행동과 관련이 있다. 기쁨은 반투명한 플라스틱 막대와 같다. 그 안에 들어있는 물질들이 결합하면 화학 작용을 일으키며 빛난다. 플라스틱 막대 속의 유리 캡슐이 깨지면서 빛난다. 깨지는 것은 과정의 일부다. 베풀고 기뻐하고, 베풀고 기뻐하라.

스티븐 G. 포스트 *Stephen G. Post*

미국 스토니브룩대학 의과대학 예방의학 교수이며 의료인도주의·생명윤리학센터 *Center for Medical Humanities, Compassionate care and Bioethics* 창립 의장이다. 베스트셀러 《봉사에 숨겨진 선물 *The Hidden Gifts of Helping*》을 비롯하여 사랑과 이타주의와 연민적 돌봄에 관한 200여 편의 논문과 17권의 책을 썼다.

사랑은 애착에서 벗어난 상태다.

°동양의 관점
The oriental perspective

비자이 가왈리 박사는 말한다. "동양에서 자란 한의사이자 임상심리학자로서, '사랑'에 대한 나의 관점은 힌두교와 불교의 영향을 많이 받았다. 나의 관점에서, 사랑은 최고 형태의 행복이다."

'사랑'은 세상에서 가장 많이 쓰이면서도 가장 많이 오해받는 단어다. 사랑에 관한 셀 수 없이 많은 해석이 있지만 사랑은 대체로 긍정적인 에너지이자 힘이라고 알려져 있다. 사랑은 객관적이라기보다 주관적이며, 따라서 느끼는 것이다. 내게 사랑은 최고의 행복이다. 사랑은 행복을 가져오고, 행복은 사랑을 깊게 만든다.

나와 내 것

일반적으로 '사랑'에 대해 얘기할 때 사람들은 두 이성이나 남편과 아내, 젊은 남녀, 부모와 자식, 가족 구성원, 같은 나라 사람들 사이에 존재하는 관계를 가리킨다. 그러나 사실 이런 것은 진정한 사랑이 아니라 고통과 미움을 불러오기 쉬운 끌림과 애착이다. 사랑은 인류 전체에 평화와 번영을 가져오는 보편적인 것이다. 사랑은 애착에서 벗어난 상태이며 '나'와 '내 것'의 개념과도 거리가 멀다. 사랑은 무제한적이고 무조건적이다. 자발적이고 순수하다. 진정한 사랑은 행복과 만족감과 안도감을 가져다준다. 사람은 사랑하는 마음일 때만 우주의 모든 사람과 모든 피조물을 차별 없이 사랑할 수 있다. *사랑은 나누기보다 통합한다.* 사랑은 아무런 논리가 없고, 그저 일어날 뿐이다. 사랑은 무한대의 근원, 순수한 심장에서 나오는 샘물 같은 것이다.

'나'와 '내 것'을 구분하는 마음은 우리를 보편적인 존재로 만들기보다 경계 안에 가둔다. 이런 상태에서 사랑은 부모와 배우자, 자녀, 손자, 친척, 기껏해야 자기 나라 사람들을 사랑하는 데 그친다. 사실 이런 사랑은 사랑이라기보다는 이기심이다. 사람들은 애착에 사로잡히면 사랑하는 사람에게 사고가 일어날까 걱정한다. 그런 일이 실제로 일어나기도 전에 미리 걱정하고, 만일 그런 사고가 일어나면 끔찍하게 고통스러워한다. 그러나 진정한 사랑을 하는 사람은 이런 상황에서도 평정을 유지할 수 있다. 사랑하면 내면과 주변이 조화를 이룰 수 있다. '내 것'과 '남의 것'을 구분하는 차별에 기초한 사랑은 편견을 낳는다. 자신이 사랑하는 범주 바깥에 있는 사람들에게는 무관심하거나 심지어 적대적이 된다. 애착과 차별은 타인과 자신을 괴롭히는 고통의 원천이다.

카루나와 마이트리

친절과 연민은 진정한 사랑의 몇 가지 형태 중 하나다. 친절과 연민은 힌두교와 불교 철학에서 사용하는 말인 '카루나'와 '마이트리'와 같다. 힌두교와 불교 철학에서 카루나는 다른 사람의 고통을 없애는 능력이 있고, 마이트리는 사람들에게 행복을 가져다준다. 사람은 *애착 없이 다른 사람의 행복을 돌볼 때 행복해질 수 있다*는 것이 보편적인 법칙이다. 그러므로 카루나와 마이트리는 아무런 대가도 요구하지 않는다. 카루나와 마이트리는 누군가의 부모나 배우자, 자녀, 친척, 같은 카스트 구성원, 같은 나라 사람들에게 한정하지 않는다. 모든 사람과 모든 존재에 사랑을 퍼트린다. 카루나와 마이트리에는 차별이 없다. 차별이 없기 때문에 애착이 없고, 애착이 없기 때문에 고통이나 긴장이나 아픔도 없다.

사실, '진정한 사랑'은 인류의 본성이다. 진정한 사랑은 다른 어느 곳도 아닌 우리 안에 있다. 누구든 조금만 노력하면 진정한 사랑을 얻을 수 있다. 우리는 '노력 없는 노력*effortless effort*'으로 진정한 사랑을 얻을 수 있다. 노력 없는 노력은 내면과 주변에서 행복을 목격하는 것만으로도 가능하다. 행복을 목격하기 위해서는 명상을 해야 한다. 명상은 우리가 단순하고 순수한 삶을 영위할 때 할 수 있다.

keys of LOVE

1 사랑이 애착('나'와 '내 것')에 관한 것일 때, 그것은 실제로 사랑이 아니라 이기심이다.

2 사랑은 인간의 진정한 본성이며 행복을 가져다준다. 친절과 연민은 진정한 사랑의 형태다.

3 사랑은 내면과 주변이 조화를 이루게 한다. 사랑은 특정한 사람에 한정하지 않고 모든 사람과 모든 존재로 확산된다.

비자이 가왈리 *Bijay Gyawali*

네팔의 임상심리학자이자 침술사이다. 일본 도쿄국립건강복지대학에서 공부했다. 네팔침술·지압·뜸·협회 창립 부회장이며, 한의학에 관한 책 2권을 썼다. 현재 일본에서 '네팔 내전이 정신 건강에 미치는 영향'을 주제로 박사 과정을 하고 있다.

잘못된 사랑에 사로잡히지 말라.
당신은 그런 대접을 받을 필요가 전혀 없다.

스톡홀름 신드롬

The Stockholm syndrome

매 맞는 아내, 학대받는 아이, 강도에게 사로잡힌 인질……, 이들 중 어떤 사람은 가해자에게 사랑과 유사한 감정을 느낀다. 이것을 '스톡홀름 신드롬'이라고 한다. '스톡홀름 신드롬'을 처음으로 정의한 정신과 의사 프랑크 오크버그는 평생 동안 외상 후 스트레스와 연쇄 살인자, 희생자를 연구하고, 적십자사 자원봉사자로서 지진·홍수·화재·비행기 사고 현장에서 유가족들을 도왔다. 그가 이 잘못된 사랑의 느낌 뒤에 숨은 심리를 밝힌다.

때때로 사랑은 예기치 못한 상황에서 일어나며, 우리 정신과 의사들은 그 이유를 설명할 의무가 있다. 1970년대 중반에 스톡홀름의 은행원 크리스틴이 자신을 6일 밤낮 동안 금고에 인질로 가둔 은행 강도 올슨에게 애착을 느낀 사건이 그런 경우다. 이 사건에서 '스톡홀름 신드롬'이라는 말이 생겨났다.

우리는 세 가지 이유에서 이 증상을 증후군이라고 부른다. 포로가 가해자에게 강한 긍정적 감정을 느끼고, 가해자가 인질에게 긍정적 감정으로 보답하고, 인질을 구하고 가해자를 기소할 책임이 있는 권력 기관에 둘 다 적의를 느꼈다는 점이다. 나는 그 당시 FBI와 함께 일하는 정신과 의사로서, 치명적인 사건을 해결하도록 협상가들을 훈련시키고, 납치되거나 인질로 잡혔다가 풀려난 생존자를 면담하고, 포위가 길어지면 지휘본부에 조언하는 역할(1977년 네덜란드 몰루칸*Moluccan* 테러리스트들이 학교와 열차에서 인질극을 벌인 사건)을 했다. 인도주의적 관점에서, 우리는 스톡홀름 신드롬을 높이 평가한다. 인질범이 애정의 유대

스톡홀름 신드롬 Stockholm syndrome

전체 인질과 희생자의 4분의 1이 인질범에게 공감 또는 긍정적 감정을 표현한다. 이들 중 일부는 심지어 가해자를 보호하려고 한다. 극소수는 가해자와 사랑에 빠진다. 1973년 스톡홀름에서 은행 직원이 6일 동안 인질로 잡혀 있던 강도 사건 이후에 나타난 이런 증상을 '스톡홀름 신드롬'이라고 부른다. 이 용어는 예기치 못한 애정이 나타난 다양한 사건에 사용되며, 인도와 영국, 알제리와 프랑스 같은 식민지 경험 이후에 태어난 세대의 특정한 감정을 가리키기도 한다.

를 느꼈고, 그것을 생명을 구하는 데 사용할 수 있었기 때문이다. 우리는 이런 애착을 찾아서 발전시키도록 협상가들을 훈련한다.

살려주었다

이 증후군은 처음에는 갑자기 예기치 않게 포로가 된 끔찍한 경험으로 시작된다. 총성이 울리고 비명이 들린다. 평범한 일상은 엉망이 되었다. 포로는 말해서도 움직여서도 화장실에 가서도 안 된다. 마치 어린아이처럼 삶에 필요한 모든 것을 인질범에게 완전히 의존한다. 나중에 많은 사람들이 표현은 다르지만 이렇게 말했다. "나는 죽을 줄 알았어요." 죽을 것이라고 생각만 한 것이 아니라 죽을 것을 알았다. 그런데 완벽한 무기력감에 빠져 있을 때 드디어 움직이고 말하고 먹도록 허락받는다. 이 '삶의 선물'은 자신을 위험에 빠트린 바로 그 끔찍한 인물이 준 것이다. 인질이 된 사람은 인질범의 잔인성을 부정한다. 살려준 데 대해 극도의 고마움을 느낀다.

대부분 앞뒤가 맞지 않는 문장으로 묘사된 이 감정은 감사와 일정 부분 비슷하지만, 사실 이런 감정은 고통과 공포가 덜어진 행복감이라고 할 수 있다. 또한 이런 감정은 인간의 다양한 사랑, 즉 어머니의 사랑이나 친구의 사랑, 낭만적 파트너의 사랑의 전조라고 할 수 있다. 인질로 잡힌 경험이 있는 어떤 사람은 젊은 납치범에 대해서 이렇게 말했다. "내 10대 아들 같았어요." 나는 그의 얼굴에 아버지의 따뜻한 미소가 떠오르는 것을 보았다. 또 어떤 사람은 이렇게 말했다. "그들은 우리에게 담요를 주고 담배도 주었어요. 그들이 살인자라는 건 알아요. 그러나 그들도 인간입니다. 나는 연민의 감정과 싸워야 했어요." 나이와 성별이 잘 맞으면 이런 감정이 낭만적으로 발전할 수도 있다. 스톡홀름의 크리스틴이나 미국 좌익 과격파 조직 심바이어니즈 해방군 쿠조에게 납치된 허스트 가문의 상속녀 패티 허스트가 그런 경우다.

전지전능한 사람

우리는 수십 년 동안 인질범과 인질의 관계를 연구했고, 지금도 인질이 공포에 질리거나, 어린아이 취급을 받거나, 음식물을 허락받거나, 유대를 형성할 시간과 기회가 주어진 상황에서 스톡홀름 신드롬이 발생하는 경우를 본다. 이렇게 흔치않은 상황이 알려지고 널리 공개되자, 스톡홀름 신드롬이라는 용어는 *학대하는 운동 코치에 대한 충성심이나 매 맞는 아내의 인내심처럼 예기치 못한 애정이 생기는 다양한 사례*에 적용되었다.

이런 역설적 애착에는 스톡홀름 신드롬의 요소가 있다. 강력한 힘이 있는 사람이 부모의 역할을 맡고, 치명적인(또는 상징적으로 치명적인) 힘으로 부모의 역할을 한다. 처벌은 신속하고 가혹하며, 목숨이나 생계, 직업을 잃는 결과로 이어진다. 돌아갈 곳은 아무데도 없다. 적어도 완벽하게 지배당한 사람의 마음속에서는 그렇다. 그런데 그 다음에 안도하는 기간이 온다. 갈망하는 것을 얻을 수 있다. 죽을 것이라고 생각했는데 삶이 허락되었다. 그 결과 생긴 외상성 유대 *traumatic bond*는 전혀 이치에 맞지 않으며 의식이 인지하지 못하는 경우도 많다.

잘못된 사랑

생존자에게는 이런 감정이 사랑처럼 느껴질 수 있다. 그러나 경고하는데, 만일 이런 잘못된 사랑에 사로잡혔다면 이것은 건강한 사랑이 아니며 당신은 그런 취급을 받을 이유가 전혀 없다. 당신이 덫에 빠졌고 탈출하기 매우 어렵다면, 그 것은 당신의 잘못이 아니다. 그렇지만 *정서적 유대를 맺은 상태에서 생활했다면 대단히 잘못된 것이다.* 많은 사람들이 친구나 전문가의 도움으로 여성의 집이나 희생자 지원 단체에서 나온다. 적대적인 작업 환경에서 더 교묘하고 교활한 방법으로 잡혀 있다면 전문가의 개입이나 법적 보호가 필요하다. 이 때 필요한 도움은 안전한 장소로 가는 것으로 시작하여 자존감과 자기 방어를 훈련하는 것으로 끝난다.

스톡홀름 신드롬은 진정한 사랑이 아니다. 죽음의 확신이 삶의 희망으로 바뀌었을 때 느끼는 일시적 위안이다. 스톡홀름 신드롬은 인질과 납치 상황에 적용되지만, 괴롭히던 사람이 휴식을 허락했을 때 역설적인 애정이 일어나는 모든 곳에서 그 요소를 발견할 수 있다. 자유와 존엄은 우리의 궁극적인 목표임을 기억하라. 자유와 존엄이 없으면 우리는 성숙하고 독립적인 사랑을 할 수 없다.

1 │ 스톡홀름 신드롬은 인질과 인질범 사이의 강렬한 상호 긍정적 감정과 외부 권
  │ 위자들을 향한 적대감이 특징이다.

2 │ 이 용어는 삶을 허락받았을 때의 강력한 감정, 극도의 감사, 죽음을 예상한 후
  │ 의 안도감 등으로 인해 예기치 못한 애정이 일어나는 다른 많은 경우에도 적
  │ 용된다.

3 │ 스톡홀름 신드롬은 사랑처럼 느껴지지만 진정한 사랑이 아니다. 자유와 존엄
  │ 이 있을 때만 우리는 진정한 사랑을 할 수 있다.

프랑크 오크버그 *Frank Ochberg*

미국 미시간주립대학 정신과 임상교수이며, 이전에는 범죄 정의와 저널리즘 부교수였다. 국제외상후스트레스연구
협회*International Society for Traumatic Stress Studies* 창립 위원이며 최고의 영예인 평생공로상을 수상했
다. 동료들과 함께 중대범죄분석아카데미*Academy for Critical Incident Analysis*, 외상후 스트레스 장애가 있
는 사람들을 위한 자선단체 '내부의선물*Gift From Within*', 연쇄 살인범의 위협에 대응한 지역사회인식보호위원
회*Committee for Community Awareness and Protection*를 설립했다. 또한 저널리즘·트라우마다트센터
*Dart Center for Journalism and Trauma*를 설립하여 저널리스트들이 외상후 스트레스를 이해하고 외상후
스트레스 전문가들이 저널리스트들을 이해하도록 돕고 있다.

°스트레스는 사랑의 적

Love under stress

"일상의 스트레스는 사랑의 은밀한 적이다."라고 기 보덴만 박사는 말한다. 그는 20여 년 동안 일상의 스트레스가 가까운 관계에 미치는 영향을 연구하고, 2천여 쌍의 커플을 대상으로 직장에서 침실에 이르기까지 종횡단, 실험 연구를 했다.

1차적인 목표는 일상의 조건이 어떻게 사랑을 잠식하는지, 처음에는 행복했던 커플이 시간이 지나면서 관계가 나빠지는 이유가 무엇인지 그 메커니즘을 이해하는 것이었다. 그다음 목표는 이 발견을 토대로 커플 치료를 위한 예방 전략과 방법을 개발하는 것이었다. 연구 결과, 사랑은 한편으로는 스트레스로 인해 파괴되고 다른 한편으로는 잘못된 상호대처로 인해 파괴되는 경우가 많았다. 이것이 우리 연구에서 가장 중요한 발견이다.

1 부정적인 일상의 말다툼. 일상생활에서 매일 일어나는 말다툼 같은 만성적인 사소한 외부 스트레스가 커플의 긴장과 갈등을 고조시키고, 파트너에 대한 애정, 다정함, 사랑 등 긍정적 감정을 잠식하여 두 사람은 서서히 사이가 멀어지고 사랑을 잃게 된다.

2 인식하지 못한다. 스트레스는 보통 의식 바깥에서 일어나며, 커플은 일상의

스트레스가 관계의 질을 심각하게 훼손할 때까지 부정적인 영향을 알아차리지 못한다.

3 길을 잃는다. 만성적인 외부 스트레스는 다음 네 가지 중간 과정을 통해 커플 기능에 부정적인 영향을 미친다. 첫째, 함께 보내는 시간이 적어지고, 함께 하는 경험이 줄고, '우리'라는 공동 의식이 약화되고, 파트너끼리 비밀을 털어놓는 일이 줄어들고, 상호대처가 잘 되지 않는다. 둘째, 스트레스를 받는 배우자의 일상적인 반응으로 부정적인 의사소통과 적대적인 상호작용, 함께 있는 것을 피하는 행동이 늘어나면 가족 관계가 망가지고 파트너와 사이가 멀어진다. 셋째, 수면 장애나 성 기능 장애, 부정적인 분위기 같은 심리적·신체적 문제가 증가하면 파트너에게 부담이 되고 두 사람 간의 균형이 깨진다. 넷째, 스트레스 상황에서는 상대방이 부정적인 인격 특징을 감추기 쉽지 않기 때문에 경직성, 탐욕, 지배욕, 편협함 등의 단점이 쉽게 부각되고, 상대방에 대해 이전에 갖고 있던 긍정적 견해를 잃게 된다.

4 제삼자들이 상황을 악화시킬 수 있다. 직장이나 이웃, 결혼 전 가족 등 외부로부터 만성적으로 스트레스를 받는 결혼 생활은 이혼으로 끝날 가능성이 훨씬 더 높다. 이렇게 가까운 관계에 쏟아지는 외부 스트레스는 관계가 부정적으로 전개되고 결국 붕괴되는 방아쇠 역할을 한다.

5 함께 대처한다. 그러나 현명한 부부는 스트레스에 '함께' 대처할 수 있고, 만족스럽고 안정된 결혼 생활의 혜택을 누릴 수 있다. 우리 연구 결과, 부부 중 한 사람이 노력하거나 스트레스 요인을 다루려고 공동으로 노력하는 커플은 사랑의 감정을 더 자주 느끼며, 결혼의 질이 더 높고, 스트레스를 더 적게 경험하고,

"일상의 말다툼이 긍정적 감정을 갉아먹는다."

"Daily hassles erode our positive feelings."

심리적 · 신체적으로 더 건강했다.

6 함께 일한다. 부부의 상호대처는 만족스럽고 안정된 관계의 중요한 직접적 전조지만, 커플에서 스트레스의 영향으로 언어적 공격이 증가할 때도 중요한 중재자가 된다. 부부의 상호작용에 쏟아지는 외부 스트레스의 부정적 영향과 언어 공격은 부부의 상호대처로 완화된다.

7 경험을 나눈다. 일상생활에서 스트레스 경험을 서로 드러내고, 귀를 기울이고, 상대방의 경험을 이해하려고 노력하고, 공감하고 격려하고 신뢰함으로써 서로 간 나쁜 경험을 효과적으로 대처할 수 있도록 돕는 부부는 더 행복하다.

8 말보다 중요한 것. 우리 연구에서 또 하나 중요한 발견은, 사랑은 칭찬하고 선물을 주고 애정을 표시하는 등의 단순한 긍정적 의사소통보다 상호 지지(상호대처)와 훨씬 더 큰 관련이 있으며, 이 두 가지 긍정적 면은 적대적이거나 부정적인 의사소통보다 강력하다는 것이다.

9 서로 지지한다. 스트레스를 받은 파트너는 상대방이 관심을 보이고 지지해줄 때 심리적으로뿐 아니라 생리적으로도 외부 스트레스를 빨리 극복한다. 파트너의 지지를 받으면 생리적으로 스트레스와 관련된 물질인 코르티솔 수치가 빠르게 감소한다.

기 보덴만 *Guy Bodenmann*

스위스 취리히대학 임상심리학 교수이다. 커플의 스트레스와 대처가 주된 관심 분야 중 하나이다. 〈사회관계와 대인관계 저널 *Journal of Social and Personal Relationships*〉을 비롯한 여러 국제 학술지의 편집위원이며 부부관계증진훈련 *CCET, Couples Coping Enhancement Training* 을 개발했다.

사랑은 포함하는 동시에 배제한다.

사랑의 일곱 가지 기초

Seven fundamentals

"사회학의 관점에서 사랑은 기본적으로 감정이 아니라 사회적 관계다. 사랑은 중요한 사람들과 그들의 반응에 대한 것이다."라고 볼프강 글래처 교수는 말한다. 그가 일곱 가지 기본적인 사회적 유대를 토대로 사랑에 대해 조언한다.

사랑은 두 사람 또는 여러 사람이 결정한 사람들 사이의 관계다. 사랑은 일상생활에서 사람들 사이의 관계를 조절하는 데 중요한 역할을 한다. 때로는 사랑에서 갈등이 생겨난다. 사랑받는 사람은 특권이 있고 사랑받지 못한 사람은 손해를 보는 경우가 많기 때문이다. 때때로 사랑은 혼돈을 일으키지만, 사랑 없는 삶은 견디기 힘들다. 사랑은 함께 살아가는 데 필요한 기본적인 사회적 결합 가운데 한 가지에 불과하다. 사랑 외에도,

1 우리는 믿음 없이 살 수 없다. 일반적인 상황에서, 우리는 주변 사람들이 우리에게 진실을 말하며 악의적으로 행동하지 않는다고 믿어야 한다.

2 우리는 신뢰 없이 살 수 없다. 약속을 지키는 것이 중요하다.

3 우리는 인정 없이 살 수 없다. 우리는 인정받고 싶어 하고 다른 사람들도 우리에게 인정받고 싶어 한다.

4 사회적 관계에는 상호성이 있어야 한다. 우리는 누군가에게 선물이나 서비스

나 관심을 줄 때 같은 종류의 답변을 기대한다.

5 연대는 *기본적인 가치다.* 삶의 과정에서 사람은 누구나 곤경에 처할 수 있고 누구나 지원을 제공할 위치에 있을 수 있다.

6 안전은 *개인의 기본적 욕구*이며 안전을 제공하는 것은 개인과 사회 제도의 의무다.

7 공정함과 정의는 기본적인 욕구이며, 이를 위반하면 개인과 사회에 문제가 발생한다.

우리 삶에서는 이 모든 욕구와 가치의 기본 요소들이 조화를 이뤄야 한다. 사람들은 모두 자기만의 열망과 감정의 '혼합물'을 개발해야 하며, 이 복잡한 맥락에서 사랑이 어떤 역할을 맡을지 정해야 한다. 모든 욕구를 동시에 최대한 충족시키는 것은 절대로 불가능하다.

사랑의 기능은 양면적이다. 일반적인 상황에서 사랑은 세상에 질서를 가져오지만, 무질서를 만들어내는 경우도 있다. 우리가 삶에서 만나는 모든 사람과 개인적인 관계를 유지할 수는 없으므로, 사랑하는 관계를 통해 질서를 만들어야 한다. 사랑은 어떤 사람은 포함하고 어떤 사람은 배제하는 것이 원칙이다. 배제 원칙이 대표적으로 적용되는 경우가 두 사람이 사랑에 빠져 결혼할 때다. 이 때두 사람은 연인만 관계에 포함시키고 나머지 잠재적 연인들은 관계에서 배제한다. 자녀를 갖게 되면 가족 외부에서 부부의 관계가 축소되는 경우가 많다. 사랑은 사랑하는 사람과 좋아하는 사람을 포함하고 덜 사랑하는 사람과 사랑하지 않는 사람을 배제한다는 뜻이다.

그러므로

유일한 존재인 자신을 사랑하라. 그렇게 하는 것이 우리에게 이롭다. 자신의 삶을 사랑하라. 삶은 귀중하며, 영원히 지속되지 않는다. 여자친구나 남자친구를 사랑하라. 사랑은 굉장한 감정이며, 우리는 그들의 사랑이 필요하다. 친척들을 사랑하라. 살면서 위급한 상황에 처했을 때 지원해줄 관계망이 필요하다. 모든 인류를 한 명 한 명 사랑하라. 특히 혜택 받지 못한 사람들을 사랑하라. 우리는 모두 인간이며, 자비와 연대가 필요하다. 미지막으로, 사랑이 삶에서 가장 큰 의미가 있긴 하지만 삶에는 사랑보다 많은 것이 필요하다는 사실도 잊지 말라.

볼프강 글래처 *Wolfgang Glatzer*

독일 프랑크푸르트 암 마인의 괴테대학 사회학 교수이다. 삶의 질에 관한 다양한 저서를 출간했다. 국제삶의질연구협회*International Society for Quality of Life Studies* 회장이며 〈행복 연구 저널*Journal of Happiness Studies*〉 편집위원이다.

사랑하는 사람을 혼자 내버려두려면 아주 많이 사랑해야 한다.

°사랑은 나에게 없는 것을 주는 것

Love is giving what you don't own

"사랑과 행복은 삶에서 가장 중요한 요소다. 사랑이라는 말을 들으면 남은 날들을 함께 보낼 '유일한' 사람이 떠오른다. 그러나 유감스럽게도 현실은 그렇지 않다. 사랑은 나에게 없는 것을 주는 것이다."라고 폴 베르해게 교수는 말한다.

현대 생활의 뚜렷한 특징인 불신이 우리의 애정 생활까지 들어왔다. 우리는 '세상에 하나뿐인' 사람이 우리의 기대를 저버리고 배신할 경우에 대비해야 한다. 이별이 넘치고, 결혼은 모두 법적 계약으로 유지되고 있다. 에로티시즘과 사랑이 혼동되는 상황에서 우리가 알지 못하는 사이에 사랑이 결혼 생활로 축소되었다. 바로 이 혼동에서 비극이 일어난다. 에로티시즘은 성적 욕망과 긴장과 이완에 초점을 맞춘다. 이 과정에서 상대방은 그다지 중요하지 않으며, 목적이라기보다는 수단이다. 따라서 교환이 가능하다. 사랑은 그 반대다. 상대방이 중심이 된다. 숭배의 대상으로 떠받들며, 우리는 그 사람을 위해 모든 것을 희생할 준비가 되어 있다. 이 경우에 성관계는 덜 중요한 역할이며, 심지어 숭고한 사랑에 방해가 되는 것으로 여겨지기도 한다. 이런 극적인 차이를 어떻게 이해할 수 있을까?

해답은 생각보다 어렵지 않은 곳에 있다. *사랑의 기본적인 모델은 남녀 사이의*

성애적 관계가 아니라 엄마와 아이 사이의 원초적 관계다. 우리가 이 관계를 경험한 방식은 이후의 사랑 관계에 매우 큰 영향을 미친다. 그러므로 이 관계의 기본적 성격을 재고할 필요가 있다.

배타성

처음에 어머니와 아기의 사랑 관계는 절대적이며 배타적이다. 두 사람은 분만 후에도 계속 하나의 단위를 형성하며, 어머니는 아기의 모든 것이고 아기는 어머니의 모든 것이다. 별개인 두 개인의 관계가 아닌 이 충만한 관계에서는 상대방이 자신이며 외부인은 말 그대로 외부인이다. 이 배타성을 가장 예민하게 느끼는 사람이 아버지다. 처음 아버지가 된 사람은 아내를 잃었다는 느낌(아내는 어머니가 되었다!)을 극복하고 이제 자신이 아버지가 되었다는 사실과 자신이 이 이해하기 힘든 관계 안으로 들어갈 수 없다는 사실을 깨달아야 한다.

이것이 어른들의 사랑 관계에서 피할 수 없는 어려움(배타성)을 야기하는 근원이다. 상대방은 나의 모든 것이어야 하고, 오직 나만을 위해 존재해야 하고, 제3의 인물(아이의 경우에는 새로운 형제나 자매, 처음 아기를 낳은 어머니에게는 남편의 어머니)은 저절로 위협이 된다. 부모가 다른 자녀에게 관심을 기울이거나 자녀가 다른 사람(자신을 돌봐주는 사람)에게 관심을 갖는 것은 참을 수 없다. *경쟁자는 참을 수 없고, 첫째 자리를 차지해야 하며, 차지할 것이다.*

이런 배타성은 모든 것을 포용하는 엄마와 아기의 관계가 생활의 요구로 인해 깨졌을 때 더욱 중요해진다. 엄마와 신체적으로 분리된 아기는 서서히 정신적으로 분리되고, 처음에는 만족할 줄 모르는 욕구가 나타난다. 만족할 줄 모르는 이유는 원래의 충족감을 회복할 수 없기 때문이다. 아장아장 걷는 아기가 이 심정을 가장 잘 표현했다. "엄마가 캥거루였으면 좋겠어요. 그러면 내가 엄마 품 안에 살 수 있을 텐데요."

거울 사랑

일단 원래의 결합이 깨지면, 사랑 관계는 사실상 주고받는 관계로 바뀐다. 그러나 _무엇을 주고받든 원래의 결합을 회복할 수는 없다._ 여기서 우리는 인간 고유의 특질인 창의성의 토대를 찾을 수 있다. 즉, 우리의 욕망에 정해진 해답이 없다는 것을 이해하고 나면, 끊임없이 바뀌는 해답을 찾기 위해 창의성을 발휘하는 것이다.

이런 이해의 전제조건은 명확하다. 우리가 나중에 누군가와 두 사람만의 새로운 관계를 맺기 위해서는 어머니에게서 떨어져 나와야 한다. 이 관계 단절이 제대로 이루어지지 않으면, 이후의 사랑 관계가 매우 강박적이 될 수 있다. 즉, 오직 나만이 상대방의 욕망을 충족시켜야 하고 상대방은 오직 나만의 욕망에 부응해야 한다고 생각하게 된다.

착각

이런 사랑과 대조를 이루는 것이 성숙한 사랑이다. 내가 들은 것 중에서 성숙한 사랑을 가장 잘 표현한 말은 정신분석을 거의 끝낸 사람이 한 말이었다. "상대방을 혼자 내버려둘 수 있으려면 그 사람을 무척 사랑해야 합니다." 상대방을 혼자 내버려두는 것은, 상대방의 욕구를 무시하지 않고 상대방의 내적 결핍을 내가 가진 것으로 채운다는 뜻이다.

이런 생각을 가진 사람은 상대방이 나와 다르다는 사실을 인정하고, 다름을 전제로 관계를 풀어간다. 성숙한 *사랑에서 우리는 손으로 만질 수 없는 형태의 이익을 얻고 자신이 갖지 않은 것을 준다.* 프랑스의 정신분석학자 라캉이 말한 것처럼, "사랑은 자신에게 없는 것을 주는 것이다."

물질주의 시대의 비극은 무엇이든 돈으로 살 수 있고, 사물의 가치는 값과 포장에 달려 있으며, 계약이 보장을 제공한다는 환상을 갖고 자라는 것이다. 사랑은 그렇지 않다는 살아 있는 증거다.

keys of LOVE

1 / 에로티시즘과 사랑이 혼동되는 상황에서, 우리도 모르는 사이에 사랑이 결혼 생활로 축소되었다. 이 혼동은 불행을 낳는다.

2 / 사랑의 기본 모델은 어머니와 아이의 원래 관계이며 배타성을 요구한다.

3 / 우리가 나중에 누군가와 두 사람만의 새로운 관계를 맺기 위해서는 어머니에게서 떨어져 나와야 한다.

폴 베르해게 *Paul Verhaeghe*

임상심리학자이자 정신분석가이다. 벨기에 겐트대학 교수로 일하고 있으며, 사회 변화와 정체성, 심리적 문제 사이의 관계에 특히 관심이 있다. 저서들은 세계적 성공을 거두었다. 《외로운 시대의 사랑 *Love in a Time of Loneliness*》 은 8개국 언어로 번역되었다. 글을 쓰거나 읽지 않을 때는 정원 가꾸기와 장거리 달리기를 즐긴다.

서로에게서 최선의 것을 이끌어내라.

미켈란젤로 현상

The Michelangelo phenomenon

"사랑은 파트너를 자신이 원하는 사람에 가깝게 만들 수 있을 정도로 강하다. 지난 몇 년 동안 나는 동료들과 함께 그 사실을 확인했다."라고 마도카 쿠마시로 박사는 말한다. 사랑하는 사람과 자기 자신 안에서 미켈란젤로를 발견하라.

미켈란젤로는 조각가로서 자신은 돌의 바깥층을 깎아서 그 안에 있는 이상적인 형태를 끄집어내는 사람이라고 말했다고 한다. 미켈란젤로 현상 이론에서는, 사람도 자기 안에 있는 '이상적 자아'를 끌어내 가장 되고 싶은 사람이 되기 위해 숙련된 조각가가 필요하다고 한다. 낭만적 파트너는 오랜 시간 동안 파트너에게 상당한 영향력을 행사하므로 이런 조각가가 될 수 있는 가장 좋은 위치에 있다.

낭만적 파트너는 상대방에게 최선의 것과 최악의 것을 둘 다 끌어낼 수 있고 그 효과를 지속할 수 있다. 예를 들어, 메리가 좀 더 자신감 있는 사람이 되고 싶어하고 존이 그녀를 격려한다면, 메리는 존이 없을 때도 점차 자신의 견해를 편안하게 말할 수 있을 것이다. 반면에 메리가 수줍은 성격을 고칠 수 없다고 존이 믿는다면, 그는 메리가 자신의 견해를 말하는 것을 더욱 두려워하게끔 행동할 가능성이 높다. 그러므로 *낭만적 파트너의 기대는 자기 충족적 현실을 만들*

어낸다. 즉, 파트너는 서로에게서 특정한 특질을 끌어낼 수 있고, 파트너가 가장 소중히 여기는 목표를 향한 태도와 행동에 영향을 미칠 수 있다.

이상적 자아

로맨틱 파트너가 상대방의 바람직한 자질 또는 바람직하지 않고 적절하지 않은 자질을 끌어낸 결과는 무엇일까? 우리 연구 결과, 사람들은 자신의 '이상적 자아'에 가까워질수록 자신에 대해 좋은 감정을 느끼며, 이런 변화가 일어날 수 있도록 해준 관계에 대해서도 좋은 감정을 느끼는 것으로 나타났다. 반대로, 서로 바람직하지 않거나 적절하지 않은 특질과 목표를 끌어내는 사람들은 자신과 파트너에 대해 나쁜 감정을 느끼기 쉽다. 이런 사실에서 사람들이 자신의 이상과 가까워지거나 멀어질 정도로 낭만적 관계의 영향을 많이 받는다는 것을 알 수 있다.

물론, 낭만적 사랑에 빠진 사람들이 각자 자신의 목표를 추구하면서 상대방을 지지할 시간과 에너지와 동기를 항상 찾아낼 수 있다고 생각하기는 어렵다. 두 사람이 각자 자신의 도전 목표를 적극적으로 추구하면서 동시에 다른 사람들, 특히 자녀의 요구에 부응해야 하는 현대의 상황에서는 더 어렵다. 두 사람 중 한 명이나 두 사람 모두 상당한 희생을 하거나 일부 목표를 포기해야 하는 경우가 많다. 이런 상황에서, 관계를 단단하게 만들 열쇠는 두 사람이 각자 자신의 이상을 계속 추구할 수 있는 방법을 찾는 것이다. 사람들은 각자 원하는 미래가 있고, 원하는 미래에 도달하는 방법은 여러 가지가 있다. 또한 원하는 미래를 적극적으로 추구하기보다 몇 가지 환상적인 목표를 공상하는 데 만족하는 사람도 있다. 다른 목표보다 한 가지 목표에 집중하는 사람도 있고, 목표를 추구하는 방식이 유연한 사람도 있고, 파트너의 안녕을 고려하여 목표를 추구하는 사람도 있다. 그리고 원하는 목표는 인생의 과정에서 달라지기 마련이다. 성숙한 관계에서는 사람들이 이런 변화를 인식하고 자신의 행동을 그에 따라 수정한다.

개인적 성장

우리가 개인적 성장을 추구하는 과정에서 낭만적 파트너가 없어서는 안 될 중요한 역할을 한다고 주장하는 이론은 미켈란젤로 현상만이 아니다. 우리의 연구 결과를 보완하는 다른 연구에서도 사랑은 애착이라는 사실이 확인되었다. 어린 아이들이 최초로 자신을 돌봐준 사람을 '안전기지'로 삼아 개인적 탐색을 떠나는 것과 마찬가지로 어른들도 낭만적 파트너를 '안전기지'로 삼는다고 보인다. 또 다른 연구도, 사람들은 안녕이 증진되면 자율성과 소속감의 욕구를 포함한 기본적인 심리적 욕구가 충족되는 것으로 나타났다. 자율성과 소속감은 흔히 상반되는 욕구라고 하지만, 연구 결과에 따르면 *최고의 관계는 서로에게 사랑과 자율적인 지원을 할 수 있는 관계다.*

흔히 사랑은 우리의 자아를 제한하고 우리가 원하지 않는 변화를 요구하는 것으로 알려져 있다. 그러나 연구 결과에 따르면, 사랑하는 관계에서 사람들은 서로에게 최상의 것을 끌어내며, 개인적 성장을 이루고 가장 중요한 개인적 목표를 성취하는 단단한 토대로 관계를 이용할 수 있다.

1 최고의 사랑은 상대방이 열망하는 사람에 가까워지도록 돕는 것이다.

2 우리가 상대방의 중요한 목표를 지지할 시간이나 에너지가 항상 있는 것은 아니다. 그리고 이런 목표도 시간이 지나면 변할 수 있으므로, 유연하고 이해심 있는 태도가 필요하다.

3 인간의 기본적인 욕구에는 소속감과 자율성이 있다. 두 가지 욕구가 서로 보완적이면 관계에 도움이 된다.

마도카 쿠마시로 *Madoka Kumashiro*

영국 런던대학 골드스미스심리학 부교수이다. 노스캐롤라이나대학 채플힐캠퍼스에서 미켈란젤로 현상 이론을 처음으로 창안한 카릴 루스볼트 *Caryl Rusbult* 교수의 지도로 박사과정을 하면서, 그동안 이질적인 분야였던 '자아'와 '가까운 관계'를 통합하는 데 관심을 갖게 되었다. 대인관계에서 '자아'를 주제로 여러 학술지에 논문을 쓰고 책 저술에 참여했다.

우리는 좋아하는 사람을
따뜻하고 긍정적인 눈으로 본다.

°우리가 원하는 것

What we want

독신자들에게 어떤 낭만적 파트너를 원하는지 물어보면, 대개 아주 명확한 그림을 제시할 것이다. 그러나 이것이 그들의 최종 선택과 일치할까? 라스 펜케 박사가 우리가 무엇을 원하는지 연구했다.

대부분의 경우, 사람들이 이상형이라고 말하는 것과 실제 파트너 선택은 전혀 일치하지 않는다. 예를 들어, 파트너를 소개 받을 때는 따뜻한 사람이나 부유한 사람을 원한다고 말하지만 정작 다시 만나기로 선택한 사람은 이런 속성과 아무런 관계가 없다. 사람들은 이런 속성을 아주 짧은 시간에 판단하는 놀라운 능력이 있는데도 말이다. 마찬가지로, 유전적 배경이 같고 같은 가정에서 자란 일란성 쌍둥이는 선호하는 낭만적 파트너의 유형도 비슷하다. 그러나 이들이 실제로 선택하는 낭만적 파트너는 그다지 비슷하지 않으며 거의 임의로 선택하는 것처럼 보인다. 실제로, 유전적으로 덜 비슷한 이란성 쌍둥이와 비교해보면 이들의 낭만적 파트너 선택은 유전적 영향을 크게 받지 않는 유일한 부분이다. 다른 선호도나 심리적 특성은 대체로 모두 유전된다.

사람들이 선호한다고 말한 속성이 합리적으로 선택한 파트너에 반영되는 경우도 있다. 그러나 대부분 나이 같은 사소한 부분이거나 종교적 독실함, 인종, 교육 같은 부분에서 가족과 문화의 영향을 받는 것으로 나타났다. 전반적으로, *사람들은 사랑에 빠질 때 자신이 무엇을 원하는지 잘 모르는 것 같다.* 이는 심리학자로서는 놀라운 일이 아니다. 사람들은 어떤 결정을 내릴 때 자신의 마음속에서 실제로 어떤 일이 일어나는지 거의 알지 못하기 때문이다. 또한, 인생에서 다른 부분을 결정할 때도 그렇듯이, 낭만적 파트너 선택은 상호적이다. 자신이 선호하는 사람을 찾는 것으로 충분하지 않고 상대방도 자신에게 관심이 있어야 한다. 결국, 사람들이 '매력적'이거나 '친절하고 이해심 있는' 파트너를 원한다고 말할 때 실제로 그 말이 무슨 뜻인지 아는 것이 중요하다. 잠시 두 사례를 살펴보자.

매력

남성과 여성 모두에게, 신체적 매력은 첫 만남 후 다시 만날 생각이 들게 만드는 가장 중요한 요소 가운데 하나다. 우리는 어떤 모습이 신체와 얼굴을 매력적으로 보이게 만드는지 잘 안다. 균형미, 남성성과 여성성, 매끄러운 피부, 표준에서 벗어나지 않는 외모 등이다. 그러나 *실제로 남녀가 만나는 상황에서는 다른 요인들이 영향을 미친다.* 가까이 주변에서 찾을 수 있는 사람이어야 하고, 다른 사람들이 매력적으로 보는 사람일수록 매력적으로 보인다. 그뿐 아니라 옷차림이나 스타일, 자신만만한 태도, 친해지기 쉬운 외모, 친근한 행동, 미소와 눈 맞춤 등 내게 관심이 있고 만날 준비가 되어 있다는 행동을 보이면 더 매력적으로 느껴진다. 이렇게 목표가 분명한 신호는 사람들이 매력적인 파트너를 선호한다고 말할 때 정말 원하는 것이다.

친절

마찬가지로, 친절하고 이해심 있고 따뜻하고 믿을 수 있는(사람들이 제일 많이 원하는 속성이다.) 짝을 찾는 사람들이 반드시 모든 사람의 마음에 드는 성격 좋은 사람과 짝이 되지는 않는다. 예를 들어, 사람들은 낭만적 파트너뿐 아니라 일반적인 사람의 가장 바람직한 속성으로 신뢰를 꼽는다. 신뢰는 사회적 상호작용, 특히 낯선 사람과의 상호작용에서 전제조건이다. 또한 *사람들은 다른 사람을 좋은 편이나 나쁜 편, 친구나 적으로 크게 범주화시키고, 자신이 좋아하는 사람에게 과도하게 긍정적인 속성을 부여하는 경향이 있다.* '겸손한'과 '주장이 강한', '유연한'과 '규칙을 잘 지키는' 같은 명백하게 모순되는 속성을 같은 사람에게 부여하는 경우도 있고, '따뜻한'과 '친절한'처럼 유사한 속성을 부여하는 경우도 있다. 사람들은 자신이 좋아하는 사람을 따뜻하고 긍정적인 눈으로 본다. 그뿐 아니라, 사람들이 낭만적 파트너가 반드시 모든 사람에게 친절하고 이해심 있을 필요는 없으며 자신에게만 특별히 친절하면 된다고 생각한다는 증거가 있다. 결국, 친절하고 따뜻한 파트너를 원한다고 말하는 사람들은 일반적으로 상냥한 성격을 원한다기보다는 자신을 사랑해줄 사람을 찾는 것이다.

그러므로 *사람들이 일반적으로 낭만적 파트너에게 원하는 것이 그들이 최종적으로 선택하는 사람과 반드시 일치하지는 않는다.* 원하는 것이 표면적 가치인 경우에는 특히 그렇다. 사람들은 자신이 사랑에 빠지는 이유를 잘 모른다. 물론 그렇다고 해서 낭만적 파트너 선택이 임의적이거나 또는 앞에서 말한 대로 다만 접근성과 기회의 결과라는 뜻은 아니다. 사람들이 사랑에 빠질 때는 훨씬 더 미묘하면서도 기능적인 과정이 작동한다. 주변의 요구나 낭만적 파트너로서 자신의 인기에 맞게 선호도를 조정하거나, 여성의 경우 월경 주기에 따라 성적 매력과 친화 욕구에 맞춰 파트너 선택 기준이 달라진다. 그러나 우리가 사랑에 빠지기 위해서 이 모든 것을 숙고할 필요는 없다.

라스 펜케 | *Lars Penke*

영국 스코틀랜드의 에든버러대학 심리학과 강사이다. 구체적인 행동 관찰과 소개팅 등 다양한 방법을 사용하여 진화적 관점에서 매력과 낭만적 파트너 선택, 성적 행동을 연구했다. 성격과사회관계네트워크*Personality and Social Relationships Network* 공동설립자이다.

사랑 박사의 처방전?
하루에 여덟 번씩 끌어안고 사랑한다고 말하라.

°사랑의 화학 작용
The chemistry of love

2004년, 폴 J. 잭 박사의 실험실에서는 우리가 누구를 신뢰할지 결정하는 것이 뇌 화학물질인 옥시토신이라는 사실을 발견했다. 이 발견은 세계적인 뉴스가 되었다. 옥시토신과 관계 연구는 그에게 '사랑 박사'라는 별명을 안겨주었다. 그는 이 별명을 어떻게 사용하고 있을까?

옥시토신이 도덕적인 행동의 원인이며 뇌의 '도덕 분자*moral molecule*' 역할을 한다는 사실이 내 연구에서 밝혀졌다. 이 발견은 문명화와 현대 경제학의 기초를 이해하고, 협상을 개선하고, 신경계 질환과 정신과 질환 환자를 치료하는 데 사용되고 있다.

'사랑 박사'라는 별명에 익숙해지는 데는 시간이 조금 걸렸다. 처음에는 대학원생들이 농담 삼아 나를 사랑 박사라고 부르기 시작했다. 그런데 잡지 인터뷰가 끝나고 내가 기자들을 껴안자 기자들도 이 별명을 부르기 시작했다. 그래서 나는 사랑 박사가 되었다. 나는 과학자이며, 인간을 도덕적으로 만드는 뇌 화학물질을 찾기 위해 실험실에서 10년을 보냈다. 우리 인간의 본성은 친절하면서도 잔인하고, 너그러우면서도 인색하고, 관대하면서도 거만하다. 그 이유가 뭘까? 나는 긍정적 · 사회적 상호작용 직후에 심지어 낯선 사람들 사이에서도 신경화학물질 옥시토신이 분비되며 사람들이 다른 사람들에 대해서 눈에 띄게 마음을

쓰게 된다는 사실을 발견했다. 굉장한 소식이다!

스킨십

나는 합성 옥시토신을 사람에게 안전하게 주입하는 방법을 개발하여, 마치 정원용 호스의 방향을 바꾸듯 남을 배려하는 도덕적 행동을 유발할 수 있음을 입증했다. 그러나 약품으로 인정 넘치는 세상을 만들 수는 없으므로 나는 다른 방법을 찾기로 했다. 옥시토신을 관장하는 뇌 회로를 켤 수 있는 방법이 무엇일까? 우리 팀은 스킨십이 옥시토신을 분비하게 한다는 사실을 발견했다. 그래서 몇 년 전에 나는 작은 실험을 했다. 모든 사람을 껴안기로 한 것이다.

내가 모든 사람을 껴안기로 했다는 발표만으로도 사람들은 환하게 웃었다. 그리고 마치 번개처럼(또는 옥시토신처럼!) 사람들이 내게 마음을 열었다. 나는 모든 상호작용이 좋아진 것을 느낄 수 있었다. *우리 뇌는 옥시토신을 분비할 때 앞에 있는 사람이 안전하며 믿을 수 있다는 신호를 보낸다.* 나는 인간관계가 더 풍부해지고 삶이 더 행복해졌다. 옥시토신은 낭만적 파트너에게 애착을 유발하고 자녀에게 부모애를 유발하기 때문에 사랑의 화학물질이라고도 불린다. 우리가 다른 사람들에게 관심을 갖는 이유는 인간이 다른 사람을 사랑하도록 되어있기 때문이다.

사랑 *philia*

옥시토신은 진화적으로 오래된 뇌 화학물질이다. 이 사실은 사랑이 인간 본성의 본질이라는 뜻이다. 우리는 사랑이 필요하고 사랑을 갈구한다. 그러나 누군가 우리를 사랑하도록 강제할 수 없듯이, 우리 뇌가 옥시토신을 분비하도록 만들 수 없다. 우리는 다른 사람을 좋아하고, 다른 사람이 옥시토신을 분비하도록 자극할 수 있을 뿐이다. 그러므로 사랑의 선물을 줘라. 차별 없이 줘라. 우리 실험에 참여한 수천 명 중 95%가 사랑에 보답하고 사랑을 돌려주었다. 그렇지 않은 5%는 아마도 다른 사람들보다 사랑이 더 필요한 사람들일 것이다.

사랑 박사가 당신에게 처방전을 써주겠다. 하루에 여덟 번씩 껴안아라. 하루에 여덟 명을 껴안으면, 돌봄과 연민의 선순환을 시작하고 사랑이 더 많은 세상을 만드는 첫 걸음을 떼는 것이다. 두 번째 처방전은 '사랑한다.'는 말을 하라는 것이다. 주변 사람들에게 사랑한다고 말하라. 친구들과 동료와 이웃에게 사랑한다고 말하라. 내가 말하는 사랑은 '필리아*philia*', 즉 당신이 그들의 안녕을 진심으로 원한다는 뜻이다. 계속 얘기하라. 과학적으로 확실한 사실이다. 사랑한다고 말하면, 사랑이 몇 배가 되어 돌아올 것이다. 그리고 이 모든 것은 사람들을 끌어안는 행동으로 시작할 수 있다.

1 옥시토신은 진화적으로 오래된 뇌 화학물질이다. 이것은 뇌의 도덕 분자다.

2 옥시토신은 낭만적 파트너에게 애착을 불러일으킨다. 스킨십으로 분비된다.

3 사랑의 선물을 하라. 하루에 여덟 번씩 끌어안고, 사람들에게 진심으로 안녕
을 바란다고 말하라.

폴 J. 잭 *Paul J. Zak*

신경경제학연구센터 *Center for Neuroeconomics Studies* 창립 회장이며 미국 캘리포니아의 클레어몬트대학
원 경제학·심리학·경영학 교수이다. 로마 린다의과대학 신경학 교수이기도 하다. '신경경제학 *Neuro-economics*'
이라는 단어를 처음으로 사용했으며 이 새로운 학문의 선구자이다. 베스트셀러 《도덕 분자: 사랑과 번영의 원천 *The
Moral Molecule: The Source of Love and Prosperity*》의 저자이다.

짝을 이룬 원숭이는 나란히 앉아서 하루의 20%를 보낸다.

°동물들의 사랑
Animal love

과학자들은 인간의 특질을 동물에게 투사한다고 비난받는 것을 항상 두려워했다. 그러나 이제는 동물의 행동에도 낭만적 사랑이 있다고 공공연하게 말한다. 찰스 T. 스노든 교수는 이 분야의 이름난 전문가로, 30년 넘게 원숭이들의 행동을 연구했다. 그에게 티티원숭이, 마모셋원숭이, 타마린원숭이의 사랑 이야기를 들어보자.

언어 훈련을 받은 아프리카 회색 앵무새 알렉스는 죽기 전날 밤 수십 년 동안 사육사이자 협력자였던 이렌 페퍼버그*Irene Pepperberg*에게 "사랑해."라고 말했다. 그러나 사람이 아닌 동물은 대부분 언어로 사랑을 표현하지 못한다. 만일 동물들 사이에 사랑이 존재한다면 어떻게 확인할 수 있을까?

언어가 없는 상황에서 우리는 행동을 관찰하여 사랑을 평가할 수 있다. 사실 이 방법은 서로 다른 언어를 사용하는 사람들이나 서로 의사소통할 수 없는 사람들의 관계를 관찰하는 것과 크게 다르지 않다. 우리는 사랑 관계를 나타내는 몇 가지 행동을 쉽게 알아볼 수 있다. 기회가 있으면 함께 있는 것을 더 좋아하는가? 서로 애정 어린 행동을 보이는가? 떨어져 있을 때는 고통의 감정을 보이고 다시 만났을 때 기쁨과 안도의 감정을 보이는가? 자신과 같은 성이 나타나면 파트너를 보호하고 지키려 하는가? 비교적 긴 시간 동안 함께 있는가? 선물을 주고받는가?

만일 우리가 인간의 이런 행동을 사랑의 신호로 받아들인다면, 다른 종에 대해서도 같은 기준을 사용하지 않을 이유가 없다. 인간의 대부분은 일부일처제 관계로 살며, 사랑하는 행동이 인간과 가장 가까운 것도 일부일처제 종이다. 남아메리카에 사는 작은 원숭이인 티티원숭이는 짝과 꼬리를 나란히 한 채 함께 앉아서 많은 시간을 보낸다. 자신과 같은 성의 동물과 짝 중에서 누군가를 선택해야 하면 짝을 선택한다. 심지어 짝과 새끼 중에서 선택해야 때도 짝을 선택한다.

마모셋원숭이와 타마린원숭이

남아메리카의 다른 원숭이인 마모셋원숭이와 타마린원숭이의 경우, 짝을 이룬 원숭이는 나란히 앉아서 서로 털을 다듬어주며 하루의 20%를 보낸다. 잠깐 떨어져 있을 때는 애처로운 소리를 내어 부른다. 다시 만나면 재빨리 서로에게 달려가서 털을 고르고 성행위를 한다. 마모셋원숭이와 타마린원숭이는 암컷이 가임 기간이 아니거나 이미 임신 중일 때도 잦은 성행위를 보인다는 점에서 인간과 매우 유사하다.

이 원숭이들은 낯선 존재가 접근하면 공격적이 되며, 암컷과 수컷이 낯선 존재를 물리치기 위해 힘을 합친다. 그 뒤에는 서로 껴안고, 털을 고르고, 성행위를 하며 시간을 보낸다. 야생에서, 마모셋원숭이와 타마린원숭이 짝은 한 번에 몇 년 동안 함께 지내며, 가끔 새끼를 잃어 주변의 압력이 있을 때만 헤어지는 것으로 알려져 있다. 암컷과 수컷이 몇 년 동안 함께 지내는 다른 일부일처제 영장류와 쥐에서도 같은 결과를 볼 수 있다.

마모셋원숭이와 타마린원숭이는 식량을 발견하고 다른 원숭이들과 나눌 준비

가 되면 특별한 소리로 부른다. 마모셋원숭이는 특수한 이빨이 있어서 나무껍질에 구멍을 내고 수액이 흘러나오게 할 수 있다. 한 마리가 작업을 하면 온 가족이 수액을 나눠먹는다. 포획 상태에서 시행한 공식 실험에서, 이 원숭이들은 음식을 찾기 위해 공동의 문제를 함께 해결하고, 한 마리가 음식을 전부 차지하더라도 계속 협력했다. 심지어 자신은 먹지 못하더라도 음식이 든 접시를 끌고 와서 짝에게 먹였다.

사랑 호르몬

협동의 다른 형태는 새끼 돌보기이다. 일부일처제 동물 중에서 부모는 역할을 나누어 새끼를 돌본다. 암컷은 젖을 주고 수컷은 새끼를 옮기는 육체적 작업을 한다. 새끼가 젖을 뗄 때는 수컷이 새끼에게 딱딱한 음식을 가져다주고, 암컷의 젖을 빨지 않게 주의를 분산시키는 행동을 한다. 새끼들은 음식을 받기 위해 수컷의 입까지 다가가기도 한다.

동물이 짝 행동을 할 때는 호르몬 변화가 많이 일어난다. 우리가 들쥐라고 부르는 아주 작은 설치류에는 짝과 오랫동안 밀접한 관계를 지속하는 일부일처제 종과 장기적 관계가 거의 일어나지 않는 일부다처제 종이 있다. 일부일처제 암컷은 뇌에서 옥시토신 호르몬이 분비될 때는 어떤 수컷이 옆에 있든 즉시 그 수컷을 좋아하고 다른 수컷은 회피했다. 일부일처제 수컷에게는 옥시토신과 유사한 바소프레신이라는 호르몬이 비슷한 역할을 했다. 일부일처제 원숭이들 중에서, 서로 껴안고 털을 고르고 성행위를 하는 데 많은 시간을 보내는 짝은 그렇게 애정이 넘치지 않는 짝보다 몸속에 옥시토신 수치가 훨씬 더 높았다. 옥시토신은 '사랑의 호르몬'이라고 불리며, 원숭이들이 유사 사랑 행위와 호르몬을 유지하는 데는 신체적 접촉과 잦은 성관계가 중요한 것으로 보인다.

가까운 접촉

마모셋원숭이는 아비가 되면 짝에게 더 큰 충성심을 가지며 호르몬 변화가 많이 일어난다. 새로운 암컷의 냄새를 맡으면, 아비가 아닌 수컷들은 성적 흥분 반응을 보이고 테스토스테론이 급속히 증가하지만, 새끼가 있는 수컷은 새로운 암컷의 유혹에 관심이 없다. 자기 새끼의 냄새를 맡으면 아비의 테스토스테론은 몇 분 안에 갑자기 떨어지고, 에스트로겐 수치가 올라간다.

일부일처제 종에게서 보이는 암컷과 수컷의 가까운 상호작용은 일부일처제 관계가 아닌 동물에게서는 보기 어렵다. 그러나 일부일처제가 아닌 종에서도 어머니와 딸, 자매 사이나 아버지와 아들, 형제 사이에 가까운 사회적 유대가 존재한다. 신체적으로 가깝게 접촉하고, 서로 털을 고르고, 먹이를 나누고, 떨어져

있을 때는 서로 걱정한다. 이렇게 일부일처제 짝에서 보이는 이성 간의 사랑 행동이 다른 종에서는 형제애로 나타난다.

사랑은 인간에게 고유한 것이 아니다. 찾는 방법만 안다면 다른 많은 동물들에게서 발견할 수 있다.

keys of LOVE

1 인간은 대다수가 일부일처제 관계로 살아간다. 우리는 다른 일부일처제 종에게서 인간과 유사한 사랑 행동을 볼 수 있다.

2 옥시토신은 '사랑 호르몬'이라고 부른다. 일부일처제 원숭이들은 신체적 접촉과 잦은 성행위가 유사 사랑 행위와 호르몬을 유지하는 데 중요한 것으로 보인다.

3 사랑은 인간에게 고유한 것이 아니다. 찾는 방법만 안다면 다른 많은 동물에게서 발견할 수 있다.

찰스 T. 스노든 *Charles T. Snowdon*

미국 매디슨의 위스콘신대학 심리학·동물학 교수이다. 일생 동안 원숭이들과 작업하여 존경받고 있다. 30년 넘게 일부일처제 원숭이들의 짝짓기 행동, 아비의 돌봄 행동, 호르몬을 연구했다. 현재는 원숭이 연구 개념과 방식을 인간의 낭만적 관계 연구에 적용하고 있다.

사랑은 사랑일 때만 사랑이다.

사랑은 사랑이다

Love is love

키이스 오틀리 교수는 말한다. "사랑은 사랑이 아니라 실제로는 다른 것이라고 말하는 심리학자들이 있다. 일부는 사랑이 애착 상태로 돌아가는 것이라고 말한다. 또 다른 사람들은 우리가 유인원의 후손이라는 사실에 초점을 맞춘다. 사회적 교환이라고 주장하는 사람들도 있다. 이 주장들은 모두 일리가 있다. 그러나 때로 사랑은 사랑이다."

나는 동료 마야 디지킥*Maja Djikic*과 함께 사랑에 대한 글을 썼다. 사랑은 사랑일 때만 사랑이다. 우리는 삶이 의미 없고 공허하다고 자주 느낀다. 얼마 동안 혼자 지냈을 때 특히 그렇다. 그때 갑자기 이 세상 사람이 아닌 것처럼 빛나는 멋진 사람을 만난다. 그 사람 앞에서는 내가 다른 사람이 된 것 같고, 평범하지 않고, 더 살아 있다고 느낀다. 나는 그 사람을 거의 숭배하게 되고, 그 사람이 나를 받아들이면 삶에 의미가 생긴다. 게다가 운이 좋으면 그 사람도 나에 대해서 같은 생각을 한다. 그렇다면 내가 무엇을 할 수 있을까? 나는 그 사람에게 사랑을 선물로 줄 수 있다. 사랑을 받는 것도 충분한 행운이지만 기억하라, 사랑은 선물이다. 당신도 줄 수 있는 선물이다.

그러므로 사랑은 우리가 필요한 것이 아니라 우리가 줄 수 있는 것이다. 우리는 성적 파트너와 친구, 가족, 자녀에게 사랑을 줄 수 있다. 그리고 운이 좋아서 우리가 그런 사랑을 받는다면, 내면이 단단해지고 충분한 의미를 가질 수 있고 다른 누군가에게 다시 사랑을 줄 수 있다. *진정한 사랑은 내게 국한된 것이 아니다.* 사랑은 다른 사람을 아는 데서 시작된다. 분노는 두 사람 관계에서 뭔가 잘못되었으며 바로잡을 필요가 있다는 신호다. 지나치게 상대방을 탓하지 않고 분노를 해결하면 그 사람을 더 잘 알 수 있다.

로미오와 줄리엣

패트릭 호건*Patrick Hogan*에 따르면 세상의 모든 이야기 중에 사랑 이야기가 가장 많다. 가장 전형적인 사랑 이야기는, 두 젊은 남녀가 결합을 간절히 원하지만 아버지가 반대하는 것으로 시작된다. 가장 유명한 비극적 사랑 이야기는《로미오와 줄리엣》이다. 비극적 이야기에서는 연인들이 죽지만 유쾌한 이야기에서는 아버지가 양보하고 연인들은 이후로 오랫동안 행복하게 산다. 사랑에 빠지기 위해서는 우선, 사랑에 마음을 열어야 한다. 그다음에는, 방을 가로질러 오는 낯선 사람이 보일 것이다. 그 사람에게 끌린다. 두 사람의 눈이 마주친다. 아주 잠깐 사이에 미래의 두 연인은 각자 환상을 본다. 얼마 후, 두 사람은 만나 상대방도 같은 것을 보았으며 똑같이 생각하고 느꼈음을 말로써 또는 말없이 확인한다.《로미오와 줄리엣》에서 로미오는 줄리엣을 숭배한다. 손을 뻗어 그녀를 만지고, 소네트(사랑을 표현하기 위해 특별히 만든 시. 이 시에서 로미오는 줄리엣을 성녀로 본다.)를 부르기 시작한다. *각 단계를 지날 때마다 투사가 증가한다.* 두 연인 중 누구도 상대방에 대해 본질적인 것은 아무것도 알지 못한다.

상대방은 특유의 성격과 습관과 욕구를 가진 인간이므로 숭배는 오래 가지 않는다. 그렇다면 변신이 일어나는 동안 우리가 해야 할 일은 투사를 철회하고, 상대방을 숭배하는 신성한 대상이 아닌 실제 사람으로서 이해하고, 사랑을 주는 것이다. 많은 사람들이 사랑에 빠지는 단계에서 끝까지 가지 못한다. 만일 당신이 끝까지 간 사람이라면, 감사한 일이다. 그런데 누군가를 사랑하는 다른(아마도 더 좋은?) 방식도 있다. 흔히 문학작품에서는 사랑의 갈등에 치중하지만, 사실 사랑은 혼자서는 할 수 없는 일을 위해 상대방과 결합하고, 혼자서는 될 수 없는 사람이 되는 가장 좋은 방법이다.

keys of LOVE

1 / 애착, 진화, 사회적 교환 등 사랑에 관한 많은 이론이 있다. 그러나 때로 사랑은 사랑이다. 주고받는 선물이다.

2 / 진정한 사랑은 상대방을 있는 그대로 아는 데서 시작된다.

3 / 결국, 숭배와 투사는 상대방을 이해하고 알아가는 단계다.

키이스 오틀리 *Keith Oatley*

심리학자이며 캐나다 토론토대학 명예교수이다. 영국 캠브리지대학을 졸업하고 런던대학에서 박사학위를 마쳤다. 발달심리학자 제니퍼 젠킨스*Jennifer Jenkins*와 대처 켈트너*Dacher Keltner*와 함께 표준 교과서 《감정 이해 *Understanding Emotions*》를 공동 저술했다. 소설 3권을 썼는데 모두 사랑 이야기이며, 그 중 《에밀리 V의 사례 *The Case of Emily V.*》는 1994년 커먼웰스신인작가상을 수상했다.

°사랑의 여섯 가지 색깔

The six colours of love

캐나다의 저명한 사회학자 앨런 리*Alan Lee*는 1970년대에 사랑의 여섯 가지 색깔로 널리 알려진 사랑의 유형학을 개발했다. 그 이후, 펠릭스 네토 박사가 이 여섯 가지 색깔을 이용하여 사랑에 관한 세계적 연구를 시행했다. 성별과 세대, 문화가 사랑에 어떤 영향을 미칠까? 스토르게*Storgè*(친구 같은 사랑)와 루두스*Ludus*(유희적 사랑), 에로스*Eros*(낭만적 사랑)를 통해 알아보자.

앨런 리는 인간이 사랑하는 방식을 여섯 가지 사회 이데올로기(또는 양식)를 통해 규정했다. 그는 사랑의 여섯 가지 양식이 학습과 경험에서 생기는 자연적 요소며, 사회와 문화의 영향을 받는다고 말한다. 그는 사랑의 여러 '색깔'을 나타낸 색깔 바퀴라는 비유를 사용하는데, 사랑에는 색깔처럼 기본적인 양식과 두 번째, 세 번째, 혼합된 양식이 있다. 그는 비교적 독자적인 여섯 가지 사랑 양식에 주목했다. 첫 번째 양식에는 에로스(낭만적 사랑)와 루두스(유희적 사랑), 스토르게(친구 같은 사랑)가 있다. 첫 번째 양식의 두 사랑을 합치면 두 번째 세 가지 양식이 만들어진다. 프라그마*Pragma*(실질적 사랑), 마니아*Mania*(집착하는 사랑), 아가페*Agapè*(이타적 사랑)다. 이 연구는 무엇을 뜻하는가?

1 성별. 사랑의 양식에서 두 성별의 차이가 일관되게 발견되었다. 남성은 여성보다 유희 중심이며 이타적인 사랑을 보여준다. 남성은 사랑하는 사람을 위해

자신의 욕구를 희생하려는 의지가 더 높은 경향이 있다. 이는 남성이 공급자이자 보호자였던 전통적 성 역할 때문이거나 또는 단순히 남성이 사회적 규범으로 물려받은 이데올로기 때문일 것이다. 남성의 이타적인 면은 남성이 이성과의 관계에서 더 이상화되고 낭만적이라고 여겨지는 원인이다.

2 *세대.* 우리는 여성 가족 3대의 관점을 평가함으로써 전체 인생 주기에 걸친 사랑 양식으로 연구를 확대했다. 그 결과, 여성 3대는 대부분의 사랑 양식에서 본질적인 유사점이 없었다. 세대의 영향은 낭만적 사랑과 친구 같은 사랑, 실질적 사랑, 이타적 사랑에 중요하게 나타났다. 학생들은 낭만적 사랑에 어울리게 이상적인 아름다움을 비롯한 사랑의 신체적 면을 더 강조하고, 강렬한 감정(집착하는 사랑의 무리한 요구와 소유욕은 배제된)을 경험했으며, 어머니 세대보다 관계에 더 자신감이 있었다. 할머니 세대는 낭만적 사랑 양식에서 딸들이나 손녀딸들과 크게 다르지 않았다. 나이 든 세대에서 열정이 덜 중요하다고 알려진 것으로 볼 때 놀라운 사실이다. 이런 현상은 성을 오직 성행위로만 보는 사회의 제한적 시각 때문일 것이다. 노화가 신체적 건강과 성적 표현에 영향을 줄 수는 있지만, 낭만적 사랑에까지 영향을 미치지는 않는다.

이 연구는 노년과 중년, 젊은 층에서 낭만적 사랑을 똑같이 강렬하게 경험할 수 있음을 보여준다. 이런 보고는 낭만적 사랑이 지금까지 생각한 것처럼 부서지기 쉬운 일시적인 경험이 아니라는 뜻이다. 이로써 낭만적 사랑이 젊은 시기에 한정된 현상이 아니라 인생의 전체 주기에 나타나는 것이 확인되었다.

"우리의 사랑 양식은 놀라울 정도로 다양한 변형을 보여준다."

"Our love styles show some striking variations."

3 <u>문화</u>. 사랑에 대한 다른 관점은, 사랑이 문화적 현상이며 경험과 문화의 영향을 받은 '학습된 효과'나 '행동 반응'이라고 보는 것이다. 문화는 의미를 제공하고 경험을 구성하므로, 연구자들은 문화가 사랑과 관계에 미치는 영향을 조명할 필요가 있다. 우리는 사랑의 색깔 바퀴가 여러 나라(앙골라 · 카보베르데 · 모잠비크를 비롯한 아프리카 국가, 중국 · 마카오를 비롯한 아시아 국가, 브라질을 비롯한 남아메리카 국가, 프랑스 · 포르투갈 · 스위스를 비롯한 유럽 국가)에서 폭넓게 수집한 데이터를 어느 정도 설명할 수 있는지 검토했다. 그 결과는 다음과 같다. 첫째, 집착하는 사랑, 낭만적 사랑, 이타적 사랑 같은 강렬한 감정에 관계된 요소들은 대부분 모든 문화에서 유사하게 나타난다. 둘째, 엄격한 규율이 적용됨에 따라 감정이 강렬하지 않은 실질적 사랑, 친구 같은 사랑, 유희적 사랑은 문화의 영향을 많이 받았다. 이 결과에서 우리는 여러 문화 간의 사랑 양식은 유사점이 있지만 그럼에도 흥미롭고 충격적일 정도로 다양하다는 사실을 알 수 있다.

사랑의 색깔

앨런 리의 사랑유형학의 모델. 사랑에는 많은 방법이 있으며 모든 사랑이 낭만적이지만은 않다는 관점을 보여준다. 이 모델은 여섯 가지 유형을 가정한다.

유형	묘사
에로스 *Eros*	가장 일반적인 형태의 낭만적 사랑이다. 이상적 애인의 신체 외모에 갑자기 강력하게 끌리고, 정서적 친밀감을 느끼며, 솔직하고 강렬하고 열정적인 감정을 표현하려는 욕구가 특징이다.
루두스 *Ludus*	에로스와 거의 반대되는 유형으로, 아름다움을 인식하기는 하지만 이상형을 고수하지 않는다. 루두스는 사랑을 몰두하지 않는 재미있는 게임으로 이해한다. 일반적으로 파트너가 여럿이고 감정적으로 분리된 것이 특징이다. 어떤 의미에서는 낭만적 사랑과 가장 닮은 점이 없는 유형이다.
스토르게 *Storgè*	서서히 발전하는 우정이다. 공통의 관심과 활동을 즐기면서 시간이 지나며 자연스럽게 성장하고 헌신적인 사랑으로 성숙한다. 조용하고, 우애적이며, 편안하고, 안정된 사랑이다.
마니아 *Mania*	강박적이고 만족할 줄 모르는 강렬한 감정이 이 유형의 두드러진 특징이다. 루두스 사랑을 하는 사람과 유사하게, 마니아 사랑을 하는 사람은 상대방을 떨어져서 놔둘 줄 모른다. 상대방이 자신을 원하고 사랑한다는 확신이 없으므로 사랑하는 사람에게 소유욕을 느끼고 몰두한다.
프라그마 *Pragma*	파트너의 사회적·개인적 속성을 적은 '쇼핑 리스트'를 들고 심사숙고하는 논리적이고 실제적이며 일반적인 의미의 사랑이다. 이런 사람들은 자신의 사회적 환경에 잘 맞는 유용한 결혼 파트너를 찾는다.
아가페 *Agapè*	이타적이고 충실하며 다 내어주고 자신을 내세우지 않는 사랑이다. 아가페는 감정이라기보다는 의지를 나타내며, 가슴보다는 머리를 의미하므로 이런 애인은 연민이 깊고, 좋을 때나 나쁠 때나 관계없이 보상을 기대하지 않고 사랑이라는 선물을 줄 수 있다.

펠릭스 네토 *Félix Neto*

포르투갈 포르토대학 심리학과 교수이다. 문화와 복지의 관계도 연구한다. 사회심리학과 비교문화심리학에 관해 16권의 책을 출간했고 250여 편의 논문을 썼다.

°흑인과 백인

Black and white

"남아프리카공화국은 다문화적 성격 덕분에 사랑의 여러 면을 조사하기에 흥미로운 곳이다."라고 힐튼 러드닉 박사는 말한다. 흑인, 백인, 혼혈인, 인디안, 아시아인들은 세계화된 세상에서 사랑을 어떻게 볼까?

남아프리카공화국은 선진국과 개발도상국 인구가 나란히 살며 문화적으로 영향을 주고받고 있다. 우리는 연구에서 이 인구를 크게 네 가지 인종 집단(흑인, 백인, 유색인, 인디안 · 아시아인)으로 분류하고, 이들이 파트너를 선택하는 데 사용하는 기준을 찾았다. 남아프리카공화국에는 이렇게 다양한 집단이 공존하지만 인종차별정책 등 과거 규율과 역사, 어떤 경우에는 집단의 선택으로 인해 완전히 통합되지 않고 있다.

흑인은 남아프리카공화국에서 가장 많은 인구를 차지하는(80%) 인종으로, 다양한 언어 · 종교 · 문화를 가진 여러 부족이 있다. 심리학 교수 은흐란흐라 므크히제*Nhlanhla Mkhize*는 아프리카인 자체가 다원주의자이며 전 세계와 끊임없이 대화한다고 말한다. 대화하는 자아는 환경의 영향에 맞춰 유기적으로 변화하며, 교차하는 문화의 영향을 받기 쉽다. 이와 대조적으로, 남아프리카공화국

백인은 무엇보다 개인주의를 중시하며, 혼혈 인종은 특징을 분명하게 말하기가 어렵다. 마지막으로, 인디안·아시아인은 자신의 문화를 보존하는 것을 중요시하며 서로 모순된 세계관의 영향을 덜 받았다고 할 수 있다. 우리는 이 다양한 인종이 파트너를 선택하는 데 차이가 있는지 궁금했다. 그래서 요하네스버그대학에서 평균 나이 23세의 대학생 약 400여 명을 조사했다.

로맨스

우리는 앨런 리의 사랑의 색깔(145쪽 표 참조) 모델을 사용했다. 이 유형학은 유용하지만 약간의 한계가 있다. 사람들은 누구나 자신이 속한 유형보다 풍부한 특징을 보이며, 어떤 사람을 특정 유형으로 규정할 때는 미묘한 차이가 생긴다. 그럼에도 불구하고, 인종별 지배적인 유형에서 흥미로운 결과가 나왔다.

전통적인 낭만적 사랑과 가장 밀접한 연관이 있는 사랑 양식인 에로스는 백인과 유색인의 46%, 흑인의 40%가 지지했다. 그러나 인디안·아시아인의 경우에는 아가페를 가장 지지했고(28%) 에로스가 그다음(25%)이었다. *남아프리카공화국의 모든 문화에서 파트너를 선택하는 이상적인 방법으로 낭만적 사랑을 꼽는 것은 분명하다.* 가장 이기심 없이 주는 사랑 양식인 아가페는 전체 조사에서 2위(약 22%)를 차지했다. 이 연구에서 모든 문화 집단 사람들이 대부분 로맨스(화학 작용, 헌신, 신체적 매력, 격렬함)를 동경한다는 사실을 알 수 있었다.

풍요로움

우리는 문화적 차이를 제외하고 남성과 여성이 사랑에 관해 어떻게 다른지 조

"사랑 양식은 생활양식과 관련이 있다."
"Lovestyle is related to lifestyle."

사했다. 남녀 간에 차이가 있는 것은 분명했지만 차이가 크지는 않았다. 예상대로, 남성은 여성보다 훨씬 더 루두스 성향이었고, 사랑을 오래 지속하는 것보다 정복하는 데 열심이었지만, 극적인 정도는 아니었다. 반면, 여성은 남성보다 더 스토르게 성향이었고, 깊은 우정을 토대로 사랑 관계를 맺으려는 경향이 있었다.

사회경제적 관점에서도 명확하고 의미심장한 경향을 발견했다. 우리는 개인이 성장한 사회경제적 집단을 위에서부터 다섯 범주로 나누었다. 첫 네 범주에서, 상위 80%의 개인은 결혼을 결정할 때 사랑이 우선 요인이라고 대답했다. 대부분 경제적으로 어려운 집단인 마지막 범주에서만 이 응답률이 55%로 떨어졌다. 이 집단은 상당히 루두스 성향이었고, 이는 경제적 어려움이 문제가 되는 곳에서는 지속적 관계를 덜 중시하는 것으로 이해할 수 있다. 이 결과는 파트너 선택 문제에서 사랑이 차지하는 위치를 결정할 때 *사회경제적 역사가 인종과 성별보다 더 중요한 기준*임을 의미한다. 그리고 사랑 양식이 생활양식과 관련이 있으며, 부가 증가할수록 사랑을 위한 결혼을 더 중시한다는 뜻이다.

만족

전체적으로 볼 때, 개발도상국 사람들이 파트너를 선택하는 결정 방식에 세계화가 영향을 미쳤다고 말할 수 있다. 예전에는 집단적 문제이며 실용과 편의성, 부모의 개입이 중요했던 배우자 선택이 지금은 사랑을 위해 결혼하는 서구의 가치와 유사하게 바뀌었다. *흑인 인구는 확실히 이 방향으로 움직이고 있는 것 같다.* 오직 인디안 · 아시아인 집단만 다른 경향이나, 이 집단에서도 참가자 중

다수가 사랑을 결혼의 토대로 보았다. 사랑하는 사람과 결혼하는 것이 표면적으로는 자유사상처럼 보이지만, 이렇게 결혼한 사람들도 이혼율이 높은 것으로 알려져 있다. 이 문제가 복잡하다는 증거가 있다. 우리의 다른 연구에서, 파트너를 사랑해서 직접 선택해 결혼한 집단과 선택권 없이 결혼한 사람들 사이에 만족의 차이는 크지 않았다. 결혼 공식은 풀기 어려운 복잡한 문제다. 서구의 관점에서 사랑이 결혼의 토대라는 것은 거의 논쟁할 여지가 없다. 그러나 리의 모델과 이 모델이 사랑의 다양한 형태를 규정하는 방식에 의하면 사랑을 표현하는 방식에는 여러 가지가 있으며, 다양한 인종이 배우자를 선택하는 방법에 사소한(하지만 중요한) 차이가 있지만 훨씬 더 많은 사람들이 좋든 나쁘든 낭만적 사랑을 결혼의 초석으로 본다.

힐튼 러드닉 & 케티 파블루 *Hilton Rudnick & Kety Pavlou*

힐튼 러드닉은 심리학자이며 남아프리카공화국 요하네스버그대학 전 교수이다. 박사과정에서 서구의 정신치료요법과 남아프리카의 전통적인 치료의 연관성을 연구했다. 응용심리학의 다양한 주제에 관해 심리학 학술지에 글을 썼다. 현재 심리학 서비스를 전문적으로 제공하는 남아프리카 회사 옴니코*Omnicor*의 이사이다.
케티 파블루 박사는 문화적 관점에서 사랑을 연구하고 있다.

우리는 문화라는 옷을 입은 원시부족이다.

˚사랑은 자유 선택인가?

Free choice?

아버지와 딸이 결혼 계획에 대해 논쟁을 벌였다. 딸은 "내가 뭘 하려는지 잘 알아요. 결혼은 내 선택이에요."라고 말한다. 카를로스 옐라 박사는 의구심을 나타낸다. 사랑 문제에 관한 한 우리는 우리가 믿는 것처럼 자유롭지도 합리적이지도 않다.

우리는 자유롭지 않다. 우리가 통제할 수 없고 대개 인식하지도 못하는 광범위한 생물학적 · 사회문화적 요인의 영향을 받기 때문이다.

→ 우리는 '옷을 잘 차려입은 침팬지'처럼 사랑한다. 우리는 '문화'라는 옷을 입은 작은 영장류다. 다른 종과 '최초의 애정에 찬 유대'를 나누고, 이것을 '사랑'이라는 복잡한 생물학적 · 심리적 · 사회적 혼합물로 전환시켰다.

→ 우리는 자신이 속한 문화의 구성원으로서 사랑한다. 우리는 자신이 속한 문화에서 어떤 종류의 사랑이 표준인지(열정적 사랑), 어떤 종류의 사랑이 금기인지(유희적 사랑), 사랑과 성과 결혼이 어떤 관계여야 하는지(안정된 관계) 배운다. 예를 들어, 우리는 대부분의 스페인 사람들이 사랑 없는 성관계(특히 현대 여성들의 경우)와 성관계 없는 사랑, 사랑 없는 결혼에 동의하지 않는다는 사실을 확인했다. 과거의 다른 시기에는 이렇지 않았으며 현재 다른 문화에서도 이렇지 않다.

→ 우리는 사회적 존재로서 사랑하며, 어린이 동화에서 시작되는 '낭만적 사회

화' 과정을 통해 누구와, 언제, 어디서, 어떻게, 왜 사랑에 빠질 것인지, 이것이 어떤 의미인지, 그 결과가 어떠해야 하는지 배운다. 사랑의 열정은 다른 사회에 서는 같은 의미가 아니며, 결과도 같지 않다.

우리는 그렇게 이성적이지 않다. 우리가 생각하고 느끼고 말하고 행동하는 것을 포함한 모든 사랑 행동이 대부분 인지적 편향에서 이상화 과정에 이르기까지 상대방에 대한 인식 오류와 초기 단계의 강렬한 감정과 열정, 낭만적 신화 (사랑이란 '어떤 것이고', '어떤 것이어야 하는지'에 대한 불합리하고 불가능하고 말도 안 되는 믿음, 우리 사회가 아무런 의심 없이 집단적으로 채택하고 공유하는 신화)에 기인하기 때문이다. 사랑은 인간의 삶에서 가장 중요한 부분이지만 가장 판에 박힌 방법과 신화, 잘못된 믿음, 오해에 가려진 부분이기도 하다. 일부 신화는 조만간 실망으로 이어질 과도한 기대를 갖게 하므로 특히 해롭다.

➔ _사랑에 빠지면 반드시 안정된 관계로 이어지리라는 믿음._ 우리는 이것을 결혼 신화 또는 함께 사는 것이라고 부른다.

➔ _진짜 열정은 영원히 지속된다는 믿음._ 사랑에 빠지는 것과 사랑은 기본적으로 같다는 믿음. 1000일 동안 함께 산 다음에 똑같은 현기증을 느끼지 않는다면, 파트너를 정말 사랑하지 않기 때문이므로 관계가 만족스럽든 그렇지 않든 헤어져야 한다고 생각한다. 사랑의 열정이 영원하다고 믿으며, 사랑에 빠지는 것과 사랑이 동일하다고 믿기 때문이다.

➔ 신체적 매력과 열정적 욕구를 포함하여 _단 한 사람에게만 진정한 사랑을 느낄 수 있다는 믿음._ 그러므로 다른 사람에게 매력을 느끼면 더는 파트너를 진심

으로 사랑하지 않는 것이므로, 관계가 만족스럽든 그렇지 않든 관계를 깨야 한다. 배타성의 신화다.

만일 사랑하는 관계의 고통 뒤에 무지와 비현실적 기대와 오해가 있다면, 이 모든 과정을 아는 것이 사태를 호전시키는 데 도움을 줄 것이다. 예를 들어, '사랑에 빠진' 단계를 아직 지나지 않았다면 결혼해서는 안 되며, 다른 사람에게 끌렸다거나 열정이 감소했다는 이유로 헤어져서는 안 된다는 것이다. 오늘날 훌륭한 성교육의 중요성과 필요성을 의심하는 사람은 아무도 없으므로, 훌륭한 '사랑 교육'에도 참여하자. 이용 가능한 지식을 개인의 문제나 관계의 문제를 해결하는 데 적용하고 사람들의 복지와 삶의 질을 개선하는 것도 사랑을 연구하는 사람들의 책무다.

keys of LOVE

1 우리는 자유롭지 않다. 동물로서 주어진 문화의 일원이며, 사회적인 존재로서 광범위한 무의식적·생물학적·사회문화적 요인의 영향을 받기 때문이다.

2 우리는 이성적이지 않다. 우리의 사랑 행동은 인식과 감정, 낭만적 신화의 영향을 받기 때문이다. 이 신화들 중 일부는 해롭다.

3 이 모든 과정에 대해 알면 관계에서 실패를 줄이고 성공할 수 있을 것이다. 그러므로 훌륭한 '사랑 교육'을 받자.

카를로스 옐라 *Carlos Yela*

심리학 박사이며 스페인 마드리드국립대학 강의 교수이다. 주요 연구 분야는 낭만적 사랑에 관한 심리학적·생물학적·사회문화적 분석을 비롯한 사회심리학과 관계된 분야들이다. 국내외 학술지에 30편 이상의 논문을 썼으며 응용심리학백과사전 등 여러 국제 출판에 참여했다. 《사회심리학에서 본 사랑: 자유롭지도 이성적이지도 않은 *El amor desde la Psicologia Social: ni tan libres, ni tan racionales*》의 저자이다.

사랑과 욕망 중
무엇이 먼저일까?

°사랑과 욕망
Love & desire

뇌 정밀 촬영 결과 사랑의 비밀이 서서히 밝혀지고 있다. 스테파니 카치오포 박사가 일레인 햇필드의 평생에 걸친 연구를 이어받아 뇌 정밀 촬영 결과를 분석하고 있다. 그녀는 최근에 심리과학협회 *Association for Psychological Science*의 떠오르는 스타가 되었다. 이 책을 위해 두 사람이 통찰력을 합쳐 사랑과 욕망의 구체적인 상호작용을 알려준다. 사랑과 욕망 중 무엇이 먼저일까?

사랑과 욕망은 사람이 일생에서 경험할 수 있는 가장 강력한 주관적 감정이며, 이 두 현상의 성질과 근원에 관해서는 아직도 논쟁이 진행 중이다. 수십 년 동안 다양한 분야의 학자들이 사랑과 욕망을 해결하기 위해 노력했다. 몇몇 연구에서는 사랑과 욕망의 행동적 유사성과 차이를 밝혀냈다. 심리학적 관점에서 사랑은 근본적이고 복잡한 감정과 화학물질, 인지, 보상, 목표지향적 행동 요소가 포함된 복잡한 정신적 상태다. 더 정확하게, 우리가 사랑의 상태라고 말하는 열정적 사랑의 과학적 정의는 '서로 결합을 강렬하게 원하며, 평가와 이해, 주관적 느낌, 표현, 패턴화된 생리적 과정, 행동 경향, 도구적 행동이 포함된 복잡한 기능 전체'다. 한편, 성적 욕망은 '성적 결합을 열망'하는 것으로 정의할 수 있다.

뇌 활동

신경 기능의 관점에서, 사랑과 욕망의 생화학적 활동과 뇌 활동을 조사한 인

간·동물 연구의 최근 증거에 따르면 이 두 활동 사이에는 강한 연관이 있다. 최근에 신경과학자들은 이 과정이 다양한 문화권에서 매우 유사하게 나타난다는 것을 보여주는 몇 가지 자료를 수집했다. 예를 들어, 인간의 fMRI(functional Magnetic Resonance Imaging) 연구 결과, *사랑과 성적 욕망의 불꽃이 행복감과 보상·동기와 관련된 피질하뇌영역과, 자기표현·사회적 인지와 관련된 피질뇌영역의 활동을 증가시키는 것*으로 밝혀졌다. 감정과 관련된 피질하영역과 더 복잡한 인지 기능(신체 이미지와 정신적 연상, 자기표현)을 조정하는 고차원 피질영역의 공동 활성화는 대인관계의 하향식 신경기능 모델과 과거의 경험이 미래의 감정과 행동에 미치는 잠재적 영향을 강화한다. 흥미롭게도, 신경 중추의 차이가 사랑과 욕망 사이에도 존재한다. 욕망에서 사랑으로 갈 때, 피질하 수준에서 명백하게 뒤쪽에서 앞쪽으로 가는 섬*insula* 패턴은 사랑이 욕망보다 유쾌한 감각운동 경험의 추상적인 표현임을 암시한다. 더 정확하게는, 사랑을 성적 욕망과 비교할 때 뇌의 복측선조체·시상하부·소뇌편도·체감각피질·하두정소엽의 활동이 감소하는 것으로 나타났다. 이런 현상은 *성적 욕망이 매우 구체적인 목표와 동기가 있는 상태라는 사실과 일치한다. 반면, 열정적 사랑은 상대방의 외적 모습에 덜 의존하는 더 추상적이고 유연하며 행동이 복잡한 목표*라고 볼 수 있다. 사랑은 뇌의 복측피개부의 더 강렬한 활성화와 관련이 있으며, 도파민이 풍부한 우측줄무늬체 뒤쪽 두 부위의 구체적인 활동은 일반적으로 동기·보상 기대·습관 형성과 관련이 있다.

감성과 기쁨

이런 발견으로 볼 때, '머리끝부터 발끝까지' 사랑에 빠지고 싶다면 구체적인 목표가 있는 동기가 중요하다는 것을 알 수 있다. 열정적 사랑을 경험하는 동안 도파민 작용성이 풍부한 피질하영역이 활성화된다는 사실은 사랑이 보상적이며 긍정적인 동기부여 경험이라고 규정한 심리학적 연구 결과와 일치한다. 흥미롭게도, *섬의 앞쪽 부분은 사랑의 느낌으로 상당히 활성화되는 반면 섬의 뒤쪽 부분은 성적 욕망이 느껴지면 몹시 활발해지는 것으로 나타났다*. 성적 욕망과 사랑이 섬의 뒤쪽과 앞쪽으로 구별되어 나타나는 현상은, 신경 기능이 뒤쪽에서 앞쪽으로 진행되는 특성을 촉진한다. 즉, 애정에 관한 신체적 느낌들이 모든 감정의 궁극적 표현으로 발전한다. 이것은 사랑이 부분적으로는 과거에 상대방과 반복적으로 경험한 감정이 머릿속에 나타난 추상적인 산물이라는 견해와 일치한다. 이 구체적인 활성화 패턴은 사랑이 감정과 기쁨의 신경 회로에 세워지며, 보상 기대와 습관 형성, 특성 탐지 영역과 관련이 있음을 의미한다. 특히, 욕망에서 사랑으로 이동할 때 뒤쪽에서 앞쪽으로 이동하는 패턴을 보이는 섬 내의 공유된 활성화는 사랑이 욕망에서 나오며, 욕망의 특징인 유쾌한 감각 운동 경험의 추상적 표현이라는 뜻이다.

이 결과로 볼 때 우리는 욕망과 사랑이 본능적 애정에서 궁극적인 감정의 표현으로 전개되는 스펙트럼 위에 있으며, 보상 기대와 습관 학습의 메커니즘을 포괄한다고 생각할 수 있다. 사랑은 성적 욕망의 전제조건이 아니지만 최근의 뇌 영상 메타분석을 보면 욕망은 사랑의 전제조건이다. 욕망이 의식적인지 무의식적인지는 학자들이 앞으로 더 연구하고 조사해야 할 문제다.

1
사랑은 보상하고 동기를 부여하는 긍정적인 경험이다.

2
사랑은 욕망보다 추상적인 유쾌한 감각운동의 표현이다.

3
사랑은 성적 욕망의 전제조건이 아니지만, 최근의 뇌 영상 메타분석에 따르면
욕망은 사랑의 전제조건이다.

스테파니 카치오포 & 일레인 햇필드 *Stephanie Cacioppo & Elaine Hatfield*

스테파니 카치오포(결혼 전 성은 오르티그*Ortigue*)는 스위스 제네바대학 교수이며 프랑스 사보이대학과 제네바의과대
학에서 심리학과 인지신경과학 박사학위를 받았다. 50여 편 이상의 연구 논문을 썼고, 사회신경과학, 신경학, 암묵적
인지, 특히 사회적 환경에서 상호작용하는 뇌의 의식을 집중적으로 연구하고 있다. 〈뉴로이미지*Neuroimage*〉 편집
위원이며, 논문 심사 저널 〈프시케*Psyche*〉 전 편집장이다. 현재 사회신경과학협회*Society for Social Neuroscience*
와 인지신경과학협회*Cognitive Neuroscience Society*, 의식과학적연구협회*Association for the Scientific
Study of Consciousness*를 비롯한 주요 비영리 신경과학 단체와 다양한 위원회에서 활동하고 있다.
일레인 햇필드는 '열정적 사랑은 영원할까?'의 저자이다.(29쪽 참조)

이국적인 것은 낭만적이다.
그러나 우리는 비슷한 사람들끼리 끌린다.

°완벽한 짝

The perfect match

어떤 사람들은 수천 마일 밖에서 사랑을 찾는다. 우리는 낯선 사람에게 성애를 느끼지만 대부분 가까이 있는 사람과 결혼한다. 신디 메스턴 박사가 완벽한 짝을 찾는 데 영향을 미치는 다양한 요소를 실험했다.

1 근거리 효과. 익숙하면 호감이 생긴다. 이미 밝혀진 바와 같이, 사람이든 그림이든 낯선 외국어로 된 말, 노래, 새로운 광고 상품, 정치 후보자, 심지어 무의미한 철자까지 일정한 정도의 익숙함은 호감을 불러일으킨다. 가까움은 사람에게 이끌리는 첫 번째 단계다. 사람들은 대부분 같은 지역에 사는 사람끼리 결혼한다. 교실에서는 자리가 얼마나 가까운가에 따라 친구 관계가 발전한다. 중간 자리를 배정받은 학생들은 맨 뒷줄에 앉은 학생들보다 친구를 사귀기가 쉽다. 이름 순서대로 앉는 경우에는 이름 철자가 비슷한 학생들끼리 친구 관계가 형성된다. 서로 알게 된 초기에 서로에게 자주 노출될수록 긍정적인 반응이 나타난다. 이유가 무엇일까? 우리는 낯선 사람이나 새로운 것을 보면 불안까지는 아니더라도 적어도 약간의 불편함을 느낀다. 그러나 반복되어 노출되면 불안한 감정이 줄어든다. 익숙한 사람일수록 행동을 예측할 수 있고 따라서 그 사람이 옆에 있을 때 더 편안하게 느낄 수 있다.

2 낯선 효과. 처음 만났을 때 어느 정도의 '신비감'이 성적 동기를 유발할 수 있다. 일단 거리가 가까워지면 눈 맞춤이 중요하다. 한 연구에서, 남성과 여성 48명이 실험실에 들어와서 대화하는 동안 서로의 눈을 응시하도록 했다. 응시 효과는 강력했다. 많은 사람들이 낯선 이성과의 깊은 눈 맞춤이 강렬한 사랑의 감정을 불러일으킨다고 보고했다.

그러나 지나친 익숙함은 역효과를 불러올 수 있다. 처음에 긍정적으로 여긴 특성이 짜증으로 변하기도 한다. '재미있고 웃긴' 사람이 '사람들 앞에서 난처하게 만드는' 사람이 된다. 매력적인 '자발성'이 매력 없는 '무책임함'으로, '성공하고 집중하는 사람'이 '일중독자'로, '의지가 강한' 사람이 '고집 센' 사람으로 바뀐다.

지나친 노출이 성적 매력의 불길을 꺼버릴 수 있는 반면 새로움이 성적 매력의 불을 지필 수 있다. 심리학자 대릴 벰*Daryl Bem*은 이것을 '이국적인 것이 낭만적이다.'라는 말로 요약했다. 실제로, 대학 강의실에서 강사가 여학생들에게 성적으로 매력적인 특징을 물으면 '신비함'이 항상 대답에 들어있다.

3 어울리는 효과. 우리가 자신과 다른 사람에게 끌리는 것은 의심할 여지가 없다. 그러나 실제로 장기적인 성적 파트너를 선택할 때는 '비슷한 사람에게 끌리는' 것이 더 일반적이다. 몇몇 연구 결과에 따르면, 남편과 아내는 신념과 전쟁, 정치에 대한 태도, 신체적 건강, 가족 배경, 나이, 인종, 종교, 교육 수준이 매우 비슷한 것으로 나타났다. 연애 중이거나 결혼한 커플들은 신체적 매력이 비슷하고, 결혼한 젊은 커플들은 심지어 체중도 어울리는 경향을 보였다! 사회심리학자들이 말하는 '맞춤 가설'은 매우 강력해서 사람들은 매력 수준이 맞지 않는

데이트에 성공할 가능성 Higher dating potential

메스턴실험실연구팀은 텍사스의 몇몇 놀이공원에 가서 SNS (Somatic Nervous System, 공격 도피 반응에서 우리 몸의 신경 체계를 움직이는 공감신경체계) 활동을 증가시키는 롤러코스터 타기가 여성의 성적 반응을 증진시키는 방법이 될 수 있는지 조사했다. 연구자들은 여성들에게 남성의 사진을 보여준 다음 그 남자가 얼마나 매력적이라고 생각하는지, 키스를 할 의사가 있는지, 데이트할 의사가 있는지 묻는 간단한 설문조사를 했다. 모든 여성에게 평범한 외모의 같은 남성 사진을 보여주었는데, 방금 롤러코스터에서 내린 여성들은 롤러코스터를 타기 위해 줄을 서 있던 여성들보다 그 남성이 더 매력적이라고 응답했고, 데이트할 의향이 더 많았다. 롤러코스터를 탔기 때문에 SNS가 활성화되고, 그 결과 상대 남성의 매력이 증가한 것으로 보인다.

실리적인 데이트를 원하는 사람들은 편하게 앉아 있는 대신 춤을 출 수 있는 장소에 가거나 커피숍 대신 체육관에서 더 매력적인 짝을 만날 수 있을지 궁금할 것이다. 그러나 반드시 그렇지는 않다. 실제로 데이트하는 상황에서는 적어도 처음에 어느 정도의 매력이 있는지가 데이트 성공을 좌우한다. 매력이 있는 사람이라면 활동적인 장소에서 만나는 것이 도움이 된다. 그러나 매력이 전혀 없는 남성이라면 마라톤을 해도 성관계는커녕 데이트도 어려울 것이다.

커플을 보면 부정적인 반응을 보인다. 한 가지 주목할 만한 예외가 있다. 아름다운 여성과 그다지 매력적이지 않은 남성이다. 이런 경우에 사람들은 진화론적 가정에 따라 그 남성이 부유하거나 똑똑하거나 성공한 사람이라고 생각한다.

왜 비슷한 사람들끼리 끌리는 것일까? 신체적으로 일치도가 높은 사람을 찾는 동기 가운데 하나는 거절에 대한 두려움이다. 사람들은 전체적인 '짝으로서의 가치'나 결혼 시장에서 선호도가 비슷한 사람을 좋아한다. 훨씬 더 이상적인 사람을 선택하면 남성이든 여성이든 거절당할 확률이 높고, 만일 이상적인 짝을 유혹하는 데 성공하더라도 라이벌에 대해 경계를 늦추지 말아야 하는 등 대가가 따른다. 우리가 비슷한 태도와 신념을 가진 사람을 찾는 이유는 그 사람이 이미 우리가 믿는 것을 확인시켜주었기 때문이다. 즉, 의견이 같은 파트너는 우리가 옳다는 증거를 제공한다. '조화'는 두 사람이 서로를 좋아하고 같은 주제에 대해 의견이 같을 때 일어나는 감정이며 유쾌한 정서적 상태다. 결국 파트너 간의 유사성이 크면 장기적 관계가 성공할 가능성이 높다. 유사성은 정서적 유대와 협동, 의사소통, 짝을 이루는 행복감으로 이어지고, 관계가 깨질 위험을 낮춰준다. 그러므로 나와 상반되는 것이 '이따금' 매력적이더라도, 결혼에 관해서는 '끼리끼리 만나는 것이 좋다.' 나는 사랑은 올바른 '짝'을 찾는 것이 중요하다고 생각한다. 올바른 짝의 정의는 매우 개인적이며, 그 사람의 과거 모든 경험과 관련이 있다. 내가 가장 좋아하는 사랑의 정의는 플라톤의 《향연*Symposium*》에서 아리스토파네스가 사랑을 '떨어져 나간 자신의 반쪽과 다시 연결되는 것'이라고 묘사한 부분이다.

keys of LOVE

1 가까움은 대개 누군가에게 이끌리는 첫 단계다. 친숙함은 호감을 일으킨다.

2 지나친 친숙함은 역효과를 낳는다. 이국적인 것이 낭만적이다.

3 우리는 반대되는 것에 매력을 느끼지만, 유사성이 큰 사람들이 장기적 관계에 성공할 가능성이 높다.

신디 메스턴 *Cindy Meston*

미국 오스틴의 텍사스대학 임상심리학 교수이다. 세계에서 유일하게 여성의 성적 건강을 심리적·생리학적 관점에서 헌신적으로 연구하는 실험실인 성정신생리학연구소*Sexual Psychophysiology Laboratory*를 운영한다. 그녀의 연구는 자주 세계 미디어의 관심을 받는다. 현재 여러 과학 학술지의 편집위원으로 일하고 있으며 국제여성성건강연구협회*International Society for the Study of Women's Sexual Health* 전 회장이다. 100편 이상의 전문가 평가를 받는 논문을 출간했고 여성의 성에 관한 책 저술에 참여했으며 인간의 성에 관해 200번이 넘는 전문가 프레젠테이션을 했다.

우리는 가까운 관계에서
자기 가치를 높인다.

˚수동적 사랑 '아마에'

Passive love

사랑이 인간에게 보편적으로 필요한 것이라면, 사랑이 나타나는 모습은 문화에 따라 어떻게 달라질까? 비교문화심리학자 데이비드 달스키가 사랑의 심장을 파헤치면서 일본의 '아마에'를 자세히 살펴보았다. 어떤 사람들은 아마에가 유치하다고 말하고 어떤 사람들은 수동적이라고 말한다.

연구자들은 일본에서는 스스로에 대해 좋은 감정을 느끼는 것이 심리학적 · 사회학적 · 인류학적 이유로 중요하지 않다는 것을 발견했다. 서구 문화와 비교할 때 전통적인 일본 문화의 사람들은 어려서부터 집단의 일원이라는 점이 자신을 개인적으로 표현하는 것보다 중요하다고 배운다. 따라서 개인의 성공을 위해 애쓰기보다는 실패를 하지 않는 것이 중요하다. 이런 관점에서, 일부 연구자들은 일본인이 자신의 가치를 높이기보다 실패를 피하려는 기본적인 동기를 갖고 있으며, 이를 달성하기 위해 열심히 노력한다고 말한다.

한편, 다른 연구자들은 현대 일본의 긍정적 자아상을 연구할 때 관련 맥락을 고려해야 한다고 주장한다. 예를 들어, 일본인은 대학 시험을 잘 보면 '운이 좋았다.'는 식으로 자신의 성공을 외부 요인으로 돌리는 반면, 친구들에게서는 자신의 성공을 내적 요인으로 돌려 '넌 정말 똑똑해.'라고 말해주기를 기대한다는 것이다. 이런 식으로 긍정적인 자기감정은 관계를 통해서 간접적으로 고양된다.

나의 비교문화 연구에 의하면, 사람들이 관계에서 긍정적인 자기감정을 증진시키는 독특한 방법이 있다. 다른 사람의 자원과 관점, 정체성(자아 확장 등)이 이론적으로 자신의 자아에 포함될 경우, 일본인뿐 아니라 미국인도 가까운 관계에서 서로 칭찬을 교환함으로써 자기 자신의 가치를 높인다. 나는 이것을 '상호 자아 증진' 과정이라고 부른다.

이렇게 합시다

그렇다면 위에 언급한 모든 것은 일본인의 사랑 표현과 어떤 연관이 있을까? 사람의 일생을 시작부터 살펴보면, 어머니와 아이의 사랑은 수유로 인해 본능적으로 강해지고 깊어져 평생 동안 지속되는 유대를 형성한다. 집단의 목표가 개인의 목표에 우선하며 상호의존이 지배하는 일본 같은 나라에서는 아이가 이 관계에서 경험하는 종속감이 어른이 된 후에도 이어지고, 이 경향이 사회 전체에 침투한다. 이 감정을 일본어로 '아마에'라고 부른다. 영어로는 '수동적 사랑'이라고 거칠게 옮길 수 있다. 아마에는 일본에서 *상호의존에 대해 긍정적 태도를 갖게 해주는 감정*이다. 유치하게 행동하여 주변 사람들이 자신의 응석을 받아주도록 하는 것이다. 아마에는 일본에서 부모와 자녀 관계의 주된 특징이므로 다른 언어로 번역하기가 쉽지 않으며, 일본 고유의 현상이라고 할 수 있다 (아마에가 다른 문화에서도 발견되며 심지어 북아메리카 같은 서구 문화에서도 발견된다고 주장하는 연구 결과도 있다). 우리가 사랑에 관해 일본인에게서 뭔가 배우려 한다면, 아마에가 열쇠일 것이다. 사랑은 문화에 따라 다양한 형태로 나타난다. 한 나라에서 유치한 행동으로 보이는 것이 다른 나라에서는 적절한 행동이 될 수 있다. 극단적이지만 않다면 다른 사람에게 가까이 의존하는 것을 두려워하지 말라. 사랑은 상호의존의 유대 속에서 자라고 성장한다. 적절한 사람들에게 자신의 내적 유아를 드러내는 것은 자아 확장과 사랑의 감정으로 이어질 수 있다.

데이비드 달스키 *David Dalsky*

일본 교토대학 고등교육연구개발센터 *Centre for the Promotion of Excellence* 부교수이며, 문화와 학술적 글쓰기를 가르치고 있다. 비교문화심리학 연구로 일본교육부장관으로부터 장학기금을 받았고, 이 프로젝트로 국제문화간연구아카데미 *International Academy for Intercultural Research* 로부터 특별우수논문상을 수상했다.

부모님이 성행위를 하는 것은 상상할 수 없어요.

°수치심을 넘어서

Beyond shame

세계적 연구에 따르면, 다섯 명 중 세 명이 어둠 속에서 성행위하는 것을 선호한다. 대부분의 사람들에게 성행위는 그저 신나는 것이다. 그러나 다섯 명 중 한 명은 자신의 몸을 수치스러워한다. 발달심리학자 윌렘 포플리에가 이런 상황을 어렸을 때부터 치료할 수 있는 방법을 알려준다. 사람은 누구나 건강한 성관계를 할 수 있다.

가장 간단하게 말하면, 역동적이고 생동감 있는 관계는 사랑에 욕구를 더한 것이다. 우리의 애정 생활은 삶에 대한 욕구와 사랑에 대한 욕구를 합친 것이다. 삶에 대한 욕구는 애정 생활의 구성 성분이고, 사랑에 대한 욕구는 생물학적 구성 성분이다. 이 두 가지 욕구는 우리가 태어난 직후부터 느껴 온 문화 패키지다. 사랑이 잘 작동하기 위해서는 자유롭고 안전한 성적 환경이 필요하다. 인간의 아이는 사회적·문화적 보호 없이는 어떤 사회에서도 생존할 수 없다. 완전한 어른으로 성장하고 어른으로서 파트너와 만족스러운 관계를 맺고 아이들을 갖고 키우기 위해서는 죄책감과 수치심, 공포를 넘어서 따뜻함과 보호, 사랑, 자율이 필요하다. 그러기 위해서는 다섯 가지 기본적인 조건이 충족되어야 한다.

1 *자유롭고 안전하다는 느낌.* 우리가 성적으로 성숙한 사람으로 성장하기 위해서는 우리 몸을 완전히 인정해야 한다. 육체적 즐거움에 대한 죄책감과 몸에 대

한 수치심을 느껴서는 안 된다. 인생의 초기에, 아기들과 어린 아이들은 성적 느낌을 경험한다. 부모는 이 경험을 받아들이고 아이의 경험을 존중해야 한다. 이런 유년기의 경험이 성적으로 잘 통합된 어른으로 자라는 데 반드시 필요하다는 것을 알아야 한다. 아이는 성기가 자랑스러운 신체의 일부임을 발견한다.

2 *자기 조절 능력.* 자기 규제는 간주관성*inter-subjectivity*(사람들 사이에 서로 공유하는 주관성-역주)의 최고 상태이며 모방 · 공감 · 정신화*mentalization*(타인의 감정이 어떤 감정, 어떤 의도에서 나온 것인지 이해하는 능력이 형성되는 과정-역주) · 조절 *regulation*이라는 네 가지 요소로 이루어진다. 아이들은 다른 사람을 모방하고 다른 사람 속으로 옮겨감으로써 더 넓은 환경에 적응하는 법을 배운다. 그러나 완전히 성숙하기 위해서는 모방과 공감만으로 충분하지 않다. 예를 들어, 가까운 사람 사이의 폭력에서 파트너들이 서로 가장 약한 부분을 건드려 상처 입히는 데 사용하는 것이 공감이라는 사실은 잘 알려져 있다. 사랑하는 관계에서는 이보다 더 많은 것이 필요하다. 그래서 아이들은 정신화와 자기 조절을 배운다. 정신화는 관계 안에서 다른 사람을 자율적으로, 곧 스스로 생각하고 느끼고 행동하는 존재로 보는 능력이다. 이런 능력 덕분에 우리는 그 사람이 나와 다른 고유의 역사와 세계가 있는 사람이라는 것을 경험할 수 있다.

3 *만지고 만져지는 것이 기본이다.* 신체 접촉에서 성적 충족은 성적 희열과는 매우 다르다. 성적 희열은 짧게 지속되며, 두 사람이 하는 자위행위라고 할 수 있다. 성적 충족은 두 파트너가 완전히 무조건적으로 서로에게 몸을 내맡기는

사랑하는 관계에서 나온다. 두 사람은 내면적으로나 외면적으로 육체적 접촉을 느낀다. 성적 파트너들은 각자 다양한 방식으로 마음(의식적으로, 지속적으로)과 몸(만족과 자율)과 성기(욕구와 만족)로 접촉을 느끼고 이 느낌을 서로 공유한다.

4 <u>여성성과 남성성을 발견한다.</u> 여성성과 남성성은 연속체다. 남성과 여성의 구분은 절대적이지 않으며, 실제로 절대적일 수가 없다. 그렇지 않으면 우리가 어떻게 사랑하는 관계가 될 수 있겠는가? 신경학과 호르몬의 면에서, 남성과 여성은 일반적으로 생각하는 것보다 서로 닮았다. 옥시토신 · 바소프레신 · 테스토스테론 · 에스트로겐은 두 성에 모두 존재한다. 남성은 자기 안에서 여성을 발견하고, 여성은 남성을 발견한다. 이 규칙은 동성애 관계에도 적용된다.

5 *각 발달 단계를 존중한다.* 많은 성인이 자신의 부모가 성행위를 하는 것을 상상할 수 없다고 말한다. 그러나 사실 그들의 부모는 사랑을 나눈다. 성은 각 발달 단계마다 고유의 역할을 하지만, 그때마다 다른 의미와 미묘한 표현의 차이를 보인다. 처음 발견 단계에서, 아이는 이 단계(호기심 · 순수함 · 흥분 · 조절)에 속하는 적절한 성기 성욕의 모방*genital mirroring*과 확인이 필요하지만, 어른이 자신의 성을 강요할 필요는 없다. 사춘기가 되기 전에 아이들은 성이 자신만의 개인적인 세계에 속하며 부모로부터 존중받는다는 것을 배운다. 사춘기와 청소년기에 젊은이들은 교사나 친구 등 주변의 도움을 받아 성적 욕구와 친밀한 사랑을 결합시키는 방법을 탐색 · 실험하고 배우는 시기로 진입한다. 부모는 조절하는 존재로 뒤에 머무른다. 첫 단계의 내적 안도는 계속된다. 성인기에 들어서

면 관계가 형성되고, 그 다음에는 대개 아이들이 태어난다. 이 단계에서, 파트너들은 개방과 수용이 관계의 주요 요소며, 서로의 정서적·신체적 욕구를 만족시키는 것이 전부가 아님을 알게 된다. 그 다음 단계에서는 자녀들이 성장하여 성을 정신적·정서적으로 모방하고, 또 성기 성욕을 모방하면서 성이 자신의 경험적 세계에 속한다는 것을 배운다. 나이가 들고 죽음에 이를 때까지 사랑을 욕망하는 호기심은 남는다. 성행위 욕구는 줄어들고 애정은 증가한다. 삶에 대한 욕구는 더 내면화된다. 그러나 어떤 종류의 사랑이든 사랑은 언제나 일종의 삶에 대한 욕망이다.

keys of LOVE

1 우리의 애정 생활은 삶에 대한 욕구(관계적인 면)와 사랑에 대한 욕구(생물학적인 면)를 합친 것이다. 이를 위해서는 죄책감이나 수치심, 두려움이 없는 자유롭고 안전한 성적 환경이 필요하다.

2 관계 교육에서, 공감을 배우는 것만으로는 충분하지 않다. 정신화와 자기 조절도 똑같이 중요하다.

3 성은 각 발달 단계에서 역할을 하지만, 각 시기마다 다른 의미와 표현을 갖는다. 여기서 적절한 모방과 확인이 중요한 요소다.

윌렘 포플리에 & 테오 로이어스 *Willem Poppeliers & Theo Royers*

윌렘 포플리에는 발달심리학자이자 생물에너지분석치료사이다. 성지식치료협회 *FSGT, Foundation for Sexual Grounding Therapy* 설립자이며, 멕시코·프랑스·네덜란드·스위스·오스트리아·독일·우크라이나에서 이 과정을 가르치는 성지식치료사와 코치들을 훈련한다. 이 주제에 관해 몇 편의 논문과 책을 썼다.
테오 로이어스는 사회학자이자 생물에너지치료사이다. 성지식치료협회 회장이다. 국가연구기구에서 연구자로 일하고 있다. 200편이 넘는 논문과 책을 쓰고 공동 작업에 참여했다.

신의 사랑 안에서, 우리는 매일 사랑해야 한다.

사랑하기 위해 산다

Live to love

파키스탄의 라우프 야신 잘랄리 박사는 말한다. "진정한 사랑은 우주의 창조자인 신에 대한 사랑이다. 신에 대한 사랑은 숭배나 기도만이 아니다. 신의 피조물도 사랑해야 한다. 사랑은 우주의 토대이기 때문이다." 그가 목욕과 전희에서 성행위에 이르기까지 성에 대해 상세하게 설명했다.

우리 삶의 목표는 모든 사람을 사랑하는 것이다. 이것이 신을 사랑하는 전제조건이기 때문이다. 배우자 간의 사랑은 우리의 일상생활에서 가장 중요한 부분이다. 일상에서 사랑을 표현할 때 영적 요소를 느낄 수 있어야 한다. 상대방이 무엇을 느끼는지, 무엇을 좋아하고 싫어하는지 알아야 한다. 사람은 누구나 정교한 아름다움을 즐기며 멋진 것을 좋아한다.

사랑은 위생에서 시작한다. 정결한 몸과 집, 환경, 상상은 대단히 중요하다. 청결은 실제로 아름답다. 파트너들은 이 점을 더 유념해야 한다. 입과 머리와 몸에서 향기가 나야 한다. 성행위 중에는 서로의 성기가 만난다고 생각하지 말아야 한다. 자신의 심장이 상대방의 심장에 들어간다고 생각해야 한다. 두 사람은 한 영혼이 되어야 한다. 이것이 영적 성행위다. 영적 성행위의 긍지를 갖기 위해서, 즐거운 사랑과 성생활로 이끌어 줄 몇 가지 간단한 행동 방식을 소개하겠다. 매일의 애정 생활에서 다음 방법을 실천하면, 마지막 숨을 거두는 순간까지 사랑이 지속되고 이혼율과 별거율이 현저하게 감소할 것이다.

목욕부터 시작한다

파트너 둘 다 목욕을 하고, 좋은 향수를 뿌리고, 카더몬(생강과의 향료 식물-역주)과 아니스(미나릿과 식물-역주) 열매를 먹거나 질 좋은 껌을 씹는다. 성적 흥분은 성적인 이끌림에 대한 반응으로 갑자기 일어나거나 바라보기, 만지기, 쓰다듬기, 키스, 기타 전희 행위 후에 서서히 일어난다. 전희 행위는 성적 즐거움을 증가시킨다. 성적 활동의 초기 단계는 어떤 체위로든 일어나지만, 나중 단계에서는 대부분 삽입이 이루어지는 체위를 취한다. 전희 행위는 부드러운 것에서 빠르고 강한 것으로 서서히 변한다. 남성은 여성 파트너의 신체 부위를 혀와 입술로 냄새를 맡고, 입 맞추고, 핥고, 빨고, 물고, 탐색한다. 대개 손 · 팔 · 겨드랑이 · 입술 · 혀 · 눈 · 코 · 이마 · 귀 · 뺨 · 턱 · 목 · 가슴 · 유두 · 복부 · 발 · 정강이 · 허벅지 · 둔부 · 생식기 등 신체의 다양한 부위를 차례로 접촉한다.

파트너의 생식기가 정상적으로 기능하는 것은 매우 중요하다. 남성은 여성의 음순과 음핵을 핥고 빠는데, 이는 여성을 성적으로 활발하게 만드는 데 도움이 된다. 음부에 혀를 넣고 안팎으로 움직이는 행동은 음경의 움직임을 모방한다. 여성도 남성의 가슴과 하복부, 안쪽 허벅지, 회음을 핥아야 한다. 사회와 종교의 사회적 가치에 따라, 남성의 고환과 생식기 부위를 빨기도 한다. 파트너의 생식기에 자신의 생식기 부위를 누르고 문지르는 행위는 생식기 삽입을 준비하는 데 도움이 된다. 커플은 성적 결합이 일어날 수 있는 어떤 자세든 취할 수 있다.

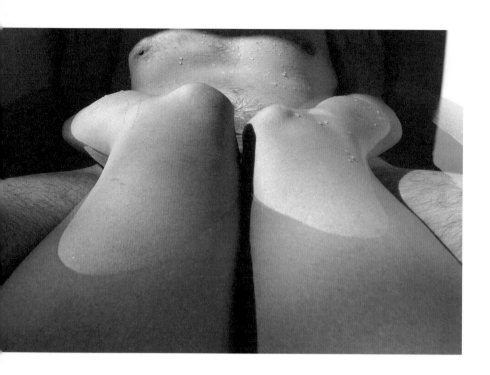

음경은 서서히 삽입된다. 처음에는 끝부분만, 그 다음에는 일련의 작은 전진 운동과 후퇴를 반복하며 점진적으로 삽입된다. 이는 질의 윤활제를 음경에 바르고, 질이 쉽게 수용하도록 해준다.

성행위를 하는 동안, 남성의 음경은 여성의 질 안과 밖에서 반복적으로 움직인다. 주기적인 엉덩이 운동이 이를 가능하게 하고, 생식기 부위가 떨어졌다가 다시 만난다. 파트너들은 둘 다 엉덩이를 움직이거나 한쪽이 가만히 있는 동안 다른 쪽이 움직인다. 운동 범위가 작으면, 음경이 질 안에 오래 머무른다. 움직임이 크면, 음경이 질을 완전히 떠나서 다시 깊이 들어간다. 그러면 즐거움이 커진다. 성행위에서 커플은 크고 작고, 부드럽고 강하고, 빠르고 느린 여러 종류의 움직임을 사용한다. 파트너 중 한쪽이나 양쪽 모두가 주도를 할 수 있고, 움직임의 변화가 느리거나 예상외로 빠를 수도 있다. 또한 커플은 몇 번이고 멈추고 다시 시작할 수 있다. 동시에, 대부분 성행위에 선행되는 많은 사랑 행위, 즉 키스, 어루만지기, 기타 다른 행동을 계속한다. 절정과 사정 후에, 입맞춤과 애무로 마무리한다.

깨진 유리

이 깊은 사랑은 우리가 자연의 모든 면을 숙고하게 하고 그 결과 우리를 둘러싼 모든 아름다움을 창조한 창조자인 신에 대해 더 깊은 믿음을 갖게 한다. 신에 대한 사랑 안에서 우리는 모든 사람을 사랑해야 한다. 그러나 우리가 사는 세상은 사방에 유리가 있는 유리병 만드는 가게와 같다. 한 발짝 움직일 때마다 조심해야 한다. 그렇지 않으면 유리로 된 인간의 심장이 다치기 때문이다. 이런 일이 벌어지면 유리가 깨지고 주의 부족으로 벌을 받게 된다. 우리의 영혼은 상처를 입는다. 우리는 해와 달, 별, 낮, 밤, 우주로부터 교훈을 얻어야 한다. 세상 모든 것이 인간을 위해 봉사한다. 나무는 자기 열매를 먹지 않고 자신이 드리운 그늘 아래 앉지 않는다. 나무의 열매와 그늘은 우리를 위한 것이다. 나무는 우리가 사는 데 필요한 산소를 우리를 위해서 만들어낸다. 강과 바다는 물을 마시지 않는다. 물은 우리를 위한 것이다. 인간은 가장 빼어난 창조물이다. 가슴 아프지만 나는 인간이 인간의 적이 되었다고 생각한다. 우리는 색깔·인종·언어·종교·종교적 한계에 따라 자신을 나누었다. *우리는 서로 미워하기 시작했다. 이것은 우리가 갈 길이 아니다. 우리의 길은 오직 사랑이어야 하며, 사랑하면 하나가 된다.* 그러므로 인간으로서 우리는 한 공동체가 되어야 한다. 영적인 눈으로 사람들을 보면, 세상의 모든 사람이 동그라미를 그리며 서 있음을 알 수 있다. 만일 누군가 다른 사람에게 가시를 건네면, 그 가시가 동그라미 전체를 돌아서 처음 가시를 건넨 그 사람의 손으로 돌아간다. 이 가시는 모두의 손에 상처를 입힐 것이다. 만일 누군가 다른 사람에게 꽃을 건네면, 그 꽃이 전체 원을 돌아서 처음에 꽃을 가져온 사람의 손으로 돌아간다. 이 꽃은 그 사람과 모두에게 좋은 향기와 기쁨을 안겨줄 것이다. 우리는 사랑하기 위해서 살아야 한다.

keys of LOVE

1 진정한 사랑은 우주의 창조자인 신에 대한 사랑이다. 이 사랑과 더불어, 신의 피조물도 사랑해야 한다. 사랑은 우주의 토대이기 때문이다.

2 영적 성행위는 전희 행위에서 절정까지 정중하고 구체적인 성행위와 실천으로 표현된다.

3 깊은 사랑은 우리가 자연의 모든 면에 대해 숙고하게 하고, 신에 대한 믿음을 깊게 만든다. 신은 사랑과 이해로 모든 인간을 하나로 만든다.

라우프 야신 잘랄리 *Rauf Yasin Jalali*

파키스탄 라왈핀디의 성과학 석사, 박사이자 교수이다. 남아시아인간성기구 *SAIHS, South Asia Institute for Human Sexuality* 회장이며 러브 구루*Love Guru*라고 불린다. 콜롬보대학에서 우수 훈장을 받았고, 30년 넘게 성과학계에서 일했다. 인간의성연구프로그램 학장 및 교수로서 세계 여러 대학과 일했다. 성과학 종신교수이며 남아프리카성과학아카데미*Academy for sexology in South Africa* 회원이다. 파키스탄과 인도 문화권에서 인기 있는 전통적인 우르두어 시를 쓰는 시인으로도 유명하다.

사회 관습에 맞지 않는 사랑이라고 해서 진정한 사랑이 아니라고 할 수 없다.

°남성 간의 사랑

Love between men

"두 남성이 어떻게 이성 간에 그렇듯이 열정적으로 또 낭만적으로 서로 사랑할 수 있는지 많은 사람들이 이해하지 못한다. 남성 간의 낭만적 사랑이 흔하지 않은 것은 사실이지만, 이런 사랑은 이성 간의 사랑과 함께 역사 속에 줄곧 존재했다."라고 프랭크 무스카렐라 박사는 말한다.

남성 간의 열정적 · 낭만적 사랑이 있을 수 있고 실제로 그런 사랑이 있다는 가정 하에, 나는 이런 사랑을 가능하게 하는 진화적 토대에 연구의 초점을 맞췄다. 이론가들은 남성과 여성 사이에 존재하는 낭만적 사랑의 진화적 기원이 어머니가 자녀에게 보이는 사랑이라고 주장한다. 어머니가 자녀에게 보이는 사랑과 관심은 자녀가 생존할 가능성을 높여준다. 진화 과정에서 이런 사랑과 관심을 공유한 남성과 여성이 짝을 이루면 번식에 성공할 확률이 더 높았다. 본질적으로 남성과 여성의 사랑 행동은 자연선택이다. 두 사람 간의 유대가 커지고, 그 결과 번식에 성공할 가능성이 높아지기 때문이다. 이런 사랑 행동의 정서적 · 심리학적 복잡성은 종에 따라 다양하지만, 인간에게서 가장 높은 수준에 도달한 것은 분명하다.

생존

사람들은 '남성들 간의 사랑 행동이 어떻게 진화할 수 있었는가?'라는 질문을 자주 한다. 남성들 간의 사랑은 번식으로 이어지지 않기 때문이다. 인간의 진화에 관한 최근 연구에서는 남성과 여성뿐 아니라 모든 개인 간의 사랑 행동이 초기 인류의 생존에 중요한 역할을 했다고 주장한다. 인간의 조상은 매우 협동적인 작은 집단 안에서 살았다. 침팬지와 보노보 같은 인간과 가까운 종에서 나타나는 증거와 인간의 모든 문화와 역사에서 나타나는 증거로 볼 때, *개인 간의 성적 행동은 개인 간의 유대를 강화하고*, 이 유대는 다시 집단의 결속을 강화한다. 그러므로 인간 조상들 사이에서 번식과 관련된 성적 행동과 번식과 관련이 없는 성적 행동은 모두 집단의 결속을 강화하고 구성원들의 생존과 번식에 기여하는 일종의 사회적 결속의 형태였을 것이다.

동맹

진화 동맹 이론에서는 과거 진화 과정에서 남성 간의 성적 행동이 남성 간 동맹을 강화했다고 주장한다. 이런 사회적 동맹은 남성들의 생존에 직접적으로 기여했다. 동맹자가 식량을 확보하고 적을 물리치도록 도왔기 때문이다. 이들은 번식에도 간접적으로 기여했다. 동맹자가 오래 살아남아서 종국에는 여성 짝을 확보하고 번식을 할 수 있도록 도왔다. 남성 간의 성적 행동을 하는 남성들은 남성 간 성적 행동을 전혀 하지 않는 남성들보다 살아남아서 번식에 성공할 확률이 높았다. 남성 간 성적 행동을 하지 않는 남성들은 동맹자 수가 적고 약하므로 식량을 구하거나 적을 물리칠 기회가 적었다. 남성 간의 성적 행동만 하는 남성들은 번식을 하지 못했을 것이다. 이렇게 볼 때 현대의 남성들은 모두 어떤 조건 아래 가끔 일부 남성에게 성적으로 사랑스럽게 반응할 수 있었던 남성들의 후손이다. 몇몇 연구자들은 인간이 수렵과 채집 사회에서 농경 사회로 이동하면서 문화가 변화하고, 과거에는 용인되었던 일부 성적 행동이 문제·금지되었다고 주장한다.

로맨스

현대 서구 사회에서 남성들 간의 동성애 문화는 몇 가지 요소들의 상호작용으로 발생했다고 생각한다. 우선, 동성 간 관심의 정상적인 변형으로 인해 소수 남성들이 오직 남성에게만 성적으로 끌리게 된 것이다. 두 번째는, *산업화된 국가에서는 생존하고 번식하는 데 남편과 아내, 남성과 여성 커플이 필요하지 않다*는 점이다. 이런 이유로 남성은 같은 관심을 가진 남성과 함께 살기 위해 남성에게만 끌릴 수 있다. 산업화된 서구 사회에서는 남성 간 성적 행동으로 알려진 네 가지 행동 가운데 세 가지를 장려하거나 적어도 적극적으로 방해하지 않는다. 계층화된 지위(주인과 노예), 계층화된 성별(두 사람 중 누가 여성의 역할을 하는가), 계층화된 연령(어른과 청소년)이 그것이다. 그러면 처음에 남성 간의 성적·낭만적 관계로 용인된 네 번째 유형, 즉 평등 유형이 남는다. 실제로 현대 서구 사회에서 남성과 남성의 관계는 대부분 성인 남성 동료 사이의 관계다.

문화

이 연구에서 얻은 가장 중요한 교훈은 우리가 누구를 어떻게 사랑할지 결정할 때 문화가 중요한 역할을 한다는 것이다. 반대 성이나 같은 성인 사람과 사랑하고 성적 행동을 하는 능력은 인간 성적 본능의 기본적 요소다. 그런데 인류학과 역사학 연구에서는 특정한 사회에서 개인이 성적으로 사랑을 표현하는 방식에 가장 큰 영향을 미치는 것이 문화라고 주장한다. 이 규범을 지키지 않는 사람은 범죄자나 환자, 또는 둘 다로 낙인찍힌다. 그렇지만 두 성인 간의 합의된 사랑이 사회의 관습에 맞지 않는다고 해서 그 사랑이 진실하고 깊고 개인적으로 충만하지 않다고 말할 수는 없다. 다행스럽게도 현대 사회에서는 많은 사람들이 이런 사실을 인정하고 있으며, 앞으로 많은 사람들이 자신에게 가장 중요하고 자신이 유지할 수 있는 사랑을 찾을 수 있을 것이다.

keys of LOVE

1 인간의 진화에 대한 연구에 따르면 남성과 여성뿐 아니라 모든 개인 간의 사랑 행동이 초기 인간의 생존에 중요한 역할을 했을 것이다.

2 같은 성과 사랑하고 성적 행동을 하는 능력은 인간의 성적 본능이다.

3 우리가 속한 사회의 문화는 우리가 누구를 어떻게 사랑할지, 사랑하는 성적 관계를 어떻게 표현할지에 가장 큰 영향을 미친다.

프랭크 무스카렐라 *Frank Muscarella*

미국 플로리다의 마이애미배리대학 심리학 교수이다. 임상심리학 석사학위 지도 교수이며 심리학과 학과장이다. 연구 분야는 진화심리학과 인간의 성이다. 〈연합 이론 *The Alliance Theory*〉을 비롯하여 성적 행동과 지향에 관한 많은 논문을 썼다.

사랑의 진짜 힘은
변화를 일으키는 것이다.

°사랑의 동력
The motor of love

큐피드의 화살은 우리의 심장만 맞히는 것이 아니라 우리의 뇌도 겨냥한다. 사랑에 깊이 빠진 사람들의 뇌를 촬영하면 놀랍게도 '보상과 목표 달성' 관련 부위가 활성화되어 있다. 큐피드의 목표와 보상은 무엇일까? 존 K. 럼펠 교수가 찾아냈다. 사랑이 동력이다.

사랑은 인간의 경험에서 유례없는 풍부한 의미와 깊은 힘을 가진 단어다. 사랑은 신성함의 정수이며 우리가 가장 소중하게 여기는 관계의 토대다. 사랑의 경험과 효과를 다룬 셀 수 없이 많은 소설 · 논문 · 설교 · 시 · 노래 · 희곡 · 예술 작품이 있다. 그러나 사람들은 아직도 사랑의 개념을 정의하기 어렵다고 말한다. 그 중요성에 비해, 사랑은 의미와 목표와 표현이 셀 수 없을 정도로 다양한 비교적 부정확한 개념이다. 우리는 사랑을 경험할 때 어떤 느낌인지, 사랑이 어떤 행동으로 나타나는지 잘 알지만, 사랑이 실제로 무엇인지에 대해서는 아직도 명확히 알지 못한다.

네 가지 보편적 특징

2001년, 롤프 존슨*Rolf Johnson*이 사랑에 관한 사려 깊은 분석을 통해 사랑의 보편적 특징 네 가지를 제안하자 사랑을 공부하는 학생들이 모두 동의했다. 첫 번째, 사랑은 대상이다. 무엇보다 이 말은 사랑이 우리에게서 흘러나와 다른 대상에게 간다는 뜻이다. 두 번째, 우리는 사랑하는 것을 소중하게 여긴다. 사랑하는 대상은 의미가 있고 귀중하다. 세 번째, 사랑하는 사람은 사랑하는 대상에 끌리고 마음이 기운다. 이렇게 사랑에는 동기부여 요소가 있다. 마지막으로, 사랑은 대부분 특별하고 강렬한 느낌이다. 이 네 가지 특징은 크리스토퍼 T. 버리스 *Christopher T. Burris* 박사와 내가 사랑을 정의한 방법과 일치한다. 아주 단순하게, 우리는 사랑이 사랑하는 사람의 안녕을 지키고 증진하는 것을 목표로 동기부여 된 상태라고 생각한다. 간단히 말하면, 모든 형태의 사랑은 사랑하는 대상에게 가장 좋은 것을 주고 싶어 하는 공통점이 있다.

만일 사랑의 핵심이 동기부여라면 우리는 사랑의 다양한 형태를 어떻게 이해할 것이며, 사랑이 동기라면 그 깊고 강렬한 표현은 어떻게 획득한 것인가? 해답은, 사랑하는 사람들의 삶을 보호하고 풍요롭게 하려는 욕구가 다양하고 깊은, 심지어 변형된 경험에서 나올 수 있다는 것을 인식하는 데 있다. 예를 들어, 강렬한 사랑의 열망을 가진 사람이 낭만적 파트너와 자신의 삶을 하나로 만들고 싶어 한다고 가정해보자. 어떻게 그가 자신을 흥분과 욕구와 행복감으로 가득 채워준 애인의 삶을 보호하고 풍요롭게 하기를 원하지 않을 수 있겠는가? 다른 사람의 안녕을 지키고 증진하고자 하는 욕구는 따뜻함, 즐거움, 함께 시간을 보내고 활동을 공유하는 만족감에 뿌리가 있다. 서로 풍요롭게 해주는 우정은 평생의 유대를 키울 수 있다. 그리고 이런 보상은 삶이 제공할 수 있는 최상의 것을 경험하기 위해 파트너나 친구나 형제자매나 동반자를 열망하는 마음을 일으킨다. 부모에게 의존하여 양육과 보살핌, 지원을 받는 아이들을 생각해보라. 자신이 의존하는 양육자의 안녕을 염려하는 아이들의 마음에 의문을 제기할 사람이 누가 있겠는가?

개인적 보상

물론 모든 사랑의 유형에서, 사랑하는 사람의 안녕은 개인적 보상 획득과 관련이 있다. 우리가 사랑하는 사람의 가장 좋은 것을 보존하고 증진하려는 명확한 욕구가 있는 것은 사실이지만, 우리도 그들의 안녕에서 얻을 것이 있다. 물론, 상대방에게 가장 좋은 것을 원하는 것 외에 다른 목표가 없는 '순수한' 사랑의 유형도 있다. 바로 이타적 사랑이다. 이타적 사랑은 *아무런 보상을 바라지 않고 주는 사랑*이다. 연민과 돌봄과 자기희생이며, 신의 사랑이다. 인간은 어쩔 수 없이 철저하게 이기적이라 다른 사람의 안녕만이 동기가 될 수는 없다고 주장하는 사람들도 있다. 그러나 이런 냉소주의와 반대로, 이타적 동기부여와 연민적 사랑을 연구하는 사람들은 사람뿐 아니라, 심지어 동물도 일정 정도까지는 공감(타인을 향한 부드러움, 연민, 따뜻한 감정이 특징인 정서적 상태)을 경험할 수 있으며, 공감의 경험은 우리가 다른 사람에게 혜택을 베풀 동기를 부여한다고 주장한다. 얻을 것이 거의 없고 잃을 것이 많을 때도 그럴 수 있다. 이타적 사랑은 때로 '그들의 모든 것을 사랑하는' 것이다.

사랑이 동기라는 증거가 있는가? 이 주제에 관한 연구는 이제 막 시작되었지만, 동기부여가 사람들이 사랑을 이해하고 경험하는 핵심적인 방법이라는 몇 가지 유력한 연구가 있다. 2005년, 사랑에 깊이 빠진 사람들의 뇌 영상 연구에서 아서 애런*Arthur Aron*과 동료들은 참가자들의 뇌 영역 중 보상과 목표 획득과 관련된 복측피개 영역이 활성화된 것을 발견했다. 2010년, 최근의 연구에서 케빈 헤기*Kevin Hegi*와 레이몬드 베르그너*Raymond Bergner*는 A가 'B를 위해 B의 안녕에 투자'하지 않았다면 참가자들은 A가 B를 사랑한다고 생각하지 않으며, 그것을 좋은 관계에 가장 필수적인 요소로 평가한다는 것을 발견했다. 우리 연구에서도, 상대방에게 이익을 주려는 동기부여가 없다면 상대에게 강렬한 긍정적 감정을 느끼고 그를 대단히 긍정적으로 평가하더라도 이것을 사랑으로 생각하지 않는다는 사실을 발견했다.

강력한 힘

이 새로운 연구로 볼 때, 사랑은 강력한 인지적·정서적 경험에 의해 야기된 동기부여 상태라고 믿을만한 이유가 충분하다. 그렇다면 이 사실을 아는 것이 정말 중요할까? 우리는 매우 중요하다고 생각한다. 사랑이 동기라는 것을 인정하면 왜 사랑이 우리의 삶에 그렇게 강력한 힘을 발휘하는지 이해할 수 있다. 강렬한 감정이나 깊은 이해와 달리, 다른 사람의 안녕을 지키고 증진하려는 욕구에는 행동이 필요하다. 이것이 진정한 사랑의 힘이다. 사람들이 서로에 대해 어떻게 생각하고 느끼는지 뿐 아니라 서로를 위해 무엇을 하고 싶은지를 변화하는 힘이다.

1 모든 형태의 사랑은 우리가 사랑하는 사람을 위해 가장 좋은 것을 원하는 공통점이 있다.

2 공감은 사람들이 얻을 것이 거의 없고 잃을 것이 많을 때도 다른 사람에게 혜택을 베풀도록 한다.

3 다른 사람의 안녕을 지키고 증진하려는 욕구에는 행동이 필요하다. 이것이 진정한 사랑의 힘이다.

존 K. 럼펠 *John K. Rempel*

캐나다 워털루의 세인트제롬대학 심리학과 학장이다. 첫 연구는 가까운 관계의 기본 과정을 이해하는 데 초점을 맞췄고, 신뢰·힘·사랑·증오·갈등·공감·성·회복 정의*restorative justice*·성폭행·악·건강한 의사결정에 미치는 파트너의 영향 등 광범위한 대인관계 현상에 관한 연구를 지휘했다.

사랑은······ 신처럼 느껴진다.

°비누 거품

Soap bubbles

우리가 모두 비누 거품이 되어 떠다닌다고 상상해보자. 이 때 누군가에게 사랑을 느끼면 어떤 일이 일어날까? 크리스토퍼 T. 버리스 교수가 하늘에 떠다니는 비누 거품 이미지로 사랑을 설명한다.

우리가 지난 몇 년의 연구에서 발견한 가장 궁금한 점 가운데 하나는 다양한 유형의 사랑 경험이 뚜렷한 동기와 정서적 특징이 있을 뿐 아니라 사람들의 자아 개념에 다양한 방식으로 영향을 미친다는 점이다. 이를 이해하기 위해, 어릴 적 (슬프게도 아주아주 오래 전이다.) 비누 거품을 불던 때로 돌아가 보자.

자아와 타인

자신이 주변을 떠다니는 일종의 '심리적 비누 거품' 속에 들어 있다고 상상해 보라. 다른 사람들도 각자 자신의 거품 속에 들어 있다. 이 거품을 그린 애니메이션을 이용하여 우리는 누군가가 다른 사람에게 이타적 사랑을 경험하면 그의 거품이 사랑하는 사람의 거품에 들러붙는 것처럼 느끼는 것을 알았다. 두 사람은 분명히 함께 떠다니지만 여전히 별개의 두 거품이다. 이와 대조적으로, 어떤 사람이 다른 사람에게 이타적이 아닌 사랑(성애적 사랑)을 느끼면 그때는 두 거품이 서로 붙을 뿐 아니라 합쳐져서 하나의 거품이 된다. 이렇게 이타적 사랑 경험과 이타적이지 않은 사랑 경험은 모두 자신의 노선을 변경하고 상대방과 연결되는 느낌을 일으킨다. *더는 다른 거품과 분리되어 자유롭게 떠다니지 않는다.* 이때 상대방과 분리된 자아개념은 이타적 사랑에서만 보인다. 이타적이지 않은 사랑에서는 자아가 사라지며, 두 거품이 합쳐져 만들어진 거품은 심리학적 환경에서 산들바람과 가시를 만나 찢어지면 완전히 사라진다.

나를 믿기 바란다. 내가 사랑을 얘기할 때 비누 거품 비유를 사용하는 이유는 이 비유로 연구 참가자들이 지나간 사랑의 일화를 회상할 때 그들이 경험한 것을 정확하게 포착할 수 있었기 때문이다. 이 은유가 어린 시절의 놀이에 대한 향수 외에 다른 것을 불러일으킨다면, 우리가 사랑을 이해하는 데 이 비유가 어떤 의미인지 생각해야 한다. 간단히 표현하면, 우리는 왜 다른 사람에게 마음을 쓰는가?

일체감

우리는 이미 한 가지 연구를 진행했다. 곤경(이타적 사랑과 공감을 불러일으키기 쉬운 상황)에 처한 사람을 만나면 일체감, 더 큰 것으로 흡수되는 현상, 시간과 공간의 왜곡이 특징인 신비한 일화가 떠오른다. 신성한 존재가 실재한다는 주관적인 증거로 자주 제시되는 일화다. 그렇다면 신비한 경험의 정수인 일체감과 자기초월이 이타적 사랑(자신의 '자아 거품'과 다른 사람의 '자아 거품'이 붙는 사랑)의 특징이라고 말할 수 있을까? 이 신비한 경험들이 세상의 모든 전통적인 신앙에서 되풀이되는 기본 요소라는 점에서, 이타적 사랑이 종교의 특별한 의

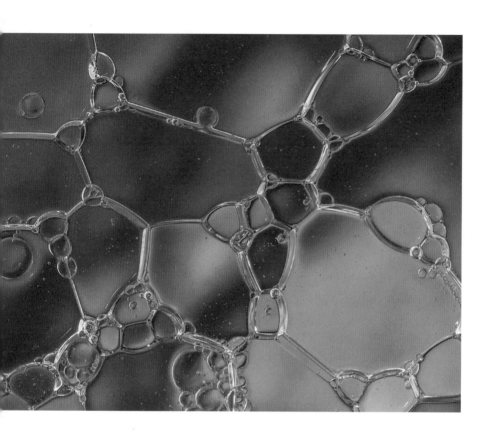

미(예를 들어, 대승불교의 보살들이 고통 받는 무지한 사람들에 대한 연민 때문에 해탈을 포기하도록 만드는 의미)와 일치하는 것은 우연이 아니다. 심리학적 관점에서도 이 설명은 역설이 아니다. 곤경에 처한 사람에 대한 이타적 사랑의 경험(일종의 애착 감정)은 분리된 자아 개념에서 해방된 초월적 일체감을 일으킨다.

우리는 '이타적이지 않은 사랑이 이와 유사한 신비한 일체감을 조성하는가?'라는 질문에 대답할 자료가 아직 없다. 그러나 위에 언급한 결과들을 종합해보면, 힌두교의 탄트라에서처럼 성애적 결합이 때로는 영적 변신으로 묘사된 것은 전혀 놀라운 일이 아닌 듯하다.

많은 신학자들이 신은 사랑이라고 주장한다. 일부는 사랑이 신이라고 주장한다. 사회과학자로서, 그리고 종교를 공부한 심리학자로서 나는 두 주장의 진위를 밝힐 수단이 없으므로 겸허하게 인정해야 한다. 그럼에도, 동료들과 내가 이타적 사랑 경험의 신비한 특징에 관해 천천히 쌓아올린 연구 결과를 볼 때, 나는 이렇게 더 겸허하고 어려운 주장을 내놓으려 한다. "사랑은 많은 사람들이 신이라고 부르는 것처럼 느껴지는 것이다."

keys of LOVE

1 이타적 사랑은 마치 자신의 비누 거품이 사랑하는 사람의 비누 거품에 들러붙는 것 같은 느낌이다.

2 성애적 사랑 같은 이타적이지 않은 사랑을 경험할 때는 나와 상대방이 들어있는 두 거품이 하나로 합쳐지는 느낌이다.

3 사랑은 많은 사람들이 신이라고 부르는 것을 느끼는 것이다.

크리스토퍼 T. 버리스 *Christopher T. Burris*

사회심리학자이며 캐나다 온타리오의 세인트제롬대학 심리학 부교수이다. 동료 존 K. 럼펠과 연구 조교 크리스티나 슈라지*Kristina Schrage*가 여기에 제시한 개념을 만드는 일을 도왔다. 버리스의 연구는 더 넓게는 사랑과 증오, 종교와 영성, 악과 성, 의식과 자아 같은 광범위한 주제를 다룬다. '학자 노릇'을 하지 않을 때는 주로 쌍안경을 들고 새를 관찰한다.

°생명의 위협에서 살아남기

Surviving life threats

"내 연구 주제가 정확히 사랑은 아니었습니다."라고 마렉 블라트니 박사는 말했다. 그는 암을 이기고 살아남은 아이들과 그 가족들의 삶의 질을 연구하는 작업을 했다. "그러나 이 작업이 전부 사랑에 관한 것임을 알았습니다."

우리는 소아종양학자들, 임상심리학자들과 함께 항암치료 때문에 환자들의 삶의 질이 어떻게 저하되었는지 알아내고, 아이들의 저하된 삶의 질을 보상할 방법을 찾고 있었다. 이 프로젝트에서 우리는 어린이 환자뿐 아니라 부모와 형제자매들도 주의 깊게 관찰했다.

우리는 초기 연구 결과에 흥미를 느꼈다. 삶의 질의 여러 면에서, 어린이 암 생존자들은 건강한 아이들보다 삶의 질이 높았다. 유년기의 암 생존자들은 건강한 어린이들과 비교하여 신체 능력이 떨어지고 여가 활동에 덜 참여하는 것으로 나타났지만, 정서적으로 안정되고 전체적인 삶의 만족도가 높았다. 생명을 위협하는 질병과 싸우고 힘들고 어려운 치료를 경험한 아이들에게는 일상의 걱정거리가 다른 어린이들보다 덜 심각해 보이는 것으로 우리는 이 현상을 이해했다. 생존자들이 더 높은 삶의 질을 경험하는 분야가 하나 더 있다. 바로 부모와의 관계. 생존자들은 보통 아이들보다 더 부모의 헌신과 따뜻함을 느겼다. 후속 연구에서 우리는 12세 이하 어린이들의 경우에 부모의 따뜻한 교육이 치료의 혹독한 영향으로부터 아이들을 보호하는 요인으로 작용하는 것도 발견했다. 다시 말하면, 아이들이 항암치료의 심각한 결과로 고통 받기는 했지만, 부모의 따뜻한 사랑이 그 영향을 보상할 수 있었고 불리한 조건을 보완할 수 있었다.

부모

부모들의 증언도 아이들이 상황을 경험한 방식과 일치했다. 현재의 심리학적 지식에 따르면, 부정적인 삶의 사건이나 커다란 정신적 충격에도 긍정적인 면이 있을 수 있다. 예를 들어, 이런 경험을 하고 나면 삶의 가치와 사랑하는 사람들의 중요성을 깨달을 수 있다. 우리는 부모들에게 자녀의 질병이 그들의 삶의 다양한 영역에 어떤 변화를 가져왔는지 묻고, 긍정적인 경험과 부정적인 경험을 모두 평가하도록 요청했다. 부모들은 긍정적인 요인으로 대부분 대인 관계 개선을 들었다. 아이들에게 더 큰 사랑을 느끼고, 파트너와 관계가 더 깊어지고, 친척과 친구, 아는 사람들로부터 응원을 받았을 뿐 아니라 직장 동료들과 고용주로부터 직접적으로 도움과 지원을 받았다. 물론, 관계가 나빠지거나 일자리를 잃는 등 나쁜 경험을 한 부모들도 일부 있었지만 긍정적인 경험을 한 부모들이 현저하게 더 많았다.

형제자매

진단이 내려지는 순간부터 아픈 아이에게 최대한의 주의와 지원이 집중된다.

"부모의 따뜻한 사랑은 많은 것을 보상해준다."

"The warmth of parental love compensates a lot."

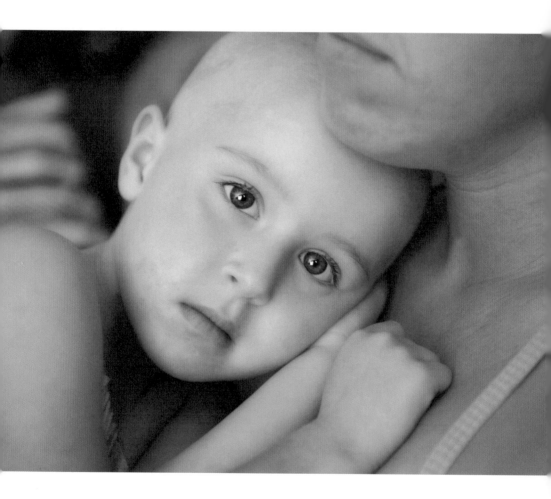

부모도 의료진과 심리학자, 다른 부모들로부터 지원을 받는다. 그런데 아픈 아이들의 건강한 형제자매는 소홀히 취급되고 욕구를 무시당하는 경우가 많다. 이 아이들은 삶에 커다란 변화를 겪는다. 특히 독립성을 요구받으며, 두려움과 걱정, 죄책감 같은 강한 감정과 함께 홀로 남겨진다. 우리는 연구에서 건강한 형제자매 중 일부는 부모의 부재를 많이 느끼며 자신의 문제를 부모와 얘기할 기회가 부족하다고 고백했지만, 아픈 형제자매를 제치고 부모의 관심을 요구한 아이들은 아무도 없었다. 이들은 형제자매의 질병과 고통, 죽음의 공포, 부재, 함께 할 수 없음으로 가장 고통 받았고, 다시 건강해져서 함께 할 수 있기를 바랐다. 다시 한 번 말하지만, 형제자매들의 입에서 나온 것은 연민과 사랑이었다.

물론, 나는 사랑에 관한 연구를 했다고는 생각하지 않는다. 그러나 우리는 삶의 모든 순간에 사랑이 있음을 안다. 그럼에도 우리가 고통 받는다면 그것은 애정이 부족하기 때문이다. 이 사실을 매일 상기하는 것이 중요하다.

마렉 블라트니 *Marek Blatný*

체코과학아카데미심리학협회*Institute of Psychology of the Academy of Sciences* 회장이며 체코 브르노의 마사리크대학 사회심리학 교수이다. 일반적인 수명 발달과 암에서 생존한 어린이들의 삶의 질에 관한 장기 연구를 하고 있다.

사랑은 서로를
행복하게 해주고 싶어 하는 마음이다.

도취는 일종의 눈병이다

Infatuation is a disease of the eye

"사랑과 도취, 두 개념은 항상 혼동된다."라고 세계성과학협회 평생공로상 금훈장 수상자인 알퐁스 반스틴베겐 교수는 말한다. "도취는 눈병이다." 그렇다면 그다음에는 무엇이 올까?

도취는 다른 사람에게 강렬하게 끌리는 느낌에 압도된 상태를 말한다. 이 상태는 노력의 결과가 아니며 의지로 될 수 없다. 우리는 독감에 걸리듯 사랑에 빠진다. 그 남자나 여자를 그 사람 그대로 보지 않고 우리가 좋아하는 대로 본다. 다른 사람들에게는 그 사람이 여전히 똑같은 사람이다. 사랑에 빠진 사람에게만 놀랍고, 환상적이고, 유일하고, 특별하고, 완벽한 모든 좋은 것의 원천이다. 이것을 투사라고 부른다. 도취는 눈병이며, 가벼운 정신 이상이다.

도취는 저항하기 어렵다. 그냥 떨쳐버릴 수 없는 어떤 것이다. 도취는 강박이며, 당신은 그 강박에 사로잡혀 있다. 어떤 의미에서 당신은 덜 자유롭다. 도취는 열정적 끌림과 극단적인 감정이 함께 온다. 도취된 사람은 상대방에게 끝없이 끌린다. 이런 의미에서, 도취는 원동력이며 동기가 되고, 사람들이 서로를 향해 달려가게 만든다. 또한 도취는 기운을 북돋우며, 사람들을 창조적으로 만들고, 지각 작용을 강화한다. 상호 도취는 성행위가 시계처럼 기능하게 만든다.

도취는 상호성을 갈구한다. 도취에 빠진 사람은 상대방과 배타적인 정서적 유대를 원한다. 사랑하는 사람에게서 멀리 떨어져 있거나 보답 없는 도취는 쓰라린 고통을 야기한다. 상호 도취는 융합된 느낌이지만 아직 현실적인 관계는 아니다. 눈병은 함께 살면서 저절로 치유된다. 그러면 상대방이 자신이 꿈꾸던 것과 다른 사람임이 밝혀진다.

함께 살 때 진정한 사랑은 주는 사랑이다. 파트너를 특별한 사람으로 만드는 것이다. 이것은 서로에게 헌신하는 것을 의미한다. 관계가 더는 생각처럼 되지 않을 때, 파트너의 헌신이 필요하다. 헌신은 쉽지 않으며, 항상 '그럼에도'가 포함된다. 함께 사는 파트너들은 모든 면에서 다르지만 그래도 여전히 함께 살기를 원한다. "당신은 내가 꿈꾼 사람이 아니지만, 그래도 함께 살고 싶다." 이것이 헌신이다. 헌신은 자유롭게 선택할 수 있다. 진정한 사랑은 서로를 대하는 여러 가지 방법으로 표현할 수 있다.

1 *대화를 나눈다.* 서로에게 진심으로 관심을 기울이고 상대방이 사랑을 주는 방식에 시간을 낸다. 서로 모든 것을 끝까지 얘기한다. 당신이 모든 단어를 당신만의 역사에 기초하여 해석한다는 것을 알면 파트너 역시 모든 단어를 자기만의 방식으로 해석한다는 것도 알 수 있다. 그러므로 서로 사용하는 단어의 의미 차이를 이해하고, 의미를 공유하고, 공동의 의미에 이르는 것이 사랑이다.

2 *감정을 공유한다.* 사랑은 감정을 교환하고 서로에 대한 연민을 느끼는 것으로 표현된다. 감정을 말로 완벽하게 옮길 수는 없다. 그러나 파트너의 세계로 들어가서 나오는 다른 파트너의 감정을 중요시할 수는 있다. 그러면 진실로 공유된

감정이 만들어지고 두 사람만의 사랑이 된다.

3 함께 즐긴다. 사랑은 성적 차이를 끊임없이 메우려는 욕구와 유혹하고 유혹당하고, 서로를 즐기고, 함께 있는 것이다.

4 문제를 함께 해결한다. 차이와 마찰과 짜증을 해소하는 데도 사랑이 필요하다. 현대의 관계에서 협상은 중요한 요소다. 파트너들은 동등한 가치를 지니며, 서로를 용서하고, 상처를 준 다음에는 서로 보상하고, 파트너와 몇 번이라도 다시 시작할 인내와 끈기가 있어야 한다. 친절함도 사랑의 형태다.

5 협동한다. 함께 사는 데는 언제나 많은 과제가 있다. 소득·가사·육아·요리·세탁·집보기 등 사랑은 이런 과제를 균형 있게 맡는 것이다. 자신이 맡은 과제를 책임지고 제대로 수행해야 한다.

그러므로 사랑은 파트너를 (의도적으로) 행복하게 해주는 모든 것이다. 가장 세련된 형태의 사랑은 파트너를 웃게 만드는 유머다. 유머는 파트너들 사이의 언어적 또는 비언어적 의사소통이다. 말만으로는 충분하지 않다. 사랑 행위도 반드시 있어야 한다. 그리고 사랑의 언어도 없어서는 안 된다.

사랑은 파트너와 진짜 관련되는 것이다. 이 관계에는 강한 충돌도 포함된다. 사랑은 두 사람을 비슷하게 만들기보다 서로 차이를 인내하도록 돕는다. 모든 차이에도 불구하고 계속 함께 사는 것이 사랑이다. 뭔가를 주려면 먼저 가질 수 있어야 한다. 함께 사는 데 있어서 '아니요.'라고 말할 수 있을 때만 '예.'라고 말할 수 있다.

지나치게 많이 주는 사랑이 있다. 상대방이 요구하는 것을 모두 주고 자신은 손해를 입는 것이다. 지나친 희생은 우리를 쓰라리게 만들고 적대감을 불러일으킨다. 적절하게 균형을 이룬 사랑은 기분 좋고 깊은 만족을 제공하며 두 사람 모두를 최고로 만족하게 해준다.

그런데 이 모든 것을 벗어난 사랑이 하나 있다. 함께 사는 관계에서 사람들은 서로 정서적으로 연결되기를 원한다. 서로에게 매력과 욕구를 느끼기 원한다. 이런 사랑, 서로에 대한 따뜻하고 긍정적인 감정은 일시적으로 사라졌다가 다시 돌아올 수 있다. 어떤 경우에는 소위 '불꽃같은 사랑'의 형태로, 어떤 경우에는 깊은 성적 관계와 기분 좋은 친밀감으로. 이런 감정이 함께 살려는 의지와 기쁨과 슬픔을 공유하려는 열망의 토대다.

keys of LOVE

1 도취와 사랑은 같지 않다. 사랑은 강력하고 동기가 있는 감정이다. 우리는 상대방을 있는 그대로가 아니라 우리가 원하는 대로 본다.

2 진정한 사랑은 주는 것이다. 말과 감정을 나누고, 모든 것을 즐기고, 문제를 함께 해결하고, 함께 일하는 것이다. 그러려면 헌신하고 의무를 다해야 한다.

3 사랑은 서로 좋은 감정을 느끼고 파트너를 행복하게 만들고 싶은 마음이다. 말뿐 아니라 행동으로도.

알퐁스 반스틴베겐 *Alfons Vansteenwegen*

벨기에 가톨릭루뱅대학 심리학·성과학·정신치료학 명예교수이다. 2011년 세계성과학협회로부터 평생공로상 금훈장을 받았다. 350여 편의 과학·임상 저술 저자이며 《사랑할 시간을 내라 *Tijd maken voor liefde*》와 《사랑은 동사다 *Liefde is een werkwoord*》를 비롯하여 몇 권의 세계적 베스트셀러를 썼다.

독일 *Germany*

사랑은 사랑으로 이끈다.

°사랑의 신경과학

The neuroscience of love

첨단 뇌 촬영 기술 덕분에 우리는 사랑할 때 뇌에서 어떤 일이 일어나는지 상세히 알 수 있게 되었다. 안드레아스 바텔스 교수는 최초로 사랑에 관한 인간의 뇌 영상 연구를 지휘하고, 동물 세계에서 사랑의 보편적인 생물학 메커니즘을 발견했다. 이 메커니즘은 우리 정신의 더 어두운 면도 통제하는 것으로 보인다.

사랑은 쉽게 파악할 수 없다. 사랑은 가장 복잡한 동시에 매우 단순하며, 사람을 무척 들뜨게 했다가도 때로는 너무나 아프게 파괴하는 마음의 상태다. 사랑은 뇌에 유전적으로 새겨진 생물학적 메커니즘의 결과다. 사람들을 단단히 잇는 아주 간단한 기능이 있지만, 그러면서도 우리 삶의 모든 면과 종의 진화와 지성의 진화에서 가장 신기하고 광범위한 결과를 초래했다.

나는 지난 10년에서 20년 사이의 사랑에 관한 생물학적 발견에 특히 충격을 받았다. 우리가 인간의 본성을 처음 과학적으로 이해하기 시작했으며, 인간 본성은 우리가 생각하는 것처럼 인간에게 고유한 것이 아닐 수도 있다는 사실을 알게 되었다. 나는 세미르 제키*Semir Zeki*와 함께 사랑에 관한 최초의 인간 뇌 영상 연구를 지휘함으로써 사랑의 메커니즘을 이해하는 데 기여하는 행운을 누렸다. 연구 결과, 어머니의 사랑과 낭만적 사랑은 같은 뇌 영역에서 일어나며, 이 뇌 영역은 사랑 호르몬 옥시토신(OT)과 아르기닌 바소프레신(AVP) 수용체가 풍부한 부분이라는 사실이 밝혀졌다. 또한 인간의 사랑 메커니즘이 동물에서 발견되는 사랑 메커니즘과 밀접한 연관이 있다는 것도 알게 되었다.

보상 체계

진화의 관점에서 사랑, 또는 기능적인 생물학 용어로 사회적 애착이나 유대는 우리 종 존재의 열쇠다. 아기들의 생존은 부모의 돌봄에 전적으로 달려 있으며, 이것은 사랑을 통해서만 가능하기 때문이다. 그러므로 *부모와 자녀의 유대를 보장하는 쪽으로 진화해 온 뇌의 메커니즘이 매우 강력하며 유전자의 통제를 받는다는 사실*은 놀랍지 않다.

예술가, 작가, 심지어 역사가들도 사랑이 시대와 문화를 통틀어 인간의 본성에 내재해 있다는 사실을 오래전부터 인정했다. 반면 심리학자들과 과학자들은 사랑이 문화적 · 종교적 · 법적 이유로 정당화하거나 억압할 수 있는 인간의 가공품이 아니라 실제로 생물학적 특성이며 따라서 과학적으로 연구할 가치가 있다는 사실을 최근에 들어서야 깨닫기 시작했다.

사랑의 기본 메커니즘은 매우 간단하고 명확하고 강력하다. 이 메커니즘의 핵심은 뇌의 보상 체계다. 개인 간에 평생의 유대를 지속하기 위해서는 도파민과 함께 신경호르몬 옥시토신과 아르기닌 바소프레신이 충분해야 한다. 사랑과 관련된 뇌 영역과 호르몬은 부모와 자녀의 유대, 부부애, 동성 또는 이성 간 사랑에서 동일하며, 들쥐든 양이든 인간이든 모든 종에 존재한다.

사랑은 사랑으로 이끈다.

사랑 호르몬

유전자 한 개(예를 들어, 뇌의 보상 체계에서 옥시토신이나 아르기닌 바소프레신 수용체를 관장하는)가 부부애를 형성할 수 있는 종과 없는 종의 차이를 만든다. 한 종에서 다른 종으로 이 유전자를 옮기면 다른 종은 외로운 늑대에서 껴안는 것을 좋아하는 커플이 될 수 있다. 후자는 척추동물의 3~5%를 차지한다.

그런데 우리는 어떻게 사랑에 '빠지는'가? 기계적으로 말하면, 사랑 호르몬이 뇌에서 분비될 때 사랑에 빠진다. *그러면 보상 체계가 높은 보상 감정을 가진 특정 개인들 사이에 장기적인 연합이 형성된다.* 그러므로 사랑은 사회적 자극에만 특별히 반응하는(살아 있지 않은 대상과의 연합은 이 자극으로 형성될 수 없다.) 뇌 속의 특별한 학습 메커니즘의 결과다.

동물에게는 사랑 호르몬 단 한 방울이 평생의 부부애를 유발하거나 새끼를 낳아본 적 없는 암컷이 낯선 강아지에게 강한 모성을 느끼게 만들 수 있다. 반대로, 뇌의 사랑 호르몬 수용체를 막으면 부부애와 모성애가 형성되지 않는다. 모성애가 사라지면, 방치된 새끼들이 혼자가 되는 것은 당연한 결과다. 지금까지 이런 실험은 동물에게만 시행되었다. 그러나 이 메커니즘은 인간에게도 동일하게 적용된다. 실험실 바깥에서는, 오르가슴이나 출산, 수유 시 높은 용량의 사랑 호르몬이 분비되며, 눈 맞춤이나 사회적 접촉, 다양한 사회적 상황에서도 적은 양이지만 호르몬이 분비된다.

어두운 면

이상한 점은, 사람들의 유대 안에서는 개인적 차이도 이 메커니즘의 통제를 받는다는 것이다. 주로 유아기 동안의 유전적 변화와 삶의 경험은 뇌의 사랑 호르몬 수용체의 농도와 위치에 영향을 미칠 수 있고, 이것은 우리의 다양한 사회적 행동에 영향을 미친다. 예를 들어, *유전자 한 개의 변화로 인해 결혼할 기회가 반으로 줄고 인간관계에서 위기가 발생할 가능성이 두 배로 늘 수 있다.* 다른 연구에서는, 형편없는 고아원에서 자란 아이들처럼 사랑을 거의 받지 못한 어린이들은 혈액 속의 사랑 호르몬 농도가 더 낮으며, 사회적 관계에 결함이 생길 가능성이 더 높다고 밝혀졌다. 그러나 실험실에서 새끼 때 사랑과 보살핌을 받은 동물들은 어른이 되면 자녀, 파트너와 시간을 잘 보낸다. 사랑은 사랑으로 이어지고, 가족이나 사회 안에 사랑이 없으면 불행하게도 유전자뿐 아니라 경험을 통해서 다음 세대로 전해진다.

사랑의 메커니즘은 애착을 훨씬 뛰어넘어 우리 정신의 어두운 면도 통제한다. 일단 유대가 생기면, '사랑 호르몬'과 도파민이 다른 동물의 접근을 거부하거나 새끼를 보호하는 동물의 공격성을 조정한다. *이 호르몬들은 애착을 일으키는 것을 넘어서 사회적 배제, 제노포비아(외국인 혐오), 인종차별주의, 이기심을 부추긴다.* 이런 일이 일어나는 이유는 사랑 호르몬이 우리가 특정한 사회 집단이나 인종에 속하는 감정(누가 우리 편이 아닌지 알려주는)을 조정하기 때문이다. 이 다양하고 복잡한 사랑 호르몬의 기능은 보상 체계를 넘어 대뇌변연계와 기억과 관련된 영역, 전두엽에 위치한 뇌 영역을 조정한다.

우리는 뇌 영상 연구에서 이 영역들 중 부정적 감정 · 두려움 · 공격성과 관련된 영역과 비판적 · 사회적 평가와 관련된 영역을 비롯한 몇 가지 영역을 살펴보았다. 이 영역은 실험 참가자들이 욕망의 대상을 보았을 때 활성화되었지만 친구나 낯선 사람을 보았을 때는 활성화되지 않았다.

진화의 동력

또한 사랑에 관한 연구에서 놀라운 사실이 밝혀졌다. 사랑의 메커니즘이 중독적이라는 사실이다. 물질도 사람처럼 중독적 욕망의 대상이 될 수 있다. 그렇기 때문에 사랑 호르몬인 옥시토신과 아르기닌 바소프레신을 이용하여 자폐증과 우울증 등 사회적 결함 장애를 치료할 날이 멀지 않았다고 본다. 물론 이렇게 복잡한 시스템에 개입하면 역효과가 나타날 가능성이 높다.

지금까지 매혹적인 사랑의 메커니즘과 그 광범위한 결과를 살펴보았다면, 이제 마지막 고찰이 남아 있다. *사랑은 중요한 지식을 세대 간에 전달하는 열쇠라는* 사실이다. 오직 사랑할 수 있는 종만이 뇌가 발달할 정도로 충분히 오랜 기간 동안 의사소통할 수 있다. 그러므로 사랑은 우리의 학습 능력과 직접적으로 연관이 있고, 사랑의 축복을 받은 종의 커다란 뇌 용량과 관련이 있다. 사회적으로 삶이 복잡해지면서, 사랑은 파트너 선택, 친사회적 행동, 공정성, 신뢰뿐 아니라 기만과 배제 등 새로운 진화적 압력을 야기했다. 사랑은 삶에서 우리가 성취하는 많은 것을 움직이는 동력일 뿐 아니라 우리의 뇌 크기와 지성과 문화를 움직이는 진화적 동력이다.

1
사랑의 기본 메커니즘은 보편적이고 단순하고 강력하며 동물의 사랑 메커니즘과 밀접한 관련이 있다. 사랑은 뇌 보상 체계의 핵심이기도 하다.

2
사랑(과 미움)은 사회적 자극에만 반응하도록 특화된 뇌의 특별 학습 메커니즘의 결과다. 유전자와 경험을 통해 다음 세대로 전해진다.

3
사랑은 삶에서 성취의 원동력일 뿐 아니라 뇌의 크기, 지성, 문화를 결정하는 진화적 동력이다.

안드레아스 바텔스 *Andreas Bartels*

독일 튀빙엔의 통합신경과학센터*Centre of Integrative Neuroscience*에서 연구 그룹을 이끌고 있다. 특히 시각적 움직임, 얼굴, 감정의 시각 인식 신경 메커니즘을 연구하기 위해 인간뇌영상기법을 사용한다. 세미르 제키와 함께 최초로 낭만적 사랑과 모성애의 인간 뇌 영상을 연구했다. 취리히에서 동물학을 공부했고, 미국 샌디에이고 솔크연구소*Salk Institute*에서 계산모델링 석사를 마치고, 영국 런던대학에서 신경과학 박사학위를 받았다. 삶을 사랑하고 등산과 유머를 즐긴다.

°사랑과 갈등

Love and conflict

"사람들 사이의 장기적 상호작용은 친밀감과 함께 어쩔 수 없이 갈등을 불러온다."라고 아이차 오젠은 말한다. 성공적인 파트너들은 차이를 건설적인 방법으로 다룰 줄 안다.

우리는 모두 사랑할 사람을 찾으며, 자신의 감정이 보답 받기 원한다. 사랑하면 삶에 의미가 생긴다. 알맞은 사람을 찾으면 행복이 영원할 것이라고 생각한다. 그러나 실제 삶에서는 사랑하는 사람과 함께 살기 시작하면서 가장 어려운 단계가 시작된다. 처음 얼마 동안은 밀월 효과가 있어서 가장 환상적인 시간을 보낸다. 이런 느낌이 영원할 것 같지만, 좋은 일에는 항상 끝이 있다. 그렇기 때문에 어떻게 하면 만족스러운 관계를 장기적으로 유지할 것인가라는 문제가 떠오른다.

피할 수 없는 부분

갈등은 인간의 삶에서 피할 수 없는 부분으로, 당사자들이 건설적으로 다루지 않으면 관계와 안녕에 해로운 영향을 미친다. 친밀한 관계에서 갈등을 피할 수 없다면 두 사람이 갈등 상황에 대처하는 방식과 이 상황에서 감정을 조절하는

“갈등은 관계를 한 걸음 진전시킨다.”
"Conflict may carry the relationship one step ahead."

방식이 매우 중요해진다. 두 사람의 행동이 관계를 조정하고 만족시키는 데 영향을 미치기 때문이다. 게다가 두 사람이 관계를 구성하기 때문에 다른 한쪽이 어떻게 반응하는지도 매우 중요하다.

상대방이 나를 있는 그대로 인정하고 받아들이고 보살피는지, 내가 필요할 때 정서적으로 함께 있고 나의 요구에 반응하는지는 두 사람이 이해 받는다고 느끼고 관계가 안전하다고 느끼는 데 매우 중요하다.

갈등을 다루고 장기적인 관계를 유지하는 데 중요한 요소가 있다. 의사소통과 문제해결 능력이다. 그 능력이 부족하면 곤란한 일이 많이 생긴다. 두 사람이 대립하는 문제가 있을 때 갈등을 회피하고 협상을 미루면, 문제를 해결할 수 없고, 이후 갈등이 일어날 가능성이 높아지며, 두 사람 사이에 만족이 줄어든다. 또한 두 사람이 갈등을 파괴적인 방식으로 다루면 분노와 화 등의 부정적 감정이 생기고, 이런 감정이 쌓이면 문제를 건설적으로 해결할 수 없다.

건설적인 방법

갈등을 연구하는 연구자들은 비록 갈등이 대개 부정적이며 피해야할 것으로 간주하지만, 적당한 수준의 갈등은 실제로 기능적이라는 사실을 발견했다. 영화 취향에서 식습관과 여가 활동에 이르기까지 모든 면에서 일치하는 관계를 상상해보라. 관계가 처음 시작되었을 때는 즐거울 것이다. 당신을 완벽하게 이해하는 영혼의 짝을 만난 느낌이 들 것이다. 그러나 시간이 지나면서, 마치 거울을 보는 것처럼 파트너가 자신과 똑같기 때문에 지루해진다. 우리는 삶에서 나와 다른 것을 원한다. 다른 것에 도전하고, 도전 받고, 다른 사람으로부터 새로운 것을 배운다. 갈등은 카타르시스를 불러오고 판에 박힌 일상의 지루함에 피난처를 제공한다. 차이점을 건설적인 방식으로 토론할 수 있고, 파트너와 일치·조화를 이룰 수 있으면, 오히려 갈등 덕분에 관계가 한 걸음 진전한다. 그러나 문제를 파괴적으로 다루거나 무리한 요구를 하거나 차이점을 논의하지 않으면, 기적 같은 관계와 파트너를 잃게 된다. 그러므로 우리가 행복하기 위해서는 서로의 차이를 두고 건설적으로 의사소통해야 한다. 사랑을 찾았을 때 소중하게 여길 뿐 아니라 갈등을 건설적으로 해결하며 사랑을 키워나가야 한다.

아이차 오젠 *Ayça Özen*

터키 앙카라의 중동기술대학 심리학과 연구 조교이다. 낭만적 관계와 우정에서 애착과 갈등, 정서적 경험을 연구하고 있다.

<u>의도는 사랑의 일부다.</u>

°인생의 소금
The salt of life

베네디토 기 교수는 묻는다. "사랑이 인생의 소금이라면, 이 소금을 생산하는 것은 어떤가?" 이 경제학자는 '사랑의 테크놀로지'를 통해 우리를 네 단계로 이끌고, 우리가 사랑을 더욱 풍부하게 '생산'하고 '소비'하도록 도와준다.

사랑의 감촉 없이 하루를 보내는 것은 정말 무미건조하다. 사랑에 빠진 커플의 낭만적 만남이나 어머니가 아기를 안는 행동까지는 아니어도 다른 사람에 대한 약간의 진지한 관심이나 동료나 친척과의 일상적인 관계, 행상인이나 같은 버스에 탄 사람들과의 사소한 상호작용만으로도 일상에 맛을 더할 수 있다. 알다시피, 호의는 호의를 베푼 사람에게 제일 먼저 혜택이 돌아간다. 보답(때로는 아주 간단한 감사의 말)은 만족을 높여주지만, 보답을 얻기 위해서는 인내심을 갖고 기다려야 한다.

나는 이런 간단한 진실(나는 그렇게 생각한다.)을 훈육과 삶의 경험에서 배웠다. 개인적인 삶과 시민으로서의 삶에서 사랑의 명령을 매우 진지하게 받아들인 정신적 지도자가 아니었다면, 아직도 나는 사랑에 큰 의미를 부여하지 않았을 것이다. 나는 사랑이 경제생활에서도 일정한 역할을 한다는 과감한 생각에 이끌렸고, 기업과 비영리 단체에서 실제로 이 역할을 하는 것을 보면서 더욱 끌리게 되었다. 당시 경제학은 사랑에 관심이 없었다. 경제학의 전통적인 방향은 물질주의와 개인주의에 경도되어 있었다. 몇 가지 가치 있는 예외를 제외하면, *다른 사람에 대한 관심은 경제적 효율에 불필요하거나 심지어 해가 된다고 생각했다.*

제빵사와 간호사

그런데 지난 수십 년 동안 '이타주의', '존중', '호혜주의' 같은 단어가 경제 이론가들의 저술 속으로 들어왔다. 다른 한편으로, 우리가 얼마나 많이 소비하는가와 행복은 거의 관련이 없다는 연구 결과가 나왔다. 정말 중요한 것은 (경제학 사전에는 없는) 사람 사이의 관계다.

경제 분석이 사랑의 이해에 기여하는 점은 사랑이 어떻게 '생산'되고 이익을 어떻게 '생산'하는가이다. 내가 설명해보겠다. 어떤 활동에 연루된 두 사람이 있고, 두 사람이 자신들의 상호작용을 생산적인 과정으로 본다고 하자. 무엇이 생산되었는가? 두 사람이 한 팀에서 일하는 제빵사라면, 명백한 결과물은 빵이다. 한 사람이 간호사고 다른 사람이 환자라면, 결과물은 치료다. 그런데 이 상호작용에서 나올 수 있는 다른 결과물은 '사랑'의 범주에 들어간다. 후배 제빵사는 비난 대신 도움과 격려를 받을 수 있다. 환자는 약뿐 아니라 정서적 지지를 얻을 수 있다. 선배 제빵사와 간호사는 감사를 얻을 수 있다.

의견 1 *인간의 활동에서 가장 귀중한 '산물'은 가장 눈에 띄지 않을 수도 있다.* 우리가 동료나 고객과 상호작용하는 방식도 '생산적'이 될 수 있다. 전통 의미의 상품은 아니지만 '관계' 상품이라는 차원에서 생산적이 될 수 있다. 기술자를 포함하여 조직의 모든 구성원도 인간관계 관리자라고 할 수 있다.

잡담

이런 생산적 과정에 '투입'되는 것은 무엇일까? 잡담하는 두 사람을 예로 들어보자. 보통의 관점에서 보면 두 사람은 아무것도 생산하지 않는다. 그러나 만일이 상호작용이 한 사람이나 두 사람 모두에게 '슬픔을 완화'하는 효과가 있다면, 이 과정의 중요한 투입물은 그들의 우정이고, 이것은 역시 '사랑'의 범주에들어간다.

의견2 우정 관계, 상호 신뢰, 경험을 공유한 기억 등은 모든 형태의 협동을 용이하게 해주는 '관계 특정적·인적 자본'이다. 이 자본은 특히 깨지기 쉽다. 이따금 말다툼을 하거나 거처를 옮기는 것만으로도 충분히 사라질 수 있다.

개인적 상호작용에는 그 이상이 있다. 개인적 상호작용의 결과는 의도에 달려있으며, 의도는 대인관계 과정에서 일종의 촉매제다. 의도 역시 '사랑'의 범주에들어간다. 목적에 집착하면 인간관계가 도구적 수준에 머무르지만, 아무것도 바라지 않는 태도는 대인관계에서 더 깊은 의사소통을 가능하게 한다.

의견3 아무것도 바라지 않는 마음이 신념과 교양을 바탕으로 한다면, 사랑하는마음은 인간이 번영하려면 이기주의를 극복하고 행동해야 한다는 것을 아는데 있다.

호의적인 맥락

화학적 반응이 주변 온도의 영향을 받는 것과 마찬가지로 인간의 상호작용은사회적 환경에서 일어나며, 사회적 환경 역시 어떻게 전개되느냐에 따라 결과가 달라진다. 구경꾼들이 어떻게 반응할지, 친구들이 뭐라고 말할지, 같은 사건에서 다른 사람들이 어떻게 행동했는지가 모두 다른 관련 행동을 장려하기도 하고 억제하기도 한다.

의견4 사랑은 쉽지 않은 길이므로, 주변이 호의적이면 큰 도움이 된다. 사랑의 약속을 충실하게 지키려는 커플들과의 접촉 없이는 사랑의 약속을 유지하기 어렵다. 이 커플들 가운데 자원자가 모여서 서로의 동기를 강화한다.

이것이 '사랑의 테크놀로지'다. 나는 더 훌륭한 사랑의 테크놀로지 전문가가 나타나서 우리가 사랑을 더 풍부하게 '생산'하고 '소비'하도록 돕기를 바란다.

keys of LOVE

1 / 동료와 고객과의 상호작용은 가치 있는 관계 상품을 '생산'하는 것이다. 이런 행동은 모든 형태의 협동을 용이하게 하는 인적 자본도 만들어낼 수 있다.

2 / 인간이 번영하려면 이기주의를 극복하고 그에 맞게 행동해야 한다는 것을 아는 곳에는 사랑이 널리 퍼져 있다.

3 / 사랑은 쉽지 않은 길이므로, 주변이 호의적이면 큰 도움이 된다.

베네디토 기 *Benedetto Gui*

이탈리아 파도바대학 경제학 교수이다. 협동적·비영리적·사회적 기업의 경제 행동, 대인관계의 경제적 의미, 경제 조직에서 비도구적 동기의 역할에 관심을 갖고 연구하고 있다. 학술지 〈공공 및 협동 경제학 연보 *Annals of Public and Cooperative Economics*〉 운영 위원이며 기업 네트워크 '공유경제 *Economy of Communion*'와 함께 일하고 있다.

아이들이 사랑에 관심을 갖는 것은 건강하고 자연스러운 행동이다.

°호기심 많은 아이들
Curious children

아이들은 사랑과 섹스의 모든 것을 궁금해 하고 알고 싶어 한다. 항상 더 많이 알고 싶어 한다. 인터넷은 도덕적으로 문제가 있고 당혹스러운 다양한 사진과 자료와 채팅으로 아이들의 욕구를 채워준다. 부모와 교사들은 어떻게 대응해야 할지 모른다. 심지어 침묵하고 싶어 하기도 한다. 지난 몇 년 동안 잉글랜드 유일의 도덕교육 교수였던 마크 할스테드 교수가 우리에게 포기하지 말라고 말한다.

우리 연구자의 아들 잭이 "엄마를 사~랑해요."라고 말했다. 잭은 '사랑'이라는 단어를 길게 강조함으로써 엄마에 대한 친밀한 정서적 애착이 자신에게 얼마나 중요한지 전했다. 또한 이 말은 잭이 이 강한 감정을 덜 강한 감정, 예를 들어 애완견이나 좋아하는 축구팀, 컴퓨터 게임, 과학 교실에서 옆자리에 앉는 여자 아이에 대한 사랑과 구별할 수 있음을 뜻한다. 그러나 잭이 사랑이라는 단어를 특히 힘주어 발음한 것은 그가 사랑의 느낌을 말하는 데 난처하고 주저하고 있다는 암시이기도 하다. 마치 이런 말을 하는 것이 나약함의 표시라고 느끼는 듯 말이다. 이런 애매한 반응은 잭 또래 남자 아이들과 그보다 좀 더 나이가 많은 남자 아이들에게서 흔히 나타난다. 같은 연구에서 열 살짜리 여자 아이들은 이런 억압이 전혀 없었다. 실험에 참가한 여자 아이들은 자유롭게, 그리고 상당히 세련되게, 드라마에서 본 다양한 사랑 관계에 대해 얘기하고, 자신의 삶을 완전히 통제하지 못하는 어려움이나, 사랑으로 사람들이 술이나 약물을 포기하게 만들 수 있는지 같은 철학적 문제를 기꺼이 토론했다.

간극을 메워라

아이들의 삶에서 사랑은 강력한 특징이지만, 신비로운 것이기도 하다. 아이들은 대중음악 · TV · 영화 · 잡지 · 인터넷에서 사랑에 관한 메시지를 넘치도록 받는다. 사랑에 대해 웃고 농담하고, 놀이터에서 장난스레 말하며 친구들을 놀리지만, 많은 아이들이 사랑을 가슴 깊이 최고의 가치로, 자기실현으로 가는 길로, 사람들의 삶에 의미와 목적을 제공하는 것으로 소중히 생각한다. 그리고 항상 더 많이 알고 싶어 한다. 열정과 헌신, 사랑의 복잡성과 비합리성, 사랑에 빠진 느낌이 어떤지, 무엇이 사랑을 지속시키는지, 사랑을 기대하는 불안한 느낌을 어떻게 다룰 수 있는지 알고 싶어 한다.

아이의 일차적인 교육자는 가족이며, 아이가 경험과 관찰과 가르침을 통해 사랑에 대해 처음 배우는 것도 가족 관계 속에서다. 그러나 <u>학교도 사랑 교육에 중요한 보조적 역할을 한다.</u> 첫째, 아이들이 알고 이해하고 경험한 것의 간극을 메워줄 수 있고, 일부 아이들의 가난한 가정생활을 보상할 수 있다. 둘째, 아이들이 현재의 경험을 넘어 가능성을 상상하도록 도움으로써 지평을 넓혀줄 수 있다. 셋째, 아이들이 비판적 이해력을 개발하도록 도울 수 있다. 아이들은 인터넷에 퍼져 있는 포르노 사이트를 포함하여 자신들이 생활에서 목격한 다양한 태도와 가치를 이해하고, 무엇이 좋고 나쁜지, 무엇이 옳고 그른지, 무엇이 건전하고 품격을 떨어뜨리는지 판단하기 시작한다.

충돌

그러나 대부분 학교에서는 사랑 교육을 소홀히 취급한다. 일반적인 교육 가치처럼, 다른 목표나 우선순위에 밀려 커리큘럼에서 제외된다. 성교육을 할 때도 사랑하는 관계의 충족감이나 아기를 갖는 기쁨보다는 성관계로 인한 감염의 위험이나 십대의 임신에 대해 더 많이 얘기한다. 가족생활의 기쁨을 탐색하는 데 큰 역할을 할 수 있는 드라마도 대부분 가족의 사랑보다는 갈등에 많은 시간을 할애한다(그러면 더 좋은 드라마가 된다고 생각하는 것 같다). 모든 인간관계에서 사랑을 통찰하는 주된 분야인 문학조차 요즘은 다른 것을 가르친다. 내용보다 양식과 기술을 더 강조한다. *교실의 지배적 풍조는 아이들을 사랑하고 존중하기보다 통제하고 훈련하는 것이며, 이 부정적인 분위기는 보살핌보다는 충돌을 부른다.* 어쨌든 많은 교사들이 사랑에 대해 가르치는 것을 난처해한다. 요즘에는 학대나 부적절한 관계라는 오해를 살까 두려워서 아이들에게 '사랑'이라는 말을 사용하는 것조차 문제시하고 있다. 그 결과, 아이들은 사랑에 대한 태도를 성찰할 기회를 빼앗기고, 사회의 무분별한 영향을 이해할 수단도 없이 그대로 노출된다. 이런 상황에서 아이들이 어떻게 성숙하고 사랑하는 어른으로 성장하겠는가?

사랑의 가치

이 연구에서 나는 아이들이 사랑에 관심을 갖는 것이 자연스럽고 건강한 것이라고 믿게 되었다. 교사들은 아이들의 관심을 섬세하고 도움이 되는 방식으로 강요하지 않고 개발해야 하며, 개인적·문화적 차이를 존중하고, 아이들이 미숙한 냉소주의와 염세주의에 노출되지 않도록 해야 한다. 교사들은 사랑의 숭고함과 힘, 사랑의 취약함과 자기기만 능력을 설명할 수 있고, 사랑이 사람들로 하여금 *자신의 이익과 요구를 넘어서* 다른 사람들을 보살피고 격려하는 것임을 설명할 수 있다. 문학 · 미디어 연구 · 드라마 · 역사 · 종교 · 사회 · 도덕 교육을 통해 사랑에 대해 비판적으로 숙고할 수 있는 풍부하고 다양한 기회를 제공할 수 있다. 그러기 위해서는 현재의 교육적 사고에 커다란 변화가 필요하며 학교에서 먼저 사랑하는 풍조가 확산되어야 한다. 무엇보다 교사 자신이 삶에서 사랑의 가치를 숙고하는 법을 배워야 한다. 이것은 교사들 자신이 훈련받은 방식과 밀접한 관련이 있다.

keys of LOVE

1 아이들은 사랑과 성에 호기심이 많다. 이것은 자연스럽고 건강한 행동이다. 부모와 교사들은 아이들을 교육해야 한다. 간극을 메우고, 지평을 넓히고, 비판적 판단력을 길러줘야 한다.

2 많은 교사들이 난처해하지만, 그들은 섬세하고 도움이 되는 방식으로 아이들의 사랑과 성에 대한 관심을 개발해야 한다.

3 현재의 교육적 사고에 커다란 변화가 필요하고, 학교에서 더욱 사랑하는 풍조를 개발해야 한다. 교사 자신들이 삶에서 사랑의 가치를 숙고하는 법을 배워야 한다.

마크 할스테드 *Mark Halstead*

오랫동안 플리머스대학 도덕교육 교수였다. 현재 영국 허더즈필드대학 명예교수이다. 가치 교육의 여러 면을 주제로 광범위한 저술활동을 했다. 옥스퍼드대학과 캠브리지대학에서 공부했고, 레바논에서 저널리스트로 일했으며, 사우디아라비아에서 강의를 했고, 북미 대학들에서 초빙교수로 일했다. 영국에서 무슬림 아이들의 교육을 주제로 박사학위를 받았으며, 이 주제는 지금도 교육의 가치와 함께 그의 주된 연구 관심사이다.

°다정한 부모

Loving parents

제2차 세계대전은 미셸 메그낭의 삶을 극적으로 바꿔놓았다. 그는 1936년 파리에서 태어났고, 유태인 조부모가 아우슈비츠에서 살해되었다. 가족이 겪은 공포는 그가 일생 동안 다시는 이런 일이 일어나지 않도록 싸울 에너지를 주었다. 사랑과 성과학을 소개하면서 프랑스 최초의 '사랑학자*amourolgist*'가 되었고, 사랑에 관한 인기 다큐멘터리 몇 편을 제작했다. 그가 부모들에게 하는 마지막 충고는 다음과 같다.

가장 중요한 발견은 인간의 본성이 본질적으로 선하다는 것이다. 우리는 태어날 때부터 사랑받고 사랑할 능력이 있다. 운이 좋아서 어머니가 행복한 임신기를 보냈고 출생 과정이 어렵지 않았다면, 모든 인간은 사랑하고 사랑받을 준비가 되어 있다. 그리고 인생을 사는 동안 심리적 · 정신적 폭력으로 왜곡되지 않아야 한다. *트라우마 없이 비폭력적 환경에서 자라고 교육받아야 한다.* 아이를 기르는 사람은 아이를 때리거나 소리 지르거나 모욕해서는 절대로 안 된다. 부모 자신이 신체적 · 정신적 폭력에 노출되었다면 어려운 일이다. 내가 사랑하는 부모재단*Loving Parents' Foundation*을 설립하여 좋은 부모 노릇을 개발하는 것도 이런 이유 때문이다.

1980년대에 스웨덴은 세계에서 최초로 찰싹 때리기를 비롯한 모든 신체적 처벌을 금지했다. 1990년대에 미국은 '아동인권'을 법으로 제정했다. 2005년부터 유럽회의는 모든 유럽 국가의 신체적 · 심리적 처벌 금지를 입법화하고 좋은 부

모 노릇을 개발하도록 했다. 2012년에 유럽 47개 국가 가운데 29개 국가가 이 법을 시행했고, 유럽 외의 10여 개 국가도 이 법을 시행했다. 이런 사실은 세계 에서 고통당하는 사람들이 왜 유럽에 와서 사랑을 꿈꾸는지 부분적으로 설명한 다. 사랑은 공감, 다른 말로는 다른 사람이 느끼는 것을 그대로 느끼는 능력의 발달에 토대를 둔다. 공감은 *사랑의 밑바닥에 있는 자연스러운 감정이다.* 트라 우마가 없는 아이는 이 능력이 있다. 교육적 폭력에 노출되지 않은 행운을 누린 사람들은 행복한 사람들이다.

나의 치료 방법에 일대 전환을 가져온 두 가지 방법이 있다. 이 방법은 사랑 의 자연스러운 과정을 방해하는 질환을 치료할 수 있게 해주었다. 눈과 다른 부분을 번갈아 자극하여 신경과 감정을 통합하는 EMDR요법(Eye Movement Desentization Reprocessing, 안구운동을 이용한 둔감화 및 재처리 요법-역주)은 1987년 미국 심리학자 프란신 샤피로*Francine Shapiro*가 발견했다. EMDR요법은 고통스럽고 폐쇄된 정보(예를 들어, 외상 후 충격)를 자연스럽게 적용하여 치료할 수 있고, 심리적 자원을 발휘해 자신감을 회복하게 해준다. 수명통합 *lifespan integration* 은 어린 시절 학대나 트라우마로 고통 받는 환자들의 신속한 회복을 가능하게 하는 간단한 방법이다. 수명통합과정은 환자의 성격을 전체적으로 '재구성'함으로써 환자의 분열된 상태를 치료하고 재정립한다. 수명통합은 뉴런의 통합을 용이하게 하며, 어린 시절 복잡한 외상성 전신 장애나 학대, 방치된 기억으로 고통당하는 성인을 신속하게 치료하는 방법이다.

부모들이 자신을 통제하기 어렵다는 것을 깨달았을 때, 도움을 청해야 한다. 이렇게 도움이 필요한 사람들이 긍정적 부모 노릇을 배울 수 있도록 도와야 한다.

미셸 메그낭 *Michel Meignant*

관계와 인간의 성 전문가이다. 프랑스에 살고 있고, 프랑스정신치료·정신분석연합 *French Federation of Psychotherapy and Psychoanalysis* 회장이며 세계정신치료회의 *World Council for Psychotherapy* 부회장이다. 뛰어난 다큐멘터리를 제작하고 책을 써서 상을 수상했다.

'진짜 색깔'을 보여주면 거부당할지도 모른다.

원 나잇 스탠드

One-night stands

롤링 스톤즈의 믹 재거*Mick Jagger*는 4,000명이 넘는 여성(일부는 남성)과 성관계를 가졌다고 한다. 우리 주변에도 매번 애인이 바뀌는 사람들이 있다. 그때마다 '이번에는 진짜'라고 말한다. 또 어떤 사람들은 끊임없이 새로운 사랑과 성을 찾아다닌다. 사람들이 이런 행동을 하는 이유가 무엇인지, 이들이 두려워하는 것이 무엇인지 벤테 트레엔이 밝힌다.

연구자로서 나는 사람들이 성적 행동을 하는 기본적 동기가 사랑이라고 배웠다. 사람들은 성적 행동을 통해 다른 사람을 사랑하고, 자신을 사랑해줄 사람을 찾는다. 이렇듯 우리는 성에서 육체적 즐거움 이상을 찾는다.

성적 행동을 할 때 우리는 신체적 활동 외에도 부드러움과 친밀감을 나눈다. 이런 기분은 상대방에 반해 사랑에 빠진 느낌이 들게 한다. 원 나잇 스탠드 같은 짧은 만남에서도 마찬가지다. 사랑을 찾아다니는 사람들은 낭만적 사랑의 신화에 집착한다. 그러나 실제로 사랑을 만나지는 못한다. 이들은 사랑에 능숙하지 않다. *기회가 생기는 대로 성관계를 하지만, 이들이 원하는 파트너가 아닌 경우가 대부분이다.* 이들은 파트너에게 자신의 감정을 표현하는 데 서투른데 그것은 친밀감을 경험할 기회가 부족했기 때문이지 친밀감을 원하지 않는다는 의미는 아니다. 사실 이들은 육체적 성행위 외에도 헌신적인 관계에 수반되는 안정감과 사랑을 절실하게 원한다.

이상적인 사랑

헌신적인 관계는 개인적 성취를 이루고 자아를 실현하는 무대다. 오늘날 커플의 관계는 예전보다 감정과 성에 더 많이 의존하는 경향이 있다. 가장 이상적인 경우는 사랑과 성이 함께 가는 경우이며, 성은 감정이 있을 때 특히 보상과 만족을 안겨준다. 사랑이 진정으로 수용되려면 성적인 방법으로 표현되어야 하고, 그러기 위해서는 두 사람이 서로에게 열정을 느껴야 한다. 그런데 이 열정을 유지하는 것보다, 헌신적인 관계를 형성하고 그에 따르는 친밀감을 오랫동안 유지하는 능력이 훨씬 더 중요하다. 사랑은 친밀감이 커지는 만큼 커지고, 파트너가 서로에게 염려와 욕구를 드러낼 수 있는 만큼, 즉 서로 약한 모습을 보일 수 있는 만큼 커진다. 이 말은 간단하게 들릴 수 있지만 현실에서는 전혀 간단하지 않다. 자신의 '진짜 색깔'을 보여주면 거부당할 가능성이 있기 때문이다.

거부에 대한 두려움

우리는 이미 어린 시절에 사랑하면 거부당할 위험이 있음을 배운다. 누군가를 사랑하면 거부당할 가능성이 있다. 사랑하는 사람은 자신의 사랑이 거부당할까 두려움을 느끼기 때문에 친밀감에 대해서도 어느 정도 두려움을 갖고 있다. 그런데 이런 두려움을 유독 많이 느끼는 사람들이 있다. 이런 사람들은 삶에 대해서도 기본적으로 불안을 느낀다. 두 사람이 사랑하려면 각자 사랑을 받아들일 수 있어야 하고, 자신이 사랑받을 가치가 있다고 믿어야 한다. 그러기 위해서는 자기 자신을 인정할 수 있어야 한다. 자기 인정self-appreciation은 자아 형성과 직접적 관련이 있다. 자기 인정에는 '나'에 대한 다른 사람들의 평가(외부적 자기 인정)와 '나'에 대한 '나 자신'의 평가(내부적 자기 인정)가 있다.

친밀감에 대한 두려움

만약 어떤 사람이 자기를 인정할 수 없다면, 이는 장기적 과정의 결과인 경우가 많다. 그러나 갑작스러운 위기로 자신이 가치 없다는 느낌이 들고 자기 인정이 어려워지는 경우가 있다. 이전의 헌신적인 관계가 깨져서 자기 인정이 손상된 사람들도 있다. 자기 인정은 사람이 인간으로서 기능하는 데 매우 중요하기 때문에, 자기 인정이 위협당할 만한 상황은 피하는 것이 가장 현명하다. 어떤 사람들은 끊임없이 사랑을 찾아다니지만 끝내 찾지 못한다. 이들은 빠른 속도로 파트너를 '소비'한다. 이런 사람들 가운데 일부는 자신이 특별한 사람이라고 주장하며, 자유를 잃어버릴까 두렵다고 말한다. 그러나 분석적 관점에서 보면, 가까이 하고 싶지만 두렵다는 말은 친밀감을 두려워한다는 뜻이다. 파트너를 자주 교체하는 사람들은 새로움과 쾌락을 찾는다기보다는 친밀감을 두려워하는 것은 아닌지 의심해보아야 한다. 그러나 친밀감을 두려워한다고 해서 병적이라는 뜻은 아니다. *사람은 누구나 어느 정도 친밀감을 두려워한다.* '자아'에 대해 부정적인 관념을 가진 사람들 중에는 자신의 부정적 기대를 확인해줄 파트너를 찾아 이런 악순환을 계속해가는 사람들이 있다. 이렇게 되면 심리사회적 기능은 제대로 작동하지 않는다.

자기 인정

거절당하기 전에 상대를 거절하는 행동은 대응 전략으로 볼 수도 있다. 내부적

자기 인정이 낮은 사람은 파트너로부터 외부적 자기 인정을 받음으로써 어느 정도 보상을 받는다. 이런 사람은 외부에서 볼 때는 성적으로 지나치게 활발하거나 '문란한' 사람처럼 보이지만, *내부적으로는 정서적으로 무기력하고 관계에도 무력감을 느낀다.* 친밀감이 생겼다는 말은 시간이 지나면서 자신의 내면 세계를 상대방에게 지속적으로 드러낸다는 뜻이다. 파트너를 자주 바꾸는 사람들은 자신을 드러내기 어려워하며, 거절당할까 두려워하는 마음이 친밀감을 두려워하는 마음으로 이어진다고 볼 수 있다.

이 악순환의 고리를 끊고 사랑하고 사랑받기 위해서는 자기 자신을 인정하고, 삶에서 자신의 욕구를 통찰하는 법을 배워야 한다. 파트너를 자주 바꾸는 사람을 만나면, 이렇게 물어보라. "파트너가 당신의 삶에서 필요한 것 중 무엇을 갖고 있습니까?" 어떤 사람들에게는 이 질문이 새로운 출발점이 될 것이다.

1 우리는 성에서 육체적 즐거움 이상을 찾는다. 그러나 누군가를 사랑하는 데는 항상 거절당할 위험이 따른다.

2 두 사람이 서로 사랑하려면 각자 사랑을 받아들일 수 있어야 하고, 자신이 사랑받을 가치가 있다고 믿어야 한다. 그러기 위해서는 충분한 내부적·외부적 자기 인정이 필요하다.

3 파트너를 자주 바꾸는 사람들은 자기 인정이 부족하고, 거절당할 걱정에 친밀감을 두려워한다. 거절당하기 전에 파트너를 거절하는 행동은 대응 전략으로 볼 수 있다.

벤테 트레엔 *Bente Træen*

노르웨이 트롬쇠대학 건강과학학·건강심리학과 교수이다. 첫 연구로 청소년기의 성을 연구했다. 성적 웰빙, 성관계로 인한 감염, 포르노그래피 사용을 비롯하여 관계와 성의 다양한 면을 다룬 과학 논문과 인기 저서를 썼다.

<u>사랑은 국경에서 멈추지 않는다.</u>

°우리는하나
We are the world

1985년 1월, 20세기의 가장 유명한 노래 '위 아 더 월드 *We are the world*'는 수십 년 만에 최악의 가뭄이 닥친 북부 에티오피아의 굶주린 사람들에게 도움과 사랑을 베풀도록 전 세계에 요청했다. 같은 시기에, 산드리노 칼바니 박사는 에티오피아 마칼레에서 카리타스인터내셔널 *Caritas International*의 인도주의 구호 요원으로 활동했다. 자신의 품에서 숨을 거두는 아이들을 보면서 그는 이 노래 가사가 현실이 되어야 한다고 생각했다. 이후에 그는 '세계를 사랑하라.'는 말을 실천하는 데 일생을 바쳤다.

"우리는 세계, 우리는 어린이, 우리는 세상을 밝히는 등불. 그러니 이제 베풀어요. 우리는 선택할 수 있어요. 우리의 생명을 구할 수 있어요."

'인류를 자신과 가족처럼 사랑하라.'는 말은 대부분의 종교와 위대한 지도자, 고무적인 노래와 시가 전하는 숭고한 메시지다. 세계 각지의 국외거주자들 *expatriates*은 이 영원한 꿈을 일상의 현실로 체험하며 자기 나라 사람보다 다른 나라 사람들을 사랑하는 공통된 특징을 보인다.

외향적 국외거주주의는 자신이 나고 자라면서 교육 받은 나라가 아닌 다른 나라에서 살고 일하는 사람들이 표현하는 사랑, 생활양식, 경험, 가치, 포부, 그리고 경제적 · 사회적 정책을 통틀어 일컫는다. 국외거주자는 자신의 이익을 위해 다른 나라로 이주한 이민자와 다르다. 국외거주자들은 가능한 한 많은 나라에서 살고 일하려고 노력한다. 선교사든 기업 임원이든 대학 교수 · UN 직원 · 국경 없는 의사 · 세계 여행자 등, 현대의 외향적 국외거주자가 자신이 거주하고 일한 여러 국가의 문화와 삶을 잘 알고 편하게 느낄 때 국외거주주의를 가장 잘 구현했다고 본다.

월스트리트

외향적 국외거주주의는 이데올로기이며 이상주의다. 국외거주주의 이데올로기는 다른 나라 사람보다 자기 나라 사람을 더 사랑할 이유가 없다고 주장한다. 국외거주주의는 지구상의 모든 인류가 국적에 관계없이 서로 사랑하고 존중하며 같은 권리를 누리는 것을 이상으로 삼으며, 인류의 평화를 진정으로 바라고 희망한다.

오늘날에는 아프리카의 외딴 부락에서든 뉴욕 월스트리트에서든 개인의 선택이나 국가의 상황이 국경에 관계없이 다른 나라 사람들에게 영향을 미치며, 그 사실이 일상의 경험을 통해 입증되었다. 그러므로 구식 정치 이론에 따른 국내 관심사와 외국 관심사의 구별은 사실상 사라졌다고 볼 수 있다. 현대 경제·사회에서 사람들의 삶의 질과 행복 추구에 영향을 주는 모든 문제는 이미 국제적이다. 세계적 상호의존을 '외국' 일로 치부하려는 태도는 모든 '조국'이 하나의 진정한 조국, 지구로 통합되었다는 사실을 부인하려는 어리석은 시도에 불과하다.

세계는 사람들이 인식하고 이해하는 것보다 훨씬 빠르게 세계화되었고, 낡은 국경들은 사라졌다. 아직도 많은 사람들이 낡은 '우리'와 '남'을 단일한 인류로 통합하는 것을 불편해하고 두려워한다. 그러나 이제는 어떤 나라도 혼자서는 부유하고 행복하고 안전하기를 바랄 수 없으므로 다른 나라 사람들을 자기 나라 사람들만큼 사랑하는 것은 선택이 아니라 필수가 되었다. 외향적 국외거주자들은 두려움과 미움을 없애라고 설교하지 않는다. 단지 일상을 함께 할 뿐이다. 이들은 스스로 모범을 보임으로써 사랑을 가르친다.

제3문화 아이들

국외거주자 중 많은 수가 다른 문화권의 사람과 사랑에 빠지고 결혼한다. 국외거주자 커플의 자녀를 '제3문화 아이들' 또는 3CK(Third Culture Kid)라고 부른다. 제3문화 젊은이는 부모의 국적이 아닌 문화권에서 상당한 시간을 보내며, '어느 나라에서 왔나?'라는 질문에 대답을 주저하는 경우가 많다. 제3문화 아이들은 이 질문이 시대에 뒤쳐졌다고 생각한다. 이 아이들은 자신이 살았던 모든 문화의 개인적·문화적 요소들을 통합하고, 자연스럽게 다른 사람들을 사랑할 수 있다고 느끼며 이들이 같은 나라 사람이라고 생각한다.

외향적 국외거주주의는 보편적 사랑을 배우고 실천하는 기술이다. 이 사랑은 배우기 쉽다. 자신의 가족과 나라를 진심으로 사랑하는 사람이라면 다른 사람들도 쉽게 사랑할 수 있다. 타인을 사랑하면 자신의 행복이 커지고, 파트너·가족·나라를 사랑하며 느끼는 기쁨도 커진다. 국외거주주의는 자기 나라를 사랑하지 않는 것이 아니라 애국심이 확장된 것이다. 급진적이며 극단적인 애국주의는 갈등을 야기한다. 외향적 국외거주주의는 사람을 사랑하는 태도를 국경 너머로 확대한다. 어떤 사람을 사랑하면, 그의 행복을 바라고, 그에 대해 절대로 잊지 않는다. 지구의 모든 사람을 사랑하면, 더는 자신에게 신경 쓰지 않고 행복해질 수 있다.

1 다른 나라 사람들보다 자기 나라 사람을 더 사랑할 이유는 없다. 세계는 우리가 인식하는 것보다 빠르게 세계화되었다.

2 외향적 국외거주주의는 보편적 사랑을 배우고 실천하는 기술이다. 이 기술은 배우기 쉽다. 만일 우리가 자신의 가족과 나라를 진심으로 사랑한다면, 다른 사람들을 사랑하는 방법도 쉽게 배울 수 있다.

3 타인을 사랑하면 자신이 행복하고, 파트너와 가족과 나라를 사랑하면서 느끼는 기쁨도 극대화된다.

산드리노 칼바니 *Sandro Calvani*

태국 방콕의 아시아테크놀로지연구소*Asian Institute of Technology*의 UN밀레니엄개발목표 ASEAN우수센터 소장이다. 32년 동안 UN외교관이자 임무 수행 책임자로서 세계 135개 국가에서 살고 일했다. 지속가능한 개발과 인권, 인도주의 구호 경험에 대한 책 20권과 논문 600편을 썼다. 웹스터대학 국제관계 석사과정에서 인도주의 문제를 가르치고 있다. 네 자녀가 각각 네 개 국가에서 살고 있다.

HOW DO
you
WANT ME TO LOVE
you
SO THAT
you
FEEL LOVED BY
me
?

내가 당신을
어떻게 사랑해야
내가 당신을 사랑한다고
당신이
느낄 수 있을까요?

°당신이 사랑하는 방식

Your kind of love

"사람들이 불행해지는 이유는 상대방이 이해하지 못하는 방식으로 사랑을 표현하기 때문이다."라고 찰리 아조파르디 박사는 말한다. 그가 두 가지 황금률을 제시한다.

사람들은 사랑에 오직 한 종류만 있으며, 모든 사람이 '사랑'이라는 단어를 똑같이 해석한다고 생각한다. 그러나 사랑은 매우 개인적인 개념이라, 백 명이 사랑에 대해 말하면 백 가지 다른 사랑을 말하는 것이다. 사람들은 자신만의 사랑을 말하고, 사랑하고 사랑받는 자신만의 방법이 있다. 어떤 사람은 헌신을 통해 사랑을 표현하고, 어떤 사람은 로맨티시즘이나 성관계, 집에서 필요한 일을 함으로써 사랑을 표현한다. 자녀가 있는 사람들은 파트너에 대한 사랑을 가족에 대한 사랑과 혼동하기도 한다. 내게 사랑은 부모와 자녀, 남편과 아내, 남자친구와 여자친구, 우정 등 모든 관계를 가리킨다. 우리가 사랑하는 관계를 굳건히 하기 위해서는 반드시 해야 할 두 가지 중요한 일이 있다.

1 상대방이 이해할 수 있는 방법으로 사랑을 표현하라.
사랑에 관한 몇 가지 통념이 있다. 이 통념들은 대체로 실망으로 이어진다. 그

중 하나가 바로 '내가 사랑한다는 사실을 상대방이 안다.'는 생각이다. 그런데 이 생각은 전혀 사실이 아니다. 우리의 파트너·자녀·부모·친구는 우리가 사랑한다고 말하고 그들이 이해할 수 있는 방식으로 사랑을 보여줘야 우리가 자신을 사랑한다는 것을 안다. 누군가에게 사랑을 보여줄 때는 그 사람이 사랑의 메시지를 제대로 전달받을 수 있도록 해야 한다. 너무나 많은 사람들이 사랑을 당연한 것으로 여기는 오류에 빠져서 사랑을 명확하게 표현하지 않는다. '당연히 그는 내가 사랑한다는 것을 안다.'고 생각하기 때문이다.

나는 이상하고 불쾌감을 주는 방식으로 사랑을 표현하는 남편과 아내를 많이 보았다. 예를 들어, 질투 때문에 자신과의 관계 외에 다른 삶을 금지하는 파트너도 있다. 처음에는 이런 행동을 보호로 인식할 수 있지만, 파트너는 결국 숨이 막히게 된다. 이렇게 되면 파트너는 상대방의 행동을 더는 사랑이라고 생각하지 않는다. 그러므로 우리는 사랑하는 사람에게 이렇게 질문해야 한다. '내가 당신을 어떻게 사랑하면, 내가 당신을 사랑한다고 당신이 느낄 수 있을까요?' '내 사랑을 어떻게 보여줄까요?' '내가 사랑한다는 것을 어떻게 보여주기를 바라나요?'

2 상대방이 자신을 어떻게 사랑해주기를 바라는지 정확히 알아야 한다.
많은 사람들이 자신에게 사랑이 언제 필요한지, 어떤 사랑이 필요한지 파트너가 마술처럼 알 것이라고 생각한다. 그러나 이런 기대는 결국 실망으로 이어진다. 이런 식의 아주 흔한 오해 가운데 하나가 바로 파트너가 먼저 사랑한다고 말해야 하며, '날 어떻게 사랑하라고 말해줘야 한다면, 그가 나를 사랑한다고 할 수 없다. 그런 사랑은 자발적인 사랑이 아니다.'라는 생각이다. 그러나 다른 사

"내가 당신을
어떻게 사랑하기를
바라나요?"

"How do you want me to love you?"

람들은 우리가 무엇이 필요한지, 어떤 식으로 필요한지 말하기 전에는 알지 못한다. 누구나 그렇듯, 사랑이 필요하면 사랑을 요구하는 법을 배워야 한다. 우리가 사랑이라고 생각하는 방식으로 사랑하도록 요구해야 한다. 그리고 우리가 사랑을 기대하는 방식은 시간이 흐르면서 변한다. 그러므로 자신이 어떻게 사랑받기를 원하는지 사랑하는 사람들에게 항상 알려주어야 한다.

찰리 아조파르디 *Charlie Azzopardi*

몰타공화국의 정신건강분야에서 20여 년 동안 일한 의사이다. 결혼 문제, 중독, 청소년, 부모 노릇에 관한 몇 가지 논문과 책을 출간했다. 가족과 개인과의 작업을 좀 더 용이하게 해줄 새로운 치료 기법을 개발했다.

낭만적 사랑은
거의 모든 사회에 존재한다.

°보편적 사랑

Universal love

저명한 인류학자 윌리엄 잔코윅 교수는 30여 년 동안 내몽골과 중국 도시들에서부터 파푸아뉴기니, 스트립 클럽, 모르몬교의 일부다처제 공동체에 이르기까지 성적·정서적 행동을 연구했다. 그는 "호모사피엔스는 정서적으로는 일부일처제이지만 성적으로는 일부일처제가 아니다."라고 말한다. 보편적 사랑의 균형을 찾아보자.

오랫동안 서구 사람들은 낭만적 사랑이 일종의 '질병'이라고 생각했다. 육체적 감각에 가치를 두는 원시 부족이나 비서구인은 낭만적 사랑을 거의 경험하지 않기 때문이다. 정규 교육을 받지 않은 비서구인들은 로맨스를 이해하거나 개념화하거나 상상하거나 경험하지 못한다. 반면 서구인들은 과장된 낭만적 상상에 사로잡혀 있으며, 이런 낭만적 상상은 순수하고 순결한 사랑이라는 이상화된 이미지를 가지는 한편 성을 부정하는 경향이 있다. 비서구인들 사이에서 낭만적 열정이 발견되면 사람들은 이것이 서구인의 경험을 모방한 관념의 세계화라고 생각한다. 사랑을 이상화하는 서구인들을 그대로 따라 하는 것이 현대적이라고 생각하는 것이다. 이런 오래된 관점에서 보면 낭만적 사랑은 유럽이 세계 문화에 기여한 부분이라고 할 수 있다.

이 관점의 유일한 문제는 진실이 아니라는 것이다. 연구에 따르면 전체 사회의 92%에 낭만적 사랑이 존재한다고 한다. 다만 *대다수 사회에서 낭만적 사랑*

이 결혼 사유가 되지 못할 따름이다. 결혼은 그 사회 연장자들에게 맡겨진 제도다. 사회의 연장자들은 젊은 세대가 자신들이 받아들일 수 없는 사람을 만나서 끌리고 결혼할까 봐 걱정한다. 이 때문에 젊은이들의 만남을 감시하고 규제하려고 노력한다. 그럼에도 많은 젊은이가 만나서 사랑에 빠지고, 민족지학 *ethnographic*(일정한 민족 또는 문화권 안에서 공유하는 의미를 조사하는 데 중점을 두어 자료를 수집하고 기록하는 학문 분야-역주) 자료에는 사랑의 고통과 후회, 자살 이야기로 넘쳐난다.

성차이

그렇다면 여기서 중요한 질문이 제기된다. 풍부한 문학적 전통이 없고 전통적으로 중매결혼을 하는 비서구인들이 어떻게 낭만적 사랑을 경험하게 되었는가 하는 것이다. 낭만적 사랑의 기원이 문학적 전통에 있지 않다면, 어디서 유래되었을까? 신경심리학과 호르몬 연구에 따르면 인간은 두 가지 유형의 사랑을 발달시켰다. 하나는 동반자적 사랑이고 다른 하나는 낭만적 사랑이다. 뇌 기능에 관한 연구 결과를 보면 낭만적 사랑과 동반자적 사랑은 뇌의 각기 다른 영역에 위치한다. 그리고 각 사랑의 기원에는 성 차이*sex differences*가 있다. 여성은 어머니와 자식 간 애착 유대에서 낭만적 열정이 일어나는 반면, 남성은 낭만적 열정이 성적 욕망과 한 쌍을 이룬다. 남성과 여성이 사랑에 빠지면 이들이 경험하는 사랑은 매우 유사하다. 그러나 성에 관해서는 남성과 여성이 상당한 차이를 보인다.

이것은 인생의 커다란 역설들 가운데 하나다. 사랑에 대해서는 비슷한데 성애에 대해서는 성별에 따라 어떻게 이렇게 다를 수 있을까? 이 문제는 모든 사람의 딜레마다. 똑같이 강렬한 욕구인 성적 다양성을 추구하는 욕망과 사랑하고 사랑받고자 하는 욕망을 어떻게 조화시킬 것인가? 남성의 경우에는 나이가 들면 비교적 쉬워진다. 테스토스테론이 감소해서 성적 욕구가 줄어들고, 대신 지속적인 정서적 헌신을 선호하게 되기 때문이다. 반면, 여성의 경우에는 나이가 들면서 생리적 해방보다는 성적 욕망의 대상이 되고 싶다는 욕망이 힘을 얻는다. 이 때문에 남편을 떠나 다른 사람의 품에 안기는 여성들이 생긴다. 단지 다시 한 번 욕망의 대상이 되고 싶다는 이유만으로.

파푸아뉴기니

성에 대한 모호한 태도나 견해차, 골치 아픈 문제, 명확하지 않은 비난, 난처한 처지는 문화적 풍경 어디든 존재한다. 한 문화에서 성을 대하는 태도가 어떠하든, 인간의 성 활동 패턴과 이 활동에 의미를 제공하는 상징체계가 무엇이든, 사랑이 얼마나 다양한 양상으로 나타나든 간에 말이다. *사람이 살아가는 세상에서 양면 가치 · 긴장 · 모순은 무한히 다양하며*, 전체적으로 보면 그 차이가 당혹스러울 정도로 크다. 이에 따라 낭만적 사랑과 열정적 사랑, 위안적 사랑과 애착적 사랑, 사랑과 성관계의 갈등을 평화롭게 해소하려는 보편적 충동 역시 인류 공동체 어디에나 존재한다.

모든 문화는 두 가지 사랑을 통합할지, 분리할지, 혼합할지 또는 강조할지, 경시할지, 아예 무시할지 결정해야 한다. 예를 들어, *파푸아뉴기니의 어떤 종족은 성관계가 건강에 몹시 해로우며 매우 불결한 경험이라 피해야 한다고 생각한다.*

그럼에도, 한 남자가 말한 것처럼 성관계가 "너무나 나쁘지만 너무나 기분 좋은 행위"라는 사실은 여전하다. 또 다른 파푸아뉴기니 문화에서는 성관계 후에 남자들이 강으로 달려가 대나무 칼로 성기를 얇게 베어낸다. 오염된 피가 몸 바깥으로 빠져나가도록 하는 것이다. 파푸아뉴기니의 또 다른 종족인 훌리족은 명백하게 모순된 태도를 보인다. 이곳 남성들은 결혼에 대한 전통적인 금기를 충실히 지키는 한편, 성애 경험은 결혼 외 생활에서 추구한다. 이그보족 남성들에서도 이런 태도를 발견할 수 있다. 배우자와는 친밀한 위안적 사랑이나 애착적 사랑을 유지함과 동시에 여러 파트너와 다양한 성적 쾌락을 추구한다.

성 해방 구역

뚜렷하게 구별되는 두 유형의 사랑, 즉 동반자적 사랑(위안적 사랑 또는 애착적 사랑이라고도 부른다.)과 열정적 사랑(낭만적 사랑)은 각각 다른 논리를 가지고 있다. 그래서 개인이나 공동체가 똑같은 두 가지 사랑의 힘의 균형을 맞추려는 데서 많은 사회적 긴장과 갈등, 도덕적 양면 가치가 생긴다. 위안적 사랑이란 우리 삶에서 깊숙이 얽힌 사람들을 향해 느끼는 깊은 애정이다. 우정, 이해, 다른 사람의 안녕을 염려하는 감정이 포함된다. 한편 열정적 사랑에서는 성애적 배경 안에서 그 감정이 앞으로 어느 정도 지속된다는 가정하에 상대를 이상화한다. 그렇다고 해서 동반자적 사랑에 열정이 없다는 뜻은 아니다. 두 가지 사랑은 모든 문화에 존재하지만, 대부분 똑같이 평가받거나 축하받거나 존중받지 않는다. *이 때문에 사랑과 성을 넘어서 삼자 간의 긴장이 생긴다.* 두 욕망의 단순한 대비를 넘어 성적 의무와 낭만적·동반자적 사랑에 대해서다.

역사적으로 이 삼자 간 긴장에 대응하는 데는 다양한 방법이 있었다. 예를 들어 현대 미국의 쾌락 탐닉자들은 배우자와의 유대나 위안적 사랑 제일주의를 지지하는 의식 절차를 제도화하여 남녀가 열정적 사랑으로 얽히는 것을 금지했다. 그런 한편 낯선 사람과의 성적 쾌락을 경험하는 데에는 열린 자세를 유지한다. 쾌락 탐닉자들에게는 이것이 삼자 간 열정의 경쟁적 요구를 해결하는 이상적인 방안이다. 다른 방법으로는 카리브 해와 동남아시아 전체 그리고 세계 여러 지역에서 발달한 섹스 관광이 있다. 이와 같은 성 해방 구역은 남녀 모두에게 의미를 가진다. 우선 남자들에게는 비교적 저렴한 비용으로 다양한 성적 만남을 추구할 수 있도록 해준다. 그리고 유럽과 미국의 성인 여성들에게는 장기적인 사랑 관계를 형성하기에 적절하지 않은 상대와 머릿속으로만 상상하던 로맨스를 일시적으로 즐길 수 있게 해준다.

어느 사회든 열정적 사랑과 위안적 사랑, 성적 욕망의 힘을 조정하는 제도가 있다. 이 제도는 개인적·사회적 차원에서 끊임없이 조정 작업을 한다. 그렇지만 사랑과 성에 관해 안정된 사회란 존재하지 않는다. 서로 모순된 욕망들이 치열하게 경쟁하기 때문에 모든 세대가 사랑과 성의 관계를 설명하는 전통을 계속해서 되돌아보고 재조정하게 된다.

열정의 치열한 다툼

낭만적 매혹과 성적 열정으로 인한 끌림은 테네시 윌리엄스*Tennessee Williams*'의 희곡 《욕망이라는 이름의 전차*A Streetcar Named Desire*》에서 블랑쉬가 여동생에게 훈계하는 장면에 훌륭하게 묘사되어 있다. 블랑쉬는 스탠리의 성적 취향에 대해 자신이 느끼는 두려움을 이렇게 표현했다. "그런 남자는 내 안에 악마가 있을 때 한두 번, 어쩌면 세 번쯤 데이트할 수 있는 사람이지. 그러나 함께 사는 건? 아이를 가지는 건?" 이 경우에는 성애적 모험과 흥분, 안정된 가정과 가족이 문제가 된다. 윌리엄스의 시각에 담긴 아이러니는 블랑쉬가 후자를 이상적이라고 주장하지만, 그녀의 삶은 대부분 전자에 소비되었다는 것이다. 블랑쉬의 문제는 미국인에게만 국한된 것이 아니다. 중국 문학은 두 감정을 분리하거나 혼합하기가 얼마나 어려운가를 이야기하는 것들로 가득하다. 유럽과 접촉하기 이전에 쓰인 이욱*Li Yu*의 《사랑을 조심해*Be Careful about Love*》에서 청 왕조 황제는 한 여성의 아름다움에 끌리면서 동시에 다른 사람과의 정서적 친밀감을 갈망한다. 블랑쉬와 청나라 황제의 예는 모두 성애적 끌림과 깊은 정서적 애착을 갈망하는 마음의 갈등이 밀고 당기는 긴장 속에 놓여 있음을 나타낸다.

성적 열정이 낭만적 사랑이나 동반자적 사랑보다 선호된 시대도 많다. 모든 열정과 애정이 똑같이 가치 있다고 보고한 민족지학 연구는 없다. 성적·낭만적 이미지나 동반자적 이미지는 대개 이상적인 것으로 인정되며, 대화 속에서 흔히 인용되는 속담을 봐도 그렇다. 어쨌든 성적·낭만적·동반자적 은유에 똑같은 무게를 부여하는 문화는 없다. 한 가지 열정은 항상 다른 열정의 부분집합이 된다. 아무리 인도적이고, 정치적으로 진보하고, 영적으로 조화롭고, 기술적으로 적응된 사회도 사랑과 성을 통합하는 데 실패하면 아무 소용이 없다. 그 사회에서 최고의 열정이 무엇인지는 자주 인용되는 속담을 검토하면 쉽게 알 수 있다. 그것이 적절한지, 에티켓에 맞는지, 사회적 기준에 어긋나지 않는지 등을 둘러싼 갈등은 성과 낭만에 관한 문화적 이해와 합의가 깨지면 반드시 일어나

기 마련이다. 그래서 어느 정도의 불만족은 어느 사회에나 있고, 이런 불협화음 역시 어느 문화에서나 들려온다.

"사랑은 밤의 일이다."

모든 성적 만남이 상대방과의 초월적 통합을 추구할 필요는 없다. 어떤 사람들은 정서적 얽힘보다는 육체적 만족감을 원한다. *상대를 사용 또는 대상화하는 섹스는 쾌락 행위다.* 이런 행위에 관한 규범과 기준은 적어도 표현의 명쾌함에서는 성공적이라 할 수 있다. 규제 자체는 성공하지 못할지도 모르지만, 적어도 의도는 전달된다. 단지 성적 만족에만 관심이 있는 사람들에게 이상적인 파트너는 기꺼이 성관계를 할 의사가 있고, 사용할 수 있고, 판단하지 않는, 성적 지향이 같은 사람이면 된다. 이렇게 가장 대상화된 형태의 성적 욕망은 육체적 기쁨만 추구하며, 이것이 헨리 밀러*Henry Miller*가 성행위를 생생하게 묘사한 많은 장면에서 포착한 관점이다. 밀러나 다른 많은 남성에게 성관계는(적어도 그중 일부 시간은) 오직 고조된 육체적 감각에 관한 것이다.

그러나 시간이 지나면서 섹스를 찾는 동기가 더 복잡해질 수 있다. *중앙아프리카 아카족의 성적 쾌락 추구는 번식이라는 중요한 가치와 밀접하게 관련이 있다.* 이들에게 성관계는 쾌락을 안겨주는 경험이지만 아기를 낳는 것이 첫째 목적이고 쾌락은 부차적인 목적이다. 또는 젊은 아카 여성의 말대로, "사랑은 밤의 일이다. 사랑이든 놀이든 임신을 하게 해준다면 둘 다 좋다." 현대의 미국인들이나 전 세계 도시 거주자들과 달리 아카 부족에게는 번식이 성애적 만족보다 높은 가치다.

좋은 위험

남성과 여성이 장기적 또는 단기적 파트너를 선택할 때 사용하는 기준이 성별에 따라 다른 데 대해 학계와 대중문학에서 활발한 토론이 벌어지고 있다. 이러한 담론에도 아니, 어쩌면 이런 담론 때문에 여성이 어떤 상황에서는 즉흥적인 성적 만남에 대해 남성만큼이나 개방적이라는 의견이 대두한다. 이 논쟁은 이제 그 '어떤 상황'이라는 것이 무엇을 의미하는가로 바뀌었다. 논쟁의 최종 결과가 어떻게 나오든, *성적 일부일처제가 포유류 · 조류 · 인류에게 보편적이지 않다*는 것은 명백한 사실이다.

성적 충족을 추구하는 것이 새로움을 찾는 행동이라면 열정적 사랑과 위안적 사랑을 추구하는 충동은 이와 반대되는 성향, 즉 익숙함과 친밀감을 찾는 행동이다. 성적 만족과 달리 사랑은 돈을 주고 살 수 없다. 중개할 수도, 거래할 수도, 법으로 금지할 수도 없다. 만일 열정적 사랑을 돈으로 살 수 있다고 하더라도 그다지 의미가 없다. 사랑이 없는 성적 해방, 즉 성적 만족은 상대방에게 즉

시 흥미를 잃는 결과를 가져오기 때문이다. 그러나 *열정적 사랑을 하는 사람들은 성적으로 만족하면 상대방에 대한 관심이 줄어들기보다 오히려 늘어난다.* 인간의 성 충동은 단순히 오르가슴을 얻기 위한 것 이상인 경우가 많다. 성행위에는 상대방과의 접촉과 친밀한 의사소통을 수월하게 하려는 욕구가 있기 때문이다. 그런데 처음에 아무런 관심이 없었는데도, *성적 오르가슴을 경험하고 나서 상대에게 강렬한 감정이 일어날 수 있다.* 성애적 관심이 사회적 관계로 확장되고 에로티시즘이 애정·신뢰·불안정·질투 같은 대인 감정과 연결되는, 즉 '육체적·정서적으로 가까운 관계'가 된다. 멕시코에서 커플들을 대상으로 열정과 성의 관계를 연구한 결과, 바로 이처럼 자기 자신을 잃어버린 커플들이 다수 발견되었다. 결혼을 함으로써 발생할 수 있는 이성적인 모든 문제가 성관계를 통한 감정적 무아의 경지를 거침으로써 소멸되는 것이다. 그런데 이런 식으로, 강렬한 정서적 얽힘이라는 '좋은 위험'을 추구하는 행동이 안전한 성을 잃어버리는 '나쁜 위험'을 초래하는 행동으로 이어질 수 있다.

스트립 클럽

사랑과 성을 조화시키는 데 따르는 긴장감과 당혹스러움, 곤혹스러움은 합법적인 매음굴에서 일하는 네바다 창녀들이 고객과 상호작용하는 방식에서 분명하게 드러난다. *샌프란시스코·스톡홀름·암스테르담의 창녀들을* 연구한 결과, 많은 남성 고객이 상대 여성이 자신의 안녕에 흥미와 관심을 보여주기를 기대하는 것으로 밝혀졌다. 이들은 정서적 친밀감을 기대하는 마음이 성적 만족을 기대하는 만큼이나 컸고 어떤 경우에는 훨씬 더 중요했다. 도시 스트립 클럽의 남성

고객들에게서도 유사한 패턴이 뚜렷하게 나타났다. 정기적으로 이곳을 찾는 고객 중에는 여성의 몸을 대상화하여 즐기는 환경에서도 특정 스트리퍼와 '관계'를 발전시키려고 노력하기도 한다. 스트리퍼 역시 그에게 관심이 있는 척한다. 이처럼 혼외 만남에서조차 성적 만남에서 정서적 만남으로 빠르게 넘어갈 수 있다. 이런 사례는 정서적 친밀감이 깊은 성적 분위기에서 나올 수 있음을 보여 준다. 장거리 서신 교환을 통해 결혼하는 우편 주문 신부들 *mail order brides* 의 경우에도 서신을 교환하게 된 최초의 동기가 무엇이든, 대부분 구애 과정을 통해 정서적 유대를 맺으려 한다.

모든 공동체에는 성, 열정적 사랑, 위안적 사랑의 결과 생기는 강한 정서적 유대가 있다. 문화적 사례를 살펴보면 사랑과 성의 여러 양상이 어떻게 통합되는지 알 수 있다. 물론 사랑과 성의 여러 유형에 대해 대안적 모델을 제시하는 개인이나 집단도 늘 존재한다. 이를테면 호색가라거나 기독교 근본주의자, 성적으로 방탕한 사람 등등 말이다. 그런데 이보다 더 중요하고 성가신 문제가 있다. 성적 사랑과 열정적 사랑 사이에 딜레마가 있는가? 열정적 사랑과 위안적 사랑 사이에는 어떤가? 아니면 그 외에 제3의 관계가 있는가? 이 모든 사랑을 혼합하려는 문화에서는 어느 한 가지 사랑을 배제하는 것이 몹시 실망스러울 수도 있다.

윌리엄 잔코윅 *William Jankowiak*

미국 라스베이거스의 네바다대학 인류학과 버릭 *Barrick* 석학 교수이다. 《낭만적 열정 *Romantic Passion*》과 《친밀감 *Intimacies*》을 비롯하여 많은 책과 다양한 인류학 논문을 쓰고 편집했다. 주요 연구 관심사는 복잡한 사회에서 인간의 성과 가족 체계이다.

°이그보족의 사랑

Igbo love

"나이지리아 남동부, 이그보어를 사용하는 문화권을 이그보랜드라 하는데 이들 종족에서 성에 관한 의미심장한 변화가 일어나고 있다. 그 가운데 하나가 바로 구애와 결혼에서 사랑이 중요한 요소가 되었다는 것이다. 사람들은 결혼에서 사랑을 원하지만, 사랑만으로는 충분하지 않다."라고 인류학자 다니엘 조던 스미스는 말한다. 그는 나이지리아에서 가장 크고 영향력 있는 종족 가운데 하나며 전통적으로 일부다처제인 이그보족의 인간관계를 오랫동안 연구했다.

이그보랜드에서는 전통적으로 어린 나이에 결혼하고 가족과 친척들이 결혼을 주관해왔는데, 요즘은 젊은이들이 배우자를 직접 선택하는 추세다. 현대식 구애에는 사랑의 개념이 포함되며, 젊은 이그보인들은 일부일처제를 지킬 생각으로 결혼한다. 낭만적인 색채를 띤 결혼 전 관계에서는 성별 역학관계가 비교적 평등하다. 남성과 여성은 동등한 파트너며 사랑과 신뢰, 정서적 친밀감을 토대로 관계가 성립된다. 요즘에는 결혼으로 이어지는 과정을 커플 본인들이 시작하는 경우도 많지만, 그래도 일단 결혼 과정이 시작되면 가족과 공동체가 결혼식과 결혼 자체에 비중 있게 개입한다.

최근 구애 양식이 변화하고 결혼에서 사랑이 점점 더 중요해지는 추세임에도, 이그보족에서는 여전히 세 가지 규범이 우선이다. 모든 사람은 결혼해야 한다는 사회적 기대가 존재한다는 점과 결혼이 두 혈족 간의 동맹으로써 중요하다는 점, 부모가 성공적인 결혼의 중심 역할을 한다는 점이다. 젊은이들은 결혼에서 사랑을 원하지만, 사랑만으로는 충분하지 않다.

통과의례

신랑 신부의 가족과 친척, 공동체가 참여하는 전통적인 결혼식은 통과의례다. 요즘은 많은 커플이 전통 혼례식과 교회 결혼식을 둘 다 선택하는데, 교회 결혼식은 많은 사람들이 몹시 희망하지만 선택인 반면 전통 혼례식은 의무다. 결혼 후 몇 년은 임신하고 아기를 낳을 기대로 채워지며, *부모가 되는 것은 결혼을 안정시키는 데 가장 중요한 역할을 한다.* 결혼 후 커플의 관계에 더 많은 사람이 개입됨으로써 성별 역학에 의미심장한 변화가 생긴다. 특히 어머니와 아버지, 남편과 아내의 역할이 가장 우선시되고 여성은 어머니 역할에 묶인다. 일반적으로 커플의 개인적 · 정서적 관계의 중요성(사랑의 중요성)은 결혼 후에, 특히 자녀가 태어난 후에 감소한다.

결혼 관계에서 사랑 · 애정 · 동반자 의식이 차지하는 비중은 매우 다양한데, 일반적으로 젊은 커플이 나이 든 커플들보다 이런 면을 훨씬 더 강조하는 경향이 있다. 전통적인 결혼에서도 애정과 동반자 의식은 매우 중요하며 시간이 지나면서 깊어질 수 있다. 그러나 결혼 관계에서 친밀감이 가장 중요하다는 생각은 나이 많은 이그보인들에게서는 찾아보기 어렵다. 현대적인 결혼 생활을 하는 젊은 커플들도 부부가 상당히 많은 시간을 서로 떨어져서 보내며, 동성 간의 우정과 넓은 친족 관계에서 사회적 만족을 찾는 경우가 더 많다.

"사랑이 가장 중요한 문제는 아니다."

"Being lucky in love is not the most important issue."

분리된 방

이그보인은 전통적으로 남편과 아내가 음식을 함께 먹지 않고, 침실이 따로 있으며, 대부분의 사회 활동이 성별로 분리되어 있다. '사랑'을 중시하는 현대적인 결혼 생활에서 변화가 일어나고 있고 실제로 많은 일부일처제 커플이 같은 침실을 사용하기는 하지만, 아직도 남성은 아내나 아이들과 따로 식사하는 경향이 있다. 그뿐 아니라 가사에서 성 역할은 극도로 편향되어 있어서 여성이 음식 준비와 자녀 돌보기를 거의 혼자서 책임진다.

나이지리아에서 신부를 사는 비용이 가장 많이 드는 곳이 바로 이그보랜드다. 그리고 일단 커플이 자녀를 가지면, 이혼은 사회적으로 거의 받아들여지지 않는다. 사랑이 식었다고 해서 결혼 관계를 그만둘 합법적인 이유가 되지 않는다. 합법적으로 이혼이 성립하는 경우가 있는데, 남편과 아내 입장에서 내세울 수 있는 이유가 다르다. 남편이 합법적으로 이혼을 할 수 있는 경우는 아내가 성적으로 충실하지 않을 때다. 그러나 이런 주장을 아내가 한다면, 즉 아내가 두 사람의 개인적 관계나 남편의 부정을 문제 삼을 때는 사회적 지지를 받기 어렵다. 아내가 이혼을 주장할 수 있는 경우는 남편이 자신과 아이들을 부양하지 못했다는 사실을 증명할 수 있을 때다. 이혼이 매우 눈살을 찌푸리게 하는 일이기는 하지만, 지금 도시 지역에서는 과거 어느 때보다 이혼이 늘고 있다. 이혼을 하는 경우, 아이들은 대개 남편과 그 혈족에서 키운다.

끈끈한 유대

세계 많은 지역에서와 마찬가지로 이그보랜드에서도 성과 결혼이 사랑을 토대로 해야 한다고 생각하는 사람들이 점점 많아지고 있다. 그럼에도 이곳에서 사랑을 관찰한 결과 얻은 교훈은 *성공적인 결혼은 배우자 사이의 개인적 관계보다 훨씬 더 많은 요소에 의해 결정된다*는 것이다. 사랑은 달처럼 가득 찼다가 이지러질 수 있다. 하지만 부모로서의 역할과 혈족의 유대, 공동체의 의무가 결혼의 중요한 요소일 때는 혼인 관계가 깨질 가능성이 줄어든다. 물론 사랑이 끝나고도 함께 사는 것이 행복한 결혼인가는 다른 문제다. 그러나 적어도 나이지리아 남동부 이그보인에게는 사랑이 가장 중요한 문제는 아니다.

다니엘 조던 스미스 *Daniel Jordan Smith*

미국 브라운대학 인류학 부교수이며 인류학과 과장이다. 나이지리아에서 수행한 작업으로 미국인류학협회상을 받았다. 주요 관심 분야는 아프리카인 연구이며, 이 주제로 많은 논문을 쓰고 책 저술에 참여했다. 5개국 비교 민족지학 연구서 《비밀: 사랑, 결혼, 에이즈 *The Secret: Love, Marriage, and HIV*》의 공동저자이다.

°열정의 문화

The culture of passion

"모든 신성한 것과 마찬가지로 사랑은 상상의 산물이며, 사랑하는 사람들은 실제와의 고통스러운 차이를 상상으로 메우려 한다." 크리스토프 울프 교수는 서구식 사랑의 개념을 역사적·문화적으로 설명하는 완벽한 안내자다. 그는 우리가 사랑을 보는 방식을 이해할 수 있도록 도와준다.

신화

플라톤의 역작《향연》에 의하면, 신들이 인간의 둥근 몸을 둘로 나눠 남자와 여자로 일생을 살아야 했을 때부터 인간은 '둘에서 하나가 될' 방법을 찾았다. 이것은 자기 것이었던 자원을 흡수하고 원래의 상태를 회복하려는 욕망이다. 이는 플라톤이 표현한 대로 '*사랑은 결핍에서 유래한다.*'는 것을 보여준다. 우리는 한때 소유했던 것을 잃은 상태며, 원래의 불가침성(우리의 존재를 넘어선 것이자 우리 존재의 전제조건)을 회복하기 위해 잃어버린 것을 되찾아야 한다고 생각한다. 천상의 에로스는 이 존재에게 순수한 기쁨뿐 아니라 진정한 사랑을 가져다주고, 상대방의 몸뿐 아니라 존재와 영혼까지 사랑하게 이끌어준다. 이 신화에 따르면 상대방은 잃어버린 남녀 양성체의 일부분이며, 이 양성체는 부분의 합 이상이다.

열정적 사랑

플라톤과 예수는 각자 자신의 방식으로 사랑을 창조했다. 플라톤의 동성애만이 아니라 얼핏 중성적으로 보이는 예수의 초상 역시 사랑의 구체적인 개념에 영향을 미쳤음은 의심할 여지가 없다. 10세기부터 12세기까지 궁정의 에로티시즘에서 새로운 사랑의 개념인 '열정적 사랑'이 생겨났다. 열정적 사랑은 이성 간의 사랑으로, 남녀 관계에서 여성에게 공인된 힘을 부여하는 것이 특징이다. 열정적 사랑은 그 자체로 순수한 사랑이지만, 고귀하지 않은 음유시인들의 손으로 넘어가면서 혼외 사랑에서 결혼의 테두리를 넘지 않으려는 이야기의 소재가 되었다. 이 사랑 이야기에서 눈, 언어, 만지기의 에로티시즘이 등장한다. 시인들은 관능적 욕구를 억제하는 데서 즐거움을 찾는다. 금지를 칭송하고, 금지와 함께 순수한 사랑이라는 관념을 칭송한다. 이 때문에 사랑의 열정에 빠진 사람은 사랑하는 연인과 떨어져 있어야 하고 정숙해야 한다. 사랑하는 사람은 '사랑'을 사랑하고, 사랑받는 사람은 그의 감정을 불타게 하는 역할을 맡는다. 사랑받는 사람과 결합하는 것은 이 이미지의 종말을 의미하며, 따라서 사랑의 종말, 즉 육체의 즐거움을 위해 상상을 희생시키는 것이 된다. 그러나 사랑받는 쪽은 다르다. 그녀는 완전히 다른 사람이며, 사랑하는 사람에게 낯선 사람이다. 사랑의 혼란에서 빠져나올 유일한 방법은 서로 헤어지거나 어느 한쪽이 죽는 것이다.

완성

이 사랑의 개념은 이후 수백 년 동안 신비주의 형태로 존재하다가 신을 향한 열정적 사랑으로 다시 떠오른다. 인간의 경계를 뛰어넘으려는 열망과 인간의 근

"사랑은 상상의 산물이다."

"Love is a product of the imagination."

본적인 불안정성은 연인을 향한 사랑과 신을 향한 사랑을 구성하는 요소다. 사랑받는 쪽이 연인이든 신이든 이 두 가지 사랑의 특징은 대상을 완벽하게 이상화하는 것이다. *사랑하는 사람이 사랑받는 사람을 완벽하게 사랑하기 위해서는 그녀에 대한 사랑 외에 자신의 모든 감각과 소망을 비워야 한다.* 그녀에 대한 사랑 외에 아무것도 있어서는 안 된다. 신은 남성의 영혼에 '사랑의 불꽃'을 붙인다. 이 불꽃은 타올라서 영혼에 깊은 상처를 남기지만, 이전에는 알지 못했던 축복인 베푸는 기쁨을 함께 준다.

신성한 감각

신비주의자들은 신에 대한 사랑이라는 신성한 경험을 얘기하고, 음유시인들도 열정적 사랑을 이와 똑같이 묘사한다. 오늘날에도 신성하고 전능하고 두렵고 타자적인 요소가 열정적 사랑의 개념에 남아 있다. 신성한 감각과 마찬가지로, 열정적 사랑은 희생을 통해서 오며 이 감정은 집단적으로 통제해야 한다. 이렇게 통제함으로써 어떤 감각이 신성을 모독하는지, 어떤 감각이 숭고하고 신성한지 결정한다. 열정적 사랑은 신성한 감각에 속한다. _열정적 사랑은 각성된 상태며, 주변의 모든 것에 영향을 미치고 확산된다._ 남성은 이 사랑 안에서 자아를 초월한다. 신성한 존재와 사랑하는 대상을 향한 욕망으로 그는 자신이 아닌 다른 것에 의해 움직이며, 이로써 자신에게 충족을 약속한다. 그의 목표는 상대방과의 융합인데, 이는 필연적으로 실패한다.

결정화

이후 몇 세기가 지나는 동안, 열정적 사랑은 매혹하는 힘은 전혀 잃지 않았지만 다시 한 번 세속적인 것이 되었다. 예를 들어, 스탕달은 취향적 사랑과 육체적 사랑, 허영적 사랑을 구분했다. 그리고 열정적 사랑을 극도의 흥분과 유사한 감정이며 '의지의 영향을 전혀 받지 않고 들어오고 나간다.'고 정의했다. 그는 사랑의 기원을 결정화_crystallization_ 이론으로 설명하는데 이를 위해 다음과 같은 이미지를 개발했다. "잘츠부르크 소금 광산에는 버려진 갱도들이 있는데, 이 갱도 깊은 곳에 작은 나뭇가지를 던져 놓는다. 두어 달이 지난 뒤에 꺼내면, 나뭇가지가 반짝이는 결정으로 완전히 뒤덮여 있다. 작은 새의 발톱보다 크지 않은 아주 작은 가지에조차 헤아릴 수 없이 많은, 눈부시게 빛나는 다이아몬드로 덮여 있어서 원래의 형태를 더는 알아볼 수 없다. 나는 이것을 사랑하는 사람이 사랑받는 사람에게서 새로운 긍정적인 면을 찾는 행위, 즉 정신 활동의 결정화라고 부른다."

열정적 사랑은 오직 사랑하는 사람에게서 나온다. 사랑하는 사람이 사랑받는

사람과 익숙하지 않은 상태로 남아 있는 한 결정화 과정은 계속되고, 사랑받는 사람은 상상 속에서 긍정의 옷을 입는다. 사랑하는 사람은 사랑받는 사람을 이상화할 수밖에 없고, 그녀를 자신이 원하는 식으로 치장할 수밖에 없다. 사랑하는 사람이 사랑받는 사람과 익숙해졌을 때, 만약 의구심이 고개를 드는 일이 생긴다면 이때도 상상의 도움으로 진정시켜야 한다. 그는 자신의 상상으로 '사랑의 꿈'이 휘발되지 않도록 싸우고, 이 감각이 계속되도록 노력한다. 모든 신성한 것처럼 사랑은 상상의 산물이며, 사랑하는 사람은 실제와의 고통스러운 차이를 상상으로 메우려 한다. 모든 신성한 것처럼 사랑은 많은 관계 속에 존재하며, 이 관계 속에서 자신을 드러내고 감추고 내보이고 숨긴다.

크리스토프 울프 *Christoph Wulf*

독일 베를린자유대학 인류학과 교육학 교수이며 인류학 연구로 부카레스트대학에서 명예교수 직함을 받았다. 유네스코독일위원회 부의장이자 국내외 학술지의 편집자, 편집위원이기도 하다. 그의 여러 저서는 15개국 언어로 번역되었다.

성적 지향은
사람이 살아가는 과정에서 발달한다.

°성적 지향
Sexual orientations

"대부분의 문화에서는 이성애적 사랑을 자연스러운 사랑으로 본다. 그러나 사랑은 만들어지는 것이며, 우리의 성적 지향은 삶의 과정을 통해 발달한다."라고 엘리자베타 러스피니 교수는 말한다. 그녀는 사랑과 성적 지향의 관계를 집중적으로 연구했다.

성적 지향이란 어떤 사람이 다른 사람에게 낭만적 · 정서적 · 성적으로 끌리는 성향을 말한다. 성적 지향은 한 사람의 섹슈얼리티와 성적 관심의 '방향'이다. 이 방향이 반대 성을 향할 수도 있고(이성애), 같은 성을 향할 수도 있고(동성애), 양쪽 모두를 향할 수도 있으며(양성애), 어느 쪽도 향하지 않을 수도 있다(무성애). 성적 지향이라는 개념에는 성적 행동뿐 아니라 감정과 정체성도 포함된다. 성적 지향은 한 사람의 삶의 과정을 통해 발달한다. 사람은 살아가면서 여러 지점에서 자신이 이성애자인지 동성애자인지 양성애자인지 무성애자인지 알게 된다.

사랑과 이성애는 사회적 · 성적으로 부모 노릇을 하는 데 '자연스러운' 파트너로 보인다. 일반적으로 대부분의 문화에서 '사랑'은 이성애적 사랑을 의미한다. 그렇지만 이성애가 아닌 관계에서도 똑같은 감정이 일어난다. 실제로 사랑과 이성애는 문화와 큰 연관이 있다. 최근 들어 성에 대한 표현과 이론적 이해가 달라지긴 했지만 그래도 여전히 이성애가 사회적 표준이다. 2012년에 존슨 *Johnson*이 쓴 대로, 이성애는 정체성과 실제가 대부분 '조용'하다. 이성애는 어느 곳에나 있지만 여전히 이름 없고 탐색되지 않은 채 남아 있다. 그러나 사랑은 '사회적 구조물', 즉 사람들이 사회적 실행을 통해 수용하고 재생산한 이념·개념·관념이다. 이것은 이성애와 밀접한 관련이 있고 이성애를 통해 합법화된다고 말할 수 있다.

아이들

레즈비언이나 게이 같은, 이성애자가 아닌 부모는 아이를 기를 수 없다는 고정 관념이 여전히 존재한다. '동성애 관계는 이성애 관계보다 덜 안정적이고, 따라서 가족의 계속성을 보장할 수 없다', '동성애 부부의 자녀들은 이성애 부부의 자녀들보다 심리적 문제가 더 많다.'고 생각하는 사람도 많다.

그러나 연구 결과에 따르면 자녀의 건강과 안녕은 부모의 성적 지향과 아무런 관련이 없는 것으로 나타났다. 게이나 레즈비언 커플의 자녀 역시 이성애 커플의 자녀들과 똑같이 자란다. 1989년에 비그너 *Bigner* 와 야콥슨 *Jacobsen* 이 아이오와주의 동성애 아버지 33명과 이성애 주민 33명을 연구한 결과, 자녀와의 관계나 친밀감 수준에서 두 그룹 간에 아무런 차이가 없었다. 2006년 샤를로트 패터슨 *Charlotte Patterson* 의 연구에서는 <u>부모의 성적 지향보다 가족 관계의 질이 더 중요하다</u>는 사실이 밝혀졌다.

일반적으로 부모 한쪽의 성전환은 자녀에게 고통이 된다고 알려져 있다. 성전환을 한 부모가 자신의 정체성 문제 때문에 자녀를 성 정체성 혼란에 빠트릴 위험이 있다는 것이다. 그래서 성전환을 선택하는 많은 부모가 이 문제를 해결하기 위해 자녀와 떨어져 지내는 방법을 택한다. 그러나 이 방법은 성전환 중인 아버지나 어머니와 자녀 사이에 거리가 생기기 때문에 문제를 해결하기보다 오히려 발생시킨다.

나아가 무성애 부모의 사례도 있다. 무성애자들도 다른 사람들처럼 커플을 이루거나 자녀를 가질 수 있다. 부모가 되기 위해 성관계를 갖거나, 인공수정 기술의 도움을 받거나, 자녀를 입양하는 방법을 택할 수 있다. 오늘날에는 부모 노릇과 부모의 사랑이 항상 성적 관계에 의존하지는 않는다.

한 가지 사실은 분명해 보인다. 자녀들이 어려움을 겪는 부분은 부모의 성적 선호도가 아니라 부모를 바라보는 사회의 시각이라는 점이다. 이성애자가 아닌 가족에서 자라나는 아이들은 사회적 낙인과 차별, 괴롭힘에 맞서 더 싸워야 한다. 이 때문에 우리는 동성애 공포증과 성전환 공포증, 동성애자와 양성애자·성전환자들에게 두려움과 경멸을 표현하는 문제를 다시 생각해야 한다.

차이를 만드는 것은 우리의 태도다. 그러므로 남성, 여성, 어머니, 아버지, 사회 제도의 책임이 크다.

1 성적 지향은 개인이 살아가는 과정에서 발달한다.

2 대부분의 문화에서 '사랑'은 이성애를 의미하지만, 다른 관계에서도 똑같은 감정이 일어난다. 사랑은 사회적 구조물이다.

3 자녀의 건강과 안녕은 부모의 성적 지향과 아무런 관련이 없다. 부모를 바라보는 사회의 태도가 문제를 야기한다.

엘리자베타 러스피니 *Elisabetta Ruspini*

이탈리아 밀라노의 비코차대학 사회학 선임 부교수이며 이 대학 미디어연구센터 '인치아로 *In Chiaro*' 소장이기도 하다. 《성별, 문화, 성*Generi, Culture, sessualità*》 시리즈의 책임 편집자이다. 수업 및 연구 경험이 풍부하고 성별 문제에 관한 광범위한 저술을 했다.

자신을 받아들일 때보다
자신을 사랑할 때 힘과 활기가 생긴다.

자신을 사랑하라

Love yourself

자신을 바라보며 행복을 느끼기란 쉽지 않다. 그러나 사랑을 주고 사랑을 받기 위해서는 이런 태도가 반드시 필요하다. 나르시시즘이 아니냐고? "아니다."라고 미아 레이센 교수는 말한다. "자기애는 자기 내면의 자아와 연결된다는 뜻이며, 어떤 가치 판단도 배제한 상태에서 자신이 구체적으로 어떤 사람인지 안다는 뜻이다." 물론 이것은 말처럼 쉬운 일이 아니다.

이런 자기 성찰 기능은 인간 고유의 것이며, 인간을 다른 살아 있는 유기체와 구별해주는 특징이다. 우리는 '자아'를 표현할 때 '나는 ○○을 원한다.'라고 말한다. 자신의 고유 의지를 발견하는 것은 개체화 과정의 분기점이다. 이렇게 개인에 초점을 맞출 때 자기계발, 자율, 자유가 모두 중요한 가치가 된다. 풍요로운 내면생활은 만족을 안겨준다. 사랑받는 어린아이는 자신이 고유의 개별성을 가질 권리가 있고, 개인으로서 자신에게 무엇이 가장 잘 어울리는지 발견할 수 있는 공간이 있으며, 자아와 연결될 수 있다고 느낀다. 그러나 온갖 물질과 외적 활동으로 가득 찬 문화에서 자아와 연결되기는 쉽지 않다.
한 개인의 정체성은 다른 사람들의 기대 탓에 완전히 가려질 수도 있다. 자신을 둘러싼 주변의 기대를 충족시킬 수 없는 사람은 의기소침해지기 쉽다. 의기소침해진다는 것은 주변과 관련하여 자기 내부에 부정적인 감정을 느낀다는 뜻이다. 그렇다면 사람들은 언제 의기소침해질까? 왜곡된 자기 이미지, 주로 다른 사람

들의 기대로 만들어진 자기 이미지를 충족시키기 위해 자신의 무능력과 끊임없이 충돌할 때 그러하다. 이렇게 되면 자기애가 손상될 뿐 아니라 심지어 자기 공격적으로 바뀔 수 있고, 자아가 훼손되어 자살로 이어질 수도 있다. 아이들은 주변의 평화를 위해 자신의 개성을 희생하는 편이 낫다고 생각하거나 자기보다 강한 사람들이 자신에게 원하고 요구하는 대로 적응하는 편이 현명하다고 생각한다. 그러면 그 사람들이 자신을 사랑해줄 것이라고 믿기 때문이다. 이렇게 해서 우리는 발달 과정에서 고유의 '자아'를 잃어버린다.

가면 뒤에서

잃어버린 자아를 찾아서 돌아가는 길은 쉽지 않다. '사람person'이라는 단어가 '가면'을 뜻하는 라틴어 '페르소나persona'에서 온 데는 그만한 이유가 있다. '사람'이라는 단어는 어떤 사람이 '이게 나다.'라고 말할 수 있는 일련의 특질을 가리킨다. 이 특질들은 그 사람의 발달 과정에서 형성된 것이다. 그런데 이렇게 만들어진 자기 이미지가 동의를 얻거나 사회적 존중을 받거나 갈등을 피하기 위한 거짓말인 경우도 있다. 자신의 진실과 직면하려면 노력과 용기가 필요하다. 자신과 다시 연결되고 자기애를 경험하기 위해서는 반드시 자기 인식 *self-knowledge*이 필요하다.

'자기 수용*self-acceptance*'은 치료 과정에서 중요한 단계다. 그러나 자기 수용보다 더 강하고 활기를 주는 것이 '자기애'다. *자기애는 사람이 어떤 상황에서든 자기 자신과 좋은 관계를 유지하고 자신의 본질을 소중히 여기는 내적 태도다.* 자기애를 가지려면 내면의 자아를 보호하기 위해 그동안 쌓아온 많은 외피를 벗겨내는 과정이 필요하다. 이 과정은 자기 인식의 핵심이기도 하다. 자신의 진실을 직면하고 사랑하면 더는 자신을 숨기거나 억압할 필요가 없어진다. 그러면 자신을 받아들이고 마음의 평화를 얻을 수 있다. 또한 긍정적인 감정을 가질 수 있고 긍정적인 생각을 할 수 있으며, 바뀔 수 없는 점에 대해 걱정하지 않고, 결함과 단점을 끊임없이 생각하지 않을 수 있다.

격려 연설은 필요치 않다

자기애는 피상적인 '격려'나 긍정적 사고방식이 아니다. 자기애는 삶이 주어진 그대로 좋다고 깊이 수용하는 태도다. 개인이 진정한 자아와 접촉을 회복하는 정화 과정이다. 문제점이 더는 비난의 대상이 아니며, 자아 깊은 곳에 있는 동기를 끌어내는 역할을 한다. 내가 현재의 자신이 된 데는 그만한 이유가 있다는 확신을 가질 수 있으면 자신감과 자기애를 회복하는 데 도움이 된다. *자기애는 나르시시즘이 아니라 고통스러운 진실도 사랑할 수 있다는 정당한 자기 인식이다.*

사람들이 자신을 사랑하도록 돕는 데는 여러 가지 방법이 있다. 자아와 연결하고, 치유가 필요한 곳을 감지하고, 자신의 성장 과정을 격려하는 자기 성찰 방법으로 '초점 맞추기focusing'라는 방법이 있다. 자기 성찰은 자기 인식과 자기애로 이어지지만, '사람으로서 나'에 대한 애착이 느슨해지면서 영적 과정과 의식 개방으로 이어지는 경우도 자주 있다. 여기서 '사랑'은 전체이며, 자신이 훨씬 크고 우월한 전체의 일부임을 경험하는 의식의 통합이 일어난다. 이렇게 자아ego의 통제를 받지 않는 자기애의 경험은 인간을 초인간적인 차원으로 끌어올리는 지식의 원천이 될 수 있다.

keys of LOVE

1 사랑하는 환경은 우리가 고유의 개성을 가질 권리가 있고 자아와 연결될 수 있다고 느끼게 해준다.

2 우리의 만들어진 자아는 진정한 내면의 자아 아래 숨어 있거나 누구나 믿게 된 거짓이거나 둘 중 하나다. 자신의 진실을 직면하려면 노력과 용기가 필요하다.

3 자기 수용은 치유 과정에서 중요한 단계. 그러나 더 강력하고 활기를 주는 것은 자기애다.

미아 레이센 *Mia Leijssen*

벨기에 루뱅가톨릭대학 심리학 교수이며 심리치료와 상담을 가르친다. 유럽인들에 맞춰 인간 존재의 신체적·사회적·심리적·영적 면에 중심을 둔 온라인 과정 '실존적웰빙상담Counselling in Existential Well-Being'을 이끌고 있다. 심리치료에서의 치유 요인을 주로 연구하고, 《사랑으로 살기Leven vanuit liefde》를 비롯한 다수의 책을 출간했으며 국제 학술지에 많은 논문을 게재했다. 학술적 경력 외에 자연과 음악, 춤을 즐기며 다섯 손주가 있다.

예기치 않은 열정을 가질 수 있는
자신의 눈부신 능력을 받아들여라.

°양성애

Bisexual orientations

"우리는 모든 사람이 동성애와 이성애 두 그룹으로 명쾌하게 나뉜다고 생각한다. 그러나 성적 지향에 관한 한 세상은 우리가 생각하는 것보다 훨씬 더 복잡한 곳이다."라고 리사 M. 다이아몬드 박사는 말한다. 그녀는 18년 동안 100명의 애정 생활을 추적한 연구로 유명하다. 그녀의 발견을 확인해주는 다른 연구도 있다.

나의 연구는 사랑하는 관계가 건강에 미치는 영향에 초점을 맞추었다. 나의 연구 결과뿐 아니라 이 분야의 더 일반적인 연구 결과에서 내가 배운 가장 설득력 있는 사실은 사랑이 건강을 증진시키거나 방해하는 놀라운 능력이 있다는 것이다. 인간은 다른 종보다 훨씬 더 의존적으로 태어나며, 우리를 돌보는 사람의 사랑이 음식과 물만큼이나 반드시 필요하다. 적절한 돌봄을 받지 못한 아기들은 제대로 성장하지 못하고, 절대로 회복하지 못할 심리적 결함으로 고통받게 된다. 성인이 되어서도 우리에게는 사랑이 절실하게 필요하다. 인생에서 사랑이 부족하고 외로운 사람들은 신체적 · 정서적으로 심각하게 고통받는다. 우리는 사랑이 기본적인 신체적 · 정신적 건강에 반드시 필요한 요소임을 인정해야 한다.

여기에는 성도 진지하게 포함시켜야 한다. 지난 몇 년 동안, 사랑과 관계를 연구하는 연구자들이 성에 대해 자신들이 잘못 이해하고 있었음을 고백했다. 이

들은 성을 친밀한 낭만적 유대라는 케이크 위의 '장식물'로 취급했다. 그러나 _섹스는 단순한 장식물이 아니다. 섹스는 케이크의 본질이다!_ 아주 다양한 국가에서 시행된 수많은 대규모 역학조사에서, 파트너와 장기적인 관계를 유지하며 성관계든 성적으로 친밀한 다른 행동이든 만족스러운 성적 활동을 자주 하는 사람들은 다른 건강 위험 요인에 관계없이 더 오래 건강하게 사는 것으로 밝혀졌다. 우리는 사랑과 성을 건강을 촉진하는 요소로 진지하게 받아들여야 하며, 만족스러운 사랑 관계와 만족스러운 성적 관계를 건강한 삶에 꼭 필요한 요소로 여겨야 한다.

유연한 체계

내가 연구에서 배운 사실 가운데 사람들이 반드시 알아야 한다고 생각하는 것이 있다. 파트너의 성별에 관한 한, 사랑은 성적 욕망보다 훨씬 더 '유연한' 체계라는 사실이다. 우리는 성적 지향에 초점을 맞추고, 성적 지향이 평생에 걸쳐 어떻게 계발되고 표현되는지 연구했다. 그 결과 놀랍고 중요한 사실을 발견했다. 첫 번째는, 동성애 경향을 가진 사람들은 대부분 이성애 사랑도 경험한다는 것이다. 다시 말하면, 양성애 성향이 배타적인 동성애 성향보다 훨씬 더 일반적이라는 뜻이다. 두 번째는, 사람들은 대부분 성별에 관계없이 누구하고나 '정신적' 사랑, 즉 성적 끌림이 없는 낭만적 사랑에 빠질 수 있다는 것이다.

이 두 가지 사실을 합치면 세상은 성적 지향에 관한 한 우리가 지금까지 생각했던 것보다 훨씬 더 복잡한 장소가 된다. 그동안 우리는 모든 사람이 동성애자와 이성애자 두 그룹으로 명확하게 나뉜다고 생각했다. 동성애자는 같은 성의 파트너를 욕망하고 사랑에 빠지고, 이성애자는 다른 성의 파트너를 욕망하고 사랑에 빠지며, 그게 전부라고 생각했다. 그러나 남성과 여성 모두에게서 사랑과 욕망의 혼합된 패턴이 일생에 걸쳐 매우 일반적으로 나타났다. 그래서 가끔 자신에게서 이런 면을 발견하고 놀라는 사람들이 있다. 나는 오랫동안 많은 사람들을 인터뷰했는데, 그들은 인생의 후반기에 갑자기 이전까지와는 전혀 다른 낭만적·성애적 감정을 발견하고는 자신이 '다른 사람 같다는' 또는 '비정상적이라는' 느낌을 받았다고 말했다.

내가 전달하려는 메시지는 이런 감정이 충분히 수용될 수 있으며 정상이라는 것이다. 이런 경험은 실제로 아주 흔하며, '비정상적'이거나 '잘못된' 것이 전혀 아니다. 인간이 느끼는 친밀한 감정은 유연하고 순응적이며 상황에 민감하다. 이런 감정이 당혹스럽거나 놀랍거나 삶이 일시적인 혼란에 빠질 수도 있지만, 이것은 우리 인간 본성의 일부다. 우리는 이 예기치 않은 열정의 놀라운 능력을 인내하고 사랑하고 수용하고 포용할 의무가 있다.

1 우리는 사랑과 섹스를 인간의 기본적인 신체적·정신적 건강의 요소로 진지하게 받아들여야 한다.

2 파트너의 성별에 관한 한 사랑은 성적 욕망보다 훨씬 더 '유연한' 체계다.

3 사람들은 대부분 성별에 관계없이 누구하고나 '정신적' 사랑에 빠질 능력이 있다.

리사 M. 다이아몬드 *Lisa M. Diamond*

미국 유타대학 심리학 및 성별 연구 교수이다. 사랑과 성적 발달, 친밀한 관계에 대한 추적 연구로 많은 상을 받았으며 연구 결과는 유명한 저서 《성적 유동성 *Sexual Fluidity*》에 요약되어 있다.

°사랑은 나를
살아 있게 한다

Love makes me alive

구글에서 '사랑 노래'라는 단어를 치면 0.27초 만에 11억 1천만 개의 결과가 검색된다. 위키피디아에서는 사랑 노래란 사랑에 빠지는 것과 그 느낌에 관한 노래이며, 가슴이 찢어지는 감정에 관한 노래라고 설명한다. 로버트 노이부르거 박사는 유명한 프랑스 작곡가 세르쥬 갱스부르*Serge Gainsbourg*의 노래 한 소절로 사랑의 심장을 설명한다.

'사랑이 없다면 삶은 무슨 소용일까?' 이 구절은 사랑이 우리가 정말 살아 있음을 느끼게 해주는 중요한 역할을 한다는 사실을 훌륭하게 요약한다. 이때, 우리는 삶과 살아 있음을 구별할 필요가 있다. 삶은 움직이는 작은 세포들을 돌보고, 먹이고, 건강하게 유지하는 것이다. 살아 있음은 이와는 매우 다른 것으로, 사랑받는 느낌을 뜻한다. 우리는 좌절로 인해 고통당할 때 살아 있음을 깨닫는다. 또 사랑을 주고받음으로써 사랑과 인정에 대한 욕구가 충족되어 완전히 살아 있다고 느끼는 때가 있다. 이 경우 두 가지 형태를 띤다. 하나는, "나는 당신의 눈 속에 존재하고 당신은 내 눈 속에 존재한다."라고 말하는 '관계적' 사랑이다. 다른 하나는 내가 '커플 가정*couple home*'이라고 부르는, 소속된 범위 안에서 사람들을 묶어주는 연계의 감정이다. 같은 집단에 속하기에 공유하게 되는 사랑의 감정이다.

그러나 반대의 상황도 존재한다. 우리는 때로 버려지고 기만당하고 배신당한

"살아 있다는 것은 사랑받는다고 느끼는 것이다."

"Being alive is a feeling fed by love."

느낌을 받기도 한다. 그러면 살아 있다는 느낌이 갑자기 감소한다. 의학에서는 이 경험을 '우울'이라고 부르는데, 이런 경험은 우울함과는 매우 다르다. 우리는 원초적인 불안과 실존적 두려움을 갖고 있으며 이에 대항하여 사랑의 유대를 만들고 유지하기 위해 매일 싸운다. 그러므로 우울함에 대한 최고의 약은 항우울제가 아니라 '사랑'이다.

로버트 노이부르거 *Robert Neuburger*

프랑스 파리와 스위스 제네바에서 유명한 정신과 의사이며 커플 및 가족치료사이다. 가족연구협회*CEFA* 회장도 역임하고 있다. 《존재, 가장 친밀하고 취약한 감정*Exister, le plus intime et fragile des sentiments*》을 비롯하여 14권의 책을 출간했고 많은 논문을 썼다.

사랑은 언제나 제자리로 돌아온다.

°철의 장막을 뚫고
Through the iron curtain

"사랑은 영원하다. 아무것도, 그 누구도 막을 수 없다." 소비에트 체제라는 철의 장막 저편에 사는 젊은 타마라 호보런은 이 말을 믿을 수가 없었다. 그런데 1991년에 소비에트 연방이 해체되면서 심리학자들도 자유를 찾았다. 타마라도 그중 한 사람이 되어 냉전 이전과 이후의 따뜻한 사랑을 연구했다.

심리학은 우리 가업이다. 내 아버지도 심리학자였고 내 딸도 심리학자다. 나는 1970년대 초에 우크라이나 키예프국립대학을 졸업한 첫 심리학자 군단의 일원임을 자랑스럽게 생각한다. 소비에트 이데올로기의 거대한 압력에도, 그리고 다른 나라 심리학자들의 작업을 전혀 접할 수 없었음에도 균형 잡힌 학문적 지식을 제공하기 위해 최선을 다한 나의 교수님들에게 말할 수 없이 감사하다. 나는 철학을 통해서 사랑을 전문적으로 연구하게 되었다. 대학생 때 나는 사랑이 많은 철학적 세계관의 중심이며 성적 사랑이 개인뿐 아니라 인류의 기원이라는 사실에 매혹되었다. 우크라이나 철학자 흐리호리 스코보로다*Hryhorij Skovoroda*의 말이 몇 년 동안 나를 사로잡았다. "사랑은 영원하다. 아무것도, 그 누구도 막을 수 없다."

억압받는 사랑

나는 나중에 심리학자로 일하면서 이 말에 담긴 지혜를 완전히 이해하게 되었다. 1980년대 중반, '페레스트로이카*Perestroika*'가 시작되고 철의 장막이 걷힐 때였다. 외부인들은 대부분 간과하지만, 이 과정에서 사랑이 재건되고 특히 성적 사랑과 동성 간의 사랑이 명예를 회복했다는 점은 매우 중요하다. 그전까지 동성애는 법령에 범죄로 규정되어 많은 커플이 자신의 감정을 체념했다. 성도 서서히 금기시되어, 어쩔 수 없이 필요하긴 하지만 매우 불편한 사회적 담론으로 취급되었다.

당시에 나는 키예프성과학가족상담센터*Kyiv Centre for Sexology and Family Counselling*에서 직업 훈련을 받았는데, 이데올로기의 변화로 해방감을 느끼고 생기를 회복한 의뢰인들을 수없이 목격했다. 내 방 문을 열고 들어오는 사람들과 일하면서 얻은 가장 중요한 교훈은 <u>탄압받던 시기에 그들이 신체적·정서적 건</u>

강을 유지할 수 있었던 유일한 요인이 대부분 사랑이었다는 사실이다. 아직도 기억나는 커플이 있다. 사십대 중반의 여성 커플이었는데, 나는 두 사람에게 다른 성으로 태어나지 않은 것이 원망스럽지 않은지 물었다. 두 사람은 상대방을 있는 그대로 사랑하며, 사랑의 감정이 두 사람을 오랜 비난과 차별로부터 보호해주었다고 한목소리로 말했다. 성적 표현이든 동성애든 사랑을 억압하려는 사회의 시도는 실패했다는 것을 나는 깨달았다. 사랑은 항상 제자리로 돌아온다. 여전히 강한 모습으로 말이다.

선택의 자유

우크라이나 사회가 민주화되면서 사랑도 민주화되었다. 내 연구에 따르면, 나와 같은 세대 사람들은 사랑의 공식이 '0.5+0.5=1'이라고 믿는다. 다시 말하면 사랑은 종속된 두 사람이 결합하여 서로 완전해지는 것이다. 반면, 내 딸 세대는 사랑은 '1+1=2'라는 새로운 공식을 지지한다. 사랑은 자기 충족적인 개인들이 필요해서가 아니라 원해서 함께하는 동반 관계다. 사랑은 다시 한 번 선택의 문제가 되었다.

커플들과 일한 직업적 경험과 그들의 사랑 이야기를 통해 또 하나 깨달은 것이 있다. 다른 사람을 위해 자신을 희생하는 능력이 진정하고 성숙한 사랑의 지표라는 사실이다. 남편이 다른 여성과 사랑에 빠진 커플이 있었는데, 결혼 생활을 유지할 수 있도록 부부가 장기간의 정신치료를 받은 적이 있다. 치료가 끝나고 부부 사이가 회복되었을 때 아내가 이혼을 선언했다. 나는 깜짝 놀라서 이유를 물었다. "남편을 여전히 사랑합니다. 전보다 훨씬 더 사랑해요. 그러나 우리 두 사람 중 적어도 한 명은 행복했으면 좋겠어요." 아내는 남편을 사랑해서 다른 사람과 새로운 행복을 찾을 수 있도록 놓아주기로 한 것이다. 상대방의 안녕을 위해 자신을 희생하려는 의지가 진정하고 성숙한 사랑의 표지다.

치료사이자 연구자로서 나는 이번에도 대인관계에서든 사회적으로든 어떤 강제나 억압도 사랑과 양립할 수 없다는 결론에 이르렀다. 어떤 것은 사랑이고 어떤 것은 사랑이 아니라고 사회가 결정하는 것도 불가능하며, 어떤 사람이 당신을 사랑하게 만드는 것도 불가능하다. 학생 시절에 나를 사로잡은 문구처럼 사랑은 억압의 반대편에 서 있으며, 우리를 자유롭게 하고 생기를 불어넣는 영원한 힘이다.

keys of LOVE

1 성적 표현이든 동성애든 사랑을 억압하려는 사회의 시도는 실패했다. 사랑은 여전히 강한 모습으로 항상 제자리로 돌아온다.

2 사랑은 자유롭게 선택할 수 있다. 사랑은 필요해서가 아니라 서로 원해서 함께하는 자기 충족적 개인들의 동반 관계다.

3 다른 사람의 안녕을 위해 자신을 희생하려는 의지는 진정하고 성숙한 사랑의 표지다.

타미라 호보런 *Tamara Hovorun*

우크라이나 키예프의 코스티우크심리학연구소 사회심리학실험실 *Social Psychology Laboratory of the Kostiuk Institute of Psychology*과 폴란드 스탈로와올라 카운티의 존폴제2루블린가톨릭대학 교수이며 수석 과학 펠로우이다. 인간의 성 심리학과 성별 고정관념, 성교육 등에 대해 200편 이상의 학문적·대중적 저술을 했다. EU의 보조금을 받아서 성별에 대한 TV 다큐멘터리 12편을 제작했으며, 심리학의 대중화에 기여한 공로로 교육부상을 받았다.

°질투하는 배우자

Jealous partners

질투도 사랑만큼 보편적이다. 전체 살인 사건의 4분의 1가량이 질투와 관련이 있고 가정 폭력의 주된 원인도 질투다. 우리는 모두 이 감정을 잘 안다. 그레고리 화이트 박사는 30여 년 동안 질투를 연구했다. 질투를 어떻게 다뤄야 하는지 그는 알고 있을까?

질투는 본질적으로 감정이 아닌 것으로 판명되었다. 사람, 관계, 상황, 문화에 따라 부러움, 분노, 근심, 슬픔, 부끄러움, 죄책감, 고조된 성적·낭만적 감정 등 다양한 감정이 끼어들어 혼합된 것이 질투다. *질투는 특정한 문화에서 특정한 사람을 향한 일종의 감정, 생각, 행동 패턴이다.* 질투하는 사람은 화가 나서 사납게 날뛴다는 것이 당신의 개인적·문화적 모델이라면, 당신이 질투에 사로잡혔을 때 분노가 감정과 행동을 지배할 것이다. 그러나 질투가 적어도 사랑의 신호라는 것이 당신의 모델이라면, 당신은 질투를 표현함으로써 사랑을 증명할 것이다.

두 방향

질투를 촉발하는 요인과 질투의 감정, 질투할 때 나타나는 행동 유형은 개인과 문화에 따라 크게 차이가 난다. 질투 패턴은 대개 사랑하는 사람과의 관계가 실

"낭만적 사랑과 질투는
 우리를 약간은 미치게 만들 수 있는 보편적인 경험이다."

" Romantic love and jealousy are two common experiences
 that can make us all at least a little crazy."

제로 혹은 상상이나 희망 속에서, 실제 경쟁자나 잠재적 경쟁자에 의해 위협당하거나 손상되었다고 무의식적으로 판단할 때 작동한다. 이때 두 가지가 위협받거나 손상된다. 하나는 자존심과 정체성이다. 자신이 신체적·정서적으로 매력 있다는 느낌, 공동체나 친구 관계에서의 위치 또는 '너와 나'의 관계가 흔들리는 경우다. 다른 하나는 실제적 또는 잠재적인 관계의 물질적·정서적 보상이 위협받는 경우다. 성적 쾌락, 외로움 해소, 재정적 동반자, 여가 활동 공유 등이 그렇다.

질투를 일으키는 이 두 가지 위협은 밀접하게 관련이 있지만 각각 다른 행동으로 이어질 수 있다. 하나는 관계 유지를 간절히 원하는 마음에 자신과 타협하는 것인데, 이렇게 하면 자존감이 곤두박질칠 수 있다. 다른 하나는 나도 매력 있다는 것을 증명하기 위해 다른 사람과 만나는 식으로 자존감을 지키는 것인데, 이렇게 하면 관계가 손상된다. 분명히 질투와 낭만적 사랑은 아주 분별 있는 사람들조차 어느 정도 미치게 만들 수 있는 보편적인 경험이다.

화가 난 남자

연구에 따르면, 어떤 문화에서든 남성과 여성은 모두 '질투'에 사로잡히기 쉬우며 그 패턴은 성별에 따라 일관된 차이를 보인다. 예를 들어 현대의 연구 결과를 대부분 제공한 서구 문화에서는 남성이 질투할 때 화를 더 많이 오랫동안 내며, 자신이 경험한 성적 위협에 초점을 맞추고, 사랑하는 사람과 경쟁자의 성적 행위를 상상하거나 복수하는 상상을 한다. 그래서 여성이 질투하는 경우보다 관계를 회복하기가 더 어렵다. 반면 여성은 질투할 때 슬퍼하고 불안해하며, 사랑하는 사람과 경쟁자의 성적 행위보다는 실제 관계나 상상의 관계에 초점을 맞춘다.

목표

질투에 사로잡혔을 때, 질투의 대상이 되었을 때, 관계를 회복하려 하는데 잘 되지 않을 때 어떻게 해야 할까? 가장 먼저 할 일은 질투가 병적 징후인지, 반작용인지, 정상적인 반응인지 판단하는 것이다. 낭만적 질투는 심각한 우울증이나 조울증, 정신분열증에서 일어나는 망상의 징후일 수 있다. 또는 정신 이상이나 알코올 및 약물 남용과 의존으로 인해 나타날 수 있다. 반응적 질투는 유연하지 못한 성격이나 오랜 트라우마 탓에 확대된 질투다. 어려서 부모를 잃었거나 첫사랑에 심각하게 실패한 경우에 잠재적인 위협이 더 실제적이고 공격적으로 느껴질 수 있다. 어떤 사람은 사랑하는 사람을 잃거나 관계가 위태로워질까 봐 습관적으로 살피며, 실제 경쟁자나 잠재적 경쟁자가 나타난 징후를 조금만 감지해도 과도하게 반응한다. 격해지기 쉬운 성격이나 융통성 없는 사람들은 질투뿐 아니라 장기적 대인관계에서도 문제를 겪는다. 병적 징후나 반작용인 질투는 당사자나 파트너를 위해 전문적인 도움을 받는 것이 좋다.

이런 질투에 혼자 대응하는 것은 거의 불가능하다. 질투에 찬 요구를 들어줌으로써 상대방의 병적 징후나 반응적 질투를 고치려는 시도가 오히려 당사자의 심리적·신체적 안녕을 위태롭게 하는 역효과를 초래할 수도 있다. 문제를 해결하기 위해서는 전문가의 도움을 구해야 하는데, 부부 상담만으로는 이런 질투를 줄이는 데 거의 도움이 되지 않는다. 병적 징후나 반응적 질투가 아닌 질투는 모두 정상이다. 커플은 대부분 이런 상황에 처하고, 아주 장기적인 관계에서도 예외는 아니다. 만일 관계에서 단단한 신뢰와 의사소통의 기반을 마련했다면, 서로 문제를 공유하고 해결할 수 있을 것이다.

그레고리 화이트 *Gregory White*

사회심리학자 및 임상심리학자이며, 미국 캘리포니아의 라호야국립대학 심리학 교수이다. 정신치료사로 질투 문제에 사로잡힌 많은 사람과 작업하면서 30여 년 동안 질투를 학문적으로 연구했다.

°주는 사람의 여섯 가지 유형

Six types of givers

초콜릿, 꽃, 책, 저녁 식사, 술⋯⋯. 우리는 모두 선물을 주고받는 것을 좋아한다. 티나 M. 로리 박사는 이런 행동이 항상 사랑 때문인지 밝히고, '주는 사람'의 여섯 가지 유형을 연구했다.

셀 오트니스*Cele Otnes*와 나는 사람들이 주는 행동을 하는 동기가 그들이 맡은 다양한 사회적 역할에 있다는 사실을 발견했다.

1 기쁨을 주는 사람은 받는 사람이 좋아할 선물을 주는 것이 목적이다.

2 사교적인 사람은 자신이 선택한 선물을 통해 받는 사람에게 어떤 식으로든 영향을 주려고 한다(남편에게 멋진 셔츠를 선물하는 아내는 남편이 옷차림에 좀 더 신경 쓰기를 바란다).

3 보상하는 사람은 받는 사람이 잃어버린 것을 보상해줄 선물을 산다(아내를 잃은 사람에게 딸이 과거에 어머니가 아버지에게 했던 선물을 한다).

4 제공하는 사람은 쓸모 있는 선물을 하려고 한다(어머니가 아이들에게 양말이나 속옷, 잠옷을 선물한다).

5 확인하는 사람은 두 사람 관계가 선물을 주고받을 정도로 가치 있음을 알리고 싶어 한다.

"모든 주는 행동의 동기는 사랑이다."
"All true giving has love as its motivation."

6 *회피하는 사람*은 여러 가지 이유로 선물을 사지 않는다.

우리는 미디어와 인터뷰를 자주 하는데, 주는 사람의 유형에 대해 가장 유감스러운 견해는 '기쁨을 주는 사람'만이 순수한 동기를 가진 '선량한' 사람이라는 말이다. 그러나 감춰진 동기가 있는 소수의 예외를 제외하면, 모든 주는 행동의 동기는 사랑이다.

'기쁨을 주는 사람'의 목표는 받는 사람이 정말 원하는 선물을 찾는 것이며, 선물을 받은 대상에 대한 사랑이 첫 번째 동기다. '사교적인 사람'이 아무리 부정적으로 들리더라도, 나는 이 사회적 역할 뒤에 숨은 동기도 사랑이라고 믿는다. 상대를 사랑하지 않는다면 이렇게 노력할 이유가 없기 때문이다. 상대방의 손실을 보상하려는 마음은 그 사람을 사랑하기 때문이다. '제공하는 사람'도 마찬가지다.

이 논쟁에서 어려운 유형은 '확인하는 사람'과 '회피하는 사람'이다. '확인하는 사람'은 받는 사람을 깊이 사랑하지는 않지만 선물을 주는 행동은 관계가 가치 있다는 뜻이다. '회피하는 사람'은 더 어렵다. 더는 관계를 지속하기를 원하지 않는다든가 하는 부정적인 이유로 선물을 하지 않는다면 명백하게 사랑이 없다고 할 수 있다. 그러나 다른 이유 때문에 선물을 하지 않는 사람도 있다. 예를 들어, 상대방에게 부담이 되는 관례를 시작하고 싶지 않다거나 아니면 다른 방식으로 사랑을 표현하려는 것일 수도 있다.

수용소

결론적으로, 지난 몇 년 동안 나는 완벽한 선물이란 없듯이 주는 방법도 하나가 아니라고 믿게 되었다. 그러나 주는 행동은 여전히 필요하고, 우리는 사랑을 다른 사람에게 표현해야 한다. 질 클레인*Jill Klein*과 함께 한 연구에서 우리는 나치 수용소라는 제한된 상황에서도 주는 행동을 발견했다. 생존자의 회고록을 분석한 이 연구에서 우리는 주는 행동에 대가를 얻으려는 도구적 동기도 있지만 자신이 인간임을 느끼기 위해 주는 경우도 있음을 알았다. 연구 목적상, 우리는 '선물'을 '다른 사람에게 준 유·무형의 것'으로 정의했다. 예를 들어, 나치 수용소에서는 병들거나 약해져서 일할 수 없는 수감자를 화장장으로 보내기 위해 선별하는 과정이 있었는데, 동료 수감자가 검열을 피하지 못할 것 같으면 그 자리를 대신해주는 사례가 많았다. 동료 수감자가 낯선 타인임에도 이렇게 호의를 베푸는 행동은 우리가 서로 사랑을 주고, 표현할 필요가 있다는 주장을 강력하게 뒷받침한다.

티나 M. 로리 *Tina M. Lowrey*

미국 샌안토니오의 텍사스대학 마케팅 교수이다. 동료 셀 오트니스(일리노이대학), 질 클레인(멜버른비즈니스스쿨)과 함께 선물을 주는 행동을 연구했다. 책 두 권을 감수했고, 〈소비자 심리학 저널*The Journal of Consumer Psychology*〉을 비롯한 몇 가지 출판물의 편집위원으로 일했다.

°사랑의 줄거리

The storyline of love

홀란두 디아즈 러빙 교수는 사랑의 최종 줄거리를 쓰는 데 평생을 바쳤다. 이 작업은 이야기의 재건에 토대를 두지만, 문화와 구체적인 생태계의 영향을 받은 다시 쓰기다. "내 이름을 보면 알 수 있듯이 나는 이 작업을 하도록 태어났다."라고 그는 웃으며 덧붙였다.

인간의 행동을 이해하려면 진화적·생물학적·생태적·역사적·사회문화적·심리학적 요소를 고려해야 한다. 우리는 이런 전체론적 방향을 염두에 두고 생물학적·심리학적·사회학적·문화적 커플 관계 이론을 개발하여 각 학문적 요소가 맡은 역할과 상호작용을 구체적으로 규명하고, 커플의 행동을 예측하고 설명하는 데 이 요소들이 어떤 역할을 하는지, 관계의 질에 어떤 영향을 미치는지 연구했다. 이 이론의 생물학적·심리학적 요소들에 대해 1970년대까지의 과학적 저술들은 열정과 친밀감을 사랑의 두 가지 주요 형태로 지목했다. 이 사랑의 두 가지 형태는 인간 종의 두 가지 기본적인 욕구, 즉 번식 및 보호와 직접적인 관련이 있다. 그리고 행동 양식도 이 목적에서 나온다. 번식 행동은 열정에서 나오고, 보호 행동은 돌봄 행동과 동반자 의식에서 나온다.

짝짓기 행동의 조건은 생물학적 특성과 진화적 필요성에 따라 형성된다. 그래서 이 분야의 심리학적 작업은 대부분 사랑의 보편성을 살피는 데 집중한다. 그러나 번식과 보호라는 목표를 달성하기 위해 개발된 다양한 행동적 표현은 생태계와 사회문화적 변수에 따라 결정된다. 사실 짝짓기 대상이 누구인지, 대상이 몇 명인지, 얼마나 오래 관계를 유지하는지, 얼마나 가까운 관계인지, 그 이유가 무엇인지는 인간 종의 기본적 욕구에 따라 결정된다. 인간의 기본적 욕구와 돌보는 사람의 상호작용에 의해 애착 유형이 형성되고, 다양한 역사적·지리적 위치에서 다양한 행동으로 나타난다. 그러면 애착 유형은 규범·신념·가치로 바뀌고, 사회화와 문화화 과정을 통해 새로운 세대로 다시 전해진다. 농경사회가 시작되면서 문화적으로 형성된 규범인 헌신은 규범에 기초한 사랑의 요소며 관계의 지속 기간을 결정한다.

다양한 단계

낭만적이고 열정적이며 안정된 관계를 유지할 때 행동을 결정하는 규범과 신념에 관해서 멕시코인으로 구성된 표본 집단에게 질문했다. 관계의 여러 단계에서 상대방에게 어떻게 행동하는 것이 적합하고 전형적이고 정상적인지를 물은 것이다. 답변을 분석한 결과 통계적으로 확실하고 개념적으로 명백한 몇 가지 사실이 밝혀졌다.

사랑은 매력으로부터 시작된다. 이 말에서 우리는 '사람들은 매력적으로 보이는 사람에게 관심을 갖게 되며', '매력적인 사람을 발견하면 그의 관심을 끌기 위해 가능한 모든 일을 해야 한다.'고 추론할 수 있다. 그다음 단계에서는 애정의 목표를 향해 움직일 동기가 필요하다. 사랑에는 열정이 포함되어 있으며, '성적 욕망을 낳고', '불쏘시개처럼 타오르고', '상대방에게 완벽하게 주는 것'이 열정의 표시다. 일단 관계가 성립되면 사랑도 함께 생긴다. 이런 형태의 사랑은 서로 헌신하고 부양하는 사랑이며 '함께 사는 사람에게 책임을 다해야 한다', '헌신은 관계를 정식 의례로 만든다.'는 식의 책임감으로 표현된다. 사랑을 오래 지속하는 데는 항상 상실의 가능성이 존재한다. 역사상 기사도식 사랑이나 어렵고 불가능한 사랑에는 일종의 낭만과 슬픔이 함께했다. '낭만적 사랑을 하는 사람은 자신의 반쪽과 항상 같이 있기를 열망한다', '사랑하는 사람을 잃으면 고통스럽다', '사랑은 눈물로 쓴다', '사랑받지 못하면 죽는 편이 낫다.'는 결론에 이르는 사랑이다. 슬픔이 깊어지면 《로미오와 줄리엣》이나 〈러브 스토리〉에서 묘사된 사랑처럼 비극적 사랑이 된다. 마지막으로, 사랑받지 못하거나 서로 헤어지는 경우에는 이렇게 표현할 수 있다. '커플이 헤어지면 더는 사랑하지 않기 때문이다', '자신의 반쪽을 사랑하지 않으면 더는 그 사람과 함께 있고 싶지 않다는 뜻이다.'

사랑은 종의 번식과 보호를 확보하기 위한 일련의 감정, 인식, 행동이다. 사랑의 표현은 진화 단계에 기초하지만, 최종 줄거리는 문화적 우연성의 영향을 받아 다시 쓰인다. 문화적 우연성은 실제, 상상, 심지어 특정 생태계에 맞게 적응한 것을 반영하여 사랑의 표현을 결정한다.

홀란두 디아즈 러빙 *Rolando Díaz-Loving*

멕시코 국립자치대학*UNAM* 심리학과 교수이다. 커플과 가족 관계, 비교문화심리학과 인종심리학 분야의 풍부한 연구로 세계적 기여를 했다. 많은 저서를 쓰고 과학 저널에 논문을 기고했으며, 전 세계 회의에서 700번 이상 프레젠테이션을 했다. 아메리카대륙심리학상을 비롯하여 여러 상을 받았다.

사랑하는 상태 후에는
사랑이 아니라 실망이 온다.

사랑과
사랑하는 상태는 다르다

Our formula of love

"'사랑은 무엇인가?'라는 질문에 대한 유일한 답은 '우리가 사랑이라고 믿는 것이다.'"라고 조란 밀리보예빅은 말한다. 우리는 모두 자신의 주관적 논리인 개인 '사랑 공식'을 따라간다. 사람들은 대체로 자신의 숨겨진 논리가 불합리하고 비이성적이라는 점을 알지 못하며, 따라서 자신의 행동·감정·반응을 절대로 이해하지 못한다.

가끔 사람들은 관계에서 스스로도 잘못되었으며 관계를 해친다고 생각하는 행동을 되풀이한다. 이들은 그런 행동을 멈출 수 없을 뿐만 아니라 자신이 왜 그런 행동을 하는지 알지 못해서 혼란스러워한다. 예를 들어, 한 의뢰인은 자신이 사랑하는 사람을 학대하는 이유를 이해하지 못해 혼란스러워하면서 자신의 행동을 '가학적'이라고 말했다. 그는 항상 파트너에게 직업, 친구, 가족과 관계된 중요한 일을 포기하도록 요구했다. 이 의뢰인을 분석한 결과 그의 사랑 공식은 '사랑은 곧 희생'이었다(사랑=희생). 그래서 그는 파트너가 사랑을 증명하기 위해 희생할 것을 기대했다(희생이 있다=사랑이 있다). 이런 논리로 그는 파트너가 주는 사랑의 양을 측정했다(적은 희생=적은 사랑, 좀 더 큰 희생=좀 더 큰 사랑, 가장 큰 희생=가장 큰 사랑, 희생하지 않음=사랑하지 않음).

자기가 가지고 있는 사랑 공식의 역기능을 발견하고서야 비로소 그는 자신의 행동을 이해하기 시작했다. 그래서 그의 내적 논리를 바꾸는 쪽으로 치료가 진행되었다. 이 남자는 사랑과 희생을 구분하는 법을 배워야 했다. 어떤 사랑 공식은 어렸을 때나 젊었을 때 개인적 경험이나 중요한 다른 사람에게서 받은 메시지를 통해 형성된다. 이 의뢰인은 남편과 세 아들에게 사랑을 보여주기 위해 늘 자신을 희생했던 어머니를 보면서 사랑과 희생이 같다는 공식을 습득했다.

가장 큰 문제는 그가 관계에 대한 관념과 사랑을 구별하지 못한 데 있다. 그 결과 자신의 관계 관념, 즉 여성이 계속 희생해야 한다는 생각을 파트너에게 강요한 것이다. 이 시도가 성공했다면 그는 사랑받는다고 느꼈을 것이다. 그러나 여러 파트너를 만났음에도 성공하지 못했다. 파트너에게 자신에 대한 사랑을 '증명'하도록 요구했기 때문이다. 그는 항상 애정 생활에 만족하지 못했고, 이렇게 만족하지 못한 마음이 이따금 파트너를 향한 공격적 행동으로 나타났다.

서른 가지 논리

연구 작업에서 나는 서른 가지 사랑의 역기능 공식과 논리를 정리했다. 그중 두 가지를 살펴보자.

1 개인적 차원에서 파괴적으로 작용할 가능성이 있다는 점에서 가장 중요한 공식은 '*파트너의 사랑=삶의 의미*'다. 이런 논리를 가진 사람들은 관계가 깨지고 파트너가 떠나면 몹시 슬퍼한다. 사랑하는 사람에게 버려졌기 때문만이 아니라 삶이 더는 의미가 없다고 믿기 때문이다. 그래서 자기 파괴적이 되고 심지어 자살도 감행한다. 자기 삶의 의미였던 사람에게 파괴적인 행동을 하는 경우도 있다.

2 사랑하는 상태와 사랑이 같다고 생각하는 공식, 즉 '*사랑=행복한 기분*'이라는

공식이다. 이 공식은 서구인들의 집단 무의식 속에서 가장 핵심적인 위치를 차지하기 때문에 특히 중요하다. 대중매체, 로맨스 소설, 영화에서는 진정한 사랑이 우리 관계에 지속적인 기쁨과 행복을 가져다준다고 말한다. 그 결과 사람들은 누구나 이 공식을 믿게 되었다. 그래서 행복한 기분을 느낄수록, 그 기분이 오래 지속될수록 진정한 사랑이라고 믿는다. 그리고 행복한 기분이 줄어들거나 끝나면 사랑도 끝났다고 믿는다. 그 결과 사람들은 누군가에게 좋은 기분이 들거나, 더 정확하게는 누군가와 성관계를 하고 사랑하는 상태일 때 좋은 기분이 들면 사랑이라고 착각한다.

더는 찾지 말라

사랑하는 상태와 사랑은 완전히 다른 심리적 메커니즘에 기초한 두 가지 감정이다. 사람들이 두 감정이 같다고 생각하거나 적어도 사랑하는 상태가 사랑에 필수적인 첫 단계라고 생각하는 것은 두 감정을 경험하는 방식이 비슷하기 때문이다. 사랑하는 상태에서는 파트너를 이상화하므로 나중에 파트너 또는 사랑 전체에 크든 작든 반드시 실망하게 된다. 이 말은 사랑하는 상태는 일시적인 감정이라는 뜻이다. 또한 사랑하는 상태 다음에는 대부분 사랑이 아닌 실망이 온다는 뜻이다.

현대 서구인들은 사랑에 빠지는 경우 외에는 스스로 파트너를 선택하는 방법을 모르기 때문에 나중에 관계가 불안정해지거나 깨지거나 이혼에 이르게 된다. 행복을 가져오는 사랑을 추구하다가 실제로는 진정한 사랑에서 멀어지는 경우도 있다. 이런 이유로 우리는 사랑을 행복이나 기쁨과 연관시키지 않는 다른 문화에서 사랑에 대해 배울 필요가 있다. 그럼으로써 사랑을 다시 정의하고 나면 '사랑에 존재하지 않는 것'을 더는 찾지 않게 될 것이다.

keys of LOVE

1 우리는 모두 자기만의 '사랑 공식'을 갖고 있다. 이 공식은 대체로 불합리하고 비이성적인 자기만의 내적 논리다. 이 논리를 밝혀내면 자신의 행동을 이해하는 데 도움이 된다.

2 관계에 대한 개인적 관념과 '사랑'을 구별해야 한다.

3 사랑하는 상태와 사랑은 완전히 다른 심리적 메커니즘에 기초한 두 가지 감정이다. 우리는 사랑을 행복이나 기쁨과 연결시키지 않는 태도를 다른 문화에서 배울 필요가 있다.

조란 밀리보예빅 *Zoran Milivojević*

정신치료를 전공한 의학박사이며 세르비아 노비사드의 사이오폴리스 *Psihopolis* 연구소 소장이다. 세르비아정신치료협회 회장이며 유럽정신치료협회 위원이다. 《사랑과 사랑의 공식 찾기-진정한 사랑을 찾아서 인생을 망치는 방법 *Catching a Love and The Formulas of Love - How Not to Ruin Your Life Searching for Real Love*》을 비롯하여 다수의 책을 썼다.

가족은 구성원이
신성한 규칙을 지키는지 감시한다.

°신성한 규칙

Sacred rules

서로 다른 인종 간의 결혼은 어떤가? 미국에서 인종 간 결혼은 1970년대에 0.7%였는데 오늘날 4%로 증가했다. 이들의 수는 전 세계의 결혼한 부부 중 극소수에 불과한데, 이혼율은 두 배나 높다. 엘레나 프루블리가 그 이유를 밝힌다.

나는 국제적인 직업과 생활양식 덕분에 문화 간 의사소통이라는 학문적 틀을 사랑과 성 같은 미묘한 문제에 적용할 흔치 않은 기회를 얻게 되었다. 나는 일생의 사랑을 만나기 전에 실험적이고 경험적인 현장 연구를 통해 다양한 문화에서 성의 의미를 연구했다. 어떤 유형의 관계든 관계의 토대는 의사소통에 있다. 사랑에 대한 개념과 가치가 다르지 않을 때도 상대방이 내가 의도한 대로 해석할 수 있도록 메시지를 전달해야 한다.

나는 현재 국제적십자사훈련 프로젝트에서 문화 간 의사소통 코치로 일하고 있다. 이곳 자원봉사자들은 직업적·교육적 배경이 다양하다. 이들은 다른 문화권에서 온 사람들을 도우려 할 때 가장 다루기 어려운 것이 사랑, 가족 간의 연계, 성 문제라고 말한다. 사람들은 금기에 대해서 얘기할 때 최대한 간접적인 언어를 사용한다. 심지어 이런 주제에 대해 '말'하는 데만도 규율과 규제가 존재한다.

나는 최근에 직업 상담사들을 교육하면서 사람들이 사랑과 성을 인지하는 정도와 삶에서 이 부분이 직업적 발전과 연관이 있음을 인지하는 정도가 문화에 따라 극적인 차이를 보인다는 사실을 알았다. 이런 차이는 효과적인 의사소통에 심각한 장애가 될 수 있다. 한쪽은 지나치게 냉정하고 사무적이고 비인간적인 반면, 다른 쪽은 관련 없는 주제에 시간을 낭비하는 사람처럼 보이기 때문이다.

사랑의 규칙

엄격하고 안정되고 서로 밀접하게 연결된 공동체에서 자란 사람들은 내가 무슨 말을 하는지 알 것이다. 이런 문화 집단은 사랑에 대한 개념을 세대에서 다음 세대로 변함없이 전하기를 고집한다. 지역 문화의 영향을 많이 받은 젊은이들이 저항하기 때문에 성공률은 각기 다르지만, 공동체가 극도로 통일되어 있고 상호의존적이던 시절에 생긴 사랑의 의미를 보존하려고 한다.

당시에는 '사랑의 규칙'이 공동체가 살아남는 데 도움이 되었다. 이 과정에서 이 규칙은 신성한 대상이 되었고, 공동체의 가치 서열과 사랑의 표준이 이 가치에 포함되었다. 사랑의 표준은 모두에게 맞는다고 여겨졌고, 개인의 성격적 특질은 거의 고려되지 않았다. 내가 속한 공동체에서 여성의 최고 가치는 이해하고 수용하고 지지하는 데 있으며, 때로는 상대를 보호하기 위해서 잘못된 지시를 하는 경우도 있다. 반면 다른 집단에서는 여성의 가치가 권위를 존중하고, 복종하고, 희생하고, 봉사하고, 음식을 먹이고, 칭찬하는 데 있다.

폭풍우 치는 바다

공동체에는 '어떠해야 한다.'라는 일련의 금언이 존재하며, 사람들은 의문을 제기하지 못하고 모두 이 모범을 따라야 한다. 가치 우선순위와 사랑의 표준은 공동체의 외부 환경으로 인해 만들어졌으며, 만들어진 당시에도 이미 주변 문화보다 상당히 느린 속도로 변화했다. 그런데 오늘날에 이르러서는 세계화·국제화·자유화가 진전되면서 간극이 훨씬 더 커졌다.

전통적으로 '좋은 가정에서 자란 착한 여성'은 존경받는 공동체 구성원이자 '괜찮은 남성'에게 소개하기에 '적절한' 방식으로 양육되었다. 이 부부의 친척들은 이들이 적어도 겉으로는 '신성한 규칙'을 지키는지 평생 감시한다. 그런데 *새로운 시대에는, '사랑의 개념'을 흡수한 젊은이들이 아무런 규칙이나 규범 없이 삶의 바다에 뛰어든다.* 그중 일부는 자신만의 가치와 모범을 찾기 위해 폭풍우 속으로 뛰어든다.

사랑의 개념

내가 옳은 일을 많이 했으니 내가 걸어온 길을 그대로 따르라고 권하지는 않겠다. 나는 내 직업과 사회적 경험을 분리할 수 없다. 나는 직업상 다양한 문화 환경에서 살았고 다양한 배경과 지위를 가진 사람들을 만났다. 그들이 내게 나눠준 정보와 생각을 '사랑 규칙 피라미드'라는 순서로 조직하려고 한다. 피라미드의 맨 밑에서는 사랑이 그 문화에서 어떤 자리를 차지하는지, 남성과 여성의 중요성과 삶의 다른 면에 대한 우선순위, 사랑을 논의할 수 있는지 등을 알 수 있다. 다음 단계에서는 사랑을 얼마나 주는지, 그 문화권에서 무엇이 적절한지, 어떤 규칙을 엄격하게 지키는지, 어떤 규칙을 엄격하게 지키지 않아도 되는지, 규칙을 어겼을 때 사회의 반응이 어떤지 알 수 있다. 세 번째와 네 번째 단계는 사랑 개념 자체, 즉 사랑의 가치와 사랑의 모범이 차지한다.

keys of LOVE

1 / 어떤 유형의 관계든 의사소통이 토대가 된다. 문화가 서로 다르면 메시지를 해석하는 데 문제가 생긴다.

2 / 어떤 문화 집단은 자신만의 '신성한 사랑 규칙'을 다음 세대로 변함없이 전하려고 고집한다.

3 / 새로운 사랑 규칙 피라미드에서는 사랑을 '주는' 양을 고려해야 한다.

엘레나 프루블리 *Elena Pruvli*

영국 런던의 웨스트민스터대학을 졸업해 현재 네덜란드 HD(Hogeschool Drenth) 국제 비즈니스 및 언어학과와 에스토니아 탈린의 에스토니아비즈니스스쿨 초빙 강사이다. 문화 간 의사소통 분야의 국제 트레이너로서 비교문화적 경영 연구를 가르친다.

whatever one believes L**is**OVE whatever one believes

LOVE **is** is

사랑이 무엇이라고 생각하든
사랑은 사랑이다.

사랑은 허락 없이 왔다가 간다.

°심리치료

In therapy

"나는 커플치료사지만 서로 사랑하지 않는 사람들은 치료하지 않는다. 사랑 없이 함께 살려는 사람들은 비즈니스 파트너나 이혼한 커플들처럼 변호사를 만나야 한다. 변호사는 사랑 없는 관계가 가능하게 해주지만 치료사는 그렇지 않다."라고 장 피에르 방 드 벵은 말한다.

낭만적 관계의 파트너들은 서로 사랑한다. 그러나 서로 관계가 있다고 해서 그들이 반드시 서로 사랑하는 것은 아니다. 우리는 사랑과 관계를 쉽게 혼동한다. 사랑과 관계가 상호 의존적이라는 점을 생각하면 이해할 만하다. 만약 어딘가에 사랑하는 사람이 있다면 사랑받는 사람도 있을 것이다. 두 사람은 정의된 관계에 따라 어떤 방식으로든 상호작용할 것이다.

그러나 우리는 사랑과 관계가 아무리 겹치는 부분이 많더라도 분명한 차이가 있다는 사실을 경험을 통해서 잘 안다. 만일 우리가 어떤 이유로 낭만적 관계를 끝내기로 했다 해도, 사랑은 저절로 사라지지 않는다. 한때 사랑했던 알코올중독자, 우울증 환자, 바람둥이와 거리를 두는 데 노력이 필요한 것도 이 때문이다. 심지어 목숨이 걸려 있을 때도 사랑을 재촉하거나 통제하거나 조작할 수 없다는 사실을 우리는 어떤 식으로든 경험한다.

절대로 떨어지지 않고 함께 있다

물론 사람들은 조종당할 수 있고, 심지어 사랑도 조작당할 수 있다. 그리고 관계도, 부드럽게 표현하자면 상호 동의 아래 통제당할 수 있다. 일생의 파트너와 거래를 하지 않는 사람은 진짜 관계를 맺고 있다고 할 수 없다. 이런 사람들은 파트너에게 의존하거나 혹은 우두머리 행세를 한다. 그러나 _사랑은 단순히 낭만적 파트너들이 삶을 공유하는 동안 이룬 의견일치의 합이 아니다_. 사랑은 이렇게 의견일치에 이를 수 있는 힘을 주고, 어려운 시기에 떨어지지 않고 함께 있을 수 있도록 에너지를 준다. 사랑은 우리를 용감하게 하며, 우리를 더 나은 사람으로 만든다. 사랑은 우리가 베풀고 돌보고 삶이 무엇을 요구하든 받아들일 수 있게 해준다. 사랑은 근본적인 삶의 힘이다. 우리에게는 살아남기 위해 사랑이 필요하다.

불행히도 사랑은 우리의 허락도 없이 왔다가 간다. 우리가 개인적으로 좋아하든 필요로 하든 전혀 개의치 않는다. 사랑은 우리가 전혀 기대하지 않을 때 튀어나온다. 어떤 때는 잠시 사라졌다가 새로운 생명과 기쁨에 넘쳐 다시 돌아온다. 사랑은 갑자기 흔들릴 수 있고, 거의 제자리에 머무르지 않으며, 아무런 이유 없이 사라져버린다. 우리는 아무것도 예측할 수 없고 막을 수도 없다.

갈등

우리는 두 사람이 서로 사랑하는데 잘 지내지 못하면 의사소통과 협상 능력이 부족하기 때문이라고 말한다. 논리적으로는 이 말이 맞을 것이다. 하지만 진실은 이것이다. 갈등에 빠진 커플이 잘 지내지 못하는 이유는 항상 전혀 관계없는

문제, 즉 사랑에 초점을 맞추기 때문이라는 것. 사람들은 사랑이 있는 한 모든 것이 잘될 것이라고 생각한다. 이 오류는 할리우드 영화와 인도 영화, 셰익스피어 연극과 감상적인 남아메리카 드라마, 그리고 우리가 살면서 들은 모든 사랑 노래에서 수없이 볼 수 있다.

우리는 거짓말을 믿기 쉽다. 그러나 아무런 노력 없이 영원히 행복하게 사는 사람들은 없다. 현실적으로 우리는 거실에서, 식탁에서, 침실에서 사랑하는 사람을 대해야 하며 모든 일을 논의해야 한다. 아이들을 키우는 방법, 재정 문제, 일요일 저녁에 쓰레기를 누가 버릴 것인지까지도. 그리고 중요한 사람과 삶을 공유할 때 친밀감을 표현하는 방법도 모두 논의해야 한다. 상대방에게 말할 때 어떤 목소리로, 어떤 어조로 말할 것인가? 각자 친구나 친척에 대한 정보를 어느 정도까지 공유할 것인가? 성관계를 얼마나 자주, 어떤 방식으로 할 것인가?

이 모든 것이 관계의 영역에 속한다. *거래, 동의, 수용, 싸움, 다툼, 거부는 사랑과 아무런 관련이 없다.* 사랑은 우리를 유지시켜주는 힘이지만, 우리는 사랑을 유지하지 못한다. 우리가 할 수 있는 일이라고는 다만 사랑의 힘이 우리와 함께하기를 바라는 것뿐이다.

1 사람들은 사랑과 관계를 자주 혼동한다.

2 아무런 노력 없이 영원히 행복하게 사는 사람들은 없다.

3 사랑은 우리를 유지시켜주는 힘이지만, 우리는 사랑을 유지하지 못한다.

장 피에르 방 드 벵 *Jean-Pierre van de Ven*

심리학자이자 커플치료 전문가이다. 네덜란드 암스테르담대학에서 커플치료를 가르쳤고, 암스테르담의 정신치료 클리닉에서 일하고 있다. 현재 네덜란드 전국 신문과 잡지에 기사와 칼럼을 쓰고 있다. 《사랑의 기쁨*Geluk in de liefde*》을 비롯하여 커플치료와 사랑에 관한 많은 저서를 썼다. 결혼하여 세 자녀가 있다.

전희는 침대 밖에서 시작된다.

°성적 욕망

Sexual desire

"사랑은 대답이다. 그러나 대답을 기다리는 동안 섹스가 아주 좋은 질문을 제기한다." 미국의 유명한 영화감독 우디 앨런이 한 말이다. 사랑과 섹스는 밀접한 관련이 있지만, 실제로 어떻게 관련이 있을까? 거릿 E. 번바움 박사는 침대에서 그 너머까지 연구하는 데 평생을 바쳤다.

섹스는 낭만적 사랑과 어른의 애착 관계에 없어서는 안 될 부분이다. 그러나 성적 충동과 정서적 애착이 반드시 연관이 있지는 않다. 사람들은 성적으로 끌리지 않고도 정서적 애착을 느낄 수 있고, 그 반대도 가능하다. 성적 파트너들은 하룻밤의 쾌락 식으로 서로 정서적 애착 없이도 성관계를 한다. 그러나 낭만적 관계에서는 애착과 섹스가 함께 일어나며, 낭만적 파트너들은 대개 서로에게 성적으로 끌리고 정서적 애착을 느낀다. 그러므로 낭만적 관계에서 섹스는 굉장히 의미 있는 경험이 될 수 있고, 관계가 발달하는 단계마다 강력한 동기로 작용한다. 성적 욕망은 잠재적 파트너들이 상호작용을 시작하고 관계를 진전시킬지 말지 결정하게 해준다. 그러므로 성적 욕망이 부족하면 두 사람은 결국 헤어지게 된다.

단기적 관계

섹스는 두 사람의 관계가 앞으로 어떻게 될지에 영향을 미친다. 심지어 두 사람 사이에 관계가 존재하기 전부터 두 사람이 앞으로 애착으로 맺어질지, 헤어질 가능성이 있는지 결정한다. 특히 처음에는 성적 욕구가 동기가 되어 잠재적인 성적 파트너와 장기적이든 단기적이든 관계를 맺으려고 한다. 일단 잠재적 파트너가 정해지면 새로운 파트너에 대한 성적 반응을 통해 상대방이 적절하고 어울리는 짝인지 판단하고 만남을 계속할지 결정한다. 잠재적 파트너에게 성적 욕망이 증가하면 상대방이 적절한 사람이라는 뜻이며, 따라서 만남을 지속할 마음이 생긴다. 반대로 성적 욕망이 일어나지 않으면 어울리는 관계가 아니라는 뜻이며, 더는 만남을 지속하지 않게 된다. 일단 적절한 파트너를 찾은 다음에 그 사람에 대해 성적 욕구가 생기면 일회적 성관계를 넘어서 관계를 지속하게 된다. 그러면 첫 만남에서 부정기적 데이트, 꾸준한 데이트로 관계가 진전되면서 섹스가 성적 파트너 사이의 정서적 유대를 강화하고 막 시작된 관계를 단단하게 만드는 역할을 한다.

신호

관계가 진전되어 다음 단계로 넘어가면 섹스가 관계를 유지하는 데 여전히 도움이 되긴 하지만 관계의 다른 면들, 예를 들어 상호 지지, 따뜻함, 상호 의지 등이 질적으로나 안정성 면에서 더 중요해진다. 그럼에도 불안한 상황이나 관계가 위협받는 상황에서 고통을 덜고 친밀감을 끌어낼 때는 섹스가 특히 유용하다. 이런 상황에서 사람들은 위태로운 관계를 치유할 목적으로 섹스를 사용한다. 그렇지만 관계에서 발생하는 중요한 갈등이 대부분 해결하기 어렵듯이 관계 회복이 늘 쉽지는 않다. 이렇게 되면 _섹스로 인해 헤어지게 된다._ 예를 들어

관계에서 중요한 갈등이 생기고 이것이 길어지면, 파트너에 대한 성적 욕망이 감퇴한다. 그러면 파트너가 적절한 사람인지 다시 생각하게 된다. 파트너에게 성적 흥미를 잃었고 두 사람의 관계가 적절하지 않다고 생각되면, 더 적절한 다른 사람을 찾아서 문제를 해결하려고 한다. 어쨌든 성적 욕망은 친밀감을 높여주며, 파트너의 욕구에 반응함으로써 이 손에 잡히지 않는 감각(친밀감)을 다른 어떤 성적 불꽃보다 잘 고취할 수 있다.

다른 길

섹스가 관계의 질과 지속 기간에 미치는 영향은 관계의 단계와 맥락뿐 아니라 개인에 따라 다양하다. 예를 들어, 만족스럽고 잦은 성적 활동은 신경증이나 불안정 애착attachment insecurity 등 부정적 성격인 커플이나 의사소통이 잘 안 되는 등 관계에 문제가 있는 커플에게 유익하다. 이런 경우에 섹스는 관계의 결함 때문에 충족되지 않는 지지 · 안전 · 사랑 · 보상 욕구를 대신 채워주는 역할을 한다. 전체적으로 *섹스는 좋은 관계를 지속하는 데 중요하며* 관계가 시작하는 초기 단계, 관계가 위협받는 상황, 관계에 결함이 있는 커플 등 관계가 취약한 경우 특히 중요하다. 그러나 모든 것이 섹스에 달려 있지는 않다. 관계의 다른 면, 즉 친밀감, 지지, 헌신은 섹스보다 더 중요하지는 않더라도 장기적으로 관계의 질에 똑같이 중요하다.

반대

물론 관계에서 겪은 경험이 성적 기능에 영향을 미칠 수도 있다. 예를 들어, 섹

스와 관계없는 욕구에 반응하는 것도 성관계 도중에 반응하는 것만큼이나 중요하다. 전희가 침대 밖에서 시작되는 사람도 많기 때문이다. 그렇다면 침대 밖 어디서부터 시작되는 걸까? 아마도 현재의 관계에서 부모와 관계까지 거슬러 올라갈 수 있을 것이다. 다시 말하면 사람들이 성적 만남에서 원하는 것과 욕구를 충족시키는 방법은 현재의 관계와 이전의 애착 경험으로 결정된다는 뜻이다. 관계의 다른 면이 성생활에 비교적 관련이 없을지 혹은 좋은 쪽으로든 나쁜 쪽으로든 모든 것이 성관계에 달려 있을지는 이런 경험으로 결정된다.

keys of LOVE

1 성적 욕망은 친밀감이 높아지면 증가한다. 파트너의 욕구에 반응하는 것은 이렇게 손에 잡히지 않는 감각을 고취하는 가장 좋은 방법이다.

2 섹스는 관계를 잘 유지하는 데 중요하며, 관계가 취약할 때 특히 중요하다. 물론 모든 것이 섹스에 달려 있지는 않다. 친밀감, 지지, 헌신도 똑같이 중요하다.

3 파트너의 섹스와 관계없는 욕구에 반응하는 것도 성관계 도중 반응하는 것만큼 파트너와 관계를 잘 유지하는 데 중요하다.

거릿 E. 번바움 *Gurit E. Birnbaum*

이스라엘 헤르즐리아의 학문제휴센터 심리학과에서 일한다. 성적 판타지의 잠재적 기능과 넓은 의미의 가까운 관계에서 성이 맡은 복잡한 역할을 주로 연구한다. 유명한 국제 학술지에 자주 글을 쓰고 있다. 〈대인관계 *Personal Relationships*〉 공동 편집자이며 〈사회적 관계와 대인관계 저널 *Journal of Social and Personal Relationships*〉, 〈인성과 사회심리학 저널 *Journal of Personality and Social Psychology*〉 편집위원이다.

°사랑에 빠진 목소리

The voice of love

동네 서점에서 신간을 훑어보고 있는데 옆 서가에서 휴대폰 벨이 울렸다고 상상해보자. 한 여성이 "여보세요?"라고 답하는 목소리가 들리고 1~2분가량 통화하는 소리를 듣게 되었다. 이 짧은 통화만 듣고 이 여성이 낭만적 파트너와 통화했는지 친구와 통화했는지 알 수 있을까? 샐리 팔리 박사가 우리 목소리에서 어떻게 사랑이 '새어나오는지' 연구했다.

연인 사이의 대화를 들으면 구별할 수 있다고 주장하는 사람들이 많다. 그런데 그게 사실일까? 만일 그렇다면 어떻게 구별할 수 있는 걸까? 많은 연구를 통해 낭만적 사랑을 전달하는 신호들이 밝혀졌다. 연인들은 서로를 오래 응시하고 스킨십을 더 많이 하고(어떤 때는 관찰자가 원하는 것보다 더!) 서 있을 때나 앉아 있을 때나 서로 밀착해 있다. 그뿐 아니라 넥타이를 바로잡아주고 삐져나온 머리카락을 정돈해주고 옷 상표를 안으로 넣어주는 등 서로를 매만져준다. 이런 신호들은 파트너에게 애정과 친밀감을 전달하는 한편, 세상 사람들에게 '이 사람이 내 연인이다!'라고 알리는 기능도 한다. 그러나 연인들끼리 의사소통할 때 목소리가 어떻게 변하는지에 대해서는 아직 잘 알려져 있지 않다.

이제 막 사랑에 빠진 연인들을 조사한 결과, 통화하는 소리만으로도 상대방이 친구인지 연인인지 알 수 있는 확률이 우연의 확률보다 높았다. 대화를 20초 동안 들은 후에 구별한다면 놀랍지 않을 수도 있지만 대부분 '잘 있었어?'라는 간단한 인사나 웃음소리만 들어도 판단할 수 있다. 게다가 연인과 통화할 때는 친구와 통화할 때보다 덜 활기차지만 더 기분 좋고 매력적이고 낭만적 관심을 더 표현했다. 대화에서 침묵을 제거하고 한쪽이 말하는 소리만 청취했을 때도 마찬가지 결과가 나왔다.

연인들의 통화만 듣고도 우리가 '낭만적 어조'를 구분할 수 있다면, 이는 곧 목소리가 관계를 나타내는 중요한 표지라는 뜻이다. 진화적 관점에서, *비언어적 단서를 통해 잠재적 파트너를 재빨리 구별하는 능력은 매우 중요하다.* 가능성이 없는 관계에 에너지를 소비하지 않을 수 있기 때문이다. 내게 관심을 보이지 않으면 이미 '짝이 정해진' 사람이거나 성적 취향이 다른 사람이다.

주변 언어

내 연구에서 발견한 또 한 가지 사실이 있다. 대화의 내용을 가렸을 때, 그래서 대화에서 말이 아닌 음성의 높낮이와 리듬만 들을 수 있을 때 사람들은 친구와 대화할 때보다 연인과 대화할 때 자신감이 덜하고 덜 호감이 가고 덜 인기 있는 태도를 보였다. 연인과 대화할 때 덜 사교적으로 보이는 경향은 열렬한 낭만적 사랑에 따르는 불안의 무게와 관련이 있다. 처음으로 사랑을 하는 사람들은 연인이 머릿속에서 떠나지 않는다. 생물인류학자 헬렌 피셔*Helen Fisher*는 낭만적 사랑은 충동이며, 사랑에 빠진 사람의 사고·감정·행동에 깊은 영향을 미친다고 지적했다.

새로운 연인들은 함께 있고 싶다는 욕망을 충분히 만족시킬 수 없고, 연인에 대해 강박적으로 생각하며, 스킨십을 간절히 원한다. 그러나 이런 감정이 항상 긍

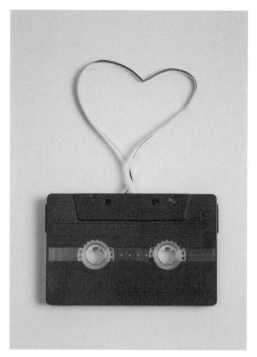

"사랑은 목소리로 새어나온다."

"Love leaks through our voices."

정적일 수는 없다. 극도의 도취감(부분적으로는 도파민 전달 경로의 활성화로 인한)과 함께 상실에 대한 공포가 찾아온다. 낭만적 사랑은 우리를 취약하게 만들고, 그것이 우리 목소리에서 그대로 드러난다. 감정은 비언어적 단서를 통해 흘러나온다. 낭만적 사랑을 감정·충동·화학 작용으로 봐야 하는가는 아직 연구 중이지만, 낭만적 사랑이 목소리를 통해 흥미로운 방식으로 드러나는 것은 사실이다. 우리가 말하는 방식(비언어 연구자들은 이를 주변 언어라고 부른다.)은 우리가 말하는 내용보다 훨씬 더 많은 것을 말해준다. 우리의 보디랭귀지는 절대로 침묵하지 않는다는 사실을 명심하라. 보디랭귀지와 목소리는 우리의 감정과 동기를 훨씬 더 많이 전달한다. 사랑은 목소리를 통해 새어나온다.

샐리 팔리 *Sally Farley*

미국 볼티모어대학 실험사회심리학자이며 비언어적 행동이 주요 연구 분야이다. 〈비언어적 행동 저널*Journal of Nonverbal Behavior*〉을 비롯한 여러 학술지에 논문을 게재했다. 세 자녀의 엄마이며, 취미는 장거리 장애물 경주이다.

키 큰 남자는 키 작은 남자보다 덜 질투한다.

˚파괴적인 질투
Destructive jealousy

'당신이 다른 남자와 함께 있는 것을 보느니 죽는 게 낫겠어(1964년 비틀즈의 '살려면 도망쳐 *Run for your Life*' 에서).' A. P. 붕크 박사는 사랑과 관련된 가장 강렬하고 파괴적인 감정, 즉 질투를 연구했다. 이 정상적인 감정이 어떻게 강박으로 변할까?

질투는 사랑하는 관계에서 가장 강렬하고 잠재적인 파괴적 감정이다. 가장 통제하기 어려우며 심한 경우에는 폭력, 살인, 자살로 이어질 수 있다. 질투의 형태는 매우 다양한데 그 핵심에는 항상 경쟁자가 있다. 경쟁자는 실제로 관계를 위협하는 사람일 수도 있지만, 연인의 관심을 끌지도 모르는 누군가에 대한 막연한 두려움일 수도 있다. 질투는 연인에게 혼자 외출하지 말라고 요구하는 등 연인이 다른 사람들과 접촉하지 못하게 막으려는 온갖 시도로 나타난다. 이런 감정은 장기적인 관계에서 흔히 일어나는데, 아직 가까운 관계가 아닌 경우에도 매력적인 경쟁자와 경쟁하는 상황에서 나타날 수 있다. 연인이 이전에 사랑했던 사람에게도 질투를 느낄 수 있다. 연인이 예전 연인에게 돌아갈까 봐 두려워하는 마음 때문이다.

위협적인 경쟁자

질투를 하게 되면 위협·두려움·의심·불신·불안·분노·배신·거부 등 다양한 감정에 휩싸인다. 연인의 행동에 대한 편집증적 사고와 걱정, 연인을 몰래 살피거나 물건을 뒤지는 등의 행동이 나타난다. 질투는 거의 보편적인 경험이기는 하지만, 연인에게 애착 불안이 있거나 관계에 의존도가 높은 사람들에게 특히 심각한 양상을 보인다. 여성의 경우에는 질투가 자존감과 관련이 있으며, 연인이 부정을 저지르면 자신이 '충분히 매력적이지 않다.'고 생각하고 우울해한다. 반면 남성이 질투할 때는 술에 취해서 폭력을 휘두를 가능성이 있다. 일반적으로 남성과 여성은 반대 성별에게 매력적으로 보이는 경쟁자에게 가장 위협을 느낀다. 그러므로 여성들은 육체적으로 매력적인 여성에게 질투를 느끼고, 남성들은 육체적으로나 사회적으로 힘이 있는 남성에게 질투를 느낀다. 또한 사람들은 지성·인기·운동 기량·직업 등 자신이 중요하게 생각하는 면에서 자신보다 나은 경쟁자에게 더 질투를 느끼는 경향이 있다.

높은 위험

인간의 가장 가까운 친척인 침팬지는 상대를 가리지 않고 성교를 하지만 인간은 어느 정도 안정된 짝짓기 관계를 맺는다. 특히 남성은 자식의 생존을 위해 음식을 제공하고 다른 남성과 적으로부터 가족을 지키는 등 상당한 투자를 한다. 진화 과정상 남성은 연인의 부정으로 인해 자신의 유전자를 받지 않은 다른 남성의 자식을 키우는 데 자신도 모르게 투자할 위험이 있다. 그래서 남성은 연인의 혼외 관계에서 성적인 면에 더 집중하는 경향이 있다. *경쟁자를 만났을 때*

남성들이 연인에게 가장 먼저 하는 질문은 '그에게 성적 매력을 느끼나?'이다. 반면에 여성들은 경쟁자가 나타나면 연인의 자원을 다른 여성과 나눠야 할 위험에 처한다. 더 위협적인 상황은 연인이 모든 자원을 경쟁자를 지원하는 데 쓰는 것이다. 그래서 연인이 다른 여성과 정서적 유대가 생기면 여성은 특히 위협적으로 느낀다. *경쟁자를 만났을 때 여성이 연인에게 가장 먼저 하는 질문은 '그녀를 사랑하나?'이다.*

호르몬

질투는 신체적·심리적 특성과 명백한 연관이 있다. 키 큰 남성들(대체로 더 힘이 있고 지위가 높다.)은 키 작은 남성들(힘 센 경쟁자에게 질투를 많이 한다.)보다 질투를 덜 한다. 그러나 여성들의 경우에는 키가 아주 크거나 아주 작은 여성들이 질투를 많이 하며, 특히 신체적으로 매력적인 경쟁자에게 질투한다. 번식에 유리하고 남성이 선호하는 중간 키의 여성들이 가장 적게 질투한다. 또한 여성적인 남성들, 즉 태내에서 남성 호르몬에 덜 노출된 남성들은 더 질투하는 경향이 있으며, 힘 센 경쟁자에게 특히 질투를 느낀다. 태내에서 여성 호르몬에 덜 노출된 남성적인 여성들 역시 더 질투하는 경향이 있으며, 매력적인 경쟁자에게 특히 질투를 느낀다. 대체적으로 연인들은 여성이 배란기일 때 더 질투하는 경향이 있다. 가장 매력적인 짝을 얻으려는 경쟁에서 이때가 특히 중요한 시기이기 때문이다.

자존감

이렇듯 질투는 강력한 생물학적 토대에 기초한 인간의 보편적 경험이며, 이 감정을 완벽하게 뿌리 뽑을 수 있다는 생각은 환상이다. 그러나 연인에게 덜 의존적이 되고, 자존감을 높이고 자신의 감정을 조절할 수 있으면, 질투를 줄이거나 관리할 수 있다. 물론 삶과 관계를 파괴하는 집착적 질투와 정상적인 질투는 분명히 다르다. 관계에 심각한 위협이 있을 때 적절하게 반응하고 관계를 지키기 위해 행동을 취하도록 경고하는 것은 정상적인 질투다.

keys of LOVE

1 질투는 거의 보편적 경험이지만, 불안정 애착 관계이거나 관계에 의존성이 높은 사람들의 경우에 더 심하게 나타난다.

2 남성들은 배우자의 혼외 관계에서 성적인 면에 더 초점을 맞추고, 여성들은 배우자의 정서적 유대를 더 두려워한다.

3 질투를 뿌리 뽑을 수는 없지만, 연인에게 덜 의존적이 되고 자존감을 높이고 감정을 조절하는 법을 배우면 질투를 줄이고 관리할 수 있다.

A. P. 붕크 *A.P. Buunk*

네덜란드 왕립과학아카데미를 대표하는 아카데미 교수이며 남아메리카 여러 대학의 명예교수이기도 하다. 인간 행동, 특히 질투와 동성 간의 경쟁, 배우자 선택에서 부모의 통제에 관해 진화적·생물학적으로 접근하는 연구를 하고 있다. 여러 과학 위원회와 이사회에서 일했고, 많은 학술지와 저서에 500편 이상의 과학적 저술을 게재했다. 2009년에는 영예로운 네덜란드사자기사단 *Order of the Lion of the Netherlands* 기사 작위를 받았다. 스페인과 우루과이를 오가며 살고 영화와 팝, 라틴음악을 좋아하며 조깅과 콩가 연주가 취미이다.

사랑은 삶의 생태학이다.

°에코섹슈얼 사랑

Ecosexual Love

"우리는 인간과 지구와 우주의 차원에서 가능한 한 많은 유형으로 사랑을 실천하는 법을 배워야 한다."라고 세레나 안델리니 도노프리오 박사는 말한다. 에코섹슈얼 사랑을 발견하라.

에코섹슈얼 사랑은 성별 · 숫자 · 나이 · 성적 취향 · 인종 · 종족을 초월한 사랑이다. 삶의 모든 것에 동등한 권리가 있음을 인정하고 지구와 생태계의 건강을 최대화하는 사랑 양식이다.

사랑을 연구하는 나의 목적은 사랑 교육이 평화와 민주주의를 교육하는 효과적인 방법이라는 사실을 세계에 알리는 것이다. 사랑은 삶의 생태계이며 사랑의 힘은 무한히 크다. 사랑은 우주의 힘이며 사랑의 에너지는 삶과 죽음을 결정한다. 사랑을 실천하는 방법에 대한 명확한 지식은 이런 교육에 관심이 있는 사람들을 통해 얻을 수 있다. 사랑이 단지 결핍을 부르는 욕구나 두려움을 부르는 본능이라고 생각하기보다 실천을 통해 배우는 기술이라고 생각할 때 특히 그렇다. 따라서 지금까지 내 연구는 사랑을 기술로 해석하고 받아들일 수 있는 패러다임의 변화를 만드는 데 집중했고, 앞으로도 그럴 것이다.

성애의 표현

15년 전에 푸에르토리코대학의 어느 인문학 교수가 이 연구의 진전에 크게 기여했다. 유동적이고 포괄적인 사랑의 실천에 대한 내 연구는 인문학을 비롯한 다른 분야의 지식에 새로운 장을 열었다. 나는 양성애가 성의 유연한 본성을 존중하는 사랑 양식이며, 양성애를 실천하면 성별을 초월하여 사람을 사랑하는 능력을 갖게 된다는 사실을 알게 되었다. 폴리아모리*polyamory*(비독점적 다자 연애-역주)는 인간 종에 가능한 모든 포괄적인 성격의 사랑을 존중하는 사랑 양식이다. 폴리아모리에서는 사회적으로 강요된 성적 소유와 일부일처제 형식을 뛰어넘어 사랑을 확장한다. 더 최근에는 사랑과 사랑하는 대상을 자연으로까지 확장하는 성애적·성적·예술적 표현 양식으로 에코섹슈얼리티가 떠올랐다. 에코섹슈얼리티는 사랑의 포용성과 성적 유동성을 통합하여 인간이 주인으로 살고 있는 지구 전체로 확장된다. 에코섹슈얼리티를 받아들이는 사람들은 사랑의 기술을 자연스럽게 실천할 때 사랑과 기쁨이라는 감정의 범위도 확대된다고 믿는다.

사랑 교육

학자로서, 사랑 치료사로서 나는 사랑을 실천하는 다양한 방법을 교육하는 것이 민주주의를 실천하는 데 가장 중요한 요소라고 확신한다. 민주주의 교육은 사랑 교육이다. '안전하게 사랑할 수 있는 세상은 안전하게 살 수 있는 세상'이기 때문이다. 사랑 교육은 사람을 변화시키는 과정이다. 사랑을 가르치는 이들은 사람들이 가진 다양한 재능을 인정하고 사랑 예술가로 발전할 수 있도록 훈

런시킨다. 나는 가이아, 즉 거대한 생명체인 지구라는 개념이 사랑의 핵심이라고 믿는다. 가이아 개념은 생물학만이 아니라 물리학 · 신화 · 대중문화 · 비판적 이론 · 성별 · 성을 삶의 생태학으로서의 사랑에 초점을 맞추는 새로운 지식 패러다임이다.

keys of LOVE

1 / 사랑은 삶의 생태학이며 사랑의 힘은 무한하다. 사랑은 단순한 욕구나 본능이 아니라 실천을 통해 배우는 것이다.

2 / 양성애와 폴리아모리는 인간 종에 가능한 잠재적 사랑의 포괄적 본성을 존중하는 사랑 양식이다.

3 / 에코섹슈얼리티는 성애적·성적·예술적 표현의 보편적 양식으로, 사랑과 사랑하는 대상을 자연으로 확장한다. 사랑 교육은 사람을 변화시키는 과정이다.

세레나 안델리니 도노프리오 *Serena Anderlini-D'Onofrio*

이탈리아 로마에서 태어나 1979년에 사사리대학을 졸업했다. 1987년 미국 캘리포니아대학에서 비교문학 박사학위를 받았다. 푸에르토리코 미야구에스의 푸에르토리코대학 인문학 교수이며 스토어스의 코네티컷대학 인문학 펠로우이다. 학자이자 활동가, 교수, 문화 이론가 겸 《가이아와 새로운 사랑의 정치학 *Gaia and the New Politics of Love*》, 《양성애와 동성애 이론 *Bisexuality and Queer Theory*》, 《에로스: 다양한 사랑의 여행 *Eros: A Journey of Multiple Loves*》 등 많은 수상작을 출간한 저자이자 편집자이다.

어떻게 사랑하는 사람을 죽일 수 있나?

°사랑 때문에 저지르는 살인

Killing for love

"최근에 여학생 두 명이 우정을 거절했다는 이유로 학교에서 무참히 살해당했다. 놀랍게도 살인자는 동급생들이었으며 친구들을 죽인 데 대해 후회하는 기색이 전혀 없었다."라고 수닐 사이니 박사는 전한다.

낭만적 관계는 청소년기 발달에 없어서는 안 될 부분이다. 낭만적 관계는 대부분 14세에서 15세경에 시작되며, 처음에는 남성과 여성이 섞인 또래 집단 관계의 연장이다. 낭만적 관계는 청소년기 소년 소녀들의 긍정적 · 부정적 정신 건강과 관련이 있다.

전 세계의 심리학자들은 긍정심리학을 통해 긍정적으로 행복하게 사는 법을 가르치며, 극장에서는 행복한 영화들이 상영된다. 어느 곳에서든, 특히 인도에서는 영적 지도자들이 '자신을 사랑하고 인류를 사랑하라.'고 설교한다. 인터넷 · TV · 인쇄 매체는 사랑에 관한 글로 가득하다. 문학 역시 연인을 돌보는 긍정적 사랑으로 채워져 있다. 사랑은 사람들이 위대한 그림과 노래, 음악을 창조하도록 영감을 주고 연인에게 상처를 주지 않고 각자 자신의 분야에서 뛰어난 재능을 보이도록 한다. 그러나 동전에는 양면이 있다.

청소년기의 낭만적 관계와 관련된 공격성은 매년 증가하고 있다. 뉴스 머리기

사와 경찰 기록을 보면 납치 · 성희롱 · 강간 · 혼외 관계 · 결별 · 복수 · 살인의 가장 중요한 이유는 사랑이다. 명예 살인은 인도에서 심각한 문제다. 심지어 아버지가 딸을 죽이기도 하는데, 그것이 사랑을 위해서라고 이야기한다. 낭만적 관계에서의 공격성은 신체적 폭행 · 납치 · 산성 물질 살포 · 강간 · 살인까지 광범위하다. 그리고 신체적 폭력성은 덜하지만 여전히 치명적인 공격도 있다. 연인이 질투하도록 다른 사람과 시시덕거리거나, 연인이 자신의 요구에 응하지 않으면 헤어지겠다고 협박하거나, 화가 나면 침묵으로 벌을 주는 행동이 그 예다.

사랑의 양면은 그 차이가 날로 커지고 사람들은 자신의 삶에서 무엇이 사랑인지 혼란스러워한다. 우리는 긍정적 사랑이 가득 찬 세상에서 살기를 원한다. 그러나 동전의 다른 면은 어떻게 할 것인가? 돌봄 · 용서 · 낙관주의 · 공감 · 복원력 · 감정 조절 등 관계를 꽃피우는 방법과 화를 조절하는 법을 세상 모든 사람이 배워야 한다.

수닐 사이니 *Sunil Saini*

인도 파티알라의 편잡대학에서 심리학 박사학위를 받았으며, 구루잠브헤샤대학 과학 및 테크놀로지 준연구원이다. 젊은이들의 공격성과 화 문제를 연구하고 있다. 인도건강연구복지협회 *Indian Association of Health, Research and Welfare* 회장이다.

정서적 애착이 적을수록 사랑의 원칙은
신용의 원칙으로 변한다.

비즈니스 파트너가
되어가는 연인들

The love principle

에리히 키르흘러는 조화로운 관계의 원칙으로 신용·공정성·이기주의 원칙을 주로 연구했는데, 이후에 다른 강력한 원칙을 발견했다. 바로 사랑의 원칙이다.

조화로운 관계를 원하는 연인들은 상호 신뢰를 토대로 한 협력을 통해 목표를 실현해야 한다. 이렇게 균형 잡힌 관계에 있는 연인들은 스스로를 표현할 뿐 아니라 서로를 직관적으로 이해하며, 그 결과 양쪽의 기대와 욕구가 모두 충족된다. 성공적이며 상호 이익이 되는 의사결정 과정은 연인 관계의 조화와 힘의 균형에 달려 있다. 조화로운 관계에서 힘의 균형은 어느 한쪽에 조금이라도 유리하게 작용하지 않으며 어느 쪽도 의사결정에서 자신에게만 이로운 결과를 얻으려고 하지 않는다.

반면 불행한 관계의 연인들은 스스로를 경제적 관점에서 보고 연인에게서 무엇을 받을 수 있는지, 자신은 무엇을 주어야 하는지 계산한다. 서로의 조화와 힘에 의존한다는 점에서 이들의 행동은 시장에서 볼 수 있는 거래 행위의 연장선에 있다.

여섯 가지 특징

조화로운 관계의 연인들은 '사랑의 원칙'에 따라 행동한다. 이 원칙은 신용, 공정성, 이기주의 원칙보다는 다음과 같은 여섯 가지 특별한 특징을 보여준다.

1 행복한 연인들은 요구나 의무에 대한 (정신적) 설명을 필요로 하지 않는다. 이들은 자발적으로 연인을 위한 쪽으로 행동한다. 조화롭지 않은 관계의 연인들은 요구나 의무에 대해 설명을 요구하고 곧바로 둘 사이에 균형을 맞추려고 하는 반면, 행복한 관계의 연인들은 다른 사람의 요구보다 자신의 요구에 집중하며 배려하는 행동을 보인다.

2 조화로운 관계의 연인들은 서로의 감각, 생각, 행동에 의지한다. 이들은 상대방의 행동에 영향을 받으며, 동시에 자신의 행동이 상대방에게 영향을 줄 수 있음을 안다. 조화로운 관계일수록 상호 염려와 배려가 커진다.

3 경제 관계에서 주고받는 행동은 서로 직접적인 연관이 있다. 사람들은 자신이 가진 것을 건네줄 때 그에 상응하는 보답을 기대하며, 상대방은 상호주의 원칙에 따라 보답할 의무를 느낀다. 조화로운 관계에서는 즐거움을 준 대가를 즉시 돌려달라고 요구하지 않는다.

4 더 조화로운 관계에서는 서로 거래를 마무리하는 데 관심이 적다. 관계 자체가 가치 있기 때문이다. 반면 불행한 연인들은 이익을 얻을 기회를 찾는다.

5 공정한 분배라는 규칙에 따라 연인들은 자신이 받은 데 비례하여 보답한다. 그러나 가까운 관계에서는 이런 규칙이 반드시 똑같은 방식으로 적용되지는 않는다. 행복한 연인들은 자발적으로 서로에게 기쁨을 준다.

6 경제 관계에서는 선택한 자원만 교환하며, 이 자원은 대부분 보편적이다. 이

에 비해 조화로운 관계에서는 *특수한 자원이 교환된다*. 이 자원은 연인들이 공유하는 몇 가지 자원에만 한정되지 않으며, 광범위하고 다양한 보답을 서로 주고받는다.

이기적 욕망

서로에 대한 정서적 애착 수준이 낮을수록 사랑의 원칙이 신용의 원칙을 닮아간다. 연인들은 여전히 서로에게 기쁨을 주고 서로를 돌보지만 비슷한 노력으로 되돌려 받길 기대한다. 관계의 질이 더 하락하면 상호작용 패턴이 사회적 교환 이론의 '형평성 원칙'을 따라간다. 연인들은 점점 더 비즈니스 파트너처럼 행동한다. 관계의 질이 나쁠수록 둘 사이에 힘의 차이가 중요해진다. 조화로운 관계에서는 힘의 관계가 중요하지 않지만 '식어버린' 관계에서는 힘이 더 센 사람이 거래 행위를 통제하고 '이기주의 원칙'에 따라 행동한다.

이와 대조적으로 행복한 연인들이나 좋은 친구들의 관계에서는 긍정적 태도와 이타주의를 보인다. 서로 사랑하는 연인들과 좋은 친구들은 서로에 대해 조건 없이 긍정적이며 서로를 기쁘게 하기 위해 자발적으로 노력한다. 비즈니스 원칙에 따라 행동하거나 비용을 고려하지 않는다. 이기적인 욕망이 줄어들고 공동의 욕망이 그 자리를 대신한다. '호모 에코노미쿠스*homo oeconomicus*'의 '지배 전략'인 개인의 이익을 극대화하려는 태도는 거의 나타나지 않고, 그 자리에 사랑이 빛난다.

keys of LOVE

1 성공적이고 상호 이익이 되는 의사결정 과정은 연인 사이의 조화로운 관계와 균형 잡힌 힘의 관계에 따라 결정된다.

2 조화로운 관계의 연인들은 '사랑의 원칙'에 따라 행동한다. 이 원칙에는 여섯 가지 특징이 있다.

3 서로에 대한 정서적 애착 수준이 낮을수록 '사랑의 원칙'이 '신용의 원칙'을 닮아간다.

에리히 키르흘러 *Erich Kirchler*

오스트리아 비엔나대학 경제심리학 교수이며 국제경제심리학연구협회*International Association for Research in Economic Psychology*와 오스트리아심리학협회 회장이다. 15권이 넘는 과학 서적과 300편이 넘는 학술논문을 출간했다.

안정된 사람들은
인생을 더 긍정적인 시각으로 본다.

°당신이 없어 외롭다
Lonely without you

'당신이 없어서 너무 외롭다.' 대중가요 가사에서 사랑과 외로움은 한 쌍이다. 다니엘 펄만 박사가
그 이유를 설명한다.

애착의 관점에서 사랑과 외로움은 동전의 양면이라고 볼 수 있으며, 둘 다 같
은 개념으로 설명할 수 있다. 애착 이론은 영국의 천재적인 심리학자 존 보울비
John Bowlby(1907~1990년)로 거슬러 올라간다. 보울비는 애착이 '인간 사이의 지
속적인 심리적 연결'이라고 정의했다.

애착 이론가들은 '사랑에 빠지는 것'을 애착 유대를 형성하는 것으로, '사랑하
는 상태'를 애착 대상을 가지는 것으로 정의한다. 그리고 외로움이 생기는 것은
만족스러운 애착 관계가 없기 때문이라고 본다. 그러므로 사랑과 외로움의 중
요한 차이는 애착 대상이 있는가 없는가이다.

불안

유아는 어머니나 자신을 돌보는 사람에게 애착을 느낀다. 이런 애착은 유아뿐
아니라 인간 종 전체가 생존하는 데 기여한 진화적 기능이다. 유아는 정신적인

압박을 받으면 어머니를 찾는다. 안정 애착*securely attached*인 유아는 압박이 없을 때면 주변을 자유롭게 탐색하고 정복하며 다른 사람과도 관계를 형성한다. 애착 이론가들은 이런 행동을 "돌보는 사람을 안전 기지로 사용한다."고 표현한다.

그러나 모든 유아가 최초의 돌보는 사람과 이렇게 안정 애착을 형성하는 것은 아니다. 어떤 유아들은 안정 애착을 형성하지만 불안정 애착 또는 회피 애착*avoidant attachment*을 형성하는 유아들도 있다. <u>안정 애착인 유아들은 돌보는 사람과 따뜻한 관계를 형성</u>하며 돌보는 사람의 안내를 받기는 하지만 혼자 바깥 세계를 탐험한다. 불안-양가형*anxious-ambivalent* 애착인 유아들은 불안해하고 자신을 돌보는 사람에게 집착하지만, 돌보는 사람이 자신을 가장 우선시하며 자신을 위해 함께 있을 것이라고 확신하지 못한다. 회피 애착인 유아들은 오히려 독립적이고, 돌보는 사람에게 관심이 없으며, 그들의 안내나 지지에 덜 의존한다.

분리

애착 이론가들은 돌보는 사람에 대한 아동의 애착은 대부분 부모와의 상호작용에서 결정된다고 말한다. 안정 애착 아동을 돌보는 사람들은 사랑이 많고 아동에게 민감하게 반응하는 경향이 있다. 불안-양가형 애착 아동을 돌보는 사람들은 일관성이 없고, 아무 때나 끼어들며, 다른 일에 몰두하고, 아동에게 잘 반응하지 않는다. 회피형 애착 아동을 돌보는 사람들은 아동에게 아무런 반응을 보이지 않고 애정도 없다.

이런 성향이 유아기에만 한정한다면 애착 과정과 유형은 매력적인 연구과제에 그칠 것이다. 그러나 애착의 중요성은 여기서 끝나지 않는다. 애착 이론가들은 초기의 경험이 성인이 되어서의 성격과 가까운 사람들과의 관계에 지속적으로 영향을 미친다고 말한다. 우리는 초기 경험을 통해서 보울비가 '내적 작업모델'이라고 부르는 것을 개발했다. *우리 삶에서 중요한 사람들이 우리의 지원과 보호 요청에 반응할 것이라는 기대하에*, 우리가 애착을 가진 사람들이 우리를 기꺼이 도우려는 반응을 보이는지 실험했다. 이 내적 작업 모델은 삶의 과정에서 바뀔 수 있지만 거의 지속되는 경향이 있으며, 따라서 초기 경험에서 이후 경험까지 연관된다.

아동기 애착 과정의 역학관계는 성인의 낭만적 관계에서도 관찰할 수 있다. 우리는 아동과 성인 두 연령대에서 근접성과 접촉(눈 맞춤, 미소, 끌어안기, 입 맞추기)을 유지하는 실험을 했다. 그 결과 두 연령대에서 분리는 고통을 야기했다.

안정

사랑과 외로움이 같은 개념으로 설명되는 현상이라는 주제로 돌아가서, 안정 애착인 사람들은 불안정 애착인 사람들에 비해 사랑에 더 많이 성공한다. 안정 애착인 사람들은 가까운 사람들과의 관계가 더 오래 지속되며 더 만족스러운 관계를 유지한다. 그러나 불안정 애착인 사람들은 외로워질 가능성이 더 크다.

안정 애착인 사람들과 불안정 애착인 사람들 사이에 이렇게 다른 결과가 나타나는 이유는 아마도 이들의 지각 과정과 사교 기술 때문일 것이다. 안정 애착인 사람들은 인생을 더 긍정적인 시각으로 본다. 이들은 사람을 사귀기 쉽고 다른 사람들도 자신을 좋아한다고 생각한다. 사교 기술 면에서도, *안정 애착인 사람들은 다른 사람들에게 자신을 편안하게 드러낼 수 있고 상대방의 비언어적 표현을 읽고 갈등을 관리하는 데 능숙하다.* 이런 종류의 인식과 기술은 관계를 발전시키는 데 매우 유용하다.

외로움을 경험하면 사람들은 대부분 낭만적 관계를 원하고 애착 대상을 찾으려고 한다. 그러나 외로움의 원인이 내부에 있는 정도에 따라, 만성적으로 외로운 사람들은 장기적인 사랑 관계를 형성하는 데 더 어려움을 느낀다. 상황적인 요인 때문에 일시적으로 외로움을 경험하는 사람들은 장기적이고 결국 의미 있는 사랑을 찾을 수 있다.

연계

애착의 관점에서, 어떤 사람이 의미 있는 사랑을 할 수 있는가 아닌가는 안정 애착을 형성할 수 있는가 아닌가에 달려 있다. 애착 이론에서 어린 시절의 경험을 강조하기 때문에 우리의 낭만적 여정이 아주 어렸을 때 결정된다고 생각할 지도 모르겠다. 그러나 반드시 그렇지는 않다. 애착 유형이 지속되는 경향이 있 기는 하지만, 어린 시절의 고통스러운 관계를 이겨내고 안정 애착을 형성한 성 인들도 있다. 이 경우 부분적으로는 가족 구성원의 변화 등 개인의 환경이 개선 되었기 때문이지만, 안정 애착이 형성된 배우자를 만나는 것도 도움이 된다. 애 착의 관점에서, 외로움을 덜고 지속적인 사랑을 찾을 수 있는 중요한 열쇠는 자 아와 타인에 대한 정신적 모델을 바꾸는 것이다. 이 모델이 긍정적이면 외로움 을 해소하고 사랑을 찾을 수 있다.

keys of LOVE

1 사랑과 외로움은 같은 개념으로 설명할 수 있는 현상이다. 안정 애착인 사람들 은 불안정 애착이나 회피 애착인 사람들에 비해 사랑에 성공할 가능성이 높다.

2 안정 애착인 사람들은 삶을 더 긍정적인 관점에서 본다. 자신과 상대방에게서 긍정적인 면을 찾고 거기에 초점을 맞춰라.

3 사랑을 꽃피우려면 상대방의 욕구에 민감하게 반응하고 상대방에게 편안하 게 의지하며, 상대방도 당신에게 의지하게 하라.

다니엘 펄만*Daniel Perlman*

미국 노스캐롤라이나대학 그린즈버러캠퍼스 인간 발달 및 가족 연구학 교수이며 국제관계연구협회*International Association for Relationship Research* 회장이다. 외로움과 친밀한 관계를 연구하며, 13권의 책에 저술 또는 편 집으로 참여했다.

조국에 대한 사랑을 표현할 때는 공격성이 동반하는 경우가 많다.

°조국을 사랑하라

Love your country

"나는 조국을 사랑한다. 내가 두려워하는 것은 정부다." 유명한 티셔츠 슬로건이다. 수백만 명이 조국에 대한 사랑 때문에 죽어갔다. 조국애는 강렬한 감정이다. 크리스티안 비요른스코프 교수가 자신의 생일 케이크에 국기를 꽂은 이유를 설명한다.

우리가 사랑하는 대상은 많다. 자녀를 사랑하고 부모, 조부모, 남자친구, 여자친구, 남편, 아내를 사랑한다. 많은 사람이 친구를 사랑하고 동료도 사랑한다고 말한다. 또한 사랑의 형태도 다양하다. 조부모에 대한 깊은 애정은 우리가 사랑에 빠졌을 때 느끼는 고양된 감정과는 다르다. 부모에 대한 사랑이나 오랜 친구들에 대한 사랑은 우리가 그들의 잘못과 단점을 알더라도 여전히 남아 있다.

사랑을 표현하는 방법은 지중해나 중동의 전형적인 공개적 사랑 표현에서부터 일본이나 핀란드의 매우 사적인 사랑 표현까지 무척 다양하다. 그렇지만 우리가 느끼는 감정은 세계 어디서나 같으며, 우리는 똑같은 인간적인 감정을 느낀다. 또한 남아프리카공화국 케이프타운에서 그린란드 누크까지 또는 미국 시애틀에서 러시아 세인트피터즈버그까지, 타인에 대한 사랑은 사람들을 한데 묶어주며 사랑은 우리 모두의 중요한 목적이다. 삶을 함께할 유일한 사랑을 찾는 것이 전 세계 문학에서 가장 인기 있는 주제인 이유가 달리 무엇이겠는가.

그런데 전 세계 사람들의 눈살을 찌푸리게 만드는 사랑이 하나 있다. 바로 조국에 대한 사랑이다. 프랑스의 어떤 집단에서는 조국과 동포에 대한 사랑을 표현하면 '적절하지' 않은 행동으로 여긴다. 이곳에서는 프랑스 국기인 삼색기를 게양하면 극우 이데올로기를 지지하는 행동으로 본다. 일본에서도 비슷한 상황이 존재한다. 일본의 강경한 국수주의자들은 옛 제국을 상징하는 욱일기를 필사적으로 사용한다. 조국에 이렇게 깊은 긍정적 감정을 표현하는 행동은 대부분의 사회에서 공격성과 관련이 있다. <u>조국에 대한 사랑을 공공연하게 표명하려면 대개 다른 나라에 대한 부정적 발언으로 이어진다.</u> 만일 당신이 독일을 사랑한다면, 그 외의 나라를 모두 미워해야 한다. 그러나 조국에 대한 사랑을 표현하는 행동이 반드시 이렇게 부정적인 것만은 아니다. 덴마크, 노르웨이, 스웨덴에서 조국에 대한 사랑이 표현될 때는 이런 타락한 사랑과는 전혀 다른 방식으로 나타난다.

1945년에 나치 점령에서 해방되었을 때 쓰인 덴마크 노래 '붉은색과 흰색이 만발한 도시들cities blossoming in red and white'은 덴마크 사람들의 축하하는 마음을 가장 잘 나타낸다. 당시 5월에 덴마크에 들어온 연합군은 붉은 배경에 흰 십자가가 있는 덴마크 국기 '단네브로그Dannebrog'를 어디서나 볼 수 있었다고 한다. 영국 병사들은 12년 동안 소름끼치는 억압과 전쟁을 상징했던 국기가 공격이 아닌 기쁨의 상징으로 수천만 개나 휘날리는 광경을 보고 몹시 놀랐다. 호전적인 조국애에서 드러나는 공격성과 스칸디나비아 사람들의 조국에 대한 사랑에는 이토록 차이가 있다. 스칸디나비아의 조국애에는 공격성이 전혀 없었다. 조국을 사랑한다고 해서 반드시 다른 나라나 다른 민족을 위협할 필요도 도외시할 필요도 없다. 유럽 북쪽 끝 스칸디나비아에서 조국애는 *인류라는 거대한 공동체를 향한 애정의 표현이 되었다.* 이 나라들은 인류에 대한 신뢰를 축하하고 기념일과 국경일에 국기를 게양하는 등 평화적인 방식으로 조국애를 실천하고 다른 사람들과 사랑을 나누었다.

크리스티안 비요른스코프 *Christian Bjørnskove*

덴마크 오르후스대학 경제학 교수이다. 사회적 믿음, 주관적 안녕, 삶의 만족에 대해 많은 저술을 했다. 수영 코치로서 여러 재능 있는 선수를 양성하기도 했다.

°화성에서의 사랑

Love on Mars

"나는 살면서 증오를 충분히 목격했다. 그래서 유일한 해답이 사랑이라는 것을 안다."라고 비드 펙 작 교수는 말한다. 그는 주변에서 사랑을 찾기 힘들었기 때문에 화성에서 사랑을 찾았다. 그리고 다음 세대 아이들이 그의 뒤를 따랐다.

제2차 세계대전이 시작됐을 때 나는 열한 살이었고, 아주 예민한 아이였다. 예전의 유고슬라비아(슬로베니아는 유고슬라비아의 일부였다.)에서 내가 목격한 끔찍한 일들을 여기서 묘사하지는 않겠다. 당시에 사람들은 서로 미워했다. 서로가 서로를 의심했기에 사랑이 들어설 자리가 없었다. 전쟁이 끝날 무렵 나는 게슈타포에게 체포되어 감옥에 갇히고 고문을 당했다. 전쟁이 끝나자 공산주의자들이 집권했고, 미움과 의심은 계속됐다. 나는 다시 체포되었다. 나중에 석방된 후에 나는 심리학을 공부하고 작가가 되었다. 첫 작품은 어린이 책이었다.

"우주여행은 자신에게서 도망치는 것이라고 할 수 있다. 자기 존재를 파고드는 것보다 화성이나 달에 가는 편이 더 쉽기 때문이다." 유명한 심리학자 칼 구스타브 융*Carl Gustav Jung*이 한 말이다. 1950년대에 융이 유럽에서 화성과 비행접시에 대해 강연했다는 사실을 나는 최근에야 알았다. 제2차 세계대전이 끝난 후에 새로운 세상을 재건하는 꿈을 융은 이런 식으로 표현했다. 융은 1961년 내가

어린이 책 《드루와 세 화성 아이들*Drew and the Three Little Martians*》을 출간한 해에
죽었다. 이 책은 우리나라에서 오랫동안 인기를 끌었다.

이 책에 등장하는 화성 아이들의 이름은 매니, 미디, 티니다. 아이들은 몰래 지
구인 드루를 찾아가서 친구가 된다. 나중에 아이들은 함께 화성에 간다. 화성
은 지구와는 전혀 다른 세계다. 테크놀로지만 다른 게 아니다. 화성은 미움이 없
고 사랑이 지배하는 세상이다. 화성 주민들은 행복하다. 아이들은 특히 그렇다.
화성의 법은 사람들이 행복하고 서로 사랑하도록 규정하고 있다. 전쟁은 금지
되었다. 화성 사람들은 화성의 달 포보스에 거대한 놀이터를 세웠다. 이 놀이터
에는 용 · 늑대 · 난쟁이 · 요정 · 마녀 · 마법사들이 있다. 전부 로봇이긴 하지만
살아 있는 생명체처럼 움직이고 말을 한다. 화성 아이들은 드루에게 화성은 평
화로운 행성이며 화성인이 지구를 방문하는 것은 금지되어 있다고 설명한다.
지구에서 전쟁이 금지되기 전까지는 계속 그럴 것이다. 아이들은 금지된 행성
을 보고 싶어서 규칙을 어겼는데, 마멀레이드를 먹고 싶어서 화성으로 돌아가

> "미움에 대한 유일한 해답은 사랑이다."
> *"The only answer to hatred is love."*

야만 했다.

나중에 나는 이 이야기에서 허구의 세계가 아닌 이상적인 세계, 즉 내가 전쟁 기간이나 전쟁이 끝난 후에 경험한 세상과 정반대의 세계를 묘사했음을 깨달았다. 이 세계는 나의 환상과 나의 소원에서 나왔다. 나의 개인적 과거에 대한 반작용으로 생겨난 것이다. 나는 지구에서 이런 사회를 보지 못했으므로 다른 곳을 찾아 화성으로 갔다. 지구에는 사랑이 없지만 화성에는 사랑이 있다. 지구에는 정의가 없지만 화성에는 정의가 있다. 지구에는 우정이 없지만 화성에는 우정이 있다. 물론 이야기를 쓸 때는 이 전이를 의식하지 못했으나 여러 해가 지난 후에야 알게 되었다. 이제는 화성인들의 삶이 내 절박한 꿈이었음을 안다. 나는 너무 순진했다. 또한 이런 꿈이 미움을 치유하지 못한다는 것도 안다. 심지어 화성이 사막뿐이라는 것도 안다. 우리는 모두 사랑과 평화를 찾아서 드루가 되기를 꿈꾼다. 그러나 도망갈 수도 없고 화성 같은 도피처를 찾을 수도 없다. 우리는 직접 사랑과 평화를 만들어내야 한다. 지금 여기서.

비드 펙작 *Vid Pečjak*

슬로베니아 류블랴나대학 심리학 교수이자 세계 여러 대학의 초빙교수로 일했다. 인간 발달과 감정, 동기를 주제로 40권가량의 책과 400여 편의 논문을 출간했다. 지금은 은퇴해서 슬로베니아의 아름다운 블레드 호숫가에 살고 있다.

°조건적 사랑

Conditional love

안나 마리아 페르난데스 박사는 말한다. "나는 삶과 사랑에 빠졌고 내가 연구하는 상호작용과 감정에 매혹되었다. 나는 페미니스트는 아니지만 실험사회과학에 종사하는 여성들을 깊이 존경한다. 이들은 이 분야에서 남성의 관점을 보완하여 인간 조건을 이해하는 데 기여하고 있다."

부모의 사랑, 친구 간의 사랑, 낭만적 사랑 등 인류가 존속하는 데 필요한 사랑은 우리 삶의 목적이자 동력이다. 인간은 사회적 동물이며, 사랑은 사회적 교환으로 이어지고, 이런 사회적 교환은 우리가 세상에 적응하는 데 필요하다. 그러나 모든 형태의 사랑이 동일한 가치를 가지지는 않는다.

사회적 교환 중에서 가장 깊은 감정은 친구와 가족에 대한 사랑이지만, 사랑 외에도 우리는 가족과 친구에게 깊은 공감을 느끼고 그들을 '있는 그대로' 받아들인다. 그 이유는 우리가 인류의 발달을 위해 태어날 때부터 죽을 때까지 사회적 유대를 필요로 하기 때문이다. 나는 진화심리학을 연구하고 리다 코스미디스 *Leda Cosmides*와 존 투비*John Tooby*의 가르침을 받으면서, 가족 간의 사랑이 유전적 연관성 때문이라는 것을 알게 되었다. 우리는 가까이 연결된 사람들에게 우리가 받은 것보다 더 많이 주고 그들의 불완전함을 받아들인다. 우리는 우정이나 다른 사회적 유대 관계에서는 전략적이고 상호주의적으로 행동하며, 상대방

"우리는 배우자보다 가족과 친구를
더 '있는그대로' 받아들인다."

"We accept family and friends more 'as they are' than our partner."

이 우리에게 가지는 사회적 의미와 상대방이 우리에게 매기는 가치에 따라 행동한다. 친구 관계와 가족 관계는 대부분 깊은 사랑의 감정으로 이어지지만, 이런 사랑의 감정이 얼마나 무조건적인지는 우리가 그들과 관련된 정도에 따라 달라진다. 예컨대 부모의 사랑은 우리가 얻을 수 있는 가장 가깝고 가장 무조건적인 사랑이다.

또한 우리는 우리에게 의미 있는 사람(대개는 번식 파트너가 될 사람)과 삶을 함께할 가장 허약한 사랑을 찾고 경험한다. 인류학자 헬렌 피셔가 입증한 대로 우리의 몸과 뇌는 욕망, 섹스, 낭만적 사랑에 완벽하게 영향을 받는다. 그러나 역설적으로, 낭만적 유대는 무조건적인 형태의 사회적 교환이 아니다. 낭만적 유대 관계에서는 현재의 상황과 자신이 기대하는 것, 즉 현재 파트너와 관계를 유지할지 아니면 다른 파트너를 찾을지, 또는 다른 어떤 대안이 있는지 등을 끊임없이 평가한다.

모든 감정이 그렇듯 사랑에는 이런 상태를 몇 번이든 되풀이해서 경험하려는 강렬한 심리생리학적 반응이 담겨 있다. 사람들은 낭만적 사랑이나 사랑하는 사람을 잃으면 강렬한 질투심을 느끼고, 이 감정은 비이성적인 공격 반응이나 깊은 우울 또는 침체로 이어질 수 있다. 나는 질투를 유발하는 상황에서 배신과 성 차이, 배신을 경험했을 때 남성과 여성의 반응에 포함된 구체적인 감정을 연구했다. 연구 결과, *남성의 질투는 공격적인 감정에 지배*되고 이 감정은 연인이나 다른 사람을 향한 폭력으로 이어진다는 가정에 이르렀다. 생리학적으로, 배신당한 남성은 맹렬한 공격성을 느끼고 공격하고 싶어 한다. 반면 여성은 물론 화가 나고 배신감을 느끼지만 *더 의기소침해지고 사회적 지지를 얻고 싶어 한다.* 생리적으로 여성은 배신으로 인해 상처받지만, 연인이나 다른 대상을 향해 적극적으로 반응하려고 하지 않는다.

안나 마리아 페르난데스 *Ana Maria Fernandez*

칠레 산티아고데칠레대학 심리학과 부교수이다. 텍사스대학에서 공부할 때부터 진화심리학에 매료되었다. 진화심리학에 대한 열정으로 이후 실험심리학 석사 과정에서 낭만적 관계와 질투를 연구하고 칠레대학에서 박사 과정을 거쳤다. 진화심리학센터 *Centre for Evolutionary Psychology*에서 박사 후 과정을 밟고 있다.

우리는 삶에서 가장 사랑하는 것을 통해
삶을 사랑한다.

당신의 '이키가이'는 무엇입니까?

What is your ikigai?

지난 20년 동안 고든 매튜 박사는 '이키가이'라는 개념을 연구했다. 이키가이는 '삶을 의미 있게 만드는 것'이라는 뜻의 일본어다. 자신의 이키가이가 무엇인지 알면 우리는 더 나은 삶을 살 수 있고 우리에게 가장 중요한 것이 어디에 있는지 알 수 있다.

이키가이는 우리가 가장 사랑하는 것이다. 사랑하는 사람, 좋아하는 활동, 인생에 의미를 주는 꿈이다. 어떤 때는 이키가이를 느낌으로 알 수 있다. 물론 느낌이란 건 정확하지 않기 때문에 엉뚱한 사람과 머리끝부터 발끝까지 사랑에 빠져서 나중에 깊이 후회하게 되는 경우도 있다. 이키가이가 몇 개나 있는 사람도 있지만, 대부분 삶 전체를 가치 있게 만들어주는 이키가이는 단 하나다. 그런데 마지막 순간이 올 때까지 그 한 가지가 무엇인지 모르는 사람들도 있다. 이키가이는 무수하게 반복되는 일상과 유쾌하지 않은 경험에도 우리가 삶을 끝까지 견디는 개인적인 이유다.

이키가이는 항상 개인적이다. 어느 누구도 당신의 이키가이가 무엇인지 말해줄 수 없다. 배우자가 "나를 사랑해요?"라고 물으면 당신은 "그럼요."라고 대답해야 한다고 느낄 것이다. 마치 상사가 끝없이 야근을 시킬 때처럼 말이다. 그러나 당신의 이키가이가 배우자인지, 일인지 다른 사람들은 알 수 없다. 오직 당신만이, 당신의 심장만이 알 수 있다. 이렇게 개인적이기는 하지만, 이키가이가 반드시 개인적이어야 하는 것은 아니다. 이키가이는 우리 심장 속에 간직되어 있으면서도 항상 다른 세상을 향해 열려 있다. 이키가이는 우리를 세상과 연결시켜 준다는 점에서 중요하다.

이키가이는 나이가 들면서 바뀐다. 십대들에게 이키가이는 미래의 꿈이다. 엄마가 되거나, 록스타가 되거나, 프로 농구선수가 되거나, 기업 경영자 또는 무정부주의자가 되는 것이다. 그러다 30대가 되면 결혼해서 가정을 꾸리든 직업을 갖든 성인으로서 책임 있는 삶을 산다. 물론 이혼하고 재혼하거나 직업을 바꾸는 등 약속을 깨는 사람들도 많다. 또한 이렇게 책임을 다하는 중에도 그것이 자신의 이키가이라고 생각하지 않는 사람들도 많다. '삶에는 분명히 뭔가 더 있을거야.'라고 생각한다. 그러나 대부분의 사람이 가족이나 일, 취미, 종교, 꿈에서 이키가이를 찾는다. 운이 좋아서 60대가 되고 70대가 될 때까지 수십 년 동안 이키가이를 유지하는 사람들이 있는가 하면, 이키가이가 과거 속으로 사라지는 사람들도 있다.

이키가이는 근본적으로 취약하다. 일이 삶의 목적이었는데 어느 날 갑자기 거리로 내몰린다. 20년 동안 함께 산 사람을 더는 사랑하지 않는다는 사실을 갑자기 깨닫는다. 자녀가 집을 떠나고 마음도 떠난 것 같다. 배우자가 죽고 결국 당신도 죽는다. 모든 것이 끝난다. 그런데 이키가이가 일찍 끝나도 행운과 용기가

있으면 사람이든 직업이든 꿈이든 다른 이키가이를 찾을 수 있고 다시 가치 있는 삶을 살 수 있다. 그렇지 않으면, 다른 이키가이를 찾지 못하고 죽을 때까지 아무런 열정 없이 살 수도 있다.

이키가이는 초월적이다. 이키가이는 우리가 삶에서 가장 사랑하는 것이다. 그러나 우리가 사랑하는 것은 영원히 지속되지 않는다. 삶은 일시적이다. 이키가이, 즉 사랑과 삶은 모두 눈 깜짝할 사이에 또는 길어야 1세기 안에 사라진다. 기독교인들은 천국을 말하지만 우리는 대부분 그런 것을 믿지 않는다. 사랑과 삶은 우리가 너무나 짧게 경험하기 때문에 그만큼 가치가 있다. 내가 아는 한 우리 삶에서 이키가이보다 큰 의미와 초월적인 목적은 없다. 우리는 여기에 있을 뿐이다. 여기에 있고 존재한다는 사실이 중요하다. 우리는 매일의 일상에서 삶에 대한 사랑을 경험하지 못한다. 일상의 피할 수 없는 단조로움에 갇혀 있기 때문이다. 그래서 이키가이가 필요하다. 이키가이는 일상의 단조로움을 극복하게 해주고, 아무리 일시적이고 순식간에 지나가는 삶일지라도 사랑하는 것을 통해 그 삶을 사랑할 수 있게 해준다.

1
누구에게나 이키가이가 있다. 이키가이는 삶을 가치 있게 해준다.

2
이키가이는 개인적이고, 변화하며, 취약하고, 초월적이다.

3
자신의 이키가이가 무엇인지 알면 더 나은 삶을 살 수 있다. 우리에게 가장 중요한 것이 어디에 있는지 알 수 있기 때문이다.

고든 매튜 *Gordon Mathews*

홍콩 중국대학 인류학과 교수이다. 《삶을 살 가치가 있게 해주는 것은 무엇인가?: 일본인과 미국인은 세계를 어떻게 이해하나 *What Makes Life Worth Living?: How Japanese and Americans Make Sense of Their Worlds*》를 비롯하여 몇 권의 저서가 있다. 그의 이키가이는 30년 전에 결혼한 아내이며, 그는 죽음 뒤에 무엇이 있을지 기대하고 있다.

°초월적 사랑

Transcendental love

사이드 모흐센 파테미 박사는 이란에서 태어나 하버드·토론토·테헤란 대학에서 심리학을 가르친다. 세계를 여행하면서 감성지능과 협상 기술의 심리학 등 다양한 주제를 연구하고 강의하며, 훈련 프로그램과 워크숍을 진행하고 있다. 또한 그는 시인이기도 하다. '사랑의 전형'인 초월적 사랑의 심리학에 대한 발췌문 20개를 소개한다.

1 사랑은 자아에 대한 주권을 포기하고, 유아론唯我論과 이기주의와 자기중심주의를 내려놓게 한다. 사랑은 실용적인 교환과 이익에 얽매이지 않는 고유의 언어를 창조한다.

2 사랑의 언어는 물질주의, 소비자 운동, 자본주의의 벼룩시장을 헤매지 않는다. 장애물이나 방해, 혼란으로 중단되지도 않는다.

3 사랑은 자아와 개성을 비추고, 자아에 새로운 해석을 내린다. 함께 있음은 모든 문제의 완벽한 해결책이다.

4 우리는 사랑 때문에 존재한다. 사랑 때문에 분열은 결합이 되고 다수는 하나가 된다. 사랑은 존재할 것을 요구한다. 사랑은 부재를 허락하지 않고, 나눌 수 없는 상태를 요구한다. 부재하면 사랑할 수 없다. 사랑은 하나가 되는 길을 연다.

5 정신과 마음을 당황하게 하는 모든 신비 중에서 사랑은 최고의 자리에 있다. 사랑은 나아감의 정점이고 움직임의 절정이다.

6 우리는 유한한 기쁨과 환희 속에서 만질 수 있는 *쾌락의 물결*을 경험한다. 그러나 그 속에는 우리를 들뜨게 하는 황홀감이 없다.

7 우리는 반짝이는 사랑의 빛에 휩싸이고 압도당한다. 사람을 조종하는 좁고 강압적인 울타리에 갇히는 대신 일체감이라는 광범위한 자극을 경험한다. 열정과 갈망이 처음 나타났을 때는 사랑이 피상적이고 구속적이지만, 사랑이 구현되고 나면 초월적 사랑의 숭고한 결정체가 된다.

8 사랑은 뜨겁게 빛날 때 생겨나고, 소유되는 순간에 깨어나 새롭게 만들어지며, 완성의 열기 속에 꽃피는 동안 기대 속에 머문다. *사랑의 속성은 존재와 갈망이다.* 사랑은 시간과 장소에 새겨졌지만 아직 오지 않은 단계를 기다리고 갈망한다.

9 사랑의 언어는 무의미하고 부조리하고 역설처럼 보인다. 사랑의 언어는 특유의 감수성 때문에 비즈니스 방정식 같은 상호 관계와는 공명하지 못한다.

10 사랑은 습관화 · 순응 · 적응이라는 세속적인 거리를 지나, 익숙한 영역 너머에 있는 감수성이라는 새로운 패러다임으로 우리를 안내한다.

11 사랑은 숭고한 표현이므로 소유욕과 권력에 치우침을 거부한다. 사랑은 영혼에 호소와 요구, 정열을 쉴 새 없이 불어넣으며, 심장이 눈에 보이는 법칙을 찾도록 계속 응원한다. 의지는 광대한 연결 상태를 경험하려고 애쓴다. 사랑은 낙담과 절망이라는 장애물을 제거한다. 사랑은 실망이라는 속임수를 고발한다. *사랑은 희망과 기대를 낳는다.* 사랑은 무기력과 절망이라는 혼란 위로 날아간다. 사랑은 신앙과 기도의 친구이며 해방과 독립이라는 진주를 품고 있다.

12 사랑은 결과에서만 나타나지 않고 과정에서도 꽃핀다. 사랑은 물질에 사로잡

> "사랑은 창조적이다. 사랑은 발명하고 창시한다."
>
> *"Love is creational. It invents and initiates."*

힌 마음의 수리적 계산과는 거리가 먼 관점과 태도의 출현을 알린다. 사랑은 한계를 극복하고 탄생한 가능성을 축하한다. 사랑은 의미의 무지개가 새로운 지평선을 그릴 수 있는 창을 만든다. 합리적 정신의 세심한 분석으로는 알려지지 않은 지평선이다.

13 사랑은 존재론적 참여를 통해 이해할 수 있다. 사랑은 실제의 찬란함 속에 뛰논다. 사랑은 연습의 강을 통과한다. *사랑하는 방법은 우리가 알 수도 있겠지만, 사랑에 대해서는 여전히 문외한이다.* 사랑을 알면 멀찍이 매혹적인 경치가 보이는 인식론의 길로 갈 수 있을 뿐, 사랑이 실제로 이루어지는 우거진 초원은 아직 멀리 있다.

14 사랑의 절정을 말로는 설명하지 못한다. 꽃의 아름다움마저도 사랑을 표현하지 못한다. 우주조차도 사랑의 노래를 암송할 뿐이다.

15 정오가 다가오고 기온이 올라가고 하늘과 땅이 당황하고 놀랄 때, 숙녀가 작별의 마지막 순간을 응시할 때, 어린 소녀가 아버지를 다시 만날 수 있기를 간절히 기다릴 때, 마지막 계단을 오르기 위해 눈동자가 온 힘을 모을 때, 천사가 한쪽 무릎을 꿇고 사랑의 모범을 경외의 눈으로 볼 때, 메마른 불화의 땅에 갇힌 우리는 관대함과 연민의 오아시스에서 사랑의 미세한 방울 소리를 듣는다.

16 *사랑은 활기차게, 사심 없이, 순수하고, 열렬하게 전진한다.* 사랑은 즐길 수 있지만 포기할 수도 있다. 사랑은 소유할 수 있지만 소유하지 않을 수도 있다. 사랑은 일치와 연계의 중요성을 주장하고, 겉치레를 없애고, 진실성을 증명한다.

17 사랑은 목마르지만 독점하지 않는다. 사랑은 신의와 가치와 연대를 증명하기 위해 패배한다. 사랑은 가둘 수 없다. 사랑은 자유롭고 해방된 상태다.

18 <u>사랑은 *깨끗하고 아름답게 한다.*</u> 사랑은 위안과 평안의 해안을 끌어안은 바다다. 또는 긴장과 갈등의 소용돌이를 항해하는 배다. 이 배는 평안하고 평정한 지평선으로 승객을 실어간다.

19 사랑은 창조적이다. 사랑은 발명하고 시작한다. 사랑은 경제 발전이라는 수렁에 빠진 세상에서 영적 발전을 확대하고, 명상의 절정에서 의식의 급격한 변화를 불러오고, 마지막 반향의 순간에 명상을 증명한다. 사랑은 허무주의의 나락에서 일신론을 외친다.

20 <u>사랑은 눈물의 강을 따라 흐른다.</u> 눈물의 강에는 전성기의 추억과 영광과 황홀함이 있다. 사랑은 응답을 고대하며 완성의 길을 걷는 순례자의 눈 속에 있다. 사랑은 모든 부질없는 허세를 정화하는 아기의 울음 속에 울려 퍼진다.

사이드 모흐센 파테미 *Sayyed Mohsen Fatemi*

브리티시컬럼비아대학 박사이며 이란 테헤란대학 심리학과 부교수로 일하고 있다. 미국 하버드대학 심리학과에서 박사 후 과정과 강의 펠로우를 거쳤으며, 캐나다 토론토대학 심리학과 강사를 역임했다. 활발한 저술활동을 하는 작가이고, 이란심리학상담기구*Psychology and Counseling Organization* 부회장이며, 국제문제*International Affairs* 자문위원이다. 사회심리학과 비교문화심리학 분야에서 일하며 세계정신치료요법회의 *World Council for Psychotherapy*를 비롯한 여러 국제회의에서 기조연설을 했다.

사랑은 스스로 채워야 하는 배고픔과 같다.

°궁극적 역설

The ultimate paradox

우리는 자신이 모든 것을 통제한다고 믿고 싶어 한다. 그때 갑자기 사랑을 만난다. 그는 우리가 알지도 이해하지도 못하는 사람이다. 정신과 의사 더크 드 와처가 지속적인 사랑의 궁극적 역설을 밝힌다.

삶은 시간이 제한되어 있기 때문에 의미가 있다. 죽음이 궁극적으로 삶을 의미 있게 만든다는 사실은, 불편하지만 피할 수 없는 역설이다. 사랑도 마찬가지다. 사랑은 호르몬의 작용으로 인한 예측할 수 없는 도취 상태이지만 이런 충동적인 면을 초월하는 지속적인 형태를 띤다.

사랑 관계의 역설은 사랑하는 사람을 정확히 알지 못하고 이해하지 못하는 데 있다. 상대방을 있는 그대로, 모르는 낯선 사람으로 자유롭게 두어라. 프랑스 철학자 에마뉘엘 레비나스*Emmanuel Levinas*(1906~1995년)는 사랑의 역설에 대해 지혜로운 말을 많이 남겼다. 나는 행복한 마음으로 그에게서 영감을 얻으려 한다.

우리는 '나는 할 수 있다.'의 시대를 살고 있다. 세상을 통제하고 운명도 통제할 수 있다는 환상이 사랑에까지 확장된 것인데, 이런 우리에게 사랑의 역설은 아주 어려운 문제다. 우리가 가진 이미지와 좋아하는 형태에 상대방을 맞추려는

<u>문화는 욕망을 죽인다</u>. 상대방을 자신과 똑같이 만들려 하지 않고 그대로 두며, 인간관계의 근본적인 불균형을 받아들이고 소중하게 여기는 것이 애착을 형성하는 영원한 비결이다.

단단한 껍질

이 명백한 모순은 부모와 자녀의 관계에서 시작된다. 부모가 애착을 유지하면서도 자녀를 그대로 내버려두고 개성을 인정히면, 아이들이 이후의 삶에서 자신감을 갖고 살 수 있는 토대가 형성된다. 이 자신감은 아이들이 불가능한 사랑, 즉 낭만적 이상의 본질인 '서로 다르고 부적당하다는 느낌'과 '절대로 완벽하게 일치하지 않고 근본적으로 충족되지 않는 느낌'이 있음에도 잘 살아갈 수 있게 해준다. <u>이 자신감은 우리가 근본적으로 충족되지 않는 본성과 외로움을 인정할 수 있게 해주고</u>, 이 결함을 메우기 위해 사랑하는 사람을 이용하지 않도록 해준다. 이렇게 완벽하게 일치하지 않고 차이가 존재한다는 사실이 욕망을 죽이는 공생적 융합을 막아준다.

상대방, 특히 사랑하는 사람은 우리를 공격하고, 자기만족을 방해하고, 자기 본위라는 단단한 껍질을 깨고 들어온다. 이런 식으로 사랑하는 사람은 우리가 자기중심주의로 흐르지 않게 해주고, 상대방이 나의 개인적 행복의 도구이자 교환 가능한 일시적 쾌락과 소비의 대상으로 전락하지 않도록 해준다.

자신의 그림자

지속적인 사랑에서 '불가능성'이라는 측면은 아직 채워지지 않았다는 의미에서

욕망을 유지하고 강화하는 동력이다. 사랑의 불가능성은 스스로 자라고 무한히 지속되는 배고픔이다. 이렇게 상대방이 외부에서 야기하는 방해가 없다면, 존재는 욕망이 사라진 자기 주도적 프로젝트로 축소될 위험이 있다. *상대방이 야기하는 틈새가 우리의 평온한 자기만족감에 빛을 드리우고, 그 결과 우리는 자신의 그림자를 보게 된다.* 이렇게 스스로를 보게 되면서 자신의 취약함이 드러나고, 우리는 무자비한 오만에서 빠져나올 수 있다.

사랑이 실현되지 않으면 욕망이 계속 살아 있고 더욱 깊어진다. 그래서 더 많은 것을 욕망하고 지속적으로 노력하게 되며, 그리하여 마침내 충족된다. 우리의 폐쇄적인 인격을 위태롭게 하는 행동은 불확실하고 위험한 모험이지만 감행할 만한 가치가 있다. 우리가 잃어버린 것을 보여주기 때문이다. 바로 이것이 사랑을 그토록 두려운 것으로 만들고 우연과 책임, 기회와 반응, 두려움과 결정 사이에 사로잡히게 한다. 사랑은 선한 방향으로 행동하는 것이며, 이 방향에서 새로운 빛이 빛나기 시작한다.

사랑에서 상대방은 자신의 빛을 보여주긴 하나, 우리가 그 빛을 소유하기는 원하지 않는다.

keys of LOVE

1 / 사랑의 역설은 우리가 사랑하는 사람을 알지 못하고 이해하지 못한다는 데 있다. 상대방을 있는 그대로, 알지 못하는 낯선 사람으로 자유롭게 남겨두어라.

2 / 이렇게 완전히 일치하지 않는 차이가 욕망을 죽이는 공생적 융합을 막는다.

3 / 사랑에서 상대방은 우리에게 자신의 빛을 보여주지만 우리가 그 빛을 가져가기를 원하지 않는다.

더크 드 와처 *Dirk de Wachter*

정신과 의사이자 정신치료사이며 교수이다. 벨기에 루뱅가톨릭대학 정신의학센터 시스템 및 가족치료 학과 과장이며, 국내외 여러 가족치료센터 트레이너이자 슈퍼바이저이다. 《경계선 시대 *Borderline Times*》의 저자로, 이 책에서 그는 "환자와 환자가 아닌 사람은 종이 한 장 차이"라고 말했다.

°사랑의 네 가지 힘
The four forces of love

사랑 관계를 20여 년 동안 연구해온 랜디 헐버트는 "특별한 사랑은 가능하다."라고 말한다. 그 비결은 사랑의 네 가지 보편적 힘을 올바르게 적용하는 데 있다.

위대한 사랑은 정말 가능할까? 사랑에서 고통과 혼란은 피할 수 없는 것일까? 전형적인 커플을 살펴보자. 남자는 방금 이혼했고, 여자는 좋지 않은 관계를 몇 번이나 경험한 커플이다. 두 사람은 안정을 원하고, 이번에는 제대로 된 사람을 만났다고 생각한다. 1년 후에 두 사람은 결혼한다. 다시 1년 후, 두 사람은 싸우고 있다. 이유는? 사람마다 사연은 다르지만, 관계에 보편적으로 영향을 미치는 중요하지만 항상 간과되는 점이 있어서다.

1 낭만적 끌림은 강렬하지만 착각하기 쉽다. 사람들은 '사랑'한다고 느껴서 결혼한다. 그러나 낭만적 끌림은 강력하지만, 처음부터 믿어서는 안 된다. 도취와 섹스를 진정한 끌림으로 착각하지만 이런 끌림은 시간이 지나면서 사라진다. 진정한 끌림은 서로를 당기는 영원한 자력이다. 진정한 끌림은 사라지지 않는다(잘못 다루면 흐려질 수는 있다). 두 연인의 끌림이 같은 경우는 거의 없다. 대부

"어떤 사람들은 감옥에 갇혔다고 느낀다."

"Some partners feel like they are in prison."

분 한 사람이 다른 사람보다 더 많이 원하며, 이 때문에 문제가 생긴다!

2 *정서적 성숙도 똑같이 중요하지만 간과되는 경우가 많다.* 낭만적 끌림은 분명히 중요하다. 그러나 똑같이 필요한 정서적 성숙은 열정의 열기 속에 무시되는 경우가 많다. 정서적 성숙은 좋은 관계를 유지하는 능력이다. 평균적으로 성인의 약 60%만 성숙하며, 두 사람 중 한 사람은 더 성숙하고 다른 사람은 덜 성숙하기 마련이다. 사람은 점점 더 성숙해질 수 있지만 그 속도가 매우 느리다. 보통 수십 년이 걸린다. 성숙한 배우자를 선택하면 길고 고통스러운 길을 피할 수 있다.

3 *연계 욕구는 사랑 관계에서 강력한 동기다.* 독신자들은 대부분 외롭다. 이들은 관계가 약속하는 연계를 갈망하며, 이런 갈망은 자연스러운 것이지만 유지하기가 어렵다.

4 *연계 욕구는 자유 욕구와 충돌한다.* 사람들은 연계 욕구와 자유 욕구의 갈등을 잘 인식하지 못한다. 이 갈등은 대개 무의식 속에 있다가 몇 년이 지난 후에, 또는 함께 살기 시작한 직후나 결혼한 후에 추한 얼굴을 드러낸다. 사람들은 연계 욕구는 논의할 준비가 되어 있지만, 자유 욕구를 공개적으로 논의하기는 어려워한다. 질투, 죄책감, 사회적 압력, 문화적 조건이 합쳐져서 의사소통을 가로막는다.

그 결과, 어떤 파트너들은 감옥에 갇혔다고 느끼고 상대방에게 화풀이를 한다. 연인들은 대부분 완전한 자유와 완전한 연계 사이 어디쯤에서 타협점을 찾는다. 그렇지만 상호 동의할 수 있는 타협점을 찾기란 매우 어렵기 때문에 관계가 깨지고 헤어지거나, 함께 있으면서도 사이가 멀어지는 연인들도 있다.

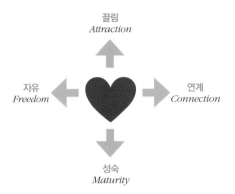

서로 경쟁하는 이 네 가지 힘은 거의 항상 문제를 일으킨다. 이 문제를 해결하는 것이 중요하다. 그러기 위해서는, 욕망이 함께 작용해야 하고 건설적으로 토론할 수 있어야 한다. 앞에서 살폈듯이, 연인들이 가진 욕구와 능력은 서로 다른 경우가 많다. 그리고 문제를 해결하려면 관계에서 작용하는 무의식의 힘, 특히 자유와 연계의 갈등에 대해 알아야 한다. 만일 이것이 문제라는 의식조차 없다면, 갈등을 어떻게 해결하겠는가?

문제를 해결하려면 공격적이지 않은 방식으로 감정을 표현하고 방어적이지 않은 방식으로 상대방의 감정에 귀를 기울여야 한다. 그러기 위해서는 틀에서 벗어난 해결책을 알아보고 실험할 수 있는 유연성이 있어야 한다. 그리고 많은 토론 과정에서 상대방의 말에 귀를 기울이는 인내심이 필요하다. 이런 문제 해결 기술을 사용할 줄 알고 사랑의 네 가지 힘에 대해 알면 특별한 사랑을 찾고 유지할 수 있다!

랜디 헐버트 *Randy Hurlburt*

미국 캘리포니아 샌디에이고에서 산다. 국제적으로 활동하는 관계 코치이자 강연자이며 《사랑은 게임이 아니다*Love Is Not A Game*》,《사랑과 죄에서의 파트너*Partners in Love and Crime*》,《데이트와 관계 해법*Dating and Relationship Solutions*》의 저자이다. 이 책들에는 해럴드 베셀*Harold Bessell* 박사가 개발한 '낭만적 끌림과 정서적 성숙 척도'가 실려 있다. 이 척도를 사용하면 어떤 관계든 미래의 관계를 예측할 수 있다고 한다.

°시험대에 오른 사랑

The challenge to love

2011년 3월 11일, 1만 6천 명이 사망하고 3천 명이 실종된 일본 동부 대지진과 지진 해일, 뒤이은 원자력 발전소 재난은 일본의 전환점이 되었다. 그리고 사랑과 관계의 전환점이 되었다. 나츠요 이이다와 노리코 사카모토가 보고한다.

이제 일본에서는 이 사건을 '3·11'로 부르는데, 이 날은 사람들의 삶에 다양한 방식으로 깊은 영향을 미쳤다. 지진이 일본 북동부를 강타했을 때, 땅뿐만 아니라 우리도 크게 흔들렸다. 우리는 당연하게 여겼던 것들이 얼마나 쉽게 사라질 수 있는지를 생각하게 되었다. 영원하리라고 믿었던 것들이 영원하지 않을지도 모르며, 안전하다고 생각한 것이 항상 안전하지 않을 수도 있다는 사실을 알았다. 세상은 3월 11일 이후로 완전히 달라졌다.

이 사건을 겪으면서 많은 사람이 삶의 의미를 다시 생각하게 되었다. 인터넷 조사 대상자 1천 명 중 80%가 자연의 소중함과 함께 있는 사람들의 가치를 깨달았다고 답했다. 또한 많은 사람들이 자신의 삶에서 다른 사람들과의 관계, 특히 가족과 배우자와의 유대가 매우 중요하다는 사실을 깨달았다. 어떤 사람들은 부모를 더 자주 방문하기로 했고, 어떤 사람들은 아이들과 함께 시간을 보내기 위해 더 일찍 퇴근했다. 3월 11일 이전에는 거의 말을 나눠본 적이 없는 이

"재난이 일어나면 우리는 사랑만 느낄 수 있을까?"

"Can we only feel love when disasters occur ?"

웃들과 어울리기 시작한 사람들도 있다. 이 조사에서 응답자의 약 70% 이상이 직장보다 가족과 시간을 보내는 편이 더 좋다고 답했다. 일본 한자능력협회는 2011년을 표현하기 위해 '키즈나絆(끊기 어려운 정, 유대, 인연을 가리킴-역주)'라는 단어를 선택했다.

결혼 증가

조사에 따르면 3월 11일 이후에 안전한 느낌을 얻기 위해 결혼에 관심을 보이는 여성의 수가 증가했다. 재난 직후에 실시된 조사에 따르면, 응답자 5백 명 중 남성 약 30%와 여성 약 37%가 결혼에 관심을 보였다. 또 다른 조사에서는 80% 이상의 부부가 재난을 통해 서로를 더 존경하게 되었다고 답했다. 반면, 재난 기간 중 가장 중요한 것을 선택해야 했던 과정에서 가치관의 차이를 발견하고 헤어지거나 이혼하기로 한 부부들도 있다. 어쨌든 *우리는 모두 어쩔 수 없이 자신의 삶을 돌아보게 되었다.*

일본 행복 · 경제 · 사회연구기구*ISHES*는 진정한 행복을 추구할 때 사람들에게 가장 중요한 것이 무엇인지 연구하는 기관이다. 우리는 지난 세기부터 세계적으로 추구했던 경제 성장 위주의 삶이 잘못되었다고 생각한다. 무엇이 정말 중요한지 다시 생각하려는 새로운 사회적 경향은 좋은 기회이며, 이 여세를 몰아 더 많은 사람이 진정한 행복을 추구하기를 바란다. 우리는 행복 · 경제 · 사회에 영향을 미치는 요인들을 더 깊이 살펴보고, 비슷한 생각을 가진 사람들과 아이디어 및 정보를 교환할 것이다.

연계

요즘은 새로운 것이 많다. 소셜 네트워크 서비스 덕분에 우리는 가까운 사람들 뿐 아니라 한 번도 만난 적이 없는 사람들과도 쉽게 연결된다. 사람들은 새로운 의사소통 도구를 통해 더 많은 사람에게 정보를 전달할 수 있고, 어떤 때는 주류 매체보다 훨씬 더 빠르게 전달할 수 있다. 실제로 재난이 일어났을 때 트위터를 통한 의사소통으로 재난 지역에 많은 활동을 지원할 수 있었다. 또한 많은 사랑의 메시지가 트위터와 페이스북을 통해 전 세계에서 일본으로 전해졌다. 이 메시지는 우리의 용기를 북돋웠다. 우리는 혼자가 아니라 세계의 지원을 받는다고 느꼈다.

3·11 재난은 사람들 사이의 관계와 유대를 강화했다. 그렇다면 이런 재난이 다시 일어나면 우리가 오직 사랑만 느낄 수 있다는 뜻일까? 아마도 아닐 것이다. *사랑은 매일 우리 곁에 있지만, 우리는 그 사실을 자주 잊는다.* 우리는 다른 사람들과 연결되어 있다. 그러나 이 사실을 당연하게 생각한다. 모든 하루하루가 평범한 날이 아니라 특별한 날이다. 우리가 사는 것은 기적이다. 이것이 3·11에서 우리가 배운 가장 큰 교훈이다.

나츠요 이이다 & 노리코 사카모토 *Natsuyo Iida & Noriko Sakamoto*

나츠요 이이다는 일본 행복·경제·사회연구기구 프로젝트 매니저이다. 이 기구는 이 주제에 대하여 연구하고 정보를 전달하고 대화하는 일을 한다.
노리코 사카모토는 지속가능한 일본의 발전과 활동에 대한 정보를 제공하는 비영리기구 지속가능한일본 *JFS*의 커뮤니케이션 디렉터이다.

데이트 장면에서 당신이 가장 인기 있는 사람일 필요는 없다.

°더없이 소중한 짝

The uniquely valuable mate

"그 사람을 어떻게 찾을 수 있나요? 그 사람인지 어떻게 알 수 있죠?" 이 질문에 내포된 의미는 진짜 낭만적 파트너가 따로 있다는 것이다. 진짜 파트너를 만나면 날아오를 듯이 행복하게 살 수 있지만 다른 사람과는 영원히 비참하게 살게 된다는 뜻이다. 루시 헌트와 폴 이스트윅은 '유일한 그 사람'을 찾지 말라고 권고한다.

사람들은 연인의 어떤 성격(친절 등)을 다른 성격(잔인함 등)보다 분명히 중요하게 여긴다. 그럼에도 파트너를 평가할 때 이처럼 성격을 기준으로 삼는 방법에는 한계가 있다. 당신이 파트너와 좋은 관계를 유지하는 이유가 무엇인지 스스로에게 물어보라. 다른 사람들이 모두 당신의 파트너가 성격이 무척 좋다고 생각하기 때문인가? 아니면 두 사람의 관계가 만족스럽고, 당신이 파트너와 친밀감을 느끼고 파트너를 사랑하기 때문인가? 가까운 관계에 대해 연구하는 사람들은 상대방과 만족스럽고 친밀하고 사랑하는 관계를 맺을 수 있는 능력이 파트너의 가치라고 말한다. 물론 바람직한 성격을 가진 사람들이 파트너와도 좋은 관계를 맺을 가능성이 많지만, 만족스러운 관계가 두 사람만 공유하는 화학작용과 융화에서 나올 수도 있다. 사실 그동안의 배우자 가치라는 개념에서는 관계 자체의 영향력이 대부분 간과되었다.

배우자 가치

그렇다면 관계가 배우자 가치 인식에 미치는 영향을 어떻게 시험할 수 있을까? 맨 먼저, 사람들의 개인적 인식(A는 다른 사람들을 어떻게 생각하나, 다른 사람들은 A를 어떻게 인식하나.)과 관계의 영향(A와 B가 서로를 어떻게 인식하나.)을 분리할 필요가 있다. 배우자 가치에 대한 이전의 연구는 사람의 영향(다른 사람들은 A를 어떻게 인식하나.)만 검토했다. 그런데 우리는 사회관계모델 *Social Relations Model*이라는 새로운 분석 방법을 사용하여 *사람의 영향과 유일한 관계의 영향(특히 A에 대한 B의 인식)을 분리했다.* 그리고 기존의 배우자가치측정방식이 참가자에게 상대방의 특질('X는 매력적이다.', 'X는 유머감각이 뛰어나다.')을 평가하도록 했다면, 우리는 관계 만족도('X와 나는 중요한 감정·문제·신념을 서로 공유한다', 'X는 항상 나와 의미 있는 시간을 보내려고 노력한다', 'X는 내 삶을 더 낫게 만든다.')를 토대로 배우자 가치를 측정하는 새로운 방법을 개발했다.

바람직한 특질

우리 연구에서는 참가자들이 상대방의 특질에 따라 배우자 가치를 측정하는 기존의 방식과 관계 만족도를 측정하는 새로운 방식을 둘 다 사용하여 자기 자신과 다른 사람들(아는 사람들, 친구들, 현재의 파트너)을 평가하도록 했다. 그 결과 앞서의 연구와 일관되게, 특질에 따라 상대방을 평가할 때 사람들은 상대방이 바람직한 특질을 가진 한도 내에서 동의하는 경향을 보였다. 다시 말하면, 어떤 사람들은 다른 사람들보다 더 바람직한 특질을 갖고 있다는 것이다. 이렇게 배우자 가치를 평가하는 기존의 방법은 가능한 한 모두가 동의하는 바람직한 사

람이 되기 위해 노력해야 한다는 의미를 내포한다. 이를테면 사람들이 낭만적
이라고 말하는 자질을 갖춰야 한다. 그러나 관계 만족도를 토대로 한 새로운 방
식으로 서로를 평가할 때는 훨씬 더 독립적인 방식을 적용했다. 예컨대 어떤 사
람들은 A가 만족스러운 관계를 맺을 수 있는 사람이라고 느꼈지만, 그렇지 않다
고 보고한 사람들도 있었다. 어떤 사람이 바람직한 특질을 갖고 있더라도 이 사
실만으로는 그가 모든 사람과 만족스러운 관계를 맺는다고 말할 수 없다는 뜻
이다. A는 바람직한 특질을 갖고 있지만 모든 사람과 똑같이 잘 지낼 수는 없다.

유일한 사람

과거의 연구는 사람들이 낭만적 파트너를 높이 평가하는 특징을 밝혀내기는 했
지만 관계 경험, 즉 두 사람이 공유하는 만족이라는 중요한 요소를 간과했다. 사
람마다 바람직하다고 생각하는 특질은 다양하지만, 만족스럽고 충족된 관계를

맺는 능력은 그렇게 다양하지 않다. 사실, *이런 관계를 맺는 '능력'은 '능력'이 아니다.* 만족스러운 관계는 자신에게 유일하게 잘 맞는 사람을 찾는 행운에서 나온다고 할 수 있다.

이 새로운 증거는 가치 있는 배우자를 찾을 수 없을 것이라고 생각하는 사람들에게 어느 정도 확신을 줄 수 있다. 아마도 가장 신중한 방법은 데이트 현장에서 가장 인기 있는 사람이 되기보다 가장 마음에 드는 사람을 찾는 것이다. 아무리 많은 사람이 당신을 파트너로서 높이 평가해도 소용없다. 서로 가치 있다고 생각하는 단 한 사람을 발견하는 것이 중요하다. 낭만적 관계에서 만족스러운 관계에 필요한 사람은 한 사람이다. 바로 그 점이 무엇보다 확실한 사실이다.

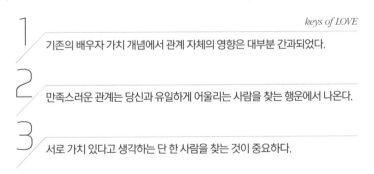

keys of LOVE

1 기존의 배우자 가치 개념에서 관계 자체의 영향은 대부분 간과되었다.

2 만족스러운 관계는 당신과 유일하게 어울리는 사람을 찾는 행운에서 나온다.

3 서로 가치 있다고 생각하는 단 한 사람을 찾는 것이 중요하다.

루시 헌트 & 폴 이스트윅 *Lucy Hunt & Paul Eastwick*

루시 헌트는 미국 오스틴의 텍사스대학 인간발달 및 가족과학 박사 과정을 하고 있다. 폴 이스트윅 박사와 함께 관계 유지와 초기 끌림 과정을 광범위하게 연구하는 끌림과 관계 연구를 지휘한다.
폴 이스트윅은 미국 오스틴의 텍사스대학 인간발달 및 가족과학과 부교수이다. 연구 분야는 애착·끌림·짝짓기에 대한 진화적 관점, 관계를 시작할 때와 유지할 때 선호하는 파트너 유형의 효과이다.

사랑은 만족보다는 의미를 가져다준다.

°성숙한 사랑

Mature love

"사랑은 단순한 감정이 아니다."라고 드미트리 레온티예프 교수는 말한다. 그는 낭만적 사랑에서 흔히 나타나는, 심장이 쿵쾅거리고 뱃속이 요동치는 느낌을 넘어선 성숙한 사랑의 특징을 발견했다. 맹세나 확인 또는 자신의 경계를 넘는 여행을 떠나보자.

우리 삶에서 사랑의 역할은 비교할 수 없이 풍요롭고 강렬한 감정을 가져다준다는 것이다. 흔히 낭만적 사랑 또는 열정적 사랑이라고 부르는 사랑의 감정은 우리를 에워싸고, 소유하고, 판단과 계획과 생활 습관을 왜곡한다. 예전부터 사랑을 일시적 정신 이상이라고 표현했는데, 바로 이런 감정 때문이다.

그러나 사랑은 단순한 감정이 아니다. 감정을 넘어서 삶, 그리고 죽음과 같은 삶의 존재론적 토대다. 사랑은 개체화 과정을 통과해 성숙한 인간이 되고, 유아기의 심리적 공생 관계를 극복하고, 자기도취적인 충족을 넘어서 다른 사람과 연계시켜 주는 관계다. 사실 에리히 프롬이 강조한 대로 사랑은 명사라기보다 동사다. 사랑은 결과가 전혀 보장되지 않는데도 자신이 선택하고, 창조한 것을 책임지고 실행하는 것이다.

이 성숙한 사랑 또는 실존적인 사랑은 우리에게 책임지고, 결정하고, 내적으로 성찰하고, 변화하는 능력을 요구한다. 이런 사랑은 만족보다는 의미를 가져다준다. 이런 이유 때문에 많은 사람이 사랑을 위해 기꺼이 대가를 지불하려고 한다. '실존적'이라는 말은 이런 사랑을 자기 세대의 심리적 메커니즘으로 예측하거나 우연으로 설명할 수 없다는 뜻이다. 실존적 사랑은 사실보다는 가능성으로 존재하며, 실현될 수도 있고 그렇지 않을 수도 있다. 이 과업에 자신을 투자하고 사랑을 키워갈지 그렇게 하지 않을지는 대부분 개인의 의식적이고 책임 있는 선택에 달려 있다.

공유한 공간

성숙한 사랑은 대화다. 대화는 예측할 수 없고 통제할 수 없다. 대화는 나의 경계를 넘어서 낯선 상대방의 영역으로 들어가는 여행이다. 이렇게 예측할 수 없고 통제할 수 없다는 점은 사랑하는 관계에서 그렇듯이 우리를 변화시키고 매우 풍요롭게 하며, 때로는 완전히 바꿔놓는다. 이때 우리가 고집스럽게 자기를 방어하는 대신, 알지 못하고 예상하지 못한 것에 자신을 드러내고, 나를 변화시킬지도 모르는 것과 마주칠 가능성에 마음을 여는 것이 중요하다.

진정한 대화의 다른 특징은 파트너와의 사이에 공동의 대화 공간을 만든다는 것이다. 이 대화 공간에서 말·의미·가치·상징·세계관이 나타나고, 이것이 두 사람을 결합시키는 것으로 인식되어 대화 공간에 형태가 생긴다. 그리고 두 사람이 공유하는 역사에 속한 장소, 사건, 사람들도 있다. *사랑 이야기는 성숙한 사랑 관계 속 공동으로 창조된 공간에서 태어나 성장한 이야기다.* 두 사람은 이 공간에서 편안함을 느낀다. 이 사랑 공간에는 경계가 없다. 모든 것이 공유되고 두 사람은 하나다. 성숙한 연인의 희생이나 헌신은 파트너 개인의 이익보다는 이 공동 공간의 이익을 위한 투자다. 한 사람이 이 새로운 공유 현실에 자신을 투자하면 그 열매를 두 사람이 즐긴다. 이것은 자기 부정이 아니라 자기 확장이다. 사랑의 이타주의는 일종의 고양된 이기주의다. 파트너를 '우리' 또는 '확장된 나'로 포용하며, 이렇게 확장된 개인의 정체성을 토대로 형성된다.

지속적인 변화

다른 사랑이 모두 그렇듯 성숙한 사랑이라고 해서 항상 행복하지는 않으며, 언제나 상호 관계를 즐기는 것도 아니다. 그러나 공유되지 않은 성숙한 사랑은 공유되지 않은 낭만적 사랑과 달리 응답 없는 제안을 감당하겠다는 냉정한 결정을 의미한다. 장기적 관점에서 보상을 얻기 위해서뿐 아니라 자기 자신을 위해서, 자신의 성장을 위해서, 진정한 자신의 길을 가기 위해서 이렇게 결정한다. 공유된 낭만적 사랑은 행복을 가져오지만, 공유되지 않은 낭만적 사랑은 실망을 가져온다. 이에 비해 성숙한 사랑은 공유된 사랑이든 공유되지 않은 사랑이든 의미와 개인적 성장을 가져온다. 성숙한 사랑은 사람을 더 강하게 만드는 일종의 시험이다. 그리고 공유된 성숙한 사랑은 공유되지 않은 사랑보다 더 어려운 시험이다.

낭만적 사랑을 하는 사람들은 사랑하는 사람에게 많은 것을 기대한다. 무엇보다 맹세, 확인, 평생의 보장을 기대한다. 그러나 사랑은 계속 성장하고 변화할 때만 살아남을 수 있다는 것이 사랑 관계의 역설이다. 침체기가 오면 사랑은 신속하게 사라진다. *성숙한 사랑은 확인을 요구하지 않는다.* 성숙한 사랑에는 다른 것이 필요하다. 지속적인 주의와 상대방을 이해하려는 태도만이 아니라 상대방에게 자신을 맞추고 육체적 의사소통에서부터 상위의 가치까지 무엇이든 협상하고, 기꺼이 변하려는 의지가 필요하다. 사랑의 감정은 누구에게나 일어나며, 사람에 크게 좌우되지 않는다. 중요한 차이를 만드는 것은 도리어 이 감정을 개인이 책임지는 과업으로 전환하는 방식이다. 인생을 바꿀 수 있는 이 관계에 자신을 투자할 것인지, 어떻게 투자할 것인지, 그리고 예측할 수 없는 도전과 성장 가능성에 자신을 드러낼 것인지, 어떻게 그렇게 할 것인지를 결정해야 한다. 이것은 우리가 성취한 인간미의 크기를 보여준다.

keys of LOVE

1 성숙한(실존적) 사랑은 단순히 감정이 아니다. 성숙한 사랑은 의미를 낳으며, 이런 사랑은 명사라기보다는 동사다.

2 성숙한 사랑은 대화다. 예측할 수 없고 통제할 수 없는 대화다. 대화를 공유하는 공간에서 상대방은 확장된 자아의 일부가 된다.

3 성숙한 사랑은 확인을 요구하지 않는다. 자신과 상대방의 성장과 변화에 지속적으로 주의를 기울인다.

드미트리 레온티예프 *Dmitry Leontiev*

러시아 모스크바국립대학 심리학 교수이다. 모스크바의 국립연구대학 고등경제학교에서 긍정심리·삶의질연구소 *Research Lab of Positive Psychology and Quality of Life Studies*를 이끌고 있으며, 실존심리학·생활증진 기구*Institute of Existential Psychology and Life Enhancement*의 디렉터이기도 하다. 300편 이상의 전문적 논문을 썼고 러시아심리학협회로부터 최고심리학서적상을 받았다.

°라틴아메리카의 사랑

Love in Latin America

라틴아메리카에는 노벨 문학상 수상자가 몇 명 있다. 페루의 마리오 바르가스 요사 *Mario Vargas Llosa*, 멕시코의 옥타비오 파스 *Octavio Paz*, 콜롬비아의 가브리엘 가르시아 마르케스 *Gabriel Garcia Marquez*, 칠레의 파블로 네루다 *Pablo Neruda*다. 이들은 대부분 정치 참여와 사랑을 표현했다. 그중에서도 멕시코의 사랑은 남자다움과 비극 사이에 있다. 사회학자 오라치오 바라다스 메차가 멕시코에서 사랑의 불꽃이 어떤 것인지 살펴본다.

동시대의 멕시코 시인 하이메 사비네스 *Jaime Sabines*는 멕시코의 사랑을 이렇게 요약했다. "나는 당신과 나를 위해 죽는다. 우리 두 사람을 위해 죽는다. 찢어지고 갈라지고 나는 죽는다. 당신은 죽는다. 우리는 죽는다." 멕시코 사회는 사랑을 찾는 데 열심이다. 멕시코인은 젊을 때부터 무조건적으로 욕망하는 법을 배운다. 사랑하고 욕망하는 데 조건을 내세우지 않는다. 멕시코 문화는 초현실적 열정을 움직이는 이 감정(사랑)에 심어놓은 민간 전승 신화의 변형이다.

두 화산

포포카테페틀 *Popocatépetl* 화산과 이차치후아틀 *Iztaccihuatl* 화산의 전설을 보면 최초의 멕시코인들이 어떻게 사랑했는지 알 수 있다. 14세기에 당시 전성기이던 아즈텍 제국이 멕시코 계곡을 지배할 때, 이웃 부족을 정복하고 세금을 강제로 부과하는 일이 자주 있었다. 틀락스칼라인 우두머리는 부족민의 자유를 위해 싸우기로 결심했다. 그에게는 이차치후아틀이라는 딸이 있었다. 그녀는 이 부족의 젊은 전사 포포카테페틀과 사랑에 빠졌다. 포포카테페틀은 부족장에게 딸과 결혼하게 해달라고 청했다. 부족장은 청혼을 받아들여서, 포포카테페틀이 전쟁에서 승리하고 돌아오면 축하연을 열고 딸과 결혼시키겠다고 약속했다. 그러나 두 사람의 사랑을 질투한 포포카테페틀의 연적이 이차치후아틀에게 포포카테페틀이 죽었다고 말했고, 이 말을 들은 이차치후아틀은 슬퍼서 죽고 말았다. 승리를 거두고 사랑하는 사람을 만날 희망에 차서 마을로 돌아온 포포카테페틀은 이차치후아틀이 죽었다는 얘기를 들었다. 그는 쓸쓸히 거리를 헤매다 산에 거대한 무덤을 만들게 했다. 연인을 안고 무덤에 들어간 포포카테페틀은 연인에게 입 맞추고 횃불을 피우고 연인 앞에 무릎을 꿇었다. 그때부터 두 사람은 함께였다. 눈이 무덤을 덮고 두 사람은 거대한 두 화산이 되었다.

볼레로 *Bolero*

문화마다 사랑을 표현할 때 다양한 요인을 사용한다. 라틴아메리카 사람들은 다양한 출처를 통해 자신만의 양식을 만들었다. 예를 들어 볼레로는 향수와 정복 같은 여러 감정을 표현하는 전통적인 춤이자 음악이며 사랑 노래다. 발코니 밑에서 부르는 세레나데는 여러 세대를 거치며 전해진 최고의 노랫말이다. 연인은 어둠 속에서 클라리넷을 불며 이렇게 노래한다. '우리가 함께 있던 거리를 사랑합니다. 우리가 만났던 밤을 사랑합니다. 당신의 부드러운 손을 사랑합니다. 우리가 나눈 키스를 사랑합니다. 내 생명인 당신을 숭배합니다. 당신이 나와 함께, 내 가까이, 아주 가까이 있기를 간절히 원합니다. 당신과 헤어지지 않을

"나는 당신을 위해서, 나를 위해서 죽는다."
"I die of you and of me."

겁니다. 당신은 내 삶이고 내 감정이니까요. 당신은 나의 태양이고 나의 달이고 사랑하는 밤입니다.······' 볼레로를 들으면 이 음악이 가장 숭고한 열정을 자극하는 것을 느낄 수 있다. 볼레로는 상상의 여지를 남기지 않는다. 이렇게 해서 우리는 사랑에 빠진다.

구애와 도취의 도구가 음악만은 아니다. 멕시코 영화는 우리가 따라 할 본보기와 역할을 제시한다. 영화 〈라쿠카라차〉에서 마리아 펠릭스*María Félix*는 '용감하고 정력적인' 여성이다. 그러나 그녀는 결혼하자 사랑스럽고 굴종하는 여성이 된다. 그녀의 극적인 변화는 멕시코 여성이 무조건적 사랑의 노예가 되어 남성에게 복종하는 사례를 보여준다.

남자다움

멕시코 역사는 일상적인 폭력으로 점철되어왔는데, 오랜 세월 이어져온 이 악덕을 아직도 뿌리 뽑지 못하고 있다. 이 악덕은 음악, 영화, TV 그리고 오늘날에는 소셜 네트워크에서 더욱 강화되었다. 엔터테인먼트와 정보의 거대한 무대에서 인생 이야기가 상영된다. 경제적·정치적 삶에만 위기가 닥친 것이 아니다. 사랑에도 항상 위기가 존재한다. 멕시코인에게 누군가를 사랑한다는 것은 자신을 완전히 내맡긴다는 뜻이며, 이런 사랑은 소유하고 지배하는 사랑으로 바뀔 수 있다. 이런 사랑이 멕시코의 원칙이라고 할 수는 없지만, 우리는 이런 소유욕이 라틴아메리카 문화의 마치스모*Machismo*(남자다움)와 관련이 있다고 생각한다.

멕시코에서 사랑은 비극으로 끝난다. 사랑을 통과하여 행복으로 가는 길에는 고통이 놓여 있다. 멕시코인들은 항상 사랑 때문에 고통스러워하거나 사랑 때문에 즐거워한다. 이 모든 것이 폭력이 난무하고, 사회적 부정의가 만연하고, 정치적 부패와 기회 부족 그리고 무절제한 사치가 판을 치는 일상에서 도피하는 수단이다. 멕시코인은 버라이어티 쇼나 고전적인 동화 속 결혼에서 도피처를 찾고 행복을 약속하는 약을 찾는다. 이런 식으로 사랑은 더 인간적인 세상을 건설하는 데 영감을 준다.

오라치오 바라다스 메차 *Oracio Barradas Meza*

멕시코 베라크루즈대학 사회학자이다. 다수 잡지의 기고가이며 사회활동가단체 *Social Players' Collective* 창립 회원이다. 블로그 웹마스터이자 국내 뉴스, 문화 정책, 사회적 주제를 다루는 웹 라디오 프로그램 'AS라디오' 프로듀서이기도 하다.

당신이 행복하니
나도 행복하다.

°타인의 행복

The happiness of the other

아르망 르큐 박사는 말한다. "심각한 어려움을 겪고 있음에도 관계 회복을 간절히 원하는 커플들을 관찰해보면, 대부분 감정에 휩쓸리지 않으려고 애쓰는 모습을 볼 수 있다. 이들은 대화하고, 반응하고, 의견을 나누고, 토론한다. 그러나 이런 노력만으로는 충분하지 않다."

나는 이들이 한 단계를 놓치고 있다고 생각한다. 관계를 회복하려면 상대방의 기본적 욕구에 귀를 기울이고 그에 따라 결정하고 행동해야 하는데, 사람들은 대부분 문제를 해결하기 위해 모인 기업 이사회처럼 행동한다. 이사회에서는 열심히 의견을 모으지만 정작 회사에 필요한 전략을 실행하는 데는 실패하지 않는가. 장기적 사랑은 매일 아침 새롭게 선택하는 것이다. 장기적 사랑은 두 사람의 성적·정서적 욕구를 반영한 구체적인 결정과 행동으로 나타난다. ('나는 당신의 욕구를 완전히 충족시킬 수는 없지만 마음에 새겨두고 있으며, 어떤 상황에서든 당신은 나에게 가장 특별하고 소중한 사람이다. 무조건적으로 사랑받고 싶은 나의 욕구를 당신이 완전히 채워줄 수는 없겠지만, 최선을 다하겠다고 약속하므로 나는 끊임없이 당신의 사랑을 갈구할 필요가 없다. 우리는 서로의 성적 욕망을 완벽하게 충족시킬 수는 없지만 우리의 비밀스러운 정원을 존중하면서 기쁨을 공유하는 가운데 진심으로 만날 수 있다.')

먼 거리, 가까운 거리

장기적으로 성공하고 싶은 커플은 서로 가까운 정도를 계속 변화시키는 것이 좋다. 하루 중에도 여러 번 그렇게 할 수 있다. 파트너와 성적 관계에서 융합을 경험하거나 매우 친밀한 교류를 나눈 후에, 각자 상대방에 대한 우선순위가 변하지 않고도 별도로 매우 강렬한 감정을 경험할 수 있다. *지나치게 가까운 상태가 유지되면 서로 숨이 막히게 된다.* 지나치게 멀어지면 서로를 잃게 된다. 그중간 어디쯤을 찾기보다는 가까운 거리와 먼 거리 사이에서 알맞은 리듬으로 진자 운동을 하는 것이 좋다. 이런 진자 운동은 커플에게 산소를 공급하는 호흡 운동과 같다. ('관계 밖에서 긍정적인 경험을 하면 즐거워지고 그러면 관계도 즐거워진다. 관계가 행복하면 삶의 다른 부분에 긍정적인 영향을 미친다.')

매일의 결정

우리는 파트너의 행복을 책임질 수 없다. 기껏해야 파트너의 행복을 함께하고 기뻐할 수 있을 뿐이다. 파트너가 승진하거나 어떤 일로 칭찬받고 축하받거나 특별한 행운이 생겼을 때 우리는 당연히 행복을 느낀다. 그러나 솔직히 *파트너의 행운이나 성공을 질투하는 마음도 있음을 인정해야 한다.* 실제로 지속적인 관계를 유지하는 커플들을 연구한 결과 상대방의 행복을 함께 즐길 수 있는 것이, 어려울 때 서로를 돕고 지지하는 것보다 훨씬 더 중요했다. ('당신이 행복해서 나도 행복하다. 나는 당신이 기쁘기를 바란다. 살아 있어서 고맙다.')

물론 두 사람의 관계에서 모든 것이 쉽고 자연스러우며 행복한 기간이 있었을 것이다. 그러나 위기가 닥치고 권태로운 시기가 왔을 때, 사랑은 매일 아침 그렇게 할 수 있도록 자신을 훈련하는 적극적인 태도이며 결정이며 결단이다. 지속적인 사랑이란, 남자에게도 여자에게도, 정원에 핀 장미처럼 자연스러운 것이 아니다.

1 / 상호작용하고 토론하는 것만으로는 충분하지 않다. 결정하고 그에 따라 행동하기 위해 상대방의 기본적 욕구에 서로 귀를 기울여야 한다.

2 / 파트너와의 거리와 강렬한 감정을 계속 변화시켜라. 행복한 중간 지점보다는 알맞은 리듬을 찾아라.

3 / 상대방의 행복을 기뻐하는 능력은 어려울 때 지지하는 것보다 훨씬 더 중요하다. 사랑은 매일 결정하는 것이다.

아르망 르큐 *Armand Lequeux*

부인과 전문의이자 성과학자이며 벨기에 루뱅가톨릭대학 의과대학 및 심리학과 명예교수이다. 그의 연구 활동은 널리 알려져 있으며, 《음경과 처녀막, 섹스라는 부드러운 전쟁*Phallus et cerises, la tendre guerre des sexes*》을 비롯하여 다수의 인기 있는 책을 저술했다.

친밀감이 두려워서
유머를 두려워하는 사람들이 있다.

°사랑과 유머의 관계

The humour style of love

남성이든 여성이든 '유머'는 파트너의 매력적인 성격 중 가장 중요한 것으로 꼽힌다. 그러나 웃음에는 다양한 이유가 있다. 샤헤 S. 카자리안 교수가 우리가 관계에서 자주 사용하는 네 가지 유머 유형을 찾았다. 이 중 어떤 유형은 사랑스럽지만 그렇지 않은 유형도 있다.

지난 10년 동안 나는 캐나다 동료들과 레바논대학 대학원생들이 함께하는 합동 연구 프로그램을 진행했다. 이 프로그램에서는 우리가 가족, 친구, 낭만적 파트너와 관계를 맺는 방식과 유머 유형의 관계를 연구했다. 유머 유형에는 네 가지 유형이 있는데, 자기 향상적·친화적·자기 패배적·공격적 유형이 그것이다. 우리는 이 네 가지 유머 유형 중 유익한 두 가지 유형(자기 향상적·친화적)과 잠재적으로 해로운 두 가지 유형(자기 패배적·공격적), 그리고 다른 사람과 관계 맺기에서 불안정한 유형(불안 유형과 회피 유형)에 초점을 맞췄다.

사회적 관계 맺기에서 불안 유형인 사람들은 상대방이 자신을 정말로 사랑하지 않을까 봐 걱정하고, 거부당하거나 심지어 버려질까 하여 두려워하는 반면, 회피 유형인 사람들은 자기 자신과 타인 모두에게 정서적으로 거리를 두려는 경향이 있다. 정서적 친밀감과 사랑을 느끼면 의존하게 될까 봐 두렵기 때문이다.

유머에 관해서는, *친화적 유머*를 사용하는 사람들은 상대방을 즐겁게 하기 위해 우스갯소리나 재미있는 장난을 하고 자연스럽고 재치 있는 농담을 즐긴다. *자기 향상적 유머*를 사용하는 사람들은 삶을 유머러스한 관점에서 본다. 옆에 다른 사람이 없을 때도 삶의 부조화를 즐거워하고, 어려운 일이나 역경이 닥쳤을 때도 유머러스한 관점을 유지하고 유머를 대처 전략으로 사용한다. 반면, *자기 패배적 유머*를 사용하는 사람들은 지나치게 자신을 폄하하는 유머에 의존한다. 자신을 깎아내리는 우스운 행동이나 말을 하여 상대방을 즐겁게 해주려하고, 자신이 우스갯거리가 되면 같이 웃는다. 그리고 *공격적 유머*를 사용하는 사람들은 타인을 빈정거리거나 놀리거나 깎아내린다. 심지어 성차별적이거나 인종차별적인 유머 등 상대방을 불쾌하게 하는 말을 함으로써 상대방을 비난하거나 조종하는 유머에 치중한다.

일반적으로 다른 사람과 관계를 맺을 때 불안 유형인 사람들이 자신에게 불리한 자기 패배적 유형의 유머를 사용한다. 아마도 대인관계와 사랑 관계에서 자신이 느끼는 불안과 불안정함을 다루는 수단인 것 같다. 사실 이런 행동은 자신을 희생하여 스스로 우스갯거리가 됨으로써 사람들이 자신을 좋아하고 자신을 떠나지 않도록 하기 위해서다. 이와 유사하게, 회피형 관계를 맺는 사람들은 관계에서 친밀감을 높이는 유머를 사용하기를 꺼린다. 상대방과 정서적 거리를 유지하기 위해서일 것이다. 이런 사람들은 다른 사람과 유대감이나 친밀감이 생길까 봐 두려워서 재미있게 웃고 즐길 수 있는 자리를 회피한다.

교훈 1 자신이 다른 사람들과 관계를 맺는 방식과 유머 유형을 점검하라. 모든 사회적 관계 유형과 유머 유형이 대인관계나 애정 생활에 도움이 되는 것은 아니다. 불안 유형이나 회피 유형보다는 안정된 유형을 키우고, 자기 비하보다는 사회적 유대를 맺을 수 있는 유머를 구사하는 것이 가장 이상적이다.

어린 시절의 뿌리

좀 더 최근에, 우리 합동 연구 프로그램은 양육자가 우리의 유머 유형과 이후 삶의 주관적 행복감에 어떤 영향을 미쳤는지 알게 되었다. 우리는 이것을 '사랑, 유머, 행복의 진실'이라고 부른다. 어렸을 때 따뜻하고 수용적인 태도의 양육자에게 넘치는 육체적·언어적 애정을 받은 사람들은, 거부당하고 적대적으로 양육된 사람들보다 유익한 유머 유형을 구사하고 더 행복할 것으로 예상했다. 어렸을 때 부모와 사랑을 나누고 긍정적인 즐거움을 공유한 사람들은, 사랑과 즐거움이 부족한 상태에서 자란 아이들보다 나중에 더 유익한 유머를 배우고 모방할 것이라고 추론한 것이다. 연구 결과 실제로 그러하다는 것이 밝혀졌다. 대체로 어린 시절에 사랑받고 소중한 아이로 자란 사람들은 자기 향상적 유머와 친화적 유머를 사용하고 주관적 행복을 느끼는 것으로 나타났다. *사랑받지 못하고 무시당하며 자란 사람들은 자기 패배적 유머와 공격적 유머를 구사했다.* 양육 방식과 유머, 안녕의 관계를 종합하자면 어린 시절의 가정환경은 유익한 유머와 주관적 행복의 뿌리다.

교훈 2 *따뜻하고 수용적인 가정환경은 적정하고 유익한 유머 사용과 주관적 행복의 원천이다.* 그러므로 따뜻하고 수용적인 사회 분위기를 조성하여 사랑과 유머와 행복이 다음 세대로 전달되도록 노력해야 한다.

keys of LOVE

1 유머는 사랑하는 관계를 만드는 데 매우 중요하다. 그러나 다양한 유형의 유머 중에도 자기 향상적 유머와 친화적 유머는 유익하고, 자기 패배적 유머와 공격적 유머는 해롭다.

2 사회적 관계 맺기에서 불안 또는 회피 유형보다는 안정된 유형을 키우고, 자기 비하보다는 사회적 유대를 맺을 수 있는 유머를 구사하라.

3 따뜻하고 수용적인 사회 분위기를 조성하고, 사랑과 유머가 다음 세대로 전달되도록 노력하라.

사헤 S. 카자리안 *Shahe S. Kazarian*

레바논 베이루트의 아메리칸대학 심리학과 과장이자 교수이다. 20여 권의 책을 출간하고 전문가 평가를 받는 저널에 60여 편의 논문을 썼다. 주요 연구 주제는 문화와 긍정심리학의 관계이며 특히 애착 유형과 유머 유형, 웰빙에 관심이 있다. 레바논심리학협회 창립 회원이며, 웨스턴온타리오대학 정신의학과 의과대학 교수를 역임했고 여러 학술·임상·행정 직위를 거쳤다. "나는 아르메니아계 캐나다인으로서 삶을 깊이 사랑한다. 부분적으로는, 집단 학살에서 살아남은 생존자의 2세로서 집단 정체성 때문이다. 나는 가족을 사랑하고, 우리 부부가 최근에 결혼 40주년을 축하할 수 있었음을 자랑스럽게 생각한다."

어떤 커플은 말다툼 후에
최고의 섹스를 한다.

°변화 뒤에는 열정이 온다

Passion follows change

'한번 사랑에 빠지면 당신은 위험에서 헤어나지 못해. 뜨거운 밤을 낯선 사람과 함께 보내. …… 열정.' 로드 스튜어트*Rod Stewart*의 히트곡 '열정*passion*'의 한 구절이다. 로이 F. 바우마이스터는 열정을 연구했다. 그는 열정과 변화의 관계를 설명하고 내향적인 사람과 외향적인 사람이 어떻게 반응하는지도 밝혀냈다.

열정과 친밀감은 사랑의 두 가지 요소다. 두 요소는 여러 사랑 관계에서 아주 다양하게 혼합된다. 좋은 관계에는 열정과 친밀감이 둘 다 있는데, 열정은 일시적이라 시간이 지나면서 감소하는 경향이 있는 반면 친밀감은 시간이 지나면서 증가하고 오랜 기간 남아 있다. 커플이 사랑에 빠진 초기 단계를 지나 오랜 결혼 생활로 넘어가면서 열정은 감소하고 친밀감은 증가하는 관계 변화가 일어난다.

우리는 열정이 대개 친밀감의 변화에서 나온다는 결론에 이르렀다. 두 사람이 처음 만났을 때는 열정과 친밀감이 모두 낮다. 서로 연결된 감정이 시작되면 친밀감이 증가하고, 열정도 증가한다. 어느 지점에서 친밀감은 아주 빠르게 증가한다. 예를 들어 두 연인이 서로 애정을 고백하고, 긴 대화를 통해 두 사람만의 비밀과 희망을 공유하고, 육체적 · 정신적으로 서로를 이해하기 시작할 때 친밀감이 증가한다. 대개 이때가 열정이 가장 큰 기간이다.

친밀감

몇 년 동안 관계가 단단해지면 친밀감이 높게 유지된다. 두 사람이 서로를 잘 이해하고 돌보지만 더는 큰 변화가 일어나지 않는다. 커플은 서로의 지난날과 앞으로의 계획을 알고, 육체적·성적으로 서로 이해하고, 서로의 정서적 반응과 우려를 예상할 수 있게 된다. 이 시기에는 열정이 줄어든다. 그러다가 갈등이 나타나고 틈이 생기면, 친밀감이 감소하기 시작한다. 그러면 화나 분노 같은 다른 종류의 열정이 생긴다. 역설적인 사실은, 어떤 커플은 말다툼 후에 최고의 섹스를 한다고 한다. 이 경우는 말다툼 중에 친밀감이 일시적으로 빠르게 감소했다가, 싸움으로 문제가 해소되고 두 사람이 서로 긍정적인 감정을 확인하면서 친밀감이 급격하게 회복되었음을 뜻한다. 그러면 친밀감이 싸움 이전 상태로 돌아가도 싸움(낮은 친밀감)을 보상하고 다시 친절해지는(높은 친밀감) 과정에서 친밀감이 증가한 것처럼 느껴지며, 열정적·성적 감정이 일어나는 것이다.

물론 이 패턴이 누구에게나 같지는 않다. 수학적으로 표현하면, 열정과 친밀감의 변화 관계를 나타내는 곡선에는 여러 가지가 있다. 외향적인 사람들은 친밀감이 가파르게 증가하고 따라서 열정도 가파르게 증가한다. 그런 다음에 친밀감이 갑자기 떨어지고 열정은 더 빨리 줄어든다. 이와 대조적으로 내향적인 사람들은 마음을 여는 데 오래 걸리므로 초기의 열정은 더 낮지만 열정을 더 오랜 시간 유지할 수 있다. 물론 외향적인 사람들은 내향적인 사람들보다 관계 초기에 섹스를 하는 경향이 있다.

새로운 파트너

일단 친밀감이 높은 단계에 이르고 열정이 감소하면, 새로운 파트너가 더 매력적으로 보이기 시작한다. 새로운 파트너와는 친밀감을 높일 여지가 더 많고 따라서 열정도 생겨날 수 있기 때문이다. 외향적인 사람들은 친밀감이 빨리 생기기 때문에 이런 회오리바람 같은 로맨스에 특히 민감하다. 그러므로 외향적인 사람들은 관계를 벗어나서 새로운 파트너를 찾기 쉽다. 보통의 헌신적인 파트너(친밀감은 크지만 열정은 아주 적은)와 흥미로운 새 파트너(친밀감이 증가하기 때문에 열정도 크다.)의 대조는 새로운 파트너가 진짜 사랑인 것처럼 보이게 하고, 외향적인 파트너가 기존의 관계를 떠나서 새로운 사람과 새로운 관계를 시작하도록 유혹한다. 이번에도 역시 외향적인 사람들은 내향적인 사람들보다 더 많은 로맨스와 섹스 파트너를 경험한다는 뜻이다.

그러나 헌신적인 파트너를 버리고 흥미로운 새 연인을 찾아갔을 때 후회하는 경우가 많다. 일단 새로운 파트너와 친밀감이 높은 단계에 도달하면 열정은 사그라지고 예전 파트너가 자신과 더 잘 맞았음을 깨닫는다. 헌신적인 관계에서 열정이 부족하면 사랑이 부족하다고 잘못 생각하기 쉽고, 가슴을 뛰게 하는 새로운 파트너와 비교할 때 특히 그렇다.

성별 간의 차이도 있다. 연구에 따르면, 친밀감이 같은 정도로 증가하면 여성보다 남성이 더 열정을 느낀다. 남성이 여성보다 빨리 사랑에 빠진다는 충분한 증거가 있다. 남성은 대개 여성보다 빨리 관계에 헌신할 준비가 되고, 여성보다 일찍 사랑한다고 말하고, 성관계를 할 준비가 된다. 그러나 같은 성별 안에서도 개인 간에 많은 차이가 존재한다는 사실을 잊지 말아야 한다.

keys of LOVE

1 열정과 친밀감은 사랑의 두 요소다. 열정과 친밀감은 다양한 사랑 관계마다 각각 다른 양으로 혼합된다. 열정의 크기는 친밀감의 크기가 변하면 같이 변한다.

2 외향적인 사람들은 친밀감이 급격하게 증가하고 열정도 똑같이 빠르게 증가한다. 내향적인 사람들은 처음에는 열정이 느리게 증가하지만 오랜 기간 열정을 유지할 수 있다.

3 일단 친밀감이 높은 지점에 도달하고 열정이 감소하기 시작하면 새로운 파트너가 점점 더 매력적으로 보이기 시작한다.

로이 F. 바우마이스터 *Roy F. Baumeister*

미국 플로리다주립대학 심리학 에피스*Eppes* 명예교수이다. 1978년 프린스턴대학에서 사회심리학 박사학위를 받았고, 버클리의 캘리포니아대학에서 사회학 박사 후 과정을 마쳤다. 500편이 넘는 글과 30권이 넘는 저서가 있다. 《의지력: 인간의 가장 큰 힘을 다시 발견하다 *Willpower: Rediscovering the Greatest Human Strength*》는 〈뉴욕타임스〉 베스트셀러이다. 과학정보연구소*Institute for Scientific Information*는 그를 세계에서 가장 영향력 있는 심리학자 중 한 명으로 선정했으며, 성격사회심리학협회*Society for Personality and Social Psychology*와 국제자아정체성협회*International Society for Self and Identity*로부터 평생 공로상을 받았다. 최근에는 심리과학협회*Association for Psychological Science* 최고의 영예인 윌리엄제임스상을 받았다.

험악한 산 정상까지도 사랑하라.

°사랑이라는 산

Mountains of love

'몰입'해 있을 때 우리는 그 순간에 있고, 불타고 있으며, 거기에 맞춰져 있다. 미하이 칙센트미하이 교수는 '몰입'이라는 현대 심리학 개념을 만들었다. 물론 몰입은 사랑과 큰 연관이 있지만, 그는 먼 저 우리를 산으로 데려간다.

운 좋게도 최근에 나는 베로나에서 온 남자들과 시간을 보낼 기회가 있었다. 이 탈리아 알프스의 옛 노래를 전문적으로 부르는 유명한 민속 합창단원들이었다. 의사 · 배관공 · 사업가 · 교사 등 다양한 이력을 가진 사람들이 매주 화요일에 모여서 연습을 하고 세계 곳곳을 돌아다니며 공연을 한다. 모두 아마추어로 단 지 함께 노래하는 것이 좋아서 이 일을 한다. 이들은 내가 젊었을 때 이 노래를 불렀다는 사실을 알고 합창단에 들어오라고 권유했다.

우리는 서부 알프스 노래부터 부르기 시작했다. 서부 알프스 사람들은 이탈리 아어보다는 프랑스어에 가까운 방언을 사용한다. 노래 제목은 '발도스텐 산'이 다. 나는 약 60년 전에 합창단에서 이 노래를 부른 적이 있다. 강렬한 음조로 시 작하는 첫 소절을 부르다가 나는 갑자기 놀랐다. 예전에 이 노래를 수없이 불렀 지만 가사의 의미를 생각한 적은 없었다. '발도스텐 산이여, 당신은 내 사랑이 요.' 수백만 년 전에 알프스 사람들은 왜 산을 사랑이라고 불렀을까? 세속적인

이유는 없어 보인다. 산은 쓸모없고, 자유롭게 이동하는 데 방해가 되며, 소와 양들이 길을 잃는 곳이고, 겨울에는 눈사태를 일으켜 마을을 삼켜버린다. 그런데도 내 주변의 등산가들은 얼굴에 황홀한 표정(분명히 내 얼굴에도 그런 표정이 떠올랐을 것이다.)을 떠올린다. 그걸 보면서 이 가사에 표현된 것이 진짜 사랑이라는 결론을 내리지 않을 수 없었다. 그러나 이유가 무엇일까?

이 노래의 다음 구절은 사정을 명확하게 밝히지 않는다. 노래에서 가수는 자신이 사는 곳을 좋아하는 이유를 설명한다. '나는 허리띠와 베레모가 있어. 즐거운 노래, 여자친구, 집…….' 이제 당신은 이 노래가 알프스의 힘없는 목동들에게 가난하고 불편한 삶도 견딜 만한 것이라고 설득하기 위해 지배 계급이 만든 선전문구라고 생각할 것이다. 아마도 어느 정도는 사실일 것이다. 산 사람들의 낭만적 삶은 이런 목적 때문일 수도 있다. 그러나 두 번째 구절을 부를 때 나는 이 노래가 더 깊은 진실을 말하고 있음을 깨달았다. 우리가 집을 사랑하고 여자친구를 사랑하고 허리띠와 벨트를 사랑하고 자신이 사는 곳을 둘러싼 금지된 산의 정상을 사랑한다면, 우리는 무척 많은 것을 사랑하게 된다. 어떤 실용적인 이유에서가 아니다. 산은 여전히 장애물이며, 조심하지 않으면 우리를 죽일 것이다. 허리띠와 베레모도 그렇게 큰 도움이 되지는 않는다. 그러나 우리가 이 모두를 사랑한다면, 삶이 사랑으로 가득 차게 된다. 무엇을 더 바라겠는가?

우리 시대에는 '사랑'의 의미가 남녀 간의 애정과 부모 자식 간의 사랑으로 축소되었다. 그 외에 다른 사랑은 없다. 그러나 이것만으로는 충분하지 않다. 만일 우리가 세상에 아주 많은 사랑이 있다는 사실을 잊고 계속해서 낯설고 이름 없는 세상에서만 살아간다면 우주 다른 부분과의 연계를 잃게 될 것이다. 이렇게 끔찍하게 외로운 우주를 채우는 방법은 아주 쉽다. 다른 노랫말이 알려주듯 '필요한 것은 오직 사랑이다.'

미하이 칙센트미하이 _Mihaly Csikszentmihalyi_

미국 클레어몬트대학원대학의 저명한 심리학 및 경영학 교수이다. 긍정심리학을 연구하는 삶의질연구센터 _Quality of Life Research Center_ 공동 회장이며 몰입과 인간의 힘에 관한 수많은 논문과 책을 썼다.

우리는 더불어 살도록
설계되었다.

°감정에 집중하기

Focus on emotion

수 존슨 박사는 지난 30년 동안 감정집중치료법 *Emotionally Focused Therapy*을 개발하여 세계에서 사랑 관계를 연구하는 손꼽히는 연구자이자 임상의사가 되었다. 그녀의 접근법은 사랑을 표현하는 데 도움이 필요한 커플을 치료하는 표준 방식이 되었으며, 그녀의 연구는 현대의 뇌 정밀촬영 분석으로 뒷받침되고 있다. 그녀는 사랑에 대해 무엇을 배웠을까?

나는 사랑이 수백만 년 동안의 진화 과정에서 쌓인 생존 기호이며 정교한 논리라는 것을 배웠다. 사랑은 더는 신비가 아니다. 이것은 좋은 소식이다. 우리가 사는 사회가 점점 더 외로워지고 사회적 삶이 본질적인 것이 아닌 부수적인 것으로 전락하면서 우리는 배우자의 지지와 돌봄, 친밀감, 충실함에 점점 더 의존하게 되기 때문이다. 나는 어른의 사랑은 부모와 자식 간의 유대와 같은 맥락에서 나온 정서적 유대이며 애착이라고 배웠다. 어른인 우리에게는 편안한 안식처와 안전한 기지가 필요하다. 우리는 이곳에서 위안과 안식을 얻고 다시 불확실한 세계로 나아간다. 요람에서 무덤까지 우리는 소중한 사람과 안전하게 연계되어 있을 때 가장 행복하다. "나와 함께 있을 거죠? 내가 부르면 언제든 달려올 거죠?"라고 말하면 항상 "물론."이라고 대답하는 사람이 있을 때 우리는 정서적 균형을 유지하고, 회복력이 생기고 강해지며, 세계를 탐험하고 도전과 위협에 맞설 수 있다.

나를 꽉 잡아주세요

인류 역사에서 처음으로 우리는 사랑에 대한 지식을 갖게 되었다. 이에 따라 우리의 가장 깊은 욕구를 이해하게 되었다. 인간의 욕구는 언제든 접근할 수 있고 반응해주는 애착 대상을 가지는 것이다. 우리가 정서적으로 연계되어 있을 때 관심과 성 등 관계의 모든 부분이 꽃핀다는 사실이 그 증거다. 정서적 안전과 반응성은 섹스를 정교하게 조화된 활동으로 만들고 상대방을 섬세하게 돌볼 수 있게 해준다. 애착에 관한 지식은 사랑 관계에서 우리의 가장 기본적인 정서를 이해할 수 있게 한다. 타고난 정신적 외상으로 정서적 고립을 경험한 포유류로서, 우리는 사랑하는 사람이 우리에게 반응하지 않으면 공포를 느끼고 극도로 당황한다. 그래서 상대방이 반응하도록 하기 위해 화를 내기도 한다. 정서적 단절은 깊은 슬픔과 상실을 암시하고 자신이 사랑받을 자격이 없다는 두려움을 불러일으킨다. 바람직한 사랑 관계는 두 사람이 서로를 바라보고 위험을 감수하며, 자신의 욕구를 충족시켜주도록 요구할 수 있는 관계다. 파트너들은 상대방이 취약한 부분을 메우도록 서로 도울 수 있다.

무엇이든 이해하면 만들 수 있다. 곤경에 처한 관계를 개선하는 감정집중치료법은 커플현장연구에서 절대적인 표준이며, 우리가 긍정적인 결과를 거둔 이유는 우리 방식이 적중했기 때문이다. 우리는 커플이 갈등을 줄이는 데 도움이 될 뿐 아니라 두 사람이 '나를 꽉 잡아주세요.'라는 대화를 하도록 돕는 방법을 알고 있다. 이 방법을 사용한 16개 연구에서 사람들은 치료가 끝날 때쯤에는 난관을 극복할 수 있었고 몇 년 후에는 이런 관계가 더욱 안정되었다. 우리는 커플이 서로 도와서 비난이나 회피 같은 불안과 분리의 악순환에서 빠져나와, 관심

과 공감을 일으키는 방식으로 서로의 애착 욕구를 표현하고 수용할 수 있도록 가르친다. 정서적 유대의 피할 수 없는 틈새를 메울 수 있으면, 평생 안정된 사랑을 유지할 수 있다. 최근 연구에서 우리는 신경과학과 커플 관계의 애착과 변화를 결합하여, 더 안전한 애착을 형성하면 우리 뇌가 위협이라는 전기 자극을 인식하고 반응하는 방식이 바뀌는 것을 뇌 정밀촬영에서 확인했다.

앨리스와 피터

곤경에 빠진 관계에서 앨리스는 피터에게 이렇게 말한다. "당신은 한 번도 나와 함께 있지 않았어. 나는 정서적으로 가까워지기를 원해. 아무리 생각해도 우리가 그렇지 못한 이유를 모르겠어. 나는 항상 화가 나. 나는 당신의 대답이 필요해." 피터가 말한다. "당신은 나를 원한다고 말한 적이 없어. 내가 떠난 건 당신이 나한테 실망했다고 말해서야. 항상 거부당하는 건 정말 괴로워. 나는 쫓겨났어." 앨리스는 말한다. "아니, 당신이 나를 쫓아냈어." 앨리스와 피터는 자신의 나약한 감정을 다른 방식으로 다루는 법을 배워야 한다. 즉, 상대방이 들어올 수 있도록 해야 한다.

예를 들어 앨리스가 화를 내는 대신 자신이 피터에게 중요한 사람이 아니라는 두려움을 표현할 수 있으면, 피터도 마음을 열고 반응하기 시작할 것이다. '나를 꽉 잡아주세요.' 대화법을 사용하면 피터는 이렇게 말할 것이다. "나도 가까워지는 법을 배우고 싶어. 물론 내가 실수를 많이 하겠지만 그때마다 당신이 나를 비난해서는 안 돼. *당신이 비난하면 나는 기분이 엉망이 되고 아무것도 못하겠어. 마음을 닫고 당신을 멀리하게 돼.* 그러나 나도 가까워지고 싶어. 당신이 나와 가까이 있으면 좋겠어." 앨리스는 이렇게 대답할 수 있다. "내가 당신을 원하는 만큼 당신이 나를 원하지 않을까 봐 항상 두려웠어. 내가 당신을 부르고 나를 바라보도록 해야 했는데……. 당신이 나를 안심시켜주면 좋겠어." 이런 연계가 유대를 회복시킨다.

내 충고는? 자신의 애착 욕구를 받아들여라. 당신은 포유류의 뇌를 가진 포유동물이다. 당신은 더불어 살도록 설계되었다. 다른 사람이 필요하다고 해서 '나약한' 사람이라는 뜻은 아니다. 나약한 상태에서 연인을 돌려세우고 나의 욕구에 반응하도록 요구하는 법을 배워라. 연인의 말에 귀를 기울여라. 파트너에게 줄 수 있는 최고의 선물은 정서적으로 함께하는 것이다. 사실 이것이 대부분 커플 문제의 '해결책'이다. 안전하게 정서적으로 연계되어 함께 서 있으면 서로에게서 최고의 것을 끌어낼 수 있다.

keys of LOVE

1 / 어른의 사랑은 부모와 자식 간의 유대와 같은 뿌리에서 나온 애착, 즉 정서적 유대다.

2 / 우리가 정서적으로 안전하게 연계되어 있을 때 관계의 다른 부분, 즉 관심과 성이 가장 꽃피기 쉽다.

3 / 우리는 이해할 수 있는 것은 만들 수 있다. 자신의 애착 욕구를 받아들이고 불안과 분리의 악순환에서 빠져나오도록 서로 도와라.

수 존슨 *Sue Johnson*

캐나다 오타와대학 임상심리학 교수이며 미국 캘리포니아의 샌디에이고앨리언트대학 특별 연구 교수이다. 국제감정집중치료특별센터 *International Center for Excellence in Emotionally Focused Therapy* 회장이기도 하다. 미국결혼·가족치료협회로부터 현장부부·가족치료공로상을 비롯하여 많은 상을 받았다. 가장 잘 알려진 전문 저술로는 《감정 집중 부부치료 실습: 연계 만들기 *The Practice of Emotionally Focused Couple Therapy: Creating Connection*》가 있다. 베스트셀러 《날 꼬옥 안아줘요 *Hold Me Tight*》는 20개국 이상의 언어로 번역되었다. 아르헨티나 탱고를 사랑하고 캐나다 북쪽 호수에서 카약을 즐긴다.

°이슬람의 사랑

Love in Islam

"사랑은 모든 언어와 문화 전통 중에서 가장 복잡하고 까다로운 개념이다."라고 하비브 틸리우인 교수는 말한다. 그는 이슬람 신비주의 속에서 진정한 연인들과 완벽한 사랑을 찾는다.

셰익스피어의 로미오와 줄리엣 같은 전설적인 사랑 이야기는 전 세계 사람들에게 지속적으로 영감을 준다. 사랑, 열정, 시, 비극적 운명이 한데 모인 많은 사례가 고대와 현대 아랍과 이슬람 문학에도 나타난다. 적어도 우리는 전 이슬람 시대(7세기 초 이슬람교가 등장하기 이전의 시대-역주)의 유명한 시인 안타*Antar*와 그의 사촌 아블라*Abla*, 카이스*Kais*, 레일라*Leila*, 자밀*Jamil*과 부테이나*Boutheina*, 이보다는 덜 알려진 알제리의 히지야*Hiziya*와 세이예드*Sayed*를 안다. 그럼에도 초기 이슬람 학자들은 이런 유형의 사랑을 '신성한' 사랑과 반대되는 '세속적인' 사랑이라고 부른다. 초기 이슬람 철학에서는 이 두 가지 사랑의 가치 차이를 강조했다. 플라톤의 방식대로 '영적' 사랑을 '자연적' 사랑보다 훨씬 더 선호하고 더 우월하다고 여겼다. 그래서 <u>사람들이 '외면적인 아름다움'이 아닌 '최고의 아름다움'을 갈구해야 한다고 권고했다.</u> 이런 의미에서, 신의 절대적인 아름다움을 능가하는 아름다움은 없다. 그뿐 아니라 영혼이나 성격의 아름다움, 즉 숨겨진 아름다움이 외적인 아름다움이나 육체적 아름다움보다 중요하다.

진정한 연인들

알 파라비*Al-Farabi*(약 870~950년)와 신성한 형제단(10세기경의 철학자 집단) 같은 초기 이슬람 철학자들이 사랑에 관한 뛰어난 문서를 썼지만, 이븐 시나 *Ibn Sina*(약 981~1037년, 아비세나*Avicenna*라는 이름으로 더 잘 알려졌다.)가 훨씬 더 주목받는다. 그의 철학적 통찰력은 인간이 세 가지 정신 유형을 갖고 있다는 아리스토텔레스의 주장에 동의한다. 그에 따르면, 식물적인 정신과 동물적인 정신은 인간을 땅에 묶어놓고 감각적인 기쁨을 추구하게 한다. 이 정신들은 인간이 성장하고 번식하고 감각을 통해서 지식을 획득하게 해준다. 한편, 합리적인 정신은 인간이 진정한 행복에 도달하고 신에게 연결되는 길을 오를 수 있게 한다. 그는 '사랑의 서'에서 세 가지 정신에 모두 사랑이 존재한다고 주장한다. 외적인 아름다움에 긍정적인 역할이 있긴 하지만, 고귀하고 이 세상의 것이 아닌 사랑이 더 우월하며 훨씬 더 오래 지속된다는 데 동의한다. 그러므로 '진정한' 연인들은 전능한 우주의 창조자를 사랑하는 경건한 사람들이다. 신은 이슬람 전통에서 알라*Allah*라는 이름 외에도 98개의 다른 신성한 이름을 갖고 있다. 이 이름들 중에 사랑이 우주의 근원이라는 데 반대하는 이름은 하나도 없다. 인간과 동물을 아기들과 묶어주는 등 사람들 사이에 존재하는 자비*Rahma*는 신이 자신의 창조물에 대해 가진 사랑 중 아주 작은 것을 나타낸다.

완전한 사랑

역사에 따르면 라비아 알 아다위야*Rabi'a al-Adawiyya*(717년 출생)는 이슬람 최초의 여성 신비주의자다. 그녀는 신에 대한 사랑을 위해 물질적 기쁨을 완전히 포기하고 새로운 사랑 이론을 개발했다. 바로 절대적 사랑과 보답을 거절하는 사랑이다. 통계적으로 사람들은 수단과 목적을 구분하지만, 무조건적인 '절대적 사랑'에 관한 한 라비아에게는 구별이 없다.

요즘으로 치면 250권 분량(1만 5천 페이지)의 책을 쓴 안달루시아인 이븐 아라비*Ibn 'Arabi*(1165~1240년)는 완전한 사랑을 대표하는 두 번째 인물이다. 그는 이렇게 썼다. "내 심장은 어떤 형태든 띨 수 있다. 가젤을 위한 목초지가 될 수도 있고, 기독교 수도사를 위한 수도원이 될 수도 있다. 우상을 위해 절이 될 수도 있고, 순례자를 위한 신전 카바*Ka'ba*나 율법책 토라*Torah*를 놓을 탁자나 코란이 될 수도 있다. 나는 사랑의 낙타가 어떤 길을 선택하든 사랑의 종교를 따라간다. 이것이 나의 종교이고 신앙이다." 이븐 아라비의 심장을 여러 형태로 만드는 것은 무엇일까? 그는 동물이 먹을 수 있는 신선한 풀이 되고, 수도사를 위한 수도원이 되고, 다양한 우상을 위한 사원이 되고, 선교사가 되고, 신성한 책을 놓을 수 있는 책상이 된다. 그의 시야는 이슬람의 심오한 이해에 깊이 뿌리박고 있다. 이븐 아라비는 *진정한 지혜는 다른 사람을 모방하는 데서 오지 않는다*고 주장한다. "진정한 지혜는 깨달음을 통해서만 발견할 수 있다. 깨달음은 영혼의 잠재력을 실현한다." 이븐 아라비는 예언자들의 발길을 따라갈 때만 완전한 깨달음을 얻을 수 있다고 주장하는 대부분의 철학자와 다르다. 사랑은 고작 흩어진 감정이 아니라 의도적인 행동을 통한 지속적인 영적 고양이라고 생각해야 한다. 이 과정은 끝이 없다. 사랑은 신성한 책들에 잘 나타나 있다. 이븐 아라비에게 우주는 그 자체가 신성한 책이다.

이 신비주의자들과 독실한 사람들에게 사랑이란 '영혼'을 정화시키는 것이다. 한 가지 조건이 있다면 사랑은 한계가 없고 절대적이며, 특히 외적인 요인에 의해 일어나지 않는다는 것이다. 사랑에는 한계가 없다. 사랑은 가장 고귀한 감정과 욕망을 포용하며, 사람들이 은밀한 이기심과 물질주의와 소비주의 경향을 극복하고, 조화롭고 평화롭게 살도록 이끈다. 그러므로 계속 베풀라.

하비브 틸리우인 *Habib Tiliouine*

알제리 오란대학 사회과학부 심리학 및 교육학 교수이며 교육과정·사회적맥락연구소*Labo-ratory of Educa-tional Processes & Social Context* 소장이다. 18개월마다 알제리 사람들의 삶에 관한 다양한 사회심리학적 면을 평가하는 전국 조사를 지휘한다. 이슬람 국가들의 삶의 질과 웰빙에 관한 전문가이다. 삶의 질 연구 백과사전에 〈이슬람의 행복*Happiness in Islam*〉을 비롯하여 많은 논문을 썼다.

행복은 혼자 찾아서
함께 나누는 것이다.

°더 행복한 커플

Happier couples

"불행하게도 우리 연구에 따르면 결혼은 점점 더 나빠지는 추세다. 결혼한 커플의 약 50%가 이혼하고, 30% 정도가 체념한 채 살고, 20%만이 대체로 행복하게 산다." 그런데 그 이유는 사랑이 부족하기 때문이 아니다. 이본 댈레어가 30년 동안 부부치료 전문가로 일하면서 깨달은 것을 알려준다.

전통적인 치료는 결혼 생활에 내재한 피할 수 없는 많은 갈등을 해결하는 '효과적'이거나 '비폭력적'인 의사소통에 초점을 맞췄다. 이런 치료는 긴장을 단기간 완화하고 사랑이 일시적으로 되살아나게 한다. 그러나 이 방법은 장기적으로는 효과가 없다. 이유는 간단하다. 커플 내 갈등은 대부분 해결할 수 없는 문제기 때문이다. 해결할 수 없는 문제를 두고 토론을 벌이는 부부는 끝없는 다툼에 빠질 뿐이다. 두 사람은 각자 '나는 옳고 너는 틀렸다.'를 상대방에게 설득하려 한다. ('허용적인 태도로 아이들을 키우려는 나는 옳고, 너는 권위적이라 틀렸다', '노후를 위해 저축하려는 내가 옳고, 당장 돈을 쓰고 즐기려는 너는 틀렸다', '서로의 가족과 가깝게 지내려는 나는 옳고, 우리만의 생활을 원하는 너는 틀렸다', '너는 일을 너무 많이 하고 우리 생활에는 충분히 투자하지 않는다', '무엇보다 너는 섹스만 생각하는데 나는 네가 나를 있는 그대로 사랑하면 좋겠다.')
이 모든 갈등을 해결하려면 두 사람의 교육관·경제관념·가족관이 같아져야

한다. 그리고 책임을 함께 나누고 시간도 똑같이 보내야 한다. 리비도*libido*, 즉 성적 본능도 일치해야 한다. 내가 오랫동안 "결혼은 사람들을 행복하게 해주지 않는다. 결혼은 수없이 많은 위기의 원천이다. 위기는 부부를 성장하게 하거나 성장을 방해한다."라고 주장한 이유다.

비난

처음에 사랑이 꽃피었을 때(이 기간은 2~3년을 넘지 않는다.)뿐 아니라 오랜 기간 행복하게 사는 부부들도 있다. 이들은 불행에 빠지거나 이혼하는 부부들과 무엇이 다를까? 이번에도 답은 아주 간단하다. 이들은 서로의 차이를 끌어안고 삶을 살아가는 데 동의했다. 이들은 누가 옳고 누가 그른지 따지기보다는 행복하게 사는 쪽을 선택했다. 의견일치를 위해 의사소통하는 방법 대신 관계의 다양한 면에 대해 각자 자신의 견해를 상대방에게 알려주고 차이가 있음을 받아들인다. 그런 다음에 양쪽의 견해를 고려하여 둘 다 잃는 것이 없는 쪽으로 협상

한다. 예를 들어, 저축 계좌와 '미친 짓' 용도의 계좌를 비롯하여 연간 예산을 함께 세운다. 그러고는 두 사람 중 한 명이 예산 관리를 맡고, 그해에 돈에 대해 더는 말하지 않는다.

행복한 부부가 대화하는 모습을 관찰한 결과, 오랫동안 행복한 결혼 생활을 하는 비결은 비난이나 책망보다 칭찬을 다섯 배에서 열 배까지 많이 하는 데 있었다. 다시 말하면, 사랑이라는 통장에 넣는 돈이 꺼내는 돈보다 훨씬 더 많았다. 많은 전문가의 말처럼 의사소통을 망치는 것은 '너'가 아니라 '너' 다음에 오는 말이다. "당신은 정말 훌륭해", "당신은 정말 똑똑해."라는 말은 "당신은 일부러 나를 이해하지 않는 것 같아", "당신은 내가 원할 때 나와 함께 있지 않아."라는 비난보다 조화와 존중을 유지하기 쉽다. 비난은 방어와 반격으로 이어지며, 불행한 부부들이 일반적으로 보이는 행태다.

특별한 손님

긍정심리학 연구 결과들이 보여주듯, 좋은 감정만 표현하고 불쾌한 감정이나 절망스러운 감정은 절대로 표현해서는 안 된다. 행복한 부부는 배우자에게 절망감과 비난을 퍼붓는 대신 자신의 욕구와 욕망을 표현한다. 실제로, 오랜 기간 행복한 관계를 유지하려면 무엇보다 관계의 목적을 100% 스스로 책임지고, 두 사람의 행복이나 불행을 배우자 탓으로 돌리지 말아야 한다. 프랑스 배우 브누아 마지멜*Benoît Magimel*은 "행복은 혼자 찾아서 함께 나누는 것이다."라고 정확하게 표현했다. 자신의 결혼에 100% 책임을 지고, 부부가 선사하는 아름다운 모험에 100% 투자하면 성공할 수 있다.

행복한 관계를 유지하기 위해 필요한 또 한 가지 일은 감성지수*EQ*를 계발하는 것이다. 성공하는 데는 지능지수*IQ*가 중요할지 모르겠지만, 결혼 관계에서는 EQ가 훨씬 더 중요하다. 부부의 EQ는 부정적인 감정이 긍정적인 감정을 압도하지 않도록 해준다. 우리는 우리 앞에 있는 사람이 유일한 사람이며, 세상에서 하나밖에 없는 사람이며, 따라서 특별한 사람이라는 사실을 잊지 말아야 한다. 행복한 부부들은 배우자를 자기 인생의 특별한 손님으로 여기고 특별하게 대접한다. 그들은 사랑에 '빠지는' 것이 아니라 사랑 속에서 '일어선다.'

keys of LOVE

1 / 부부의 갈등은 대부분 해결할 수 없다. 그러므로 단순한 의사소통치료법은 장기적으로 효과가 없다.

2 / 행복한 부부는 견해차를 안고 살아가는 데 동의한 사람들이다. 이들은 누가 옳고 누가 그른지 따지는 대신 행복한 삶을 살기로 결정했다.

3 / 행복한 부부는 배우자에게 절망감과 비난을 퍼붓는 대신 자신의 욕구와 욕망을 표현한다.

이본 댈레어 *Yvon Dallaire*

캐나다 퀘벡의 심리학자이자 성과학자이며 작가이다. 부부에게 적용하는 정신과적 성치료법을 창안했고 사랑과 성공한 결혼에 관해 많은 책과 논문을 썼다.

하루에도 수백만 명이
새로 감염된다.

°사랑, 섹스 그리고 위험

Love, sex and risk

하루에도 수백만 명이 성병에 감염된다. 이 중 절반 이하가 이 사실을 모른다. 미국에서는 10대 소녀의 25%가 성병에 감염되어 있다. 세계적으로는 3,400만 명이 HIV 환자다. 파노스 코두티스 박사가 성병 뒤에 어떤 사랑이 있는지 살펴보았다.

사랑과 관련된 말, 표현, 의미를 살펴보면 사랑에도 여러 종류가 있음을 알 수 있다. 그러나 사람들이 경험하는 낭만적 관계는 크게 두 종류로 나뉜다. 동반자적 사랑과 열정적 사랑이다. 동반자적 사랑은 자신의 삶이 상대방의 삶, 일상, 욕구, 계획과 뒤엉킨 깊고 안정된 감정이다. 열정적 사랑은 상대방과의 결합을 강력하게 원한다. 상대방은 어느 정도 이상화되어 있으며 이 사랑은 흥분, 고조된 기분, 친밀감, 불안, 슬픔 같은 불안정하고 모순된 감정을 동반한다.

지난 몇 년 동안 연구한 결과, 나는 젊은이들의 관계에서 동반자적 사랑이 아주 없지는 않지만 열정적인 사랑이 훨씬 많다는 사실을 확인했다. 압도적으로 우세한 열정적 사랑 덕분에 젊은이들은 현실적인 장애물을 극복할 수 있다. 그렇지 않다면 배경 · 가치관 · 자원 · 인격의 차이로 헤어지고 말 것이다. 연인들은 색안경을 끼고 상대방을 본다. 자신이 실제로 사랑하는 사람이 아니라 사랑하고 싶은 사람으로 보는 것이다. 일단 두 젊은이 사이에 사람을 '현혹하는' 열정

적 사랑이 자리 잡으면 동반자적 사랑이 깊어질 가능성이 몇 배로 커진다. 현혹하는 사랑이든 그렇지 않든 열정적 사랑은 친밀한 관계를 지속시키는 기본적인 요인이다. 게다가 사람들은 열정적 사랑 때문에 즐겁고, 특히 젊은이들은 열정적 사랑을 한다는 사실 자체에 매혹된다.

낭만적 순간

열정적 사랑은 관계를 시작하는 데 탁월한 기능을 하고 인기가 있지만, 위험한 면도 있다. 열정적 사랑과 관련된 자기 폐쇄적인 강한 욕망은 상대방에게 영향력을 행사하고 상대방의 영향을 수용하려는 욕망을 동반한다. 사랑에 빠졌을 때, 개인적 장애물은 별문제가 되지 않는다. 이 과정은 '사랑에 빠진' 두 사람이 '함께하는' 관계로 나아가도록 격려한다. 그렇지만 동시에 자기를 방어하는 협상 기술을 사용하고, 합리적인 의사결정을 내리려는 동기를 약화시킨다. 열정적 사랑은 성관계 도중 방어 행동이 필요할 때 특히 문제가 된다.

성관계로 인해 전염되는 질병으로부터 자신을 보호하고 계획되지 않은 임신을 피하려면 이런 위험을 인식하고 자신을 보호할 방법을 알아야 하며, 그렇게 할 동기가 있고 협상 기술도 있어야 한다. 자신이 직접 보호 방법을 제안하든 상대방의 제안을 받아들이든 협상을 해야 한다. 그런데 열정적 사랑이 여기에 방해가 될 수 있다. '사랑하는 사람이 어떻게 나를 위험에 빠트릴 수 있겠는가?', '나는 신체적 접촉을 너무나 좋아하기 때문에 콘돔을 사용할 수 없다', '콘돔을 사용하자고 말하면 자신을 믿지 못한다는 뜻으로 받아들이지 않을까?', '이렇게 낭만적인 순간을 그런 제안으로 망치고 싶지 않다.' 파트너가 각자 보호책을 사용하기로 했다 하더라도, 관계 도중 열정적 분위기에 휩쓸리거나 파트너의 압력 때문에 굴복하기가 쉽다. 열정적 사랑에서 파트너들은 자신과 파트너의 건강보다는 친밀감과 신뢰를 더 중요하게 생각한다.

돌봄과 존중

내 연구에서, 젊은이들은 임시적인 관계든 지속적인 관계든 보호책을 사용하지 않아야 열정적 사랑이라고 인식했다. 동반자적 연인들은 보호책을 사용하는 비율이 훨씬 높았다. 동반자적 관계에서는 책임감을 강조하고, 자신과 상대방의 건강과 안녕을 염려하며, 파트너들은 보호책을 사용함으로써 상대방을 염려한다는 사실을 보여주었다. 이 연구 결과와 젊은이들이 동반자적 사랑보다 열정적 사랑을 더 선호한다는 사실을 고려할 때 다음과 같은 사실을 알 수 있다. _젊은이들이 더 안전한 섹스를 하도록 권장하는 건강 캠페인이 성공하기 어려운 이유는 보호책을 사랑 관계에 당연히 필요한 결정이 아니라 개인적 결정으로 여기기 때문이라는 것이다._ 안전한 성행위를 권장하고 성병과 원치 않는 임신을 줄이기 위해서는 열정적 사랑이든 동반자적 사랑이든 모든 관계에서 피임을 당연한 행동으로 제시해야 한다.

그렇다면 젊은이들의 관계에서 보호 수단으로 피임과 함께 동반자적 사랑을 권장할 수 있을까? 동반자적 사랑과 열정적 사랑은 서로 배타적인 관계가 아니다. 열정적인 사랑을 하는 젊은이들 중에도 동반자적 사랑을 하는 사람들이 있다. 건강 교육을 할 때 현실적인 배려를 위해 열정을 다소 완화하고 파트너의 건강을 존중하는 모범 사례로 이런 젊은이들을 들 수 있다. 서구 문화, 특히 젊은이들을 대상으로 하는 대중문화는 열정적 사랑이라는 이상화된 신화에 열광하게 한다. 이 신화는 거의 최면과 같다! 그러나 우리는 이 신화가 사랑과 섹스에 관한 결정에 해로울 뿐 아니라 사랑하는 관계에서 중요한 걸림돌이 된다는 점을 고려해야 한다. 이제는 열정적 사랑이라는 인기 신화와 경쟁할 수 있는 다른 사랑 모델이 필요하다.

keys of LOVE

1 / 열정적 사랑은 관계를 시작하는 데 유용하고 인기가 있지만 위험한 면도 있다. 동반자적 파트너들은 보호책을 사용하는 경향이 높다.

2 / 보호책은 열정적 사랑과 동반자적 사랑에서 명확하게 행동으로 제시되어야 한다.

3 / 건강 교육을 통해 현실적인 면에 관심을 갖게 하고, 열정을 완화하고, 파트너의 안녕을 존중하는 동반자적 사랑의 장점을 이용하도록 해야 한다.

파노스 코두티스 *Panos Kordoutis*

그리스 아테네의 판테이온대학 사회정치과학대학 심리학과 부교수이다. 대인관계와 친밀한 관계, 사랑의 심리학을 연구하고, 이런 관계에서의 건강과 보호에 관한 사회심리학을 연구하고 저술하고 있다.

°보이지 않는 벽

The invisible wall

레바논이 문명화된 최초의 증거는 7,000년 전으로 거슬러 올라간다. 이 나라는 중동에서 종교적으로 가장 다양한 사회다. 아미 카람 박사는 이렇게 많은 벽이 있을 때 사람들이 어떻게 대처하는지 연구했다. 보이는 벽도 있지만 보이지 않는 벽도 있다.

옛날에 보이지 않는 벽이 있었다. 벽 한쪽에 한 남자가 살았다. 다른 쪽에서 한 여자가 보고 있었다. 어느 날 두 사람은 도보 여행을 떠났다가 서로 눈이 마주쳤다. 두 사람은 강렬한 사랑을 느꼈고 말도 완벽하게 잘 통했다. "이 벽은 저주입니다." 그가 말했다. 그녀는 미소를 지었을 뿐 속마음을 말하지 않았다. 그녀는 다른 사람들에 대해 열린 태도를 갖고 있었으므로 인종차별주의나 반계몽주의, 당파주의와 거리가 먼 진정한 세계 시민이 되는 법을 배웠다. 그는 사명감을 갖고 자신의 종교를 열심히 실천했다. 그녀는 그와 다른 사람들을 배려하여 사방에 촛불을 밝혔다. 그녀에게는 이런 행동이 크게 어렵지 않았다. *인간은 뿌리 깊은 믿음으로 묶여 있기 때문이다.* 하지만 남자는 내전에 대비해 무기를 다루는 훈련을 받았으며, 그는 여전히 혼란스러웠다.

두 갈래 길이 있다. 하나는 성장 · 다양성 · 지혜 · 수용이라는 전망을 향해 다양한 정체성이 열린 길이다. 다른 하나는 똑같은 정체성이 폐쇄 · 공포 · 경쟁 · 눈

먼 정신·대화 단절을 향해 가는 길이다. 사람들이 결합하고 함께 있음을 축하하던 시절이 있었다. 교회와 회교 사원의 소리를 동시에 들을 수 있었다. 그런 다음에 그들은 광기에 사로잡혀 한 가지 결론에 도달했다. "너와 나는 아무런 공통점이 없다."

삶의 힘

이 나라에서 사랑은 서로 다른 종교와 씨족을 가진 사람들 사이의 과제다. 우리는 뇌가 역동적 존재이며, 발전하고, 진화하고, 불협화음·대립·적대감을 포용할 수 있다고 배웠다. 젊은이들은 만나서 서로 다름과 새로움에 끌리지만 전쟁은 상처를 치유하려는 뇌를 무시하고 과거로 돌아가도록 만든다. 발전은 저지되고 노화가 일어난다. 정체성이 다양하게 꽃피는 대신 오히려 말살되고 만다. 그러나 삶의 힘은 이보다 더 강하다. 사람들은 누구나 전 세계를 여행하고 외부 세계에 노출되고 인터넷으로 세상과 접속할 수 있다. 사람들은 세상을 다시 창조하고 자신이 꿈꾸는 방식과 세상을 보는 방식을 새롭게 하려고 노력한다. 세상의 전체적인 현실 안에서 살기를 원하며 세상의 어느 면도 놓치지 않기를 원한다. 20대가 되면 사람들은 친밀감을 찾는다. 40대가 되면 생산성의 대가가 되어 개별적 존재의 정의를 새롭게 내리고 비겁함과 싸우고 분열을 극복한다.

어떤 사람들은 더는 나아갈 용기가 없다. 그래서 함께 여행하기를 거부한다. 거울을 볼 필요도 없다고 생각한다. 길이 결국 갑자기 끝날 것이라고 믿기 때문이다. 그래서 그들은 멈춘다. 어떤 사람들은 계속 나아가면서 주변 경관에 감탄하

"사랑은 도전이다."
"Love is a challenge."

고 인간 삶의 다양한 면을 창조한다. 이들은 결국 차이를 극복하고 승리를 거둔다. 삶은 용기다. 어떤 사람들은 그늘에 머무르고, 어떤 사람들은 과감하게 뛰어들어 이별을 피한다.

강한 믿음

벽은 저주가 되었지만 저주가 규칙을 어긴 데 대한 피할 수 없는 벌이라는 생각은 상상일 뿐이었다. 그는 제약에 저항하기로 마음먹었다. 그녀는 처음부터 끝까지 그를 전적으로 신뢰했다. 무한한 힘으로 그의 하늘을 밝히고, 자신이 잃어버릴 것은 생각하지 않았다. 그녀는 그에게 수용의 지혜, 인류애로 향한 반짝이는 희망을 가르쳐주었다. 두 사람은 의사소통 기술을 나누고 같은 나라에 대한 추억, 번영하는 미래, 결합의 마법을 사용하고 희망을 나눴다.

이 나라에서 삶은 한계를 포용하고 적응하는 법을 배우고 규칙을 다시 쓰는 것이다. *뇌가 진화하고, 감정이 자라고, 자유로운 느낌이 승리하도록 밀어붙이는 것이다.* 사랑은 무엇보다 많은 것이 돌아왔다는 표시이자 노력이며 인간 삶의 진짜 핵심이다.

아미 카람 *Aimee Karam*

레바논 베이루트의 발라만드대학 세인트조지의과대학병원 정신의학 및 심리치료센터 임상심리의사이다. 레바논과 아랍 세계에서 정신건강을 연구하고 교육하는 비영리·비정부 기구 IDRAAC 창립 회원이다.

한쪽 배우자가 잘못을 하면
다른 쪽도 잘못을 해서 공평해지려고 한다.

전 세계에서 1년에 250만 건 이상의 살인이 일어난다. 그 이유의 가장 많은 부분을 차지하는 것이 사랑, 섹스, 친밀한 관계다. 눈에는 눈, 이에는 이라는 식이다. 요한 카레만스 박사가 일상적인 사랑 관계에서 일어나는 복수를 조사했다. 복수는 인간의 본성인 것 같다.

세계적으로 갈등과 배신은 사람 사이의 관계에서 피할 수 없는 부분이며, 아마도 사랑 관계에서는 특히 더 그럴 것이다. 이런 글을 시작하기에는 약간 비관적인 주장이지만 사실이다. 가장 사랑하는 사람이 가장 심하게 상처주고 배신한다. 격렬한 말다툼 중에 상처가 되는 말을 할 수도 있고, 당신의 생일을 잊어버릴 수도 있으며, 파티에서 당신을 무시할 수도 있다. 이런 일은 수없이 많다.

이런 일이 괴로운가? 아마도 대부분 사람들은 전혀 싸우지 않고 갈등이 있어도 어리석은 말이나 상처가 되는 말은 절대로 하지 않는 이상적인 연인 관계를 원할 것이다. 그러나 연인들 간의 갈등은 현실이며, 그 자체로는 아무런 문제가 되지 않는다. 문제는 우리가 파트너의 명백한 실수와 부정적 행동에 어떻게 반응하는가 하는 것이다. 연구에 따르면, 사람들은 상처받았다고 느끼면 상대방이 연인인 경우에도 눈에는 눈으로 반응하는 경향이 강하다. 파트너가 잘못을 했을 때 공평하게 갚아주고 싶어 하는 것은 일종의 정의감 때문이기도 하다. 적어도 처음에는 그렇다. 이것은 우리의 본성이다.

복수

그러나 반격을 하면 일이 해결되기보다는 도리어 악화된다. 사람들은 복수를 하면 기분이 나아질 거라 생각하지만 사실은 그렇지 않다. 우리 연구실과 다른 연구자들의 실험실에서, 파트너가 잘못을 저질렀을 때 복수를 하거나 파트너를 피하는 사람들은 장기적으로 관계가 덜 만족스러워지며 파트너와 헤어질 가능성이 더 많았다. 게다가 파트너에게 복수하는 태도는 관계에 부정적인 결과를 가져오며, 개인의 행복과 심지어 신체적 건강까지 위협한다. 충격적인 예로 한 연구에 따르면, *파트너의 잘못에 대해 복수할 생각만 하는 사람들은 혈압과 심박수와 혈압이 증가하는 등 신체적 스트레스가 증가한다.* 낭만적 관계에서 복수하려는 태도를 갖고 파트너의 잘못에 대해 되갚아주는 식으로 반응하면, 자기 자신과 관계에 심각한 결과를 초래할 수 있다.

갈등

그러면 해결책은 무엇일까? 파트너가 부정적인 행동을 했을 때 잘 대응하는 방법은 없을까? 낭만적 관계에서 갈등과 배신은 언제든 일어나기 마련이다. 그러므로 장기적이고 건강한 낭만적 관계를 유지하는 길은 파트너를 용서하는 것이다. 파트너가 잘못된 행동을 했을 때 부정적 감정과 복수하려는 충동을 억제하고, 더욱 친절하고 관대한 태도로 반응하는 것이 용서다. 사람 사이의 용서에 대해 10년 동안 연구한 바에 따르면, 결과는 명백하다. 관계에 대해 매우 헌신적이고 서로 용서할 줄 아는 파트너들은 장기적으로 관계 만족도가 높으며 더 안정된 관계를 유지했다. 또한 상대방의 생일을 잊어버리는 등의 잘못을 용서하는 파트너들은 용서한 직후뿐 아니라 장기적으로도 심리적 안정이 증가한다. 한마디로, 용서는 수지가 맞는다. *개인적으로도 그렇고, 관계 측면에서도 이롭다.* 그렇다고 해서 어느 유명한 인생 상담자의 제안처럼 우리가 '모든 사람, 모든 것, 잠자리에 들기 전의 모든 밤'을 용서해야 한다는 뜻은 아니다. 강간이나 심한 물리적 폭력처럼 '용서할 수 없는' 행동도 있다. 또한 뉘우치는 기색이 전혀 없는 파트너라면, 용서를 한다고 해서 유익한 효과를 얻게 되지는 않는다.

관점

물론 파트너를 용서하는 게 말처럼 쉽지 않으며, 파트너가 잘못한 행동에 대한 부정적 생각과 감정을 없애는 게 어렵다는 것을 잘 안다. 그러나 상대방의 입장이 되어보면 용서하는 데 도움이 된다. 그 이유는 간단하다. *파트너의 잘못된 행동을 포함하여 인간의 모든 행동은 대부분 외부 환경의 영향을 받기 때문이다.* 파트너가 나쁜 행동을 한 것은 사실이다. 그러나 그런 행동을 한 상황을 고려하면 당신도 그런 상황에서 비슷한 방식으로 행동했을 수 있음을 알게 된다. 그것만으로도 충분하다. 파트너의 입장이 되어보면 파트너의 행동이 처음부터 나쁜 의도는 아니었음을 깨닫게 될 것이다. 실제로 잘못을 한 사람의 입장이 되어보면 상대방을 이해하는 데 큰 도움이 된다는 것을 입증하는 과학적 연구 결과가 많이 있다.

용서에 대해서는 할 얘기가 아주 많다. 지난 10년 동안 연구자들은 '어떤 사람들'이 더 용서를 잘 하는지, 사람들이 '언제' 용서를 더 잘 하는지 또는 잘 못하는지, 사람들이 실제로 '어떻게' 용서하는 데까지 이르는지에 대해서 많은 것을 알아냈다. 내 연구 결과와 전 세계 여러 나라 사회과학자들의 연구 결과는 한 가지 일관된 메시지를 전달한다. 즉, 용서는 사랑과 지속적인 관계에 없어서는 안 될 요소라는 것이다.

keys of LOVE

1 / 갈등과 실수는 대부분의 낭만적 관계에서 언제든 일어나기 마련이다.

2 / 복수하는 행동은 자기 자신과 관계에 심각한 결과를 야기할 수 있다. 장기적이고 건강한 낭만적 관계를 유지하는 열쇠는 용서하는 능력이다.

3 / 잘못한 사람의 입장이 되어보면 용서하는 데 큰 도움이 된다.

요한 카레만스 *Johan Karremans*

네덜란드 네이메헌의 라드바우드대학 행동과학과 부교수이다. 끌리는 사람을 만났을 때 자신을 보호하는 방법이나 용서 등을 주제로 과학 저널에 광범위하게 기고했다. 오랫동안 행복한 결혼 생활을 해왔으며, 아내와의 사이에 두 딸이 있다.

진정한 사랑은 우리 안에 있는 깰 수 없는 신성한 돌이다.

°사랑의 숨결

The breath of love

"삶에서 아무것도 남지 않았을 때 우리에게 무엇이 남을까? 삶에서 우리가 가진 모든 것, 우리를 대표하는 것, 사고방식, 아는 사람이나 사물이나 습관을 모두 빼앗겼을 때 우리에게 무엇이 남을까? 모든 것이 사라졌을 때 무엇이 남을까?" 토마스 단셈부르그가 사랑의 상태로 우리를 데려간다. 사랑은 아주 가까이에 있다.

지금 바로 집 밖으로 나가 주위에 무엇이 있는지 보라. 벽, 집, 거리, 도시, 마을, 길, 교회, 큰 저택, 숲……. 보이는 것은 모두 지어지고 유지되고 조만간 파괴되고 흩어지고 휩쓸려갈 것이다. 손가락 사이로 흐르는 공기를 느껴보라. 콧구멍과 폐 속에서 순환하면서 당신을 살아 있게 하는, 완벽하게 흐르는 공기를 맛보라. 공기는 아무것에도 달라붙지 않으면서 모든 것에 생명을 가져다준다. 공기는 모든 존재에 반드시 필요하지만 어떤 형태로도 구속되지 않는다. 공기는 세상의 움직임에 즐겁게 자신을 내어주지만 아무런 보답도 바라지 않는다. 공기는 강력하다. 공기는 모든 것을 뒤엎을 수 있고 이동시킬 수 있다. 공기는 부드럽고 달콤하고 조용하고 신선하다. 공기는 만들어진 것이 아니므로 해체되지 않는다. 지금 이 순간 당신이 있는 곳에 5분 후에도 5천 년 후에도 있을 유일한 것은 당신도 아니고 주위의 사물들도 아니고 공기와 지나가는 바람뿐이다.

진정한 사랑

진정한 사랑은 본성이 같다. 모든 형태의 삶을 비옥하게 하고, 한없이 유연하고, 끝없이 새로워지고, 본래 풍부하고, 본질적으로 관대하고, 어떤 것에도 매이거나 가둬지지 않는 숨결이다. 진정한 사랑은 가두고, 붙잡고, 무게를 달고, 크기를 재고, 여러 조각으로 나누고, 거래하거나 주고받으면, 시들고 질식해 죽는다. 진정한 사랑의 본성은 재지 않고 주는 것이기 때문이다. 그러므로 두 눈을 감고 자신의 진정한 본성을, 어떤 것으로도 분해할 수 없는 우리의 깊은 본질을 음미하라. 우리는 사랑이다. 물론 이런 상태를 음미하기 위해서는 인간을 탐구하는 단계를 여행해야 한다.

태어난 아기는 이렇게 말한다. "당신은 나를 사랑합니다. 그래서 나는 존재합니다." 사랑하는 사람을 발견한 청소년은 이렇게 말한다. "나는 당신을 사랑합니다. 그래서 나는 존재합니다." 결혼한 사람들은 이렇게 말한다. "우리는 서로 사랑합니다. 그래서 우리는 존재합니다." *이런 단계들에서 사랑은 항상 조건적이며, 그 조건이 사라질까 봐 두려워한다.*

그러나 사랑이 더는 인간관계의 고리와 주고받는 의례에 묶이지 않고, 너와 나의 경계가 사라지며 어떤 형태로든 매이지 않는 때가 온다. 인간성을 넘어서 우리의 진짜 본성을 발견하는 때가 온다. 프랑스의 영성 작가 크리스티안 생제르 *Christiane Singer*가 '우리 안에 있는 신성하고 깨지지 않는 돌'이라고 부른 것에 단단히 고정된, 무조건적인 사랑이라는 본성을 발견하는 때 말이다.

사랑의 상태

지난 20년 동안 사람들과 삶의 여러 주기를 동행하면서 나는 이런 확신을 갖게 되었다. 어떤 행동을 통해서든 사람들은 모두 자신의 유일한 속성인 사랑의 상태를 맛보려고 한다(때로는 아주 절박하게). 사람들이 이 여정에서 빠져나가 사랑과 반대되는 길로 가는 경우가 자주 있는데 이는 자신이 무엇을 찾는지, 그리고 자신이 진짜 누구인지 모르기 때문이다. 아무도 인생의 깊은 의미를 알려주지 않았기 때문이다. 교육은 우리를 질식시키는 고정관념을 몰래 심어주었다. 그래서 우리는 스스로 자기 자신(집, 영토, 문화, 이미지, 종교)이라고 생각하는 것에 귀속되고, 잘못된 전략을 채택하고, 자신의 욕구를 잘못 이해한다. ('내가 당신이 나를 사랑해주길 원하기 때문에, 당신은 나를 사랑해야 한다. 나는 사랑받고 싶은 욕구만 있을 뿐, 사실 당신이 나를 어떻게 생각하는지 상관없을 정도로 나를 사랑하는 것이 진짜 욕구임을 알지 못한다.')

통찰력이 없으면 우리는 자신에게서 추방된 상태에 머무른다. 자신과 분리되고, 다른 사람들과 분리되고, 전체 또는 신(이 호칭은 불가피하게 우리를 위축시킨다.)과 분리된, 사랑과 화합이 완전히 결여된 상태에 머무른다. 우리 가장 깊은 곳의 분열부터 죄책감, 다툼, 전쟁까지 모든 분열이 생겨난다. 자기 친밀감이 부족한 데서 탐욕, 중독, 부의 독점까지 모든 보상 체계가 생겨난다.

우리는 내면 작업, 즉 내면의 시민정신을 통해 우리의 진정한 본성, 가장 깊은 힘, 사랑하는 속성을 찾고 우리가 있는 곳에 삶의 숨결을 즐겁게 불어넣을 수 있다.

1 진정한 사랑은 삶을 자라게 하는 숨결과 본성이 같다. 재지 않고 주는 것이 우리의 본성이다.

2 '우리 안에 있는 깨지지 않는 신성한 돌'에 단단히 박힌, 무조건적 사랑의 본성을 찾는 때가 온다.

3 우리는 내면 작업을 통해서 진짜 본성과 사랑하는 본성을 찾고, 우리가 있는 곳에 사랑이 넘치는 삶의 숨결을 즐겁게 불어넣을 수 있다.

토마스 단셈부르그 *Thomas d'Ansembourg*

벨기에의 변호사이자 작가, 심리치료사이다. 세계 곳곳을 다니며 인간관계와 비폭력 대화법에 관해 가르치고 있다. 《진짜가 되기 *Cessez d'être gentil, soyez vrai*》를 비롯한 저서들은 세계적 베스트셀러가 되었고 28개국 언어로 번역되었다. 프랑스 님 *Nîmes*의 심리학저자페스티벌에서 수상한 경력이 있다. 퀘벡의 기 코르노 *Guy Corneau*와 함께 Cœur.com을 설립했다.

사랑의 의미는
의미를 창조하는 데 있다.

°사랑의 행복

Happy in love

"현대인에게는 모든 것이 명확하다. 사랑은 당신을 행복하게 한다. 모든 사랑 이야기는 '행운'이라는 강력한 요소로 시작된다. 그러나 행운은 사랑의 진정한 행복을 찾는 첫걸음일 뿐이다." 빌헬름 슈미트가 그 후의 단계들을 소개한다.

두 사람이 최초의 우연한 행복 속에서 함께 행복을 찾았을 때, 이 사랑의 두 번째 행복은 기분 좋은 행복이 될 수 있다. 연인들은 서로에 대해 좋은 기분을 느끼고, 함께 있어서 기뻐하고, 함께 관능적 즐거움을 누리고, 서로에게서 이해와 위안을 찾는다. 이런 행복은 사랑에서 찾을 수 있는 행복의 일부다. 우연으로 인한 행복과 달리, 이 기분 좋은 행복은 우연히 생기지 않으며 오직 만들 수 있을 뿐이다. 기분 좋은 행복을 만드는 유일한 방법은 서로에게 좋은 방법을 끊임없이 실험하고 탐색하고 찾는 것이다. 이것은 맛있는 음식일 수도 있고 긴 대화나 다정한 태도, 환상적인 저녁 시간, 열정적인 밤일 수도 있다.

그런데 사랑이 지속되려면 이 두 가지만으로는 부족하다. 세 번째 행복이 반드시 필요하다. 바로 존재의 행복이다. 존재의 행복은 인간의 모든 경험, 좋은 것과 나쁜 것, 기쁨과 분노를 표현하는 능력이다. 이 능력은 스스로에게 이렇게 묻는 마음 자세에 달려 있다. "인생과 사랑의 특성은 무엇인가? 양극단 사이에서

사랑의 색깔 시간표 Time colours of love

오늘날의 파트너들은 일상의 시간에서 음식과 활동, 수다, 논쟁을 함께 나누고 휴가와 휴일도 함께 보낸다. 물론 누구에게나 항상 시간이 부족하다. 그러므로 시간을 벌기 위해서는 모든 활동에서 시간을 15분 단위로 나누어 아껴 쓰면 도움이 된다. 일을 특히 쉽게 할 수 있는 황금 시간대를 사용하는 방법도 좋다. 누구나 자신만의 황금 시간대를 경험을 통해 알 수 있다. 그러면 아낀 시간을 좋아하는 활동에 쓸 수 있다.

일상 대부분을 차지하는 것은 **회색** 시간이다. 그리고 이런 삶에 강력한 대조를 이루는 것이 낭만적 만남의 **분홍색** 시간, 강렬한 감정의 **빨간색** 시간, 치열한 토론의 **파란색** 시간, 자신을 완전히 망각하는 **보라색** 시간, 많을수록 좋은 단순한 만족의 **옥색** 시간이다. 이 팔레트의 색깔이 다양할수록 우리는 사랑의 색깔 이론을 완성하는 모든 종류의 **검은색** 시간과 적을수록 좋은 질투의 **노란색** 시간을 가장 잘 견딜 수 있다.

왔다 갔다 하며 어디에나 존재하는 것인가? 나는 근본적으로 이것을 받아들일 수 있는가? 양극단 어딘가에서 사는 삶과 관계는 내게 가치가 있는가?" 이렇게 질문할 때 우리는 숨 쉴 자유가 있는 행복을 누릴 수 있다. 더는 좋은 시간을 절박하게 움켜쥐려고 하지 않고(이런 시도는 끝이 없기 마련이다.) 평범한 삶의 시간도 받아들일 수 있기 때문이다.

의미

이 세 겹의 행복은 사랑에서 매우 중요하다. 그러나 가장 중요한 것은 자신이 경험한 의미를 전달하는 것이다. 의미가 존재하면, 행복하지 않을 때조차 사랑에서 의미를 발견할 수 있다. 의미는 서로 연결되어 있으며, 두 사람 사이의 유대가 의미를 더 강하게 묶어준다. 서로 다른 힘으로 서로를 지키고, 혼자 있을 때보다 함께 있을 때 더 강해진다. ('내가 알고, 나를 걱정해주고, 생각을 함께 나누고 느낄 수 있는 사람이 있다. 비록 지금은 분노만 느끼지만.')

<u>사랑은 의미를 찾는 유일한 방법일 뿐 아니라 매우 효과적인 방법이다.</u> 사랑은 연결되어 있기 때문에 의미를 쉽게 포착할 수 있고 공고하게 할 수 있고, 의미를 찾는 속성 덕분에 아주 많은 연계가 깨져버린 현대에 의미를 제공하는 훌륭

한 도구가 된다. 사랑의 의미는 의미를 창조하는 것이다. 많은 사람이 사랑에서 삶의 유일한 의미를 찾는다. 사랑이 실패하면 의미를 잃어버리고 삶이 의문에 빠지게 될 위험이 있음에도 말이다.

선의

연인들은 육체적 · 정서적 · 정신적 · 초월적 차원에서 의미를 경험할 수 있다. 이 순서는 각 차원의 가치가 크고 작음을 나타내는 것이 아니다. 연인들을 안내하는 해석에 따르면, 연인들의 사랑은 한 가지 또는 몇 가지 차원으로 전개될 수 있으며, '어떤 것이 기본적인 차원인가?'라는 질문에는 그들만이 대답할 수 있다. 육체적 만남, 정서적 느낌, 지적 교환 관계에서 안정성과 유연성을 최대한 갖추기 위해서는 한 가지 이상의 차원에 닻을 내리는 것이 좋다. 이렇게 하면 한 차원에 어려움이 생겼을 때 다른 차원으로 옮겨감으로써 완충시킬 수 있다. <u>사랑은 다양한 차원 사이를 오갈 수 있고 파트너를 만나기 위해 상대방의 차원으로 이동할 때 가장 제대로 숨 쉴 수 있다.</u> 사랑의 가장 큰 어려움은 연인들의 욕구가 항상 같은 차원에 있지 않기 때문이다. 사랑의 재건은 '사랑이 숨 쉬게 놔둔다.'와 같은 의미다. 사람들이 자신을 다시 발견하기 위해서는 서로 가까운 곳과 먼 곳을 오갈 수 있어야 한다.

여러 해 동안 사랑에 대해 작업하면서 배운 공통분모는 다음과 같다. 오늘날 사랑은 서로에게 아주 많은 선의를 보여주는 것에 의존하며, 다른 것은 더는 소용이 없다. 과거에는 두 사람의 유대가 종교 · 전통 · 관습 등에 의해 외부로부터 보장되고 강요되었다면, 오늘날에는 내부에서 온다. 그리고 사랑은 항상 감정에 대한 것만은 아니다. 사랑은 결단이기도 하다. 각 개인이 자신을 위해 내려야 하는 결단, 이것이 새로운 사랑의 철학이다.

keys of LOVE

1 / 사랑을 지속하려면 우연한 행복과 기분 좋은 행복에서 세 번째 행복으로 옮겨 가야 한다. 바로 존재의 행복이다.

2 / 사랑이 숨 쉴 수 있도록 강한 의미의 경험을 몇 가지 차원으로 전달하는 것이 중요하다.

3 / 사랑은 결단이다. 이 결단은 내부에서 오며 서로를 향한 아주 많은 선의가 필요하다.

빌헬름 슈미트 *Wilhelm Schmid*

베를린에 살며 독일 에르푸르트대학 겸임교수로 철학을 가르치고 있다. 스위스 취리히병원에서 오랫동안 상담가로 일했다. 《사랑은 왜 이렇게 어려우며, 그럼에도 어떻게 성공하는가*Liebe−Warum sie so schwierig ist und wie sie dennoch gelingt*》, 《사랑의 재발견*die Liebe neu erfinden*》, 재출간된 《사랑이 숨 쉬게 하라*Die Liebe atmen lassen*》를 비롯하여 사랑에 관한 다수의 책을 출간했다.

°베트남의 사랑, 띤깜

Love in Vietnam: tinh cam

"사랑은 다른 감정들과 마찬가지로 근본적인 핵심이 없다. 사랑은 역사를 초월하지도 않고 보편적이지도 않다. 사랑은 사랑이 자리 잡은 특정한 감정의 지형도로부터 나온다." 해리엇 M. 피니와 쿠앗 투 홍의 이 말을 이해하기 위해 띤깜과 베트남의 사랑을 예로 들어보자.

어떤 사람을 사랑할지, 무엇을 사랑할지, 사랑할 만하다고 생각할지, 사랑이 언제 적절한지 등을 평가하고 결정하는 것은 환경의 영향을 많이 받는다. 규칙, 규정, 정치나 경제학이 바뀌면 달라지고 역사적으로도 다르다.

베트남에는 54개 종족이 있고, 모두 사랑과 결혼에 관한 고유의 신념과 풍습이 있다. 인구의 90%를 차지하는 다수 종족인 킨족도 지역에 따라 다양성을 보인다. 일반적으로 킨족은 사랑에 관해 풍부한 문학과 민속 전통을 갖고 있고, 일상의 실천을 이 전통에 의지한다. 유교, 불교, 동남아시아 토착 신앙에서 파생된 이 혼합적 전통에 따라 개인 간의 관계와 가족과 친족, 특히 남편의 가족에 대한 의무가 전개된다. 사람들은 우선적으로 다른 사람과의 관계 안에서 자신을 개념화한다. 그래서 개인에 대한 개념 역시 본질적으로 혼자보다는 관계에 의해 결정된다. 결혼을 생각할 때, 각 개인은 자신의 결정이 가족과 친족에 미치는 영향을 고려해야 한다. 그 결과 *사랑에 빠진 상대와 결혼 상대가 다른 경우가 많다.*

"누구와 사랑에 빠질지는 하늘이 결정한다."

"Heaven determines who falls in love with whom."

자발적 사랑

이런 분리는 1945년 혁명 이전의 베트남 사회에 뿌리내린 것이다. 부모가 자녀의 결혼을 결정하고, 자녀는 결혼 상대자에 대해 발언권이 없으며, 지위가 높은 가족에서는 일부다처제가 일반적이었고, 여성은 남성에게 복종하고 희생하도록 길러졌다. 유교적 가족주의에서 부부의 사랑이란 두 사람이 함께 살고 일하고 나이가 들고 서로 친해지면서 시간이 지날수록 발전하는 감정이라고 보았다. *자녀를 갖고 키우는 일은 부부를 묶어주는 끈이며,* '이가 빠지고 백발이 될 때까지' 함께 살 수 있게 해준다.

사랑하는 사람과 결혼하려는 욕구가 지식인 사회의 화두가 된 것은 이미 1920~1930년대부터였다. 그러다가 1959년에 결혼 및 가족에 관한 법률이 최초로 통과되면서 부모가 정한 결혼이나 강제 결혼이 불법화되었고 '가치 있고 자발적인 사랑'이 결혼의 필수 요건이 되었다. 신랑과 신부가 결혼에 동의해야 하고, 결혼할 수 있는 최저 연령도 높아졌다. 결혼에 관한 법률이 바뀌고 사회의 인식이 변하면서 젊은이들이 새로운 방식으로 낭만적 관계를 탐색할 수 있게 되었다. 하지만 공산주의 치하에서 인권 박탈과 파괴적인 전쟁이 지속되었기에 많은 연인이 결혼할 수 없었다. *가족, 국가 등 집단의 목표를 위해 개인의 사랑을 희생하는 것이 장려되고 칭찬받았다.* 이 기간에 낭만적 사랑은 순수한 정신적 사랑으로 이해되었고, 섹스는 결혼 안에서만 허용되었다.

운명적인 사랑

1986년에 도이 모이(혁신)가 도래하면서 급속한 사회적·경제적 변화가 일어났다. 이로 인해 젊은이들이 결혼 전에 낭만적 관계를 가질 수 있게 되었고 결혼 상대자를 선택할 수 있게 되었다. 아직 부모의 동의가 필요하기는 하지만 부모들도 자녀의 결혼 상대를 결정하는 데 예전처럼 큰 영향력을 행사하지 못한다. 그러나 결혼 상대자는 여전히 낭만적 사랑의 대상과 일치하지 않는다. 그보다는 *자기 가족과 잘 맞는지에 따라 배우자를 선택한다.* 여전히 결혼 안에서만 섹스가 허용되기는 하지만, 결혼 전 섹스가 젊은이들 사이에서 증가했으며 섹스는 사랑에 없어서는 안 될 부분이 되었다.

오늘날 사람들은 사랑에 대해서 어떻게 얘기할까? 사랑을 나눈다는 뜻은 누군가와 띤깜(감정·이해·느낌)을 가진다는 뜻이다. 띤깜은 누군가에게 공감하고, 누군가를 지지하거나 존중하고, 그를 위해 기꺼이 희생하고, 서로 진정한 융화를 이루는 것이다. 사람들은 사랑에 빠지지 않거나 사랑하는 사람과 결혼할 수 없을 때는 운명의 탓으로 돌린다. 사랑에 빠졌을 때도 운명 또는 두이엔*duyen*으로 여긴다. 두이엔은 '운명적인 사랑'으로 번역할 수 있다. 이 단어는 남녀의 인연을 맺어준다는 남녀 신의 이야기를 떠오르게 한다. 두 신은 하늘에서 소년과 소녀가 사랑에 빠지도록 결정한다고 전한다.

해리엇 M. 피니 & 쿠앗 투 홍 *Harriet M. Phinney & Khuat Thu Hong*

해리엇 M. 피니는 미국 시애틀대학 인류학과 부교수이다. 베트남과 동남아시아에 폭넓은 관심을 갖고 있으며 감정과 정서를 연구하고 있다.
쿠앗 투 홍은 사회학 박사이며 베트남 하노이의 사회발전연구소*Institute for Social Development Studies* 공동 소장이다. 수십 년 동안 베트남의 사랑과 관계를 연구했다.

어떻게 내게
이런 거짓말을 할 수가 있어?

사랑의 그늘
The shadow of love

당신은 얼마나 질투하는가? 대중 잡지들이 낭만적 관계에서 사람들이 얼마나 소유욕이 강한지에 관해 조사했다. 질투는 우리 안에 숨겨진 크고 작은 녹색 눈의 괴물이다. 아얄라 말라크 파인스 교수가 이 괴물을 연구하고 이 사랑의 그늘을 통제하는 방법을 연구했다.

질투 반응은 관계를 위협하는 것이 감지되었을 때 일어난다. 이렇게 감지된 위협은 실제일 수도 있고 상상일 수도 있다. 관계가 실제일 수도 있고 상상일 수도 있는 것과 마찬가지다. 아내가 다른 남자에게 관심이 있다고 생각하는 남자의 병적이거나 망상적인 질투에서처럼, 그 위협이 상상의 결과일지라도 질투는 강렬하게 나타난다. 반면에 아내가 다른 남성과 가까운 친구 관계지만 결혼 생활을 안전하다고 느끼는 남편이 이 우정을 위협으로 느끼지 않는다면 그는 질투로 반응하지 않는다.

눈먼 사랑

질투는 그리스어 '젤로스*zelos*'에서 나온 말로 경쟁의식과 열정을 의미하며 강렬한 감정을 나타낸다. 낭만적 질투는 낭만적 관계에서 생기는 질투다. 낭만적 질투는 다양한 이미지와 감정, 생각을 불러일으키며 사람마다 매우 다양하게 정의된다. 나는 '질투는 소중한 관계를 위협하는 것에 대한 복합적 반응'이라고 정의한다.

이 반응에는 외적인 요소와 내적인 요소가 있다. 내적인 요소로는 바깥 세계에 보이지 않는 감정과 생각, 신체적 증상이 있다. 질투와 관련된 감정에는 고통·화·분노·부러움·슬픔·두려움·비탄·굴욕이 있다. 질투와 관련된 생각에는 원한('어떻게 내게 그런 거짓말을 할 수 있어?'), 자책('어떻게 그렇게 맹목적이고 멍청할 수가 있지?'), 경쟁자와의 비교('나는 매력적이지도 섹시하지도 똑똑하지도 않고, 성공하지도 못했어'), 대외적 이미지를 걱정하는 마음('다들 알아버렸어. 다들 나를 비웃어'), 자기 연민('세상에 나 혼자야. 아무도 나를 사랑하지 않아.')이 있다. 질투와 관련된 신체적 증상으로는 피가 머리로 몰리거나, 손에 땀이 나고 떨리거나, 호흡이 짧아지거나, 위경련이 일어나거나, 어지럼증을 느끼거나, 심장박동이 빨라지거나, 잠들기 어려워지는 등이 있다. 외부적 요인은 바깥에서 더 명확하게 보이며 행동으로 나타난다. 문제를 공개적으로 말하거나, 비명을 지르거나, 울부짖거나, 문제를 무시하거나, 유머를 사용하거나, 보복하거나, 폭력적이 된다.

바보가 된 느낌

질투에 내부적 요인과 외부적 요인이 있다는 사실은 질투에 대처하는 데 중요한 의미가 있다. 사람들은 내부적 요인을 어느 정도 변화시킬 수 있지만 대부분 통제하기 힘들어하며, 특히 자신의 감정과 신체적 반응을 감당하기 어려워한다. "나도 이 문제에 담백하고 합리적일 수 있으면 좋겠어. 하지만 너무 고통스러워." "나는 바보처럼 얼굴에 피가 몰린 채 거기에 서서, 그것을 막기 위해 아무

것도 할 수 없었어." 그러나 우리는 훈련을 통해 자신의 생각을 더 통제할 수 있다. 실제로 인지치료의 전제는 우리가 생각을 바꿈으로써 감정을 바꿀 수 있다는 생각이다.

사람들은 질투의 내부적 요인보다는 외부적 요인을 훨씬 더 잘 통제한다. 항상 인식하지는 않지만(심지어 자신이 그렇게 했을 때도 인정하지 않는다.) 사람들은 다음과 같은 일들 중에 골라서 할 수 있다. 자신의 감정에 대해 말하거나, 전체적인 상황에 대해 농담을 하거나, 심장이 터지도록 울거나, 조용히 아무도 모르게 고통스러워하거나, 큰 소리로 누구나 볼 수 있게 고통스러워하거나, 분노에 차서 비난하거나, 관계를 끝내거나, 배우자가 질투하게 만들거나, 접시를 던지거나 말이다.

질투에 사로잡혔을 때 그 감정을 통제하는 것이 어렵긴 하지만 질투를 일으키는 생각을 바꾸면 감정을 바꾸는 데 도움이 된다. 그뿐 아니라 사람들은 대부분 질투심을 어떻게 할지 결정하는 통제력을 갖고 있다.

keys of LOVE

1 / 질투는 소중한 관계를 위협하는 것에 대한 복잡한 반응이다. 질투에는 내부적 요인과 외부적 요인이 있다.

2 / 사람들은 질투의 내부적 요인보다는 외부적 요인을 훨씬 더 잘 통제한다.

3 / 질투하는 감정을 통제하기 어렵긴 하지만, 질투를 일으키는 생각을 바꾸면 감정을 통제하는 데 도움이 된다.

아알라 말라크 파인스 *Ayala Malach Pines*

이스라엘 네게브의 벤구리온대학 경영학과 학장이며, 임상·사회·조직심리학자이다. 직업과 부부 관계에서의 번아웃 증후군을 연구했다. 9개국 언어로 번역되며 세계적으로 큰 성공을 거둔 《낭만적 질투: 원인, 증상, 치료법 *Romantic Jealousy: Causes, Symptoms and Cures*》의 저자이기도 하다. 10권의 책을 출간했고 30여 권의 책에 기고했으며 100여 편의 논문을 썼다.

사랑이 중요해질 때가 삶이다.

°생명의 기초? 사랑

The basis of life? Love

"나는 이 만남이 삶의 근원이며 지구 표면에 세포를 퍼트리는 것이라고 생각한다. 이 만남은 낭만적 만남이다."라고 신경과학자 장 디디에 뱅상은 말한다. 뱅상은 삶의 토대를 찾는 데 평생을 바쳤다. 그 답은 사랑이다.

크리스털의 공간 기하학처럼, 사랑은 분자(스스로를 사랑이라고 인식하는, 서로 보완하는 다양한 존재) 간의 선택적 친화력이라는 허약함에 반대한다. 사랑은 알 수 없는 힘에 의해 활성화되고, 지나는 길에 있는 것을 모두 쓸어버린다. 그러나 반대의 숨결 역시 만만치 않다. 상대를 쓰러트릴 만큼 강력한 힘을 가졌으며 모든 것을 다양성이라는 악마, 자연 선택이라는 사악한 게임에 맡겨버린다.

'태초에 행동이 있었다.'라는 괴테의 경구를 나는 이렇게 바꾸겠다. '태초에 사랑이 있었다.' 이 말은 욕망은 무엇보다 뇌의 표현(감정과 정서)이며 행동은 이 표현이 외부(특히 성행위)로 가는 길에 끼어들 뿐이다. 그러므로 나는 쇼펜하우어의 의견에 동의한다. "연애 감정은 아무리 천상의 것처럼 보일지라도 성적 본능(욕구)에 뿌리를 두며, 더 규정되고 더 세분화되고 엄밀히 말하자면 더 개별화된 성적 본능이다." 엄격한 자연주의자로서 나는 이렇게 말하겠다. "사랑이 중요해질 때가 삶이다."

욕구와 혐오감

삶의 다른 분야처럼 사랑과 섹스가 화학 작용이라고 해도 틀린 말은 아니다. 특정한 신경전달물질 도파민은 기쁨과 욕망이 일어나는 데 중요한 역할을 한다. 욕망 체계를 중계하는 중요한 장치인 측좌핵이라는 뇌의 부분에 아주 작은 관으로 이 물질을 주입하면 도파민이 기쁨과 욕망뿐 아니라 혐오감과 고통도 변화시키는 것을 볼 수 있다. 몸에서 오는 이런 감정들은 의미를 부여하는 대상에 따라 이름이 정해진다. 예를 들어 "나는 A를 죽도록 사랑해." 또는 "나는 B한테 몹시 화가 났어."라는 식이다. 뇌의 기저부와 혈액에서 분비되는 신경호르몬 옥시토신은 오르가슴과 관련이 있으며, 나아가 두 파트너의 애착, 심지어 커플의 정절과도 관련이 있다. 그러므로 옥시토신은 어느 정도는 일부일처제 호르몬이라고 할 수 있지만, 동시에 간통 호르몬이라고도 할 수 있다. 섹스 호르몬은 인간의 도덕성을 위해 존재하는 것이 아니다. 동물에게는 섹스에 관여된 평범한 요소에 불과하다.

썩은 과일

우리는 예외적인 원인을 특정한 분자나 유전자 탓으로 돌리지 않도록 주의해야 한다. *감정의 화학 작용은 인간(남성과 여성)이라는 이상한 동물의 실존 문제를 해결하는 데 무력하다.* 서로 인식하고 영원히 함께하기 위해서는 감각·시각·촉각·후각적 자극과 달콤한 말(결혼 찬가)이 필요하다. 적어도 처음에는 영원하리라고 생각되는 열정을 끌어내기 위해서 호르몬이 필요하지는 않다. 인간이 가진 극도의 사교성은 개인 간 차이가 목숨을 건 싸움으로 퇴색하고, 집단

과 종 전체를 아주 빠르게 약화시키는 것을 막는 수많은 규칙을 만들어낸다. 이렇게 해서 신체적 진화를 대체하는 문화적 진화가 시작된다. 어린 시기에는 '욕망하는 상대'의 표상이 뇌에서 만들어진다. 이 사랑의 대상은 사춘기가 될 때까지 잠재적으로 남아 있다. 사춘기에는 호르몬의 압력이 인식 지도를 다시 활성화시킨다. 젊은 시기에 이 지도가 파괴되면 성인이 되어 비뚤어진 행동으로 나타난다. 그래서 사랑의 썩은 과일, 인간의 상상력이라는 지칠 줄 모르는 엔진이 작동한다.

장 디디에 벵상 *Jean-Didier Vincent*

파리6대학 의과대학 생리학 교수를 역임했으며 신경과학자이자 신경정신의학자이다. 프랑스과학학술연구소 *French Institute*(Academy of Sciences)와 국립의학아카데미 *National Academy of Medicine* 펠로우이다. 호르몬과 신경체계의 상호작용을 연구하여 신경내분비학 발달에 크게 공헌했다. 가장 많이 알려진 책《감정의 생물학 *The Biology of Emotions*》외에 다수의 저서가 있다.

°감성지능
The intelligence of emotions

마사 C. 누스바움은 미국 잡지 〈포린 폴리시 *Foreign Policy*〉가 선정한 세계적 사상가 100인 중 한 명이다. 감성지능을 연구한 그녀가 사랑에 필요한 것을 말한다.

사랑의 개념에 대해 질문할 때는 철학적 전통이 규명한 문제들, 즉 과도한 결핍과 그와 관련된 보복, 편파적 관심이 사랑과 어떤 관련이 있는가로 시작하는 것이 좋다. 실제로 지금까지 내가 연구한 치료적 설명은 모두 이 세 가지 문제에 대한 것이며, 이런 문제에서 자유로운 사랑이 생겨났다고 주장한다. 이 주장에 대해서는 평가할 필요가 있다. 어린 시절의 사랑에 대해 나는 이렇게 설명한다. 과도한 결핍의 문제는 병적인 수치심에 초점을 맞추는 것이 좋다. 자신의 곤궁한 인간성에 직면했을 때 지속적으로 나타나는 수치심을 위험의 신호로, 또 조작하고 통제하려는 자기도취적 계획이 임박했다는 경고로 본다. 사랑과 공격성의 관계는 혐오감을 관리하고 억제하는 문제에 초점을 맞추는 것이 좋다. 혐오감을 북돋우면서 자신은 오염되지 않으려는 식의 사랑을 키웠다면, 해로운 공격성을 안정된 방식으로 극복하지 못했을 가능성이 높다.

이런 '향상치료 *ascent therapies*'를 적절하게 평가하려면 긍정적인 표준에 대한 기준이 필요하다. 완벽한 윤리 이론에 기대지 않은 채로는 이 설명을 완벽하게 평가할 수 없지만, 적어도 다음과 같이 많은 윤리 이론이 강조하는 것에 초점을 맞출 수는 있다.

1 연민. 사랑을 바라보는 관점(또는 이 관점에 따라 사는 사람에게 남겨진 사랑)에는 일반적인 연민을 위한 자리가 있어야 한다. 연민을 구성하는 요소는 인간이 처한 여러 가지 심각한 곤경, 이 곤경에 대한 우리의 책임, 적절한 정도의 관심이다.

2 상호성. 사랑을 바라보는 관점(또는 이 관점에 따라 사는 사람에게 남겨진 사랑)에는 또한 상호적 관계를 위한 자리가 있어야 한다. 사람들은 이 관계 안에서 서로를 사물이 아닌 행위자와 목적으로 취급하며, 심리분석가 도널드 위니캇 *Donald Winnicott*이 묘사한 '미묘한 상호작용'을 통해 서로에게 반응한다. 어떻게 하면 사랑이 사회에서 영원히 힘이 될 수 있는지 설명하려면 성애적 사랑 자체와 (이 사랑과 밀접한 관련이 있는) 다른 사회적 관계 사이에 상호성을 형성할 수 있음을 보여줘야 한다.

여기서 두 가지 질문이 제기된다. 사랑 자체에 상호성이 포함되는가? 사랑이 다른 상호 관계를 지지하는가? 상호적인 사랑은 너무 배타적이라 다른 모든 관계에 방해가 될 수 있지만, 상호성보다 소유에 집중하는 사랑은 삶의 다른 영역에서는 상호적 관계와 양립할 수 있다. 한편 사랑과 상호성 사이에도 그럴듯한 연관이 있다. 예를 들어 어떤 남성이 여성을 자신이 사용하고 통제할 대상으로 생각하는 사랑관을 갖고 있다면, 이런 사랑관은 사회적·정치적 삶에서 남성과 여성 사이의 상호 관계를 장려하지 않는다. 우리는 사랑을 통해 가치를 이해할 수 있고, 이 이해를 다른 영역으로 전환할 수 있다.

3 개별성. 사랑 그 자체가 도덕적으로 옳으며 사회적 선에 도움이 될 것이라는 견해를 주장하는 사람은 인간이 개별적이라는 사실을 염두에 두어야 한다. 개별성은 파악하기 어려운 개념이다. 개별성의 첫 번째 면은 '분리'다. 분리라는 말은 사람들의 신체와 생명이 별개이며 각자 자신의 삶을 산다는 뜻이다. 사람들은 태어나서 죽을 때까지 각자 분리된 인생길을 간다. 각자 분리된 기쁨과 슬픔, 흔쾌한 기분과 비탄의 길을 가는 것이다. 아기가 태어나기 전, 대상의 세계로 들어가기 전의 시기를 제외하고는 사람이 다른 사람의 삶과 유기적으로 통합되는 일은 없다. A가 태아가 아닌 한, B가 먹은 음식이 A의 위장에 도달하는 일은 없다. C의 만족이 D의 불행을 없애주거나 덜어내지 못한다. 분리는 단지 시공간에 관한 것만이 아니다. 사람은 각자 이 세상에서 단 한 번 삶의 기회가 있고, 다른 누구도 아닌 자신의 삶을 살아간다.

개별성의 두 번째 면은 '질적 구분'이다. 사람은 누구나(일란성 쌍둥이도, 심지어 미래의 복제인간도) 고유의 특성이 있으며, 이것은 시공간의 차이를 뛰어넘는다. 누구나 가진 고유의 재능과 취향·계획·장단점들이 한데 합쳐져서 그 사람을 이룬다.

개별성의 두 가지 면 중에서는 첫 번째인 분리가 더 중요해 보인다. 분리가 단지 시공간적 의미가 아니라 여기서 제시한 더 풍부한 의미라면 특히 그렇다. 사람들의 질적 특성이 아무리 비슷하다 하더라도 우리는 각자 한 번뿐인 인생을

"서로를 사물이 아니라 행위자와 목적으로 대하라."

"Don't treat each other as things but as agents and ends."

살며, 각자 자신의 인생을 산다는 사실에는 변함이 없다. 다른 사람으로부터 아무리 영향을 많이 받아도 또는 아무리 다른 사람과 깊이 관련되어 있어도, 오직 나만이 내 인생을 살 수 있다. 눈송이를 생각해보라. 각각은 질적으로 구분되어 있다. 눈송이는 일종의 개별성이 있고 시공간적으로 각자 구분되어 있다. 그러나 우리는 인간성이나 도덕성에 대해 말할 때처럼 눈송이에 '개별성'이 있다고는 생각하지 않는다.

이상의 세 가지 특질은 우리가 중시하는 도덕적 관점에서도 중요하며, 몇 가지 다른 도덕적 관점과 공유될 수 있다. 이 특질들은 자유민주주의 사회의 시민으로서 상호 존중을 지지하는 견해의 훌륭한 특징이기도 하다. 그러므로 이 특질들을 지탱하는 사랑의 관점은 어떤 것이든 사회적으로 매력적인 것이 되며, 이 특질들을 전복시키는 사랑의 관점은 어떤 것이든 사회적으로 의심스러운 것이 된다. 사실 우리는 이 세 가지 특질을 주장할 때 정치적 합의를 걱정할 필요가 전혀 없다. 이 특질들은 폭넓은 합리적 · 도덕적 개념의 지지를 받을 수 있다. 실제로 우리는 몇 가지 '향상*ascent*' 개념이 이 특질들을 지지하는 것을 보았다. 심지어 완전히 다른 도덕적 · 종교적 전통에 속하는 개념도 마찬가지였다.

마사 C. 누스바움 *Martha C. Nussbaum*

미국 시카고대학 법률 및 윤리학 에른스트 프로이트*Ernst Freud* 석학 교수이다. 《사고의 격변, 감성지능*Up-heavals of Thought, the Intelligence of Emotions*》(이 장도 이 책에서 발췌했다.)을 비롯하여 영향력 있는 많은 저서의 저자이다. 북아메리카와 유럽, 아시아 여러 대학에서 40개에 이르는 명예 학위를 받았다.

자신이 대접받고 싶은 대로
파트너를 대접하라.

°불꽃이 사라지고 난 뒤에

The spark is gone

석양이다. 우리 모두가 기다린 마지막 입맞춤이다. 로맨스 영화가 끝나면 진짜 삶이 시작된다. 시간이 얼마 동안 지나면 불꽃이 사라진다. 그러나 불은 다시 타오를 것이다. "사랑은 지속될 수 있다." 킴 바르톨로뮤 박사가 오랜 연구를 정리하여 낭만적 사랑을 지속시켜주는 다섯 가지 황금률을 소개한다.

할리우드의 로맨틱 코미디는 예측할 수 있는 대본을 따라간다. 두 사람이 서로 연결되기 위해 애쓰고, 다양한 장애물과 오해를 극복하고, 마침내 각자 상대방을 위해 태어났다는 것을 깨닫는다. 마지막 장면에서 새로운 연인들은 서로에게 사랑을 밝히고 복도를 걸어 내려가거나 일몰 속으로 차를 타고 사라진다. 이들은 진정한 사랑을 찾았고 그 후로 행복하게 산다. 사랑이 이렇게 영화와 같다면!

그러나 강렬한 낭만적 사랑은 시간이 지나면서 빛이 바랜다. 10년을 함께한 커플은 처음 사랑이 싹텄을 때처럼 느끼고 행동하지 않는다. 많은 사람이 빛바랜 사랑에 실망한다. 낭만적 파트너들은 여전히 서로에게 관심을 보이고 잘 지내지만, 뭔가 부족하다고 느낀다. 불꽃이 사라졌기 때문이다. 그런데 다행스럽게도 최근 연구들에 따르면, 낭만적 사랑은 지속될 수 있다.

어떻게 하면 낭만적 사랑을 계속 유지할 수 있을까? 초기 단계에서는 사랑하는 감정이 쉽게 생긴다. 우리는 예의 바르게 행동하고 파트너를 기쁘게 할 일을 하며 파트너가 얼마나 멋진 사람인지에 초점을 맞춘다. 사랑을 장기적으로 유지하기 위해서는 초기 단계에서 쉽게 오는 이런 감정과 행동을 계발해야 한다.

품위 있게 행동하라. 우리는 사랑하는 사람을 다른 사람들보다 더 소홀하게 취급하는 경향이 있다. 또한 사랑하는 사람을 당연하게 여기고 아무 생각 없이 행동한다. 이런 행동은 시간이 지나면서 서로를 사랑하고 존중하는 데 도움이 되지 않을 뿐 아니라 오히려 방해가 된다. 파트너를 이런 식으로 대하면 어떻게 파트너가 자신이 특별하다고 느끼고, 우리도 파트너가 특별하다는 느낌을 지속할 수 있겠는가? 그러므로 파트너에게 예의 바르게 행동하는 연습을 하라.
요구를 할 때는 진심으로 부탁한다고 말하고, 파트너가 당신을 위해 한 일에 대해서 진심으로 감사하라. 아무리 신문을 보고 싶더라도 파트너가 말할 때는 귀를 기울여라. 언짢은 기분을 파트너에게 쏟아 붓지 말라. 길에서 만난 낯선 사람이나 직장 상사에게는 그러지 않을 것이다. 당신 인생의 사랑이라면 그런 대접을 받아야 하지 않겠는가? 비록 고의가 아니었더라도 파트너의 감정을 상하게 했을 때는 되도록 빨리 진심으로 사과하라. 간단히 말하면, 당신이 대접받고 싶은 대로 파트너를 대접하라.

파트너를 인정하라. 파트너를 당신이 원하는 대로가 아니라 있는 그대로 인정하라. 하루를 마칠 때 잠깐 시간을 내서 파트너에 대해 인정할 만한 점을 생각하라. 이런 연습은 권태로운 감정을 느낄 때나 파트너에게 짜증이 날 때 특히

사랑은 지속할 수 있다.

도움이 된다. 파트너의 짜증나는 작은 습관, 신체적 단점, 파트너가 당신의 생일을 잊은 사실 등에 생각이 미치면 당장 멈춰라. 그 대신 파트너에 대해 인정하는 점을 떠올려라. 특유의 미소, 애정 어린 웃음, 동물을 다정하게 대하는 태도, 당신을 인정하는 작은 행동들을 기억하라. 파트너에게 말할 필요도 없다. 이런 것들을 기억하고, 애초에 왜 사랑에 빠졌는지 기억하면 사랑을 유지하는 데 도움이 될 것이다.

매너리즘에서 벗어나라. 일상적인 관계가 정착되는 것은 좋은 일이다. 커플은 일상적인 활동을 즐기고 되풀이할 수 있다. 좋아하는 TV 프로그램을 함께 보거나 저녁 식사 후에 산책을 하는 등이다. 이런 의례적인 행동은 편안하고 즐겁다. 그러나 시간이 지나면 이것으로 충분하지 않게 된다. 특히 오래된 커플은 사랑을 유지하기 위해 새롭고 신 나는 일을 계속할 필요가 있다. 정기적으로, 가능하면 매주 새로운 일을 함께 하도록 하라. 새로운 분야로 진출하거나 경험하거나 기회를 잡아라. 댄스 강습, 라이브 코미디, 오지 하이킹, 번지 점프 등 무엇이든 좋다. 이런 시도가 성공하면 두 사람은 함께 얘기하고 공유할 추억을 갖게 된다.

성생활을 계속하라. 거의 대부분의 커플이 시간이 지나면 성적으로 활발하지 않게 된다. 생활이 끼어들고, 처음 몇 달이나 몇 년 동안의 열정을 유지하기가 어려워진다. 그러면 한쪽 파트너나 두 사람 모두가 만족스러운 성생활이 가져다주는 친밀감과 흥분을 그리워하게 된다. 초기에는 원만한 성생활을 유지하기가 비교적 쉽지만 시간이 지나면 노력이 필요해진다. 따로 시간을 내서 섹스

에 우선순위를 두는 것이 중요하다. 필요하다면 날짜를 계획하라. 발기 문제나 욕구 부족 등 문제가 있으면 무시하지 말고 도움을 청하라. 만일 성생활에 만족하지 못하면 자신이 느끼는 것을 파트너에게 말해야 한다. 그리고 파트너가 문제를 얘기할 때 귀를 기울이고 경청하라. 성생활이 지루해지면 기회를 마련해서 흥취를 돋워라. 새로운 체위를 시도하고, 색다른 옷을 사고, 섹스 장난감을 사용하고, 성애를 다룬 매체를 함께 보고, 무엇이든 흥미로운 일을 하라. 만족스러운 성생활을 유지하는 데는 시간과 노력과 위험을 감수하려는 의지가 필요하다.

스킨십을 멈추지 말라. 규칙적으로 서로를 만져라. 더 자주 껴안고 손을 잡아라. 서로를 마사지하라. 신체적 애정은 인정과 친밀감을 전달한다. 애정은 성적 친밀감을 높일 수 있고, 아기가 태어난 상황이나 건강 문제로 인해 활발한 성생활을 하기 어려울 때도 커플이 어려움을 헤쳐 나가도록 도와준다. 가장 좋은 시작은 아침에 일어났을 때 잘 잤는지 묻고 밤에 자기 전에 잘 자라고 말하며 안부를 챙기는 것이다. 매번 따뜻하게, 애정을 갖고 안부를 묻는다. 볼에 하는 형식적인 키스는 집어치워라. 개들이 친한 친구를 만났을 때 어떻게 하는지 보라. 활짝 웃고, 꼬리를 흔들고, 엉덩이를 마구 흔든다. 집에 왔을 때 낭만적 파트너가 이렇게 맞아주면 좋지 않겠는가? 우리는 동물들에게서 스킨십과 애정의 가치에 대해 많은 것을 배울 수 있다.

이런 연습에는 노력이 필요하다. 특히 처음에는 노력해야 한다. 이런 식으로 느끼기 시작하려면 특정한 방식으로 행동해야 할 때도 있다. 그러나 사랑하는 감정과 행동을 되찾을수록 보상이 따른다.

1 사랑은 지속할 수 있다. 장기적으로 사랑을 유지하려면 관계 초기에는 쉽게 찾아왔던 그 감정과 행동을 유지하기 위해 노력해야 한다.

2 품위 있게 행동하고, 파트너를 인정하고, 습관에서 벗어나고, 성생활을 활발하게 유지하고, 스킨십을 멈추지 말라.

3 지속적인 사랑에는 노력이 필요하다. 이런 감정을 시작하려면 특정한 방식으로 행동할 필요가 있다.

킴 바르톨로뮤 *Kim Bartholomew*

캐나다 사이몬프레이저대학 심리학 교수이다. 20년 동안 어른 관계의 애착 과정과 학대 관계, 동성 관계 등 가까운 관계 분야의 연구를 지휘하고 가르쳤다. 최근에는 여러 관계 안에서의 성을 연구하고 있다.

°인터넷에서 만나는 사람들

Love on the Internet

"서구에서 30대 데이트 커플의 절반 이상이 인터넷 짝짓기 사이트를 통해서 만난다."라고 파스칼 라델리에 교수는 말한다. 그는 심장의 네트워크, 즉 온라인상의 섹스·사랑·유혹을 연구한다.

사랑 이야기가 어떻게 시작되는지 연구하는 사회학자들에게 요즘 두드러져 보이는 사회적 특징들이 있다.

제일 먼저 주목할 점은, 지난 40년 동안 서구 사회에서 독신자의 수가 지속적으로 증가했다는 사실이다. 파트너 없이 혼자 사는 성인의 수가 1970년 이후 두 배가 되었다. 현대 사회에서는 남자든 여자든 누구나 강한 압박을 느낀다. 직업적으로 성공해야 하고, 그러면서 동시에 배우자를 만나야 한다고 가족과 친구들로부터 끈질긴 압력을 받는다. 커플이 사회적 규범이며 가족의 근간이기 때문이다. 그런데 역설적이게도, 의사소통 수단이 발달한 요즘에는 사람들이 정서적으로 만나기가 전보다 어려워졌다.

눈을 감다

'예전에' 우리는 누군가와 사랑에 빠지고 함께 살 생각을 하기 전에 실제 삶에서 만났다. 그러나 인터넷이 발달하면서 전통적인 낭만적 만남 규칙이 완전히 바뀌었다. 사랑을 찾는 사람들은 이 '관계 테크놀로지'를 이용할 수 있고 신체적·사회적 관습의 부담 없이 자유롭게 유혹할 수 있다. 인터넷에서 사랑에 빠지는 경우는 대개 '내면에서' 처음 만난 사람에게 애착을 느끼는 형식이 된다. '친밀한 낯선 사람'을 사랑하는 것이다. 유혹하고 감정이 생기는 순서가 거꾸로 된 것이다.

또한 연구자들은 디지털 네트워크에서 예전에 존재한 것과 같은 사회학적 논리를 발견했다. 사람들은 네트워크 만남에서도 자신과 같은 사람을 찾는 경향, 같은 사회적 범주에 속하고 종교가 같고 가치관이 비슷한 사람과 짝을 이루는 경향을 유지한다. 이런 사실에서 우리는 사회문화적으로 밀접한 관계가 커플 형성에서 중요한 역할을 한다는 것을 다시 한 번 확인했다. 인터넷 상호작용이 항상 익명의 사람들 사이에서 시작된다는 점을 감안하면 더욱 놀라운 일이다. 사랑은 흔히 하는 표현처럼 '눈이 멀게' 하는 건 아닌 듯하다. *큐피드는 우리가 인터넷에서 두 눈을 감고도 반쪽을 찾을 수 있게 해준다.*

네트워크에 갇힌 사람들

물론 인터넷은 '영혼의 짝'을 찾는 현실적인 해결책이지만, 다만 우리가 가상공간에 포로로 남지 않았을 때의 얘기다. 그러기 위해서는 열린 자세를 유지하고, 모니터 다른 쪽으로 자주 움직일 필요가 있다. 로마 시인 오비디우스*Ovid*의《변신 이야기*Metamorphoses*》를 기억하라. 피그말리온은 아름다운 조각상 갈라테아와 가상 관계(그 시대에 벌써!)에 빠졌다. 그리고 나르시스는 뮤즈 에코의 부드러

> ## "사랑은 우리가 그동안 생각했던 것처럼
> 눈이 멀게 하는 건 아닌 듯하다."
>
> *"Love appears to be not as blind as we might have thought."*

운 사랑보다 자신의 이미지를 더 좋아해서 결국 물에 빠져 죽었다.

그러나 모니터 뒤에 숨고 싶은 커다란 유혹이 있음에도 우리는 요즘도 여전히 '실제' 사랑을 한다. 이런 사랑이 결국 우리를 지켜준다. 우리는 계속 실제 삶에서 만나고 육체를 욕망하고 아름다운 실제 삶의 이야기를 시작해야 한다. 그러나 사람들은 사람을 만나고 사랑하기 위해 IT 기술을 점점 더 많이 사용하고, 이 기술이 제공하는 시기적절한 자원을 사용한다. 요즘 서양에서는 30대 이상의 데이트하는 사람들 절반 이상이 인터넷 짝짓기 사이트에서 만난다.

모니터 뒤에서

무엇이든 넘쳐흐를 때는 옛사람들의 지혜로 돌아가는 것이 좋다. 오비디우스의 속박받지 않는 유혹 매뉴얼《사랑의 기술 *The Art of Love*》이나 융합 관계의 근원을 아름답게 설명한 플라톤의 《향연》 사이에서 사랑은 망설인다. 어떤 때는 이 사랑을 선택하고 또 어떤 때는 다른 사랑을 선택하며, 특정한 시대의 가치에서 영향을 받는다. '정서적 네트워크'는 '호환성' 있는 정서적·성적 모델을 선택할 수 있게 해준다. 그러나 아주 잠시 동안만이다. 아무리 냉소적이고 환상이 없어졌더라도 인터넷상의 많은 독신들은 모니터 뒤에 아주 특별하고 유일한 사람이 숨어 있으며, 플라톤이 말한 양성 소유자의 두 반쪽처럼 결국 서로 만날 것이라고 믿기 때문이다.

사랑은 강렬한 떨림을 공유하는 것이다. 인터넷 시대에 사랑을 찾는 사람들은 남성이든 여성이든 테크놀로지로 비너스와 큐피드를 사로잡으려 한다. 이따금 큐피드가 이런 떨림을 하사하기도 한다. 그러면 네트워크 연인들은 스토리를 만들고 커플이 되는 법을 배운다. 여기서부터 가장 어려운 부분이 시작된다. 쉽게 연결된 인터넷은 풀리기도 쉽기 때문이다. 하지만 사랑 이야기는 절대로 끝나지 않고 계속된다.

파스칼 라델리에 | *Pascal Lardellier*

프랑스 디종의 부르고뉴대학 교수이며 저자이자 강연자이다. 인터넷의 사회적 사용을 연구한다. 이 주제에 관한 저서로 《네트워크로 연결된 심장. 독신주의와 인터넷상의 사랑 *Le Coeur NET. Célibat et amours sur le Web*》, 《엄지손가락과 마우스. 십대의 디지털 문화 조사 *Le Pouce et la souris. Enquête sur la culture numérique des ados*》, 《심장의 네트워크. 인터넷상에서의 섹스, 사랑, 유혹 *Les réseaux du coeur. Sexe, amour et séduction sur Internet*》이 있다. 활발한 강연 활동을 하고 있으며, 여러 신문과 잡지에 칼럼도 기고한다.

사랑은.

사랑한다는 것은 존재한다는 것

Loving is being

자스미트 카우르는 말한다. "사랑은 친밀감, 섹스, 결혼, 영성, 욕망 등 인간의 다른 경험과 아주 밀접하게 연관이 있다. 그러므로 사랑을 그 자체의 순수한 경험으로만 생각하거나 사람을 바꾸는 방식으로만 생각하기는 어렵다." 사랑한다는 것은 존재한다는 것이다.

지난 22년 동안의 개인적 경험과 연구를 토대로, 나는 우리 모두가 이 다양한 관계를 통해 도달하고자 하는 것이 지속적인 사랑이며, 이 사랑에 이르는 길에서 저마다 크게 성장하고 변화한다고 믿는다. 사랑은 존재의 상태다. 내게 사랑은 완전히 살아 있다는 느낌이며 다른 사람에게 마음을 쓰는 것, 즉 다른 사람의 욕구와 자아를 내 욕구와 자아만큼 중요하게 생각하는 것이다. 사랑은 정지되어 있지 않고, 정확하게 정의내릴 수 없다. 사랑은 사람이 가지는 정체성의 다양한 면과 감정을 펼쳐 보이고 시간이 지나면서 성장하게 한다.

네 단계

존재의 상태로 사랑하는 데 도달하기까지는 네 단계가 나타난다. 사랑에 빠지고, 사랑받는다고 느끼고, 사랑할 만하지 않다고 느끼고, 그 자체를 사랑하는 단계다. '사랑에 빠지는' 첫 단계는 시작하는 단계일 뿐이다. 실제로 이 단계에서는 좋아하는 감정이 솟아나고, 상대방에게 끌리고, 그에게 '특별한' 사람으로 보임과 동시에 자신에게 특별한 사람을 발견하는 기쁨을 느낀다. 어떤 의미에서는 사랑으로 인해 생기는 살아 있는 느낌이나 애정, 마음을 여는 것, 욕망과 더 사랑에 빠진다. 이 상태는 두 사람이 더 친밀해지면서 바뀐다. 다른 사람에게 특별한 사람이 되면 '사랑받는 느낌', 즉 아주 달콤하고 기분 좋은 느낌이 든다. 이 사람은 받는 위치에 있게 되는데, 이때부터 세 가지 집중적인 과정이 온다.

첫 번째, 과거에 충족되지 못한 욕구를 포함하여 자신의 모든 욕구를 사랑하는 사람이 충족시켜주기를 바라고 '사랑받는 느낌'을 유지하려고 한다. 두 번째, 결합과 일치를 유지하려는 욕구가 생긴다. 혼자라거나 취약하다는 느낌을 받지 않기 위해서다. 세 번째, 자신의 불완전함을 드러내는 두려움·질투·탐욕·상처·이기심 등의 혼란스럽고 불쾌한 감정과 현실을 참을 수 없게 된다.

사실 상대방은 우리의 모든 욕망과 기대를 만족시킬 수도, 우리를 괴롭히는 감정에서 우리를 지켜줄 수도 없다. 그래서 우리는 상대방의 한계와 실제를 보기 시작한다. 자신의 불완전함을 내적으로 수용하지 못하면, 자신이 *사랑받을 만하지 않다*는 느낌에 도달한다. 여기서 강렬한 싸움, 변화 과정, *사랑 자체에 대한 이해가 시작된다.*

항복

우리가 이 과정들을 경험하고 대처하면서 파묻히거나 매몰되지 않으면, 자신을 수용하는 과정을 시작하고, 모든 원하지 않는 감정을 변화하거나 없애기 위해 다른 사람을 간절히 원하는 일이 없게 된다. 아군은 우리 안에 있다. 다른 사람

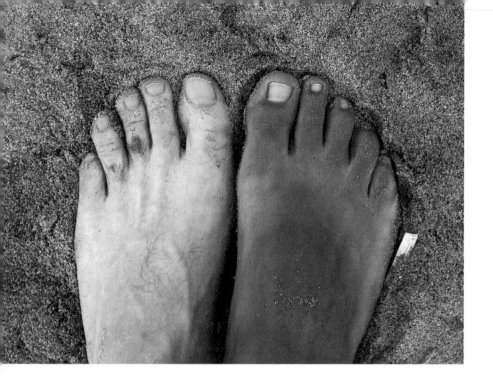

을 사랑하는 것도 자신에게 가장 좋은 것을 원하는 욕망을 만들어낸다. 이렇게 되면 스트레스와 내면의 동요를 견디는 법을 배울 수 있다. 다른 사람에게 느낀 다정함과 열정이 살아 있는 순간을 마음속에 간직함으로써 불편이나 실망, 강렬한 소망을 이겨낼 수 있다. 시간을 행복한 과거와 고통스러운 현재(또는 그 반대)가 공존하게 해주는 통합 연속체로 보면, 자아 전체를 받아들이고 사랑하는 사람도 그대로 받아들일 수 있다. 일단 자신의 실제 자아를 수용하고 좋아하면, 사랑하는 사람도 그대로 보고 소중하게 여기기 시작하며 그의 욕망과 결함도 인내할 수 있게 된다.

항복이라는 개념은 다른 사람을 사랑하는 데 매우 중요하다. 항복은 사랑의 현상과 사랑이 가져오는 모든 경험에 자신을 내맡기는 것이다. 항복은 자신의 자아를 식별하지 않고 깊이 수용하게 한다. 항복하면 자아가 사라지고, 친밀한 관계에서 오는 모든 감정과 경험에 저항하거나 거부하지 않고 마음을 열게 되며, 자신이 원하거나 좋아하는 방향으로만 통제하고 진행하려는 시도를 포기하게 된다. 이 흐름에 항복할 때 우리는 정체성에 갇힌 자기 부정 상태에서 유연해지고, 서로 주고받는 사람으로 변화할 수 있다. 우리가 자신과 다른 사람의 인격을 배려하고 연계를 축하할 때 사랑은 진행 중인 상태가 된다. 다른 사람을 사랑하는 것은 실제로 우리를 변화시키고 다정함 · 열정 · 자아도취 · 초월 · 솔직함 · 수용 · 인내로 이끈다.

동양과 서양: 사랑의 문화적 그늘

문화마다 사랑에 대한 인식과 정의가 다르다. 예를 들어 인도 문화와 북아메리카와 유럽의 앵글로색슨 문화('동양'과 '서양'이라고 부르겠다.)를 비교해보자. 동양 문화에서는 '존재'를 강조하는 반면 서양 문화에서는 '행위'에 더 초점을 맞추며, 이는 사랑 영역에서도 마찬가지다. '존재'에 초점을 맞추는 데는 자신의 내적 경험과 의식을 연계하고 사랑하는 사람을 자신의 인식 안에 두는 것이 포함된다. 이런 식으로 내면이 '사랑하는 상태'인 사람은 외면적 행동이 자연스럽게 돌보는 방향으로 흐른다. 서양 문화에서는 사랑을 느끼면 상대방을 위해 어떤 행동을 하거나 하지 않거나, 보여주거나, 표현하거나, 행동을 바꾸거나 외부 환경을 바꾸는 데 초점을 맞춘다. 다시 말해 행동과 적극적인 차원의 사랑, 사랑의 외부 공간을 만들어내는 데 훨씬 더 집중한다.

또 다른 차이점은 대다수 사상가와 연구자, 도움을 주는 전문가들이 사랑을 검토하는 방식이다. 서양에서는 사랑을 각기 다른 작은 차원으로 해체하여, 분석하고 조직하고 범주화하여 설명한다. 이에 비해 동양에서는 사랑에 대한 태도나 내적 경험을 전체적 현상이나 태도로 이야기하고 탐색한다. 그런 다음에 이런 관점들을 주류 사회에서 폭넓게 의사소통한다. 이것은 사람들이 사랑을 규정하고 바라보기 시작하는 방법에 영향을 미친다.

이런 차이점들은 다른 문화에서 온 두 사람이 사랑을 경험할 때 문제가 될 수 있다. 두 사람 다 사랑을 느끼지만 다른 식으로 표현하고, 자신의 문화적 흔적에 따라 사랑이라고 인식하는 형태로 사랑을 바라보기 때문이다. 이런 사랑의 정의는 감춰져 있기 때문에 사랑의 초기 단계에서는 잘 인식되지 않는다. 각자 사랑의 정의와 사랑을 표현하는 방법을 찾아나서는 것이 더 자유롭게 사랑하는 길이다. 21세기를 이끄는 사상가이자 정신분석학자인 수디르 카카르*Sudhir Kakar*는 이렇게 말한다. "사랑은 무엇에 관한 것이 아니다. 사랑은 무엇이다."

keys of LOVE

1 존재의 사랑으로 가는 과정에는 네 단계가 나타난다. 사랑에 빠지고, 사랑받는 것을 느끼고, 사랑받을 만하지 않다고 느끼고, 그 자체로 사랑하는 것이다.

2 항복이라는 개념은 다른 사람을 사랑하는 데 중요하다. 자아가 사라진다.

3 동양에서는 '존재'를 강조하고 서양에서는 '행위'를 강조하며, 사랑의 영역에서도 마찬가지다.

자스미트 카우르 *Jasmeet Kaur*

인도 뉴델리의 정신요법의사이자 그룹 역동 훈련가이다. 인도 델리대학에서 심리학 학사학위(명예)를 받았고, 미국 캘리포니아주립대학에서 결혼·가족·아동상담 석사학위를 받았다. 1990년대 초에 인도로 돌아가서 인도 최초로 정식 훈련을 받은 커플치료전문가로 일했다. 정부기구인 인도응용행동과학협회*Indian Society for Applied Behavioural science*와 인도가족치료협회*Indian Association for Family Therapy*에서도 일하고 있다. 2012년에는 인도에서 친밀한 관계와 부부치료에 대한 국제회의를 주재했다.

우리는 신비와 흥분이 가득한
길을 걷고 있다.

°마법의 공식

The magic formula

우리는 마법의 알약, 신비의 음료, 마음을 사로잡는 시선이 존재한다고 믿고 싶어 한다. 쟈오밍 주 박사가 사랑을 오래 지속하는 데 도움이 될 만한 보편적 조언이 있는지, 즉 마법의 공식이 있는지 검토했다.

낭만적 사랑에 관한 흥미로운 질문 가운데 하나는 낭만적 사랑이 문화에 따라 현저하게 다른가 하는 것이다. 설문조사를 이용한 과거 연구에 따르면 중국 등의 동아시아 문화에서 온 사람들과 미국 등의 서구 문화에서 온 사람들 사이에 차이가 있다. 동양인들은 낭만적 사랑에 대해 말할 때 조심스러워하는 경향이 있고, 열정이나 흥분 같은 요소보다는 안전이나 가족의 가치 같은 실용적인 관심사를 강조하는 편이다. 그러나 우리가 감정에 대해 말하는 방식은 문화의 영향을 받으므로, 사람들이 실제로 사랑을 '경험'하는 데 비교문화적 차이가 존재하는 것인지, 아니면 그 경험을 말로 하는 방식만 다른 것인지 구별하기 어렵다. 중국 문화는 감정을 자제하고 정숙하게 행동하는 것을 중요하게 여기므로 설문조사에서 질문을 받았을 때 중국인은 자신의 감정을 솔직하게 표현하지 않았을 가능성이 있다. 이에 비해 미국 문화는 자신의 감정을 솔직하게 표현하도록 요구하는 경향이 있다.

뇌 활동

나는 이 문제에 관심이 많아서 사랑의 '경험'이 비교문화적으로 다른지 살펴보기 위해 설문조사가 아닌 방법을 사용하고 싶었다. 연구자들은 이미 뇌 영상 기법을 사용하여 사랑의 초기 단계를 들여다보기 시작했다. 그러나 이런 연구는 서구인만을 대상으로 하여 이루어졌다. 그래서 나는 동양 문화권에서 기능성 자기공명영상/MRI을 사용하여 문화에 따라 뇌 활동이 다른지 살펴보기로 했다. 운 좋게도 나는 중국 베이징에서 이 연구를 시행하도록 도와줄 훌륭한 협력자들을 만났다.

연구에서 나는 사랑에 빠진 중국인에게 낭만적 파트너의 사진을 보여주었을 때의 뇌 활동이 미국인의 뇌 활동과 거의 같다는 사실을 발견했다. 그래서 우리는 중국인과 미국인이 사랑에 대해 말할 때는 상당한 차이가 나지만, *사랑에 빠졌을 때 실제로 뇌에서 일어나는 활동은 똑같다*는 결론을 내릴 수 있었다. 다른 연구자들은 이 발견을 확장하여 사랑에 빠진 사람들의 뇌 활동이 여성과 남성에서 거의 유사하며 이성애자와 동성애자 사이에도 거의 같다는 사실을 확인했다. 그러므로 우리가 사랑을 표현하고 정의하는 방법이 헤아릴 수 없이 많더라도 이 경험은 보편적이라고 할 수 있다.

그 후로 오래오래 행복하게 살았답니다

나는 관계에 대해 조언해달라는 요청을 자주 받는다. 사람들은 우리가 '그 후로 오래오래 행복하게 살았다.'라는 할리우드식 마법의 공식이라도 발견한 것처럼 생각한다. 당신이 누구든 사랑은 근본적으로 유사하지만, 수십 년 동안 연구한 결과에 따르면 사랑에 '한 가지 길'이란 없다. 어떤 사람들은 빠르고 강렬하게 사랑에 빠지는 반면, 어떤 사람들은 느리게 사랑에 빠진다. 몇 년이 걸리는 사람들도 있다. 낭만적 관계는 시간이 지나면서 오르고 내리며 전개될 수도 있고 항상 그 자리에서 그대로 유지될 수도 있다. 손을 잡고 공원을 거닐며 매우 동반자적인 사랑을 공유하는 귀여운 노부부가 될 수도 있고, 처음 만난 후 수십 년 동안 여전히 사랑하는 나이 든 커플이 될 수도 있다. 또는 친구와 가족으로 이루어진 사회적 네트워크가 풍부하고 다양해서 낭만적 파트너는 그중 일부에 지나지 않는 관계가 될 수도 있다. 거의 무한대로 다양한 관계의 수가 있고, 이 관계들은 모두 유효하고 만족스러우며 놀랍다.

그러므로 *자신의 관계를 다른 사람의 관계와 비교할 때는 주의하는 것이 좋다.* 현실성이 부족한 영화나 미디어 속의 관계와 비교할 때는 특히 그렇다. 관계는 영감을 일으키므로, 항상 '~해야' 하는지에 대해 생각하거나 '완벽한' 관계를 추구하는 것은 좋지 않다. 이런 비교 탓에 자신이 실패자로 느껴진다면 특히 해롭다. 건강 문제나 재정적 어려움, 다른 스트레스 요인, 외상 후 스트레스를 일으키는 사건 등 외부 요인을 비롯하여 많은 요인이 관계의 질에 영향을 미치고 관계가 지속될지에 영향을 미친다. 하지만 관계가 잘 되지 않거나 주변에서 본 관계와 다르게 전개된다고 해서 우리가 개인적으로 결함이 있다는 뜻은 절대로 아니다.

최고의 기회

풋내기 로맨스가 어떻게 하면 살아남을 수 있는지, 기존의 관계가 어떻게 하면

윤기를 유지할 수 있는지에 대해 문학이 주는 일반적인 충고가 있다.

→ 존중하라.

→ 다정하게 행동하라.

→ 자주, 잘 의사소통하라.

→ 관계 밖에서 사회적 관계와 지원을 유지하라.

→ 재미있고 신 나는 일을 함께 하라.

→ 서로 보완하는 목표를 정하고 그 목표를 향해 갈 수 있도록 서로 도우라.

그러나 잊지 말아야 한다. 무슨 일이든 어떻게 될지 보장할 수 있는 확실하고 빠른 규칙은 없다는 것을 말이다. 모든 관계는 각자 특별한 이야기이며 우리의 개인적 이야기도 예외가 아니다. 오직 당신만이 그 이야기를 경험할 수 있고 오직 당신만이 그 이야기가 옳은지 알 수 있다. 자신의 이야기를 즐기고, 자신이 보편적이고 근본적인 인간 경험의 일부에 참여하고 있음을 기억하라. 신비와 흥분으로 가득 찬, 믿을 수 없을 정도의 의미와 행복을 안겨줄 수 있는 자신만의 길을 걷고 있음을 기억하라.

1 사람들이 사랑에 대해 말하는 방식이 상당히 다름에도 사랑에 빠졌을 때 뇌 활동은 남성과 여성, 이성애자와 동성애자, 중국인과 미국인이 거의 같다.

2 모든 길과 관계는 저마다 다르다. 그러므로 비교하지 말라. 특히 영화나 미디어에서 보이는 모습과 비교하지 말라.

3 당신의 관계가 살아남는 데 도움이 될 일반적 조언은 존중하고, 애정을 표시하고, 의사소통하고, 연계하고, 재미와 목표를 추구하라는 것이다.

샤오밍 (모나) 주 *Xiaomeng (Mona) Xu*

중국 충칭시 푸링구에서 태어나 다섯 살 때 미국으로 이주했다. 뉴욕에서 자라고 뉴욕대학에서 공부했으며, 뉴욕대학 부부연구소에서 연구 조수로 일하면서 가까운 관계를 연구하는 데 빠져들었다. 미국 스토니브룩대학대학원에서 2011년 사회건강심리학 박사학위를 받았으며, 중국 베이징의 중국과학아카데미*Chinese Academy of Sciences*에서 연구를 지휘하고 있다.

Love
is not the
question [*]

사랑은 질문이 아니다.
사랑은 대답이다.

섹스는 사랑의 신체적 표현이다.

°사랑에서 섹스란

Sex in love

싱가포르의 성과학자 마사 타라 리 박사는 치료실에서 다양한 커플들을 만난다. 그녀가 가장 좋아하는 충고는 이것이다. "사랑하는 관계를 맺고 늘 원해왔던 황홀한 섹스를 하기 위해서는 사랑으로 돌아가야 한다. 사랑은 질문이 아니라 대답이다."

사랑, 섹스, 친밀감은 서로 밀접한 관계로 여겨진다. 흔히 섹스는 사랑의 육체적 표현이라고 한다. 그러므로 관계에서 섹스가 없으면 문제가 될 수 있고, 특히 무조건적으로 사랑받고 받아들여진다는 느낌을 받는 데 문제가 생긴다. 섹스가 관계에서 가장 중요한 부분은 아니지만, 한쪽 파트너가 섹스가 없는 것을 문제라고 느끼면 문제가 될 수 있다. 그리고 이 부분은 파트너 간의 힘이 동등하지 않을 때 특히 문제가 된다. 한쪽 파트너가 유일한 가장이고 다른 쪽이 주부일 때, 경제적으로 한쪽에 의존하기 때문이다. 또는 심지어 같은 회사에서(대개 자신들 소유의) 나란히 일하는 커플들에서도 문제가 된다. 대개 남성의 역할과 여성의 역할에 대한 생각 때문에 관계가 복잡해지며, 파트너에게 무언의 기대를 부과하는 경우가 많다.

나는 앞에 앉은 커플이 보여주는 사랑의 증거에 여러 번 감동을 받았다. 그들은 손을 맞잡고 서로 눈을 바라보고 가슴으로부터 웃는다. 나와 상담을 준비할

때 그들은 무의식적으로 이렇게 말하는 것 같았다. "세상에 우리 둘뿐이에요." 이와 반대 상황도 있는데, 커플들은 영혼 깊숙한 곳에서 나오는 고통을 표현하느라 눈물을 흘리거나 소리 치거나 고함을 지르기도 한다. 그럴 때 나는 조용히 앉아서 지켜본다. 나는 매번 인간이 가진 회복력에 놀란다. 가장 효과적인 방법은 의뢰인들이 어떤 관계(성적인 면을 포함하여)를 원하는지 논의하기 전에, 각자 자신이 어떤 사람이 되고 싶은지 서로 타협하도록 돕는 것이다. 그러면 두 사람이 어떤 방식으로 사랑받기를 원하는지도 더 쉽게 이해할 수 있게 된다.

결론적으로 말하면, 사람들은 자신을 표현하고 파트너에게 다가가기 전에 온전하고 완전한 자신이 되는 단계를 거쳐야 한다. "다른 사람을 사랑하기 전에 자신을 사랑하는 법을 배워야 한다."는 말은 분명히 진실이다. 이 모든 세월을 거쳐, 내가 여러분에게 하고 싶은 몇 가지 사랑에 관한 조언이 있다.

1 *자신을 극진하게 돌보라.* 자신을 돌본다는 것은 자신의 욕구를 보살피고, 자신의 몸에 귀를 기울이고, 피곤하면 능력 이상으로 일하는 대신 휴식을 취한다는 뜻이다. 부모가 자식을 돌보듯 자신을 돌보라.

2 *자신을 사랑하는 연습을 하라.* 자기를 사랑하는 것은 자신이 엉망이 되었을 때 내적인 대화나 혼잣말을 하는 등 자신을 다루는 것을 말한다. 우리는 스스로 가치가 있음을 외부에서 확인하려 하지만, 먼저 자신을 사랑하고 받아들였을 때만 다른 누군가를 진정으로 사랑할 수 있다.

3 *정직하라.* 많은 관계가 파탄에 이르거나 커플이 서로 습관이 되어 상대방을 당연하게 여기기 시작하면 두 사람 간의 섹스가 더는 좋지 않게 된다. 자신이

얼마나 행복한지에 대해 솔직하게 말하고 파트너와의 관계가 점점 튼튼해지고 성장하도록 해야 한다.

4 *친밀감에 마음을 열어라.* 친밀감은 보호막과 가면을 없애고, 자신을 드러내며, 파트너와 정신적 · 정서적 · 성적으로 연계하는 것이다. 가슴이나 생식기처럼 가장 먼저 성적 만족을 주는 부위를 자극하기 전에 성과 관계없는 영역을 탐색하고 서로를 처음부터 다시 알아가는 것이 좋다.

5 *친절하게 대하라.* 신체적이든 정서적이든 생리적이든, 폭력은 어떤 종류라도 친밀감에 악영향을 미친다. 일단 관계에서 지적 · 정서적 공유가 멈추면 섹스에서 사랑하는 감정과 친밀감, 열정도 조만간 사라진다. 진심 어린 칭찬, 감사, 친절한 작은 행동은 오랫동안 친밀감을 유지하고 관계에서 사랑을 키울 수 있는 방법이다.

마사 타라 리 *Martha Tara Lee*

싱가포르의 에로스코칭*Eros Coaching* 설립자이며 임상성과학자이다. 개인과 커플을 대상으로 성과 친밀감을 코치하고 성교육 워크숍을 진행하며, 아시아 지역의 대중 강연에서 연설한다. 인간성연구고등연구소*Institute for Advanced Study of Human Sexuality*로부터 인간의 성에 대한 박사학위를 받았고, 상담 · 인생 코칭 · 섹스 치료자격증을 받았다.

사랑은 배타적이거나 지속적이거나 무조건적이지 않다.

°당신의 몸이 말을 할 수 있다면

If your body could speak

사랑은 무엇일까? 전 세계 사람들이 이 질문에 셀 수 없이 많은 방식으로 대답한다. 그리고 이 대답은 대부분 그들이 자란 문화와 자신의 경험에서 얻은 교훈을 반영한다. 만약 몸이 말을 할 수 있다면 사랑을 어떻게 정의할까? 바바라 L. 프레드릭슨이 새로운 접근법을 제시한다. 사랑 2.0이다.

인간의 감정을 연구하는 과학자로서 나는 몸이 정의하는 사랑이 특별히 가치 있다고 생각한다. 나는 몸이 정의하는 사랑을 알기 위해, 소중하게 지켜온 이 깊고 강렬한 감정 상태에 대해 연구했다. 수천 년 동안 조상들에게서 어떻게 전개되었는지, 오늘날에는 사람들이 모르는 새에 신체적으로 어떤 영향을 미치고 있는지 검토했다.

열정 · 자부심 · 즐거움의 폭발로 오든 아니면 감사 · 영감 · 평온처럼 좀 더 조용하게 전개되든 좋은 느낌의 미세한 순간들은 공통적으로 우리의 사고를 개방한다. 느낌이 좋을 때는 자신을 둘러싼 더 큰 그림을 볼 수 있고 감상할 수 있다는 뜻이다. 인식이 확장된 이런 순간은 결과적으로 우리가 유용한 특질과 습관을 발견하고 형성하도록 돕는다. 이 습관과 특질은 우리의 성격에 새겨져, 삶에서 불가피하게 도전에 직면했을 때 꺼내 쓸 수 있다. *긍정적 감정은 순간적인 것이라도 가치가 있다. 시야를 확장하고 생존에 필요한 자원을 갖게 해준다.*

이것이 내가 수립한 긍정적 감정 이론의 혁명적인 논리다.

공유된 긍정성

우리는 혼자 있을 때, 완전히 고립되어 있을 때 기분이 좋을 때가 많다. 개인의 성취는 내적인 성취감과 자부심을 가져온다. 우리는 퍼즐이나 게임의 여러 면에 매혹되고 관심을 가진다. 어떤 때는 다른 사람들과 함께 있을 때 기분이 좋아진다. 식품점을 나올 때 장바구니 속에 든 특이하게 생긴 토마토를 보고 계산원과 웃음을 터뜨린다. 우편물을 가지러 가는 길에 오랜만에 이웃을 만나면 잠시 멈춰서 이야기를 나눈다. 몇 분 만에 두 사람은 공통의 관심사에 관해 생생한 정보를 교환한다. 직장에서는 동료들과 함께 승리를 축하하고 끌어안고 하이파이브를 나눈다. 아침 조깅 길에 만나는 사람들에게 미소를 짓고 인사를 하고 좋은 하루를 보내길 말없이 빌어준다. 여러 날 동안 출장을 마치고 집에 돌아와서 가족과 오랜 포옹을 한다. 모든 긍정적 감정이 확장되고 형성되고 우리를 더 나은 사람으로 변화시키는 동안, 공유한 긍정적 순간이 특별히 중요성을 띤다. 이런 순간은 더 깊고 넓은 방식으로 우리의 성장, 안녕, 신체적 건강을 안겨주는 능력이 있다.

이것이 내가 보는 사랑이다. 사랑은, 우리의 몸이 알듯이, 다른 사람과 공유하는 긍정적 감정에 연계된 아주 짧은 순간에 일어난다. 기쁨·관심·평온·영감 등 어떤 긍정적 감정도 두 사람 이상이 동시에 나눌 때 사랑의 순간으로 변할 수 있다. 공유된 긍정적 감정은 강력한 긍정적 공명 상태를 낳고, 이 상태에서 우리의 기분과 다른 사람의 기분까지도 좋아진다.

동시성

공유된 긍정성 외에, 사랑의 짧은 순간에는 행동적·생물학적 일치나 동시성이 일어난다. 연구에 따르면 두 사람 이상이 긍정적 감정의 순간을 공유할 때, 서로의 비언어적 몸짓뿐 아니라 내부의 생화학 작용도 닮아간다. 이들은 보이는 방식이든 보이지 않는 방식이든 '하나'로 움직이기 시작한다. 또한 이들은 일시적으로 그리고 진지하게 서로의 안녕에 투자하며, 서로에게 관심을 갖고 돌보게 된다.

나는 사랑이 인간의 궁극적인 감정이라고 생각한다. 긍정성과 상호 관심이 사람들 사이에서 생화학적·운동적으로 순간 공명하는 것이다. *이런 짧은 연계의 순간이 영양소가 되어 우리의 건강과 안녕과 영적 성장을 보장한다.*

사랑을 바라보는 새로운 방식은 이처럼 활력을 느낄 수 있는 기회를 무한히 제공한다. 헌신의 유대감을 공유하는 소수에게서 느끼는 희귀한 상태와 달리 사랑은 다른 사람, 심지어 낯선 사람과의 사이에 형성된 짧은 긍정적 연계의 순간에도 언제든 찾을 수 있다. 그러므로 사랑은 배타적이거나 무조건적인 자원이 아니라 끝없이 재생할 수 있는 자원이다. 이 자원은 특정한 전제조건을 존중하는 사람들 사이를 연결한다. 그러기 위한 전제조건으로는 안전한 느낌, 신체적으로 함께 있는 것, 시간을 같이 보내는 것, 그리고 가장 중요하게는 얼굴을 맞대고 눈을 맞추는 것이 있다. 사랑의 전제조건을 더 잘 알면 사랑이 예측할 수 없고 파악하기 어려운 상태가 아니라는 것을 이해할 수 있다.

이것이 내 작업인 '사랑 2.0'에서 제안하려는 것이다. 연습을 통해서 우리는 우리가 원할 때면 언제든 사랑을 생성하는 법을 배울 수 있다. 그럼으로써 우리와 관련된 사람들과 함께 건강하고 행복하고 더 높은 경지로 향할 수 있다.

1 모든 긍정적 감정은 우리를 형성하고 확장하고 더 나은 쪽으로 변화시킨다.

2 우리의 몸이 알듯이, 사랑은 다른 사람과 긍정적 감정을 공유하며 연계된 짧은 순간에 일어난다.

3 사랑은 영원히 재생할 수 있는 자원이며 특정한 전제조건을 존중하는 사람들 사이를 연결한다.

바바라 L. 프레드릭슨 *Barbara L. Fredrickson*

미국 노스캐롤라이나대학 심리학 교수이다. 긍정적감정·정신생리학실험실 *Positive Emotions and Psychophysiology Lab* 소장으로 긍정적 감정과 인간의 번영 연구를 지휘하고 있다. 그녀의 연구는 미국국립건강연구소 *US National Institutes of Health* 의 기금을 받고 있으며, 전 세계 교육·비즈니스·건강관리 학자들과 의사들에게 영향을 주었다. 전문적인 논문 100여 편을 쓰고 책 저술에 참여했으며, 세계적 베스트셀러인《긍정성*Positivity*》과《사랑 2.0 *Love 2.0*》의 저자이다.

마법 같은 사랑의 언어는
큰 소리로 긍정적인 말을 하는 것이다.

°사랑은 은퇴하지 않는다

Love does not retire

사랑은 나이를 세거나 주름을 세지 않는다. 그 반대다. 나이가 들수록 사랑의 가치는 더 커진다. 감정이나 사회적·정신적 능력도 나이와 상관없다. 카리나 마타 교수는 라플란드에서 집중적인 연구를 진행한 끝에 지속적인 사랑으로 가는 일곱 단계를 찾아냈다.

젊은 부부들은 모두 사랑이 영원히 지속될 것이라고 믿는다. 그렇지만 이혼율은 여전히 높다. 반면 여전히 지속되는 결혼 생활도 있다. 비결이 무엇일까? 나는 오랫동안 함께해온 핀란드 부부 수백 쌍에게 질문했다. 그들이 결혼 생활을 지속해온 이유와 방법을 들어보자.

네 가지 이유

1 만족스러운 관계는 훌륭한 건강보험이 된다. 친밀한 관계에 만족하는 사람들은 더 건강하게 살 뿐 아니라 더 오래 산다. 게다가 만족스러운 관계는 스트레스에 효과적인 방어막으로 작용한다. 친밀한 관계와 믿을 만한 대화 파트너가 없으면 외로울 뿐 아니라 건강에도 해롭다.

2 부모가 사이가 좋은 것이 자녀에게 가장 좋은 환경이다. 좋은 관계는 부모 노릇에 가장 중요한 전제조건이다. 부모의 상호 관계를 지원하는 일은 매우 중요

하다. 아이들의 안녕과 안전, 균형 잡힌 발달에 반영되기 때문이다.

3 *좋은 관계는 경쟁적 성과 위주 사회에서 살아가는 우리에게 친밀감을 제공한다.* 인간관계가 점점 좁아지고 희귀해진 결과 친밀한 관계에 끌리는 경향이 증가한다. 사람들은 친밀감과 애정과 사생활을 필요로 하며, 친밀한 관계는 이런 임무를 잘 수행한다. 집 안에서 모든 것이 순조로우면 일도 잘 할 수 있고 삶이 전반적으로 평탄하다.

4 *만족스럽고 친밀한 관계는 고통스러운 이혼을 막는다.* 이혼하는 사람이 많다고 해서 이혼이 쉽거나 가벼운 경험일 수는 없다. 이혼은 고통스러운 경험이다. 그러나 이혼이 무조건 잘못이라고 생각해서도 안 된다. 때로는 이혼이 유일하게 옳고 합리적인 해결책일 수도 있다.

일곱 단계 방법

1 *차이와 변화를 받아들인다.* 사람들은 자신의 바람과 욕구에 맞게 삶을 꾸리고 상대방을 거기에 맞추려고 한다. 그러나 관계가 꽃피려면, 두 사람이 각자 자신의 개별성과 차이를 인정받고 나아가 계발하도록 격려받아야 한다. 변화를 받아들이려면 타협, 유연성, 거래가 필요하지만 모든 것에 타협할 필요는 없다. 자신이 무엇을 거래할 준비가 되어 있는지 명확히 해야 한다. 순교자의 삶은 만족스럽지 않다.

2 *일상생활을 즐긴다.* 일상을 참아내는 능력은 생존하고 성공하는 데 중요하다. 누구나 일상생활에서 귀중한 발견을 할 수 있지만, 굉장한 경험이나 호사스러운 즐거움만 갈망한다면 쉽지 않다. 매일의 삶이 없다면 축제의 날도 없으며,

슬픔을 겪지 않고 즐거운 순간을 경험할 수는 없다. 실제로 사랑은 일에 지치고 피로를 느낄 때 일상생활에서 가장 가치가 있다. 가족은 상대방이 사랑받을 자격이 없을 때도 서로 사랑해야 한다.

3 <u>긍정적인 말을 큰 소리로 한다.</u> 연인들은 서로에게 감탄하고 서로를 감사하는 눈으로 본다. 어떻게 하면 파트너를 몇 번이고 다시 행복하고 빛나고 흥분하게 만들 수 있을까? 마법 같은 사랑의 말은 긍정적인 말을 큰 소리로 하는 것이다. "고마워요", "당신이 이것을 했다니 정말 훌륭해요", "당신은 정말 굉장해요", "당신은 내게 중요한 사람이에요." 이런 감사와 감탄의 표현을 주저할 이유가 없다. 이런 말들은 아무리 많이 사용해도 닳거나 효과가 없어지지 않는다. 가장 작은 긍정적 몸짓도 원기를 돋우고 긍정적 분위기를 조성한다.

4 <u>파트너에게 의식적으로 헌신한다.</u> 당연한 일이지만, 일에 집중하지 않으면 일이 잘 되지 않는다. 결혼도 마찬가지다. 관계에 헌신하고 몰두하는 의지와 능력이 있어야만 관계가 지속된다. 그래야 배우자가 함께하겠다는 약속을 믿을 수 있고, 이 믿음이 힘이 된다. 강한 사랑은 두 사람 앞에 놓인 미래에 초점을 맞춘다. 부부는 서로의 일상생활을 공유하고 가장 매혹적인 꿈을 꿀 때 공동의 미래를 보게 된다.

5 <u>존중한다.</u> 균형 잡힌 사람들은 다른 사람의 실수와 잘못을 더 쉽게 받아들인다. 그러면 양쪽 다 자기 자신이 될 수 있고, 좋은 느낌을 가질 수 있다. 조화롭고 친밀한 관계에서는 배우자가 자기편이라는 신뢰감을 느낄 수 있다. 그러면 배우자에게 기반암처럼 단단한 확신과 의미를 느낄 수 있고, 그 결과 삶을 통제하는 능력이 강화된다.

6 인생의 부침을 가볍게 해준다. 상대방에게서 얻는 지지와 위로는 사랑에서 매우 귀중하다. 부부가 흥분을 가라앉히고 진정하고, 서로의 곁에 서 있고, 새로운 전망을 열고, 가장 어려운 상황에서도 더 나은 삶을 기대하고 격려할 때 결혼은 지속된다. 짐을 함께 져서 더 가볍게 느껴지도록 하는 것이 가장 좋은 상태다.

7 불일치를 인내하고 타협한다. 완벽한 사람은 아무도 없고 다툼이나 불일치를 피할 수 있는 사람도 없다. 이 피할 수 없는 갈등을 부부가 얼마나 잘 인내하고 해결할 수 있는지가 중요하다. 지속적인 관계에서는 갈등하는 기간보다 조화로운 기간이 더 많다. 저울에서 긍정적인 눈금이 더 높을 때는 문제가 생겨도 금방 사라진다. 그러므로 결혼에서 공통의 기쁨을 만들고 두 사람에게 사랑이 매력적이도록, 특별한 순간을 만들고 기분전환을 할 수 있는 일을 제안할 필요가 있다.

1　정서 또는 사회적·정신적 능력은 나이와 상관없다. 나이가 들수록 사랑의 가치가 더 커진다.

2　커플이 오랫동안 함께할 훌륭한 이유들이 있다. 건강에 좋고, 아이들에게 좋고, 일을 더 잘 하게 되고, 고통스러운 이혼을 피할 수 있다. 그러나 순교자의 삶은 만족스럽지 않다.

3　일곱 가지 단계는 장기적인 관계를 가능하게 한다. 받아들이고, 즐기고, 고백하고, 헌신하고, 존중하고, 짐을 덜어주고, 인내한다.

카리나 마타 *Kaarina Määttä*

핀란드 로바니에미의 라플란드대학 교육학과 교육심리학 교수이다. TV와 미디어에 자주 출연하여 핀란드에서는 '사랑 교수'로 널리 알려져 있다. 핀란드 사람 수천 명의 경험을 토대로 오랫동안 다양한 형태의 인간관계와 사랑을 연구했다. 이 주제에 관해 핀란드어와 영어로 논문 수십 편과 《사랑에 빠지는 매혹 *The Fascination of Falling in Love*》, 《인생 후기의 사랑 *Love in Later life*》, 《오랜 결혼 생활의 비결 *The secrets of Long Marital Relationships*》 등 8권의 책을 썼다.

모든 관계는 일시적이다.
가장 유쾌한 순간에 머무르지 않는다.

°사랑에 대해
우리가 아는 것들
What we know about love

엘렌 버샤이드 교수는 1936년에 태어나서 사람들이 사랑에 빠지는 이유와 어떻게 사랑에 빠지는지를 평생 연구했다. 1974년에 한 미국 상원의원은 대학이 이런 '어리석은 연구'를 하기 위해 돈을 받는 것은 수치스러운 일이라고 말했다. 그러나 버샤이드는 연구를 계속했고, 국제적으로 존경받는 작업으로 공로상을 받았다. 이제 그녀는 은퇴했는데, 이 책을 위한 원고를 보내면서 이런 메모를 남겼다. "이 글은 내 마지막 직업적 저술이 될 것입니다. 당신은 내게 1,000단어로 쓰라고 요청했는데, 나는 1,058단어를 썼어요. 이것이 내가 할 수 있는 최선입니다. 마음대로 편집해도 됩니다." 나는 한 단어도 고치지 않았다. 이것이 우리가 사랑에 대해 알게 된 것이다.

나는 거의 50년 동안 사회심리학을 공부하면서 대인관계, 특히 가까운 관계를 이해하는 데 초점을 맞췄다. 학자들은 두 사람이 상대방의 생각, 느낌, 감정, 가장 쉽게 알아차릴 수 있는 행동 등 서로가 서로의 활동에 영향을 주면 두 사람 사이에 관계가 있다는 데 동의한다. 파트너가 서로 아주 큰 영향력을 행사하면, 즉 상호의존성이 높으면 가까운 관계라고 본다. 가까운 관계가 왜 그리고 어떻게 형성되고, 왜 어떤 관계는 지속되고 어떤 관계는 소멸되는지, 그 안에서 일어나는 많은 현상을 이해하려면 이 현상의 가장 매혹적인 부분인 사랑을 이해하지 않고는 불가능하다.

사람들은 '사랑'이라는 단어를 자신의 생각, 느낌과 감정, 파트너와의 관계에서 경험한 행동을 묘사하는 데 사용한다. 연구에 따르면 이 단어를 정확히 같은 뜻으로 사용하는 커플은 없다고 한다. '사랑(사랑이 나타내는 감정과 생각)'이라는 단어의 의미는 사람마다 다를 뿐 아니라 한 사람 안에서도 다르며, 여러 관계에서 아주 다양한 의미로 사용된다. 심지어 하나의 관계에서도 사용할 때마다 그 의미가 매번 달라진다. 이처럼 무수한 의미가 있다는 점이 파트너들 사이에 오해를 낳는 원천이 된다. 파트너가 "당신을 사랑해."라고 말할 때 그 의미가 자신이 부여하는 의미와 다를 수 있다는 것을 알지 못하기 때문이다.

낭만적 사랑

'사랑'이라는 단어의 의미가 정해져 있지 않기 때문에 학자들은 사람들이 이 단어를 사용하는 여러 상황에 공통성을 부여하려고 시도했다. 그리고 다양한 사랑을 범주화하는 체계를 제시했다. 사랑에는 네 가지 성격이 비교적 명확하게 나타나는데, 그중 하나가 낭만적 사랑이다. 낭만적 사랑은 실질적으로 모든 범주화 체계에 포함되며 '열정적 사랑', '성애적 사랑', '사랑에 빠진 상태'라고도 부른다.

낭만적 사랑은 대개 관계를 계속하려는 의지가 불분명한 상태에서, 상대방에 대해 성적 욕망을 느끼는 새로운 관계에서 나타난다. 성적 욕망은 낭만적 사랑에 필요한 요소다. 상대방에게 성적으로 끌리지 않는 사람은 파트너에 대한 감정을 낭만적 사랑이라고 묘사하거나 자신이 사랑에 빠졌다고 말하지 않는다. 성적 욕망이 물론 필요하긴 하지만, 이것만으로는 사람들이 자신의 감정을 낭만적 사랑이라고 묘사하는 데 충분하지 않다. 그보다는 성적 욕망과 더불어 다른 종류의 사랑, 즉 동반자적 사랑이 수반되어야 한다는 증거가 있다.

동반자적 사랑

동반자적 사랑은 '우애적 사랑', 또는 단순히 파트너를 '열렬하게 좋아함.'이라고도 부른다. 이런 사랑은 관심 · 목표 · 배경의 공통성이 있다거나 다른 유사성이 있는 식으로 무척 다양하다. 파트너에 대해 성적 욕망과 강렬하게 좋아하는 감정을 둘 다 느끼는 사람은 자신이 '사랑에 빠졌다.'고 묘사한다. 파트너들이 공통성을 공유하는 한(대부분 그렇다.) 동반자적 사랑은 비교적 안정적으로 유지된다. 그러나 파트너의 새로움과 파트너의 감정에 대한 불확실함이 줄어들고 갈등이 생기면서(갈등은 일반적으로 친밀감을 높인다.) 시간이 지남에 따라 파트너에 대한 성적 욕망도 희미해진다. 게다가 나이가 들면 생물학적 변화 탓에 성적 욕망이 줄어든다. 불행하게도 어떤 사람들은 성적 욕망의 감퇴를 파트너가 부적절하다거나 자신이 부적절하다거나, 또는 관계에서 뭔가 잘못되었다는 증거로 삼는다. 그러나 젊은이들의 관계에서조차 전형적인 강렬한 성적 욕망이 시간이 지나도 계속되는 경우는 매우 드물다. 낭만적 사랑이 퇴색하는 대신 다른 종류의 사랑이 나타나 관계를 지속하는 것이 정상이다. 그중 하나가 흔히 간과되는 연민적 사랑이다.

연민적 사랑

'돌보는 사랑', '이타적 사랑', '이기심 없는 사랑'이라고도 부르는 연민적 사랑은 파트너의 안녕을 염려하고 파트너의 고민을 지지하고 도우려는 반응을 가리킨다. 심지어 이렇게 하는 데 비용이 들거나, 파트너에 대한 긍정적인 감정이 없을 때도 마찬가지다. 이런 지지 행동은 대개 낭만적 관계나 친구 관계, 다른 종류의 관계가 시작할 때 나타난다. 그리고 이런 행동도 시간이 지나면서 퇴색한다. 관계에서 갈등이 일어나거나 파트너에게 지나치게 자주 비용이 발생하는 것을 점점 꺼리게 되기 때문이다. 사람들은 관계로 인해 자신의 안녕이 증진된다고 생각할 때 가까운 관계를 유지하는 경향이 있다. 그래서 파트너가 자신의 복지에 거의 관심이 없거나 심지어 파괴한다는 증거가 많아지면 관계가 끝난다.

애착적 사랑

연민적 사랑은 다른 이유로도 관계를 지속하는 데 중요하다. 연민적 사랑은 시간이 지나면서 파트너에 대한 애착적 사랑으로 발전한다. 사람은 돌봄과 위안과 보호를 제공하는 사람에게 애착 유대를 형성하는 경향이 있다. 애착적 사랑은 시간이 흐름에 따라 서서히 증가한다. 일단 파트너 사이에 유대가 형성되면 애착적 사랑은 꾸준히 지속되고, 낭만적 사랑과 동반자적 사랑이 사라져도 계속된다. 애착적 사랑은 상당한 기간 지속적으로 받은 위로와 보호와 오랜 익숙함에서 나온다. 그래서 사람들은 대부분 애착적 유대가 형성되었다는 사실을 잘 알지 못한다. 파트너와 영원히 헤어졌을 때 고통을 느끼고는 놀라는 것도 바로 이 때문이다. 두 사람이 애착적 사랑 외에 다른 방식으로는 상대방을 사랑하지 않게 되었을 때 특히 그렇다. 실제로 이제는 상대방을 몹시 싫어하며 이혼이나 다른 방법을 통해 이별을 시작한 커플들도 이런 고통을 느낀다.

모든 관계는 일시적이다. 관계는 시간이 흐르면서 변화한다. 관계가 속한 사회적·물리적 환경이 변하고 파트너들 자신의 생물학적 변화 또는 다른 변화 때문이기도 하다. 결과적으로 관계에 존재하는 사랑의 다양성과 강도도 시간이 흐르면서 변한다. 불행히도 관계는 가장 즐거운 기간에만 머무르지 않는다. 낭만적 관계에 빠진 사람들은 이 기간에 낭만적 사랑이 가장 강렬하지만, 시간이 지나면서 관계가 지속되는 사람들에게는 동반자적 사랑과 연민적 사랑, 애착적 사랑이 주는 위안이 파트너의 행복과 안녕에 중요해진다.

keys of LOVE

1 "당신을 사랑해."라는 말의 의미는 사람마다 다르며, 심지어 한 사람의 말에서조차 관계에 따라 다른 의미를 나타내기도 한다.

2 사랑에는 낭만적 사랑, 동반자적 사랑, 연민적 사랑, 애착적 사랑이 있다. 네 가지 사랑은 비교적 명확하게 구별된다.

3 모든 관계는 일시적이며, 관계 안에 존재하는 사랑의 다양성과 강도도 시간이 지나면서 변화한다.

엘렌 버사이드 *Ellen Berscheid*

사회심리학자이며 1965년 미국 미네소타대학에서 심리학 박사학위를 받고 평생 미네소타에서 일했다. 2005년에 남편이 사망하자 은퇴 단계로 들어섰다. 리전트*Regents* 심리학 명예교수이며, 2010년에 완전히 은퇴했다. 가까운 관계, 특히 사람들 사이의 끌림과 관련된 현상을 집중적으로 연구했다. 《대인관계 심리학*The Psychology of Interpersonal Relationships*》의 저자이며 사랑에 관한 수많은 논문을 썼다. 미국예술과학아카데미*American Academy of Arts and Science* 펠로우로 선출되었고, 미국심리학협회의 우수과학자상을 비롯하여 여러 상을 받았다.

친애하는 레오

이 책에 실은 글은 내 마지막 공식적인 글이 될 겁니다. 현재 내 상황이 학문적 작업을 하기에 적당하지 않기 때문입니다. 개 두 마리를 건강하고 행복하게 돌보고, 장미꽃을 갉아먹는 벌레를 잡고, 베고니아를 먹는 사슴을 쫓고, 호수 둑에 가시나무가 번지지 못하게 하고, 게다가 굉장한 책들을 읽어야 하기 때문입니다. 전에는 책을 읽을 시간이 없었으니까요. 그래서 건강을 챙기고 집을 돌보고 가까이 사는 가족을 방문하는 일 외에는 시간이 없습니다. 내 작업에 친절하고 좋은 말을 해주어서 고맙습니다. 《사랑에 대한 모든 것》이 성공하기 바라며 행운을 빕니다. 이 책에 참여할 기회를 주어서 감사합니다.

엘렌 버샤이드 *Ellen Berscheid*

My contribution to this book is intended to be my last professional writing because my present circumstances are not conducive to scholarly work ; keeping two young dogs happy and healthy, dealing with bugs eating the roses, deer eating the begonias and buckthorn invading my lake bank, in addition to reading wonderful books. I never had time to read before and keeping track of issues of health and home leave little time for anything but my family who live nearby. Thank you for the kind and gracious words on my work. Good luck and success with The World Book of Love. Thank you for your invitation to contribute to it.

"And in the end,
the love you take
is equal to
the love you make."

– THE BEATLES

"결국
당신이 받은 사랑은
당신이 베푼 사랑과
같습니다."

– 비틀즈